上海交通大學
百年报刊集成

第一辑（1896—1949）

学术学科

国文卷（第一册）

上海交通大学
档案文博管理中心 编

上海交通大學出版社
SHANGHAI JIAO TONG UNIVERSITY PRESS

内容提要

《上海交通大学百年报刊集成·第一辑（1896—1949）·学术学科》是上海交通大学“双一流”校园文化建设专项“交通大学百年报刊搜集整理、影印出版和数字化工程”第一期成果。本丛书第一期共22册，依照学科属性分为六卷：《综合卷》《工程卷》《理学卷》《经管卷》《研究所专刊卷》《国文卷》。

本卷收录《南洋公学课文汇选》等优秀国文课业四种，按刊印时间先后，编为三册，是清末民初交通大学国文教育成果的集中展现。

本卷所收国文课业宗旨端正、词义渊雅，可作为传统国学读本赏析。内容涵盖广博，中外历史、地理、政治、哲学无所不涉，读之可管窥清末民初社会思潮下青年学生群体之思想情态。所收学校事论、大事记、校园游记是研究交大校史的宝贵史料，对于唐文治、淩鸿勋、邹韬奋等近代名人研究，也是难得的一手文献。

图书在版编目（CIP）数据

上海交通大学百年报刊集成．第一辑：1896—1949．学术学科·国文卷 / 上海交通大学档案文博管理中心编；欧七斤，朱恺主编．—上海：上海交通大学出版社，2022.3

ISBN 978-7-313-25830-4

Ⅰ．①上… Ⅱ．①上… ②欧… ③朱… Ⅲ．①上海交通大学—国学—学术期刊—汇编—1896-1949 Ⅳ．①Z62

中国版本图书馆CIP数据核字（2021）第222090号

上海交通大学百年报刊集成·第一辑（1896—1949）·学术学科·国文卷

SHANGHAI JIAOTONG DAXUE BAINIAN BAOKAN JICHENG · DI-YI JI（1896—1949）· XUESHU XUEKE · GUOWEN JUAN

编　　者：上海交通大学档案文博管理中心
主　　编：欧七斤　朱　恺
出版发行：上海交通大学出版社　　地　　址：上海市番禺路951号
邮政编码：200030　　电　　话：021-52717969
印　　制：上海雅昌艺术印刷有限公司　　经　　销：全国新华书店
开　　本：787mm×1092mm　1/16　　总 印 张：123.25
总 字 数：2 283千字
版　　次：2022年3月第1版　　印　　次：2022年3月第1次印刷
书　　号：ISBN 978-7-313-25830-4
定　　价（共三册）：2 668.00元

《上海交通大学百年报刊集成》编纂委员会

主　　任：杨振斌　林忠钦

成　　员：（按姓氏笔画排序）

丁奎岭　万晓玲　王伟明　王宗光　毛杏云　李新碗　张安胜
张　凯　胡　昊　顾　锋　钱天东　奚立峰　徐学敏　谈　毅

《上海交通大学百年报刊集成·第一辑（1896—1949）·学术学科》编纂组

总 主 编：张安胜

副总主编：胡　昊　欧七斤　胡　端

组　　员：（按姓氏笔画排序）

叶　璐　朱　恺　孙　萍　何　菲　欧七斤　胡凤华　胡　端
许雯倩　曹灵钰　章玲苓　漆姚敏

本卷主编：欧七斤、朱　恺

总序一

盛世修史，懿年纂志。在上海交通大学建校126周年之际，学校“双一流”校园文化建设专项“交通大学百年报刊搜集整理、影印出版和数字化工程”第一期成果《上海交通大学百年报刊集成·第一辑(1896—1949)·学术学科》正式出版发行，实为学校一以贯之地实施“文化引领”战略的一项重要成果。

《上海交通大学百年报刊集成》由学校档案文博管理中心组织整理、编纂。此套“学术学科”类丛书共计22分册，荟萃了49种期刊，近两千万字的宏大体量，依照学科属性，分为六卷：综合卷、工程卷、理学卷、经管卷、研究所专刊卷和国文卷，是新中国成立前交通大学学术期刊首次集成与影印出版，并建成可供检索和全文阅读的电子数据库，这对增强上海交大“双一流”建设的文化底蕴，提升学校文化软实力，具有重要的历史价值和现实意义。

作为一所深具厚重历史底蕴并以“理工见长、工文并重”著称的高等学府，交通大学在百年办学历史上创办刊行了数量极为可观的报纸、期刊。据不完全统计，仅新中国成立前就有155种，体量庞大，内容宏富，大致囊括学术学科、新闻资讯、文体社团、年报一览、毕业专刊、校友通讯、特别专刊七大类。从办刊水准而言，由于交通大学在中国高等教育史与科学技术史上具有非同寻常的代表性，且地处通商巨埠上海，得风气之先，领思潮之新，其所创办的报刊很大程度上构筑了20世纪上半叶我国高校科技文化报刊的顶端平台，并以其示范作用和诸多创新引领了同期其他大学办刊办报的发展方向。从内容而言，这些报刊不仅是交大百年演进历程与发展脉络最原始、最全景式的真实记录，而且涉及内容之广，视野之阔，远远超出“一校之史”的范畴，举凡我国近代经济、工程、科技、教育、文化、思想状况，无所不包，巨细兼收，是研究中国近现代科技史、经济史、政治史、教育史、学术史、社会史值得深挖细掘的一座富矿，洋溢着充沛的学术生命力，更是一份颇为珍贵的大学文化遗产。

长期以来，这批报刊资源养在高校“深闺”，对外开放程度不高，主动公布更是少见，严重制约着中外学术界以及交大师生校友对它们的研究与利用，更不利于百年交大历史文化遗产的传承与发扬。鉴于其重要史料价值与现实意义，学校档案文博管理中心以“交通大学百年报刊搜集整理、影印出版和数字化工程”为题，申报了2018—2020年上海交通大学“双一流”建设校园文化类项目，成功获得立项。该项目旨在全面搜集整理并影印出版上海交通大学1896—1949年公开刊印的各类期刊、报纸等出版文献，并建成可供校内外检索利用的数据库。此次影印出版的“学术学科”丛书，就是该项目的第一期成果。

翻阅这套大部头的报刊集成，大量校内外名家名师的高水平学术成果赫然在列，一批早期外国科学家与工程师的中译本文章也出现在其中，涉及的学人与学术成果不少都是各学科极具知名度的。例如，茅以升的钱塘江桥设计与施工研究，凌鸿勋的中国铁路研究，徐名材的化工教育研究，张廷金的无线电研究，赵祖康的公路交通研究，沈奏廷的铁道管理研究，辛一心的船海研究，顾澄的数学研究，陈柱的中国文学研究，马寅初的财政金融研究，杜定友的图书馆学研究，等等，不胜枚举。这些文章阐发宏论，探赜发微，各擅胜场，所阐述的问题除了具有较强的专业性外，还直指国计民生，关注社会生产力发展，深具交大“求实学、务实业”的优良学风，绝非躲在象牙塔内闭门造车式的学问。从中既可以了解交大前辈学人的学术气派，也可以吸收有益的治学经验，还能为新一代学人提供真实的历史借鉴，避免或减少不必要的曲折，更加稳健地走好自己的学术创新之路。

更激励人心的是，这些历史报刊中所反映的代表性学人、学科与学术成果的辉煌，正是如今建设交大“一流学科”历史必然性的坚实印证。在2017年上海交通大学入选国家“双一流”学科建设名单的17个学科中，船舶与海洋、数学、机械、土木、化工、电子电气、商业与管理等多个学科，历史上都办有专门的学术刊物，如《交大工程》《交大电机》《交大机械》《交大土木》《交大造船》《科学通讯》《震光数理》《管理》《经济学报》等等，这充分显示出厚重的学科积淀和清晰的学术传承。整理出版这些期刊，不仅是对交大先贤学术成就的致敬与礼赞，更增强了新时代交大人扎根中国大地，建设世界一流大学的底气与自信。

正所谓：“其作始也简，其将毕也必钜”。校史史料文献的收集整理与出版是一个永远在路上的文化工程，只有起点，没有终点。《上海交通大学百年报刊集成·第一辑（1896—1949）·学术学科》的出版仅仅是良好的开端，更多的后续成果将会陆续呈现，由此产生的整体效应必将发挥更大的存史、资政、育人效果，不仅为交通大学126年的成长留下真实写照，有利于我们深刻理解认识交大优良传统和优秀文化，而且更能提升大学文化软实力和影响力，凝聚起建设中国特色世界一流大学的最大向心力和最强精神动力。

是为序。

上海交通大学党委书记

上海交通大学校长

2022年1月

总序二

以《遐迩贯珍》(*Chinese Serial*)改名《六合丛谈》(*Shanghae Serial*),于清咸丰七年(1857)迁上海出版为标志,表明上海取代香港成为我国近代最大的商埠。同时,上海也逐渐发展成为我国最大的经济中心、最大的工业基地和国内外贸易中心,以及全国出版中心。同时,上海也是1949年以前我国高等学校最为集中的城市,在1947年达最高年份,高校总数为36所,并出版我国最早的文理综合性大学学报《约翰声》(*The St.John's University Echo*)等303种期刊。[①] 其中,清光绪二十二年(1896)由南洋公学发展而来的交通大学,于清光绪二十九年(1903)相继创刊《童子世界》(*The Childen' s World*)等75种期刊。

看历史比看未来要更为清楚,研究高校期刊不仅可知高等教育的过去,还可预知高等教育的未来。在学校"双一流"校园文化建设专项立项资助的背景下,上海交通大学的同仁全力开展"交通大学百年报刊搜集整理、影印出版和数字化工程"工作,实为功在当代、利在千秋之举。作为一位有着40余年编龄的期刊工作者和期刊研究爱好者,很乐意与大家分享我所了解的交通大学百年报刊史。

(一)

创刊于清光绪二十九年(1903)4月6日的《童子世界》(*The Childen' s World*)旬刊是晚清时期交通大学的代表性期刊,迄今已有118年的悠久历史。

甲午以还,忧国之士深感教育在培植治国兴邦之才方面的重要作用,遂有废科举、兴学堂之举。为求弥补西学师资不足的状况,也为求辅助课堂教学,晚清学堂或成立译书院,或订阅大量报刊,或自己创办期刊,作为日课,组织学子阅读学习。由此,确立了报刊在近世学堂中"何能舍此"的重要地位,成为清季所倡"研究""广育""报章"学务三端

① 姚远:《中国大学科技期刊史》,陕西师范大学出版社,1997,第167—190页。

之一。①

南洋公学亦于光绪二十四年（1898）成立译书院，“诹访通材，博求善本，数月之间，略之端绪”，并逐渐形成“先章程而后议论”“审流别而定宗旨”“正文字以一耳目”“选课本以便教育”等编辑原则，逐步翻译出版各国有关政治、历史、科技的书籍。以我国出版界前辈张元济为主持者（1899—1903年任主事），译述新学书籍。在其短暂的四五年存在期间，译书院曾出版了严复译述的《支那教案论》和《原富》（现通译《国富论》，[英]亚当·斯密所著）等30余种。光绪二十七年（1901）11月，张元济创办《外交报》旬刊，由商务印书馆代印出版。该刊从光绪二十七年（1901）至宣统二年（1911）1月共出300期，连续刊行10年。在翻译出版西书的同时，公学也出版了一些学生的国文习作。如光绪三十年（1904）印行的4卷本《南洋公学课文汇选》，即系南洋公学创办者盛宣怀、代总办张美翊在料检课文时，发现毕业生的课文，宗旨端正，词义渊雅，遂将其“汇为一编”。之后，又有1914年刊行的《南洋公学新国文》、1917年刊行的《南洋公学国文成绩二集》和1922年刊行的《南洋大学国文成绩第三集》，成为早期交大学生的国文成绩或教学辅助读物之一，与《童子世界》一起，形成晚清学校书、报、刊出版，并辅助教学与学术的新态势。

虽然南洋公学是一所以培养“新政”人才为主的学校，但它的教学体制、课程安排、规章制度、教员配备以至待遇等等，无不使人强烈地感受到封建社会的烙痕。部分旧派教员钳制学生思想，严禁学生传阅《新民丛报》等进步刊物，不准议论时政，因而引起学生强烈不满。光绪二十八年（1902）11月，学校掀起了一场空前规模的反封建专制的斗争，200多名学生退学抗议，素具民主思想的特班主任蔡元培，也因同情学生而愤然辞职。学生们退出公学后，为了继续求学，便向蔡元培主持发起的中国教育会请求帮助。是年11月20日，退学学生在教育会的支持下，成立了爱国学社，并于11月下旬正式开学。蔡元培被推为总理，南洋公学师范生吴稚晖任学监，章太炎、蒋观云等为教员。创刊于光绪二十九年（1903年）4月6日的《童子世界》旬刊，就是由南洋公学退学学生组织爱国学社的学生主办的。

尽管爱国学社后因吴稚晖等在《苏报》案中受到牵连而被迫解散，但它却为各地受压制的学生树立了榜样，并在当时社会各界引起强烈的反响。进步舆论纷纷对南洋公学退学学生的行动予以支持，并给予极高的评价。由此也不难看出，交大所具有的追求真理、爱国爱校的优良传统，早在南洋公学时期便已播下了种子。

① 姚远、颜帅：《中国高校科技期刊百年史》，清华大学出版社，2008，第7—8页。

（二）

交通部上海工业专门学校于1915年6月创办的《上海工业专门学校学生杂志》（*The Nanyang Students*）是辛亥革命以后和五四运动前夕，交通大学最具代表性的一份文理综合性期刊。

《上海工业专门学校学生杂志》实际上由中文、英文两部分组成，英文刊名为*The Nanyang Students*（《南洋学生》），可谓中西合璧。其创刊号载有中文文章30余篇，英文文章20余篇，自然科学和工程技术中的英文文章占绝大多数。其中有专文对中国工业不发达之故进行论述，而对“华人与狗不得进入”也有鞭辟入里的痛斥。

1915年1月，上海工业专门学校学生“感于本校精神之涣散、情谊之淡薄”而组织了南洋学会。该会“以联络感情，交换知识，焕发精神，引起兴趣为宗旨”，于1915年6月创办了会刊《上海工业专门学校学生杂志》，由上海中华书局代印。校长唐文治在序中指出，“盖徒知文明之足以治天下，而不知甲胄戈兵之已随其后，悲夫。近代学子稍稍研求科学，徐而究其实，乃徒知物质之文明，而于有形无形之竞争，曾未尝少辨焉……我知中国必将有圣人者出，先以无形之竞争趋于有形之竞争，乃复以有形之竞争归于无形之竞争……我校诸生讲求工业，谋印杂志，公诸当世。余特发挥文明之学说，以勖勉之益，将以振起我国民也”。[①] 主要办刊人张荫熙在“发刊宣言”中也进一步指出：“铁道、电报、船舶、电话，有形之交通也；方言、国语、报章、杂志，无形之交通也。吾国进步之滞在有形之交通，尤在无形之交通。本校造就之材在有形之交通，亦在无形之交通。……本杂志发轫伊始，倚重科学，意在实艺，不务修辞，文旨谫陋，顾形自惭。博雅君子，宏垂教诲，所欣慕焉”。该刊在注重学术的同时，还大力宣传爱国主义思想，如张荫熙的“发刊宣言”，便饱含忧国忧民、爱校爱国之情，他说：“以吾之心度天下千万人之心，吾以吾之性测天下千万人之性，必不尽一性，必不尽同。然观国徽而致敬，瞻校帜而生爱，油然而自发者。此天下千万人之性皆同，心皆一也。推此心达此性，虽以之救国可也。同人不揣绵薄，上欲：以一二人爱校爱国之心为天下千万人爱国之心；下欲：以一二人好察好问之性起天下千万人好学之性。此本杂志之所为刊也。”[②] 他由国旗联想到校旗，由爱国联想到爱校，由一二人爱校爱国谋求千万人爱国，由一二人好学好问谋求千万人爱好学术，反映了该刊独特的爱校爱国观。

该刊于1920年停刊，共出版14期，为中英文合版，先后发表学术性文章62篇。其内

① 唐文治：《上海工业专门学校学生杂志·序》，《上海工业专门学校学生杂志》1915年（创刊号），第1页。

② 张荫熙：《发刊宣言》，《上海工业专门学校学生杂志》1915年（创刊号），第2—3页。

容包括：论著、工艺、科学、文苑、记载、说部、杂俎、体育等。其中在工艺与科学两个栏目中，每期都发表学术性文章若干篇，涉及数、理、化、天文、生物、地质等基础科学的各个领域。

张荫熙在述及其栏目时，言简意赅地概括出杂志的层次性和丰富内容。此处不妨罗列如下：第一，论著类——“贤良对策，下帷功勤，神龙嘘气，上薄为云，翻江泻海，写我云云，倒倾三峡，辟易千军”；第二，工艺类——“郢人垩墁，运斤成风，秦台毕午，缘木腾空，昆明大匠，蔗蒻纤工，广参玄化，判白批红（述及建筑、工具、航空等巧夺天工的工艺技术）；第三，科学类——“铄凝金石，辨析元霜，立竿求影，法出圆方，铜山西响，斗柄北芒，潮流往复，海换沧桑（述及冶金、化学、计时、数学、天文、海洋、地球演化等科学内容）；第四，体育类——“射御书数，干戈翰墨，入室生徒，拔山气力，起陆龙蛟，眈吞四国，乾乾天行，自强不息”；第五，文苑类——“词追回波，诗宗皮陆，屈宋文章，芙蓉初沐，西子笑颦，强效捧腹，春华秋实，贵称厥服”；第六，杂俎——“解人颐旨，妙语连环，凤麟毛角，文豹一斑，竹头木屑，如叶满山，包罗天地，收纳尘寰”；第七，说部类——“山海鬼神，寓言所讬，出入齐谐，东方北郭，芸芸众生，沉溺一壑，觉世觉人，亦天之铎”；第八，记载类——“羲皇结绳，周人削漆，杌梼春秋，谨严一笔，三百六旬，尘事乙乙，纸上爪鳞，驹影何疾”；第九，欧文类——“春蚕食叶，秋鳌行秔，分王海国，贝叶千行，不龟手药，洴澼洸方，因人设用，作我渡航”。

总的来看，《上海工业专门学校学生杂志》仍属以自然科学和工程技术为主的综合性期刊。在英文目录中，其栏目被分为Engineering（工程技术）和Science（科学）两部分。在科学技术与社会研究方面，创刊号发表有蓝兆乾的《科学救国论》（续至第3期）；林若履的《论本国工业不发达之故及其将来之推测》（续至第2期）；第3期发表有蓝兆乾的《欲兴实业引起社会热心其道何由》，第2卷第1期发表有鲍国宝的《说学会》和蔡其标的《以国文治科学平议》等。在自然科学基础理论研究方面，创刊号发表有李石林的《化学上之心得》，陈长源的《炮术与落体抛射体之互相关系》（续至第2期），金云的《论多次方》，金汤的《肥皂泡及其膜之张力》等；第2期发表有裘维裕的《几何三题》，林若履遗稿《空气杀人论》，心塞的《摄影谈》（续至第3期）等，第3卷第1期发表有戴芽澜的《裂殖菌》等。在工程技术方面，其内容较自然科学基础论文的内容更为丰富，包括电气工业、铁路建筑、电车运营技术、水利工程、无线电技术、海底电报技术、探海灯、双翼飞机制造、道路工程、房屋建筑、安源煤矿调查等诸多方面，反映了早期交通大学在译介西方现代工程技术知识方面的一些贡献，以及在几何学、微生物学、科学社会学研究方面的一些心得。

之后,随着学校的发展,交通大学创刊了一批重要期刊,忠实记载了学校各个时期的发展。诸如:交通大学由多科性大学实现向工科大学转型的代表性刊物——《南洋季刊》和《交大月刊》;交通大学综合性自然科学代表性期刊——《科学世界》和《科学通讯》;交通大学管理科学与工业经济代表性期刊——《交通管理学院院刊》《管理》和《经济学报》;工程技术学科的代表性期刊——《工程学报》,等等。

(三)

交通大学在长期的办刊实践中,也形成了独特的办刊思想。校长唐文治在宣统三年(1911)四月给主辖部门邮传部转咨学部的呈文中,认为"科举既停,专重科学,科学尚实,不宜诱之以虚荣"。他立足于科学救国和实业救国,本着中学为体、西学为用的原则,既弘扬中华民族的传统文化,又积极汲取西方先进的科学技术和工业文明。唐文治于宣统元年(1909)四月将这种崇尚实学、爱校即爱国的思想写进校歌:"珠光灿,青龙飞,美哉吾国徽;醒狮起,搏大地,壮哉吾校旗;愿吾师生全体,明白旗中意,既醒勿睡,既明勿眯,精神常提起。实心实力求实学,实心实力务实业。光辉吾国徽,便是光辉吾校旗。"唐文治对新一代学生寄予莫大希望,呼吁社会予以爱护和培养。他认为:"今者科举停,宪政举,天下之人将尽出于学校,天下之言政治、言学术、言外交法律、为农工商诸实业者,将尽出于学生,天下之所仰赖者非学生而谁赖?而世乃疑之、忌之、摧之、残之、废之,弃之者抑又何也?"①在谈到学生、学校与国家的关系时,他认为:"学生之对于学校,爱情已矣。有爱情于学校,乃能有爱情于国人。"②"我校诸生讲求工业,谋印杂志,公诸当世。余特发挥文明之学说,以勖勉之益,将以振起我国民也。"③这种将学校、国家,以及将期刊、国民相联系的思想,突出地反映了高校期刊的社会纽带作用。

南洋公学向以"注重国学、国文,以保存国粹和注重科学工艺,以增进民智"为校风,而这种"精神所汇集之点,则爱国救民也"。工业专门学校时期的学校章程亦在第一章宗旨中规定:"教授高等工业专门学科,养成工业人才,并极意注重道德,保存国粹,启发民智,振作民气,以全校蔚成高尚人格为宗旨。"这种讲求文理融通的学风甚至比北京大学还要早些,而且增加了注重国学、国文以保存国粹和爱国济民的内容。早在南洋公学时期,

---

① 唐文治:《学校培养人才论》(1909年),载《交通大学校史》撰写组编:《交通大学校史资料选编第一卷》(1896—1927),西安交通大学出版社,1986,第146页。

② 唐文治:《学生格》(1912年),载《交通大学校史》撰写组编:《交通大学校史资料选编第一卷》(1896—1927),西安交通大学出版社,1986,第158页。

③ 唐文治:《序》,《上海工业专门学校学生杂志》,1915年第1卷第1期,第1—2页。

该校即提出："我国学者多讲求哲理，而少研究科学；多重视文学，而少注重艺术……今我国之所不及他国者，其尚在哲理之少讲求，文学之多不重视乎，抑亦于科学之少研究，艺术之多不注意也。夫科学少研究，则新理何由发明；艺术多不注意，则新物亦何由制作，徒固守数千之哲理文字，其能免天演物竞之淘汰乎？！母校知其然也，故以科学艺术与哲理文学并重。[①]。正因为这种通才教育模式，故该校成为政治家、实业家、教育家、小说家，"乃至有震古铄今之名将"等各种优秀人才的渊薮。[②]

学术期刊，历来代表着一种最富创造力的文化现象，也是报道新思想、新发明和传播新理论的主要途径。进入 19 世纪以来，期刊取代了 16 至 18 世纪学者间的通信形式或图书小册子形式，逐渐成为记载和传播学术最迅捷、最重要、最系统和最权威的媒介。英国学者迪克认为："假设没有定期刊物，现代学术当会以另一种途径或缓慢得多的速度向前发展，而且无论是科技工作还是社会科学工作也不会成为如同现在一样的职业。"[③]国立北平大学的欧阳谙教授曾精辟地揭示西方文明何以进步的两大标志，即："试观泰西文明之进步其原因果何在？以吾所知，亦不外一实验室、一出版物耳。"[④]

吴宓曾指出，"大学是保存人类精神文化遗产的地方，一国一族有它自己光荣的文化遗产，全人类有全人类的公共产业。一般高级的文化遗产，都少实利的效用，所以必须靠最高的学术机构去保存它、去光大它"。[⑤]而精神或思想不能仅存于大脑，或满足于课堂宣讲，必须通过学校期刊这样的媒介公之于众才能发挥大学的价值，这正是学校期刊的功能与责任所在。这说明大学学术期刊是与社会沟通的一座桥梁，是学术成果流入社会的一道闸门，是大学学术传承与发展的一个品牌。

上海交通大学档案文博管理中心主持的"交通大学百年期刊搜集整理、影印出版和数字化工程"，意义在于：一可展现学校厚重的文化底蕴，提升学校世界"一流大学""一流学科"建设的历史底气，增强师生校友建设实现"双一流"建设的自信心和使命感；二可通过期刊史料发掘，深化学术文化研究，深化校史文化研究，展示各个历史时期学术探索的轨迹，丰富校史文化资源建设，有利于落实文化引领战略；三可通过饮水思源，回顾历史，提炼爱国、爱校精神，联络海内外校友感情，增强广大校友、师生的凝聚力。因此，这显然

① 陈容：《南洋公学之精神》，载南洋公学同学会编：《南洋》1915 年第 1 期。

② 邹恩润：《对吾校廿周年纪念之感言》，《上海工业专门学校学生杂志》1917 年第 1 卷第 1 号。

③ ［苏］米哈依洛夫等：《科学交流与情报学》，徐新民等译，科学技术文献出版社，1983，第 64—65 页。

④ 欧阳谙：《卷头语》，《工业月刊》1929 年（创刊号），第 2—3 页。

⑤ 吴宓：《大学的起源与理想》（1948 年 4 月 16 日），载《国立西北大学校刊》1948 年第 36 期，第 7—9 页。

是一项艰巨浩大的校园文化工程，是高等学校传承优秀高等教育文化的一个创造，具有重大历史意义和现实价值。

姚远

西北大学科学史高等研究院特聘教授

2022 年 1 月

影印说明

《上海交通大学百年报刊集成》整理、影印交通大学1896—1996年期间出版发行的报纸、刊物，是大型史料丛书，丛书将分批整理、影印出版百年交大的期刊、报纸资源。"第一辑（1896—1949）· 学术学科"，整理影印新中国成立前交通大学[①]及各院系、研究所及相关社团自主创办、编辑、出版印行的"学术学科"类期刊共49种，共22册。第一辑依内容的学科属性，分为6卷：《综合卷》《工程卷》《理学卷》《经管卷》《研究所专刊卷》《国文卷》。为便于读者了解丛书的搜集、整理、编辑和影印过程，特作如下说明：

（1）本套丛书影印所依据的底本，尽量采用期刊的刊印原件，以保证文献的原始性与原真性。期刊原件主要有两个来源：一是本校档案馆馆藏历史档案。这些档案类期刊品相良好，质量上乘，虽已实现数字化保存，但此次为了保证影印精度，均调取原件予以重新扫描与技术处理。二是本校党史校史研究室历年搜罗购置的期刊原件，如查无原件，则以购置的电子资源替代。此外，还有来自上海图书馆馆藏期刊电子扫描件。该馆以较全面地收录晚清民国期刊报纸并建成特色数据库见长，其中就包含不少稀见的交通大学学术期刊。

（2）秉持"广泛搜罗，择优入书"的原则，在选择期刊版本的过程中，编者对不同馆藏地的版本优劣进行互勘比对，择取品相优质、内容完整、装帧美观者入书。

（3）为保留报刊内容的原真原貌，本次影印不作信息更动或删减，请读者使用时自鉴；若遇期刊底本漫漶、文字错误、划痕褶皱等问题，则酌情予以更正、补充或说明。

（3）丛书各卷卷首，配有"导语"，内容涉及学科沿革史、学科特色、期刊地位、重要学人以及学术贡献。编者为每一种期刊撰有"简介"，简要交代馆藏信息、创刊缘起、办刊宗旨、运作方式、特色栏目、学术成果、社会影响等，便于读者研究时参考。

（5）本套丛书后续将出版作者索引卷。凡在期刊中发表过文章的作者，按照笔画顺序

---

① 交通大学校名在新中国成立前曾出现多次变更，1896—1905年称"南洋公学"，1905—1911年称"上海高等实业学堂"，1912—1920年称"上海工业专门学校"，1921—1922年称"交通大学上海学校"，1922—1927年称"南洋大学"，1927年至1949年称"国立交通大学"，此处统称"交通大学"。

先后排列，并在作者姓名后面注明发表文章所在的册数、页码，以便读者查考利用。

由于时间匆忙，体量浩繁，加之期刊底本来源多元，部分底本中出现正文缺损、字迹模糊、字句与公式难以识别等问题，敬请读者谅解。

总目录

综合卷

叶璐 主编

工程卷

何菲 主编

国文卷

欧七斤、朱恺 主编

国文卷　导语

本卷收录清末民初时期由学校掌校者鉴定，国文科教员编辑，于1904—1926年期间连续刊行的4种国文课业成绩，分别是《南洋公学课文汇选》（2册4卷，1904年）、《南洋公学新国文》（4册4卷，1914年初版）、《南洋公学国文成绩二集》（8册8卷，1917年初版[①]）、《南洋大学国文成绩第三集》（8册8卷，1926年初版）。除第一种原版来自天津图书馆藏本外，其余三种原版均收自上海交通大学校史研究室藏书。

新中国成立前的交通大学，是一所以工科见长，兼重理科、管理科的高等学府，初创10年（1896—1905年）即南洋公学时期以培养法政人才为主，此后改隶交通实业部门，旨在培养工程实业专才，被誉为“造就建设人才的最高学府”[②]。清末民初时期的交通大学何以致力于连续编印与学校办学宗旨相左、与学生所习专业基本无涉的国文课业丛刊？这些国文丛刊有何特色和时代风格？体现出同期学校哪些办学理念与人才培养目标？欲解答这些疑惑，首先需要了解从交通大学创始人盛宣怀到早期重要校长唐文治一脉相承的国文教育理念。

晚清时期，西学势不可挡，一波波涌入中国。积数千年底蕴的中学如何与西学协调共生，成为亟待近代时贤回答的时代命题。“中体西用”是晚清时期对待中西学关系的主流思想。作为晚清官商两界重要人物的盛宣怀将这一思想作为其办理南洋公学等新式教育不可须臾背离的办学原则。在1898年6月呈奏《南洋公学章程》中，他明确宣示了这一原则：“公学所教，以通达中国经史大义、厚植根柢为基础，以西国政治家、日本法部文部为指归，略仿法国国政学堂之意。”[③]即，所造就人才既要通晓中国传统义理之学，也要精修西方先进科学知识；前者是形而上的“道”，属修身德性，后者是形而下的“器”，属知识技

① 1917年曾刊印《交通部上海工业专门学校（旧名南洋公学）新国文二集》，除书名相异外，出版发行、收录内容等与《南洋公学国文成绩二集》一致，均为八册八卷。

② 蔡元培：《在孙科就任交通大学校长典礼上的演说》，《蔡元培全集》（六），浙江教育出版社，1997，第333页。

③ 盛宣怀：《南洋公学章程》（光绪二十四年四月二十四日，1898年6月12日），《愚斋存稿》第二卷，第23页。

艺。办学过程中,公学课程依照“学则中西兼课”原则,分中学、西学课程,各分半天讲授。具体而言,“其教中学也,略师宋儒经义治事之法,以六经为体,以历代政书如通典通考通礼为用,分门研究,务当实用,不为高远之论。……其教西学也,始于西文西语,以渐及于各国法律政治之精,沿流溯源,务究其旨”①。中学教学方面略仿书院讲读形式,比如,中院中学课程分设学课、文课两部,文课又分讲读、译述,“述”便是作文课,每周六午前完成,“或口授一事,令述以文言;或授以作意,令成为篇段”②。又有每月月考、三月小考、每年大考课业习作,经教习批阅,分别呈送总办鉴核,最后由督办盛宣怀核定等次,给予相应奖励。1903 年冬,南洋公学提调兼代总办张美翊将以中院生为主的优异课业编辑成册,定名《南洋公学课文汇选》,1904 年正式刊印行世。

1907 年至 1920 年执掌校务长达 14 年的唐文治校长,承续盛宣怀中西学并重的办学理念,将国文教育这一传承中学的重要途径推向高点。他在不遗余力地引进西方科学教育、创建近代工科大学的同时,视国文为国民精神的象征与传承我国数千年优良传统文化的载体,认为传扬国文是加强德行教育、发扬国民精神的一个主要方式。他说:“且夫国货者国民之命脉也,国文者国民之精神也;国货滞则命脉塞,国文敝则精神亡;爱国者既爱国货,先当维持国文,此读国文为救世之第二事也。”③“人格与文格相须而不可离也。”④他坚信“国文宜兴而不宜废,历千百年而不可磨灭”⑤,并大声疾呼:“吾校之同人及学子亦皆精研国文,孳孳不倦,有以拨张吾之学识,异日者中国之文化其先盛于我校乎!”⑥

出于对国文在传承我国传统文化、进行品行教育上重要性的自觉认识,以及抵制清末民初全盘西化思潮对传统文化的巨大冲击,唐文治极其重视国文教育,将国文教育列入办学宗旨与章程。到任不久,他重订学校办学章程,将办学宗旨变更为:“本学堂分设高等科学造就专门人才,尤以学成致用振兴中国实业为宗旨,并极意注重中文,以保国粹。”⑦当中“极意”二字凸显出唐文治对于国文教育坚决执行的态度。为此,学校于 1908 年设立国文

① 盛宣怀:《请将何嗣焜学行宣付史馆立传折》(光绪二十七年十月,1901 年 11 月),《愚斋存稿》第六卷,第 3 页。

② 白作霖:《编译教科书的意见》(光绪二十五年 1899 年),《交通大学校史资料选编》(第 1 卷),西安交通大学出版社,1986,第 62 页。

③ 唐文治:《中学国文新读本·序》,《茹经堂文集》第二编第五卷。

④ 唐文治:《南洋公学国文成绩二集·序》,《南洋公学国文成绩二集》,苏州振新书社、上海苏新书社,1917。

⑤ 唐文治:《南洋公学新国文·序》,《南洋公学新国文》,苏州振新书社,1914。

⑥ 唐文治:《中学国文新读本·序》,《茹经堂文集》第二编第五卷。

⑦《邮传部上海高等实业学堂章程》,《交通大学校史资料选编》(第 1 卷),西安交通大学出版社,1986,第 201 页。

科，不招收专攻国学的学生，而是专门组织开展各工程专科及中小学学生的课内外国文教学活动，开创我国高等工科学校中设立中文系的先例。① 该科聘请学养高深的李颂韩为国文科主任，聘许指严、黄世祚、朱文熊、邹登泰、汤存德、吴汉声等精于国学者先后任教员。

重视国文教育的理念贯穿学校整个办学过程当中。学校在招考各级学生时便注重考生的国文基础，无论是专科，还是附属中小学"招考时先试中文、修身一科，不及格者不录"。② 教学过程中，国文课程设置的比重较大。每周日上午，还另有课外的国文教学，称作"Sunday School"。周末学校分设甲、乙两班，学生可以自愿参加。甲班由唐文治亲自授课，乙班由国文科科长李颂韩讲授。唐文治结合道德教育为学生讲授经学，十数年如一日从不间断。主校后期，他双目已近失明，仍然让人搀扶着登上讲台，背诵经文一字不差，讲解精微透彻，学生为之感动不已。

除周末授课之外，学校于 1908 年成立国文研究会，全校学生均系会员。学校每年组织一次由大学、中学及附小学生参加的国文大会（即作文比赛，附小学生另出考题），时间定在每年孔子诞辰日（农历八月二十七日）前一个周日的上午。唐文治亲自参与命题、阅卷。会考结果在孔子诞辰日发榜，作文成绩名列前十者分别奖给金牌、银牌、铜牌及书籍等。由唐文治主持，李颂韩、邹登泰等国文教员编辑校订，选印历年国文大会及平时学生课业的精品佳作，先后于 1914 年、1917 年编印《南洋公学新国文》《南洋公学国文成绩二集》。1922 年，邹登泰援引前例，将 1917 年至 1920 年间学校国文大会及学生优秀课业编就《南洋大学国文成绩第三集》，后因时局动荡，人事更迭，延至 1926 年正式出版。

此后直至 1949 年新中国成立前，重视国文教育的传统在交大延续下来，"国文科"更名为"国文系"，唐文治的高足陈柱、王蘧常等先后担任系主任。国文大会演变为国文会考，年年举行，传承不辍，甚至在学校因全面抗战而迁至重庆办学期间也照常举行，成为学校国文教学上的一大特色。有佳作美文，如王福穰《登楼赋》（1942 年），至今尚流传于交大师生之间。不过，由于西学高歌猛进、时代风气变迁，20 世纪三四十年代的交大国文教育水平总体上不如清末民初时期，也未能将国文课业汇集出版。

上述所辑 4 种国文课业汇编大多数为文言文体，少部分为诗词体，篇数分别为 67 篇、247 篇、415 篇、318 篇，共计 1,047 篇，作者数分别为 21 人、110 人、93 人、132 人，共计 356 人，既有一人著一篇，也有一人著多篇，甚至数十篇者，如陈柱著写的作品多达 46 篇（多为诗赋），邹韬奋（在校学名邹恩润）著有 23 篇之多。作者多系在校生，以中学部（南洋公学为中院、高等预科，此后是附属中学）为主，也有专科生甚至附属小学的学生。四种国文课

① 《交通大学校史》，上海教育出版社，1986，第 91 页。
② 《上海学校调查记（录时事新报）》，《东方杂志》1915 年第 12 卷第 8 号"内外时报"。

业汇编具有如下特点：

一、延续长达20余年，并一脉相承。1904年首印《南洋公学课文汇选》开创风气，1914年刊印《南洋公学新国文》，除校名沿用之外，"新"字既体现出所收文章"无题不新，有美必录"[①]的意味，也预示其与前版相比具有全新的内容与体例。此后二集、三集，更是与前编有序衔接，推陈出新。1918年出版1914年与1917年版的合集，直接将1914年版称为《南洋公学国文成绩初集》。三集推介广告中更有"宗旨之纯正，一如前两编"[②]等语。

二、分门别类，内容广博，体系完备。汇编所收文论，除1904年版分为中国历史、西方历史、地理、法律及哲学五门类外，其他分类大体稳定，相互承续。1914年版初集参照传统书院课艺分类法，分为九大门类：原类（模仿韩愈的"五原"文体）、释类（阐释儒家经典大义）、说类（陈说事理）、读类（读书感想）、书后类（续写名篇）、合论类（对比两人或两事）、论类（评论历史人物或事件）、问类（类似策论，借助问答方式发表观点）、杂文类（代拟稿、传记、赋词、记事等）。1917年版二集在前版门类基础上，将经说类从说类析出，论类细分为性理论类、杂论类、辨类，杂文类细分为拟类（代拟文稿）、古今诗体类、杂文类，共计16门类。1926年版三集对二集稍作调整，分别改辨类、拟类、杂论类为通论类、书牍类、通论类，增加时务论类，共17个门类。从门类上看，学生所作文章多数为论说体，也有序跋、记叙、传记等应用文体，或者表达心声、文学色彩浓厚的古诗词体、游记。绝大多数文章之后附有国文教员、编订者乃至唐文治、卢炳田等校长的精要评语，短则画龙点睛式的聊聊数词，长则有上百字之多的长短句。

三、新旧杂糅，富有时代特色。从类别和题目可以看出，当时交大学生所写文章内容比较丰富，既有传统的经义、古文和策论一类传承经典的文章，也有对社会变革、国家前途、世界潮流的关注与评论，并提出独到见解主张和意见，运用传统文体来表达新观念、新思想。如1904年版的国文汇编，收录张铸的《论巴拿马运河之开通》、张在清的《门罗主义》等。1914年版的国文成绩，收录陈仁愭的《释自由平等共和独立诸名词字义》、邹韬奋的《斯宾塞谓修道之法在于尝人生最大之辛苦说》等。1917年版的国文成绩，收录王济炽的《中华民国颂》、彭昕的《拟通告全国学校广设国学传习会议》。1926年版的国文成绩，更增加"时务论类"，收录贡乙青的《中国宜注重满蒙主权论》、郭守先的《劳农神圣论》等15篇中外时论。

四、从研究角度讲，交大所辑国文汇编系列具有较高的史料价值。通过分析所收文论内容，可以管窥清末民初以及新文化运动时期青年学生群体的总体思想状况；对于唐文治、邹

① "插页广告"，《南洋公学国文成绩二集》，上海苏新书社、苏州振新书社，1917。

② "插页广告"，《南洋大学国文成绩第三集》，上海天一书局，1926。

韬奋、凌鸿勋、陈柱、孟宪承等近代人物研究，他们被收录的作品也是难得的一手资料；所收学校大事记、校园游记、诗词等内容以及书刊的编辑出版状况，是研究交大校史与办学传统的宝贵史料。

本次所收录的四种国文汇编，在严格意义上不属于正式期刊。然而考虑到这些书刊的刊行先后相接，持续20余年不辍，且收录的文章都是在校学生的优异国文课业，内容丰富而珍贵，因此列入报刊影印工程及国文类学术成果中加以影印出版。

《南洋公学课文汇选》和《南洋公学新国文》刊印后，在坊间风行一时，成为当时流行的作文范本。盛宣怀在读到《南洋公学新国文》时欣喜万分，评价这些文章"浓淡清奇，无美不备，直可当一部子史菁华录。读洋洋大文，叹为观止！"①

国文汇编的连续编辑出版，还在一定程度上推动了全国众多学校对国文教育的重视，促成了民国时期教育界编辑"国文成绩"的热潮。继1914年版初集成功编印并获得巴拿马世博会金奖之后，各省各校及书商纷纷效仿编印类似丛刊，邹登泰等教员也参与其中，助推了这股热潮。例如，《江苏省学校国文成绩》(1915年)、《江西省学校国文成绩》(1915年)、《江苏各校国文成绩精华》(1915年，邹登泰选编)、《全国学校国文成绩大观》(1921年)等相继刊印。

重视国文教育，注重德行教育，这种理念助推交大培养了一批品学兼优、文理兼通、中西学并重的新型科技人才。早在1916年12月，学校在向交通部提交的《本校专门人才急宜设法广为录用案》中就称："本校毕业生不独于专门科学有高等之学识，且于国学亦颇有根柢，盖本校之于国学素所注重也。"②这一时期的毕(肄)业生如凌鸿勋、丁西林、杨荫溥、鲍国宝等便是典型的文理兼通之才。系统的国文教育使交大形成了文理渗透、工文并重的特色教育模式，使这座理工见长的高等学府洋溢着浓厚的研读文史的风气。学生在潜移默化之中陶冶了情操，塑造了良好的道德品行。正如1920年电机系毕业生、我国电讯先驱于润生对交大国文教育予以的高度评价："当时母校虽为研读现代工程技术之最高学府，而对于处世接物、修齐治平之道，以及中国文学结构与修辞之术，仍不断在同学脑海中孕育滋长。"③

老交大在20世纪对国文传统教育的高度重视、对中西学并重的积极倡导、对人文和科学密切结合的前瞻性实践，对于正在建设中国特色世界一流大学的上海交大，以及正奋进在中华民族伟大复兴道路上的中国高等教育事业不无借鉴意义。

---

① 盛宣怀:《致唐文治函》(1914年9月19日)，上海图书馆藏盛宣怀档案，档号：045003-2。

② 南洋学会编:《交通部上海工业专门学校学生杂志》(1916年)，第1卷第4期。

③ 于润生:《追忆交大崇文尚武的精神》，《老交大的故事》，江苏文艺出版社，1998，第91页。

目 录

《南洋公学课文汇选》简介

该书于1904年刊印，由南洋公学提调（相当于教务长）兼代总办（代校长）张美翊选编，南洋公学创始人、督办盛宣怀题署。据封底版权页信息，具体出版时间是"光绪三十年四月初一日"，即1904年5月15日；书册为铅印线装本，每部2册，定价7角；"编次兼发行者"为南洋公学；"贩卖所"即发行书局，是上海的作新社图书局、开明书店及分设上海、广东的宏文阁。[①] 全书空白页或页面空白处插入花鸟等造型的铅印版画，有近百幅之多，形态各异，文图相间，颇为美观。目前，该书存世稀少，仅见上海图书馆、天津图书馆收藏全本2册4卷。

《南洋公学课文汇选》的编印缘起与宗旨，正如张美翊在该书"序"中所述，南洋公学自1897年正式开办以来，"华洋教习分科教授诸生，敦品力学，中西并进"，肄习学生"彬彬乎质有其文，称为东南翘秀"。他自1902年冬接掌校务以来，"夙夜兢兢，讲求教育，诱掖奖励，一本于诚。诸生循蹈规矩，所业益进"。1903年寒假期间，他"料检课文，大率宗旨端正，词义渊雅，因汇为一编"，意在"藉知吾公学研究国粹，造诣如此"。[②]

该书主要收录南洋公学中院及各级学生的国文课业习作，共计67篇，内容集中于中外历史、地理、法律及哲学等领域。[③] 其中第一册即第一、二卷是"中史"，即中国历史，共35篇，偏重诸子学说、历代治乱及重要人物之评述，如《杨墨优劣论》《隋富而亡唐贫而兴论》《文天祥请建四镇论》等。第二册即第三、四卷，分别收录"西史"即西洋历史10篇，"舆地、法学和哲学"22篇，多数体现了极具时代感的新命题、新观念，如《论英国公党保党》《论巴拿马运河之开通》《论物竞为文明之原因》等，体现出20世纪初年新学堂学生日

---

① "版权页"，《南洋公学课文汇选》，上海作新社图书局等，1904。

② 张美翊：《南洋公学课文汇选·序》，《南洋公学课文汇选》，1904。

③ 最后一篇《门罗主义》，录自1903年"六月初十日《新闻报》"，为该届中院毕业生张在清在7月14日毕业典礼上英文演说文稿。文稿翻译后，经美籍西学教习勒芬迩（Leaven worth）推荐，刊载于《新闻报》，这是全书唯一一篇非国文课业，属附录性质的文论。

益接受各种西学新识。全书不少篇名相同，如《宋高宗南渡论》5 篇、《管子为政四民不使杂处论》4 篇等，可知此为国文教习所命课业题目。每篇作品之后均有批语，言简意赅，意在褒扬奖掖，应为国文教习所作批语。

所收文章署名作者共计 21 人，人均著作超过 3 篇。收录文章最多 6 篇者，有 3 人：张铸、吴福康、刘树圻；收录 5 篇者亦有 3 人：夏孙鹏、吴清庠、王承恩；6 人收录文章总计 33 篇，几乎占全书一半。全书尚有 3 篇未署名。知名作者有张铸（1905 届中院毕业生、后任交通大学上海学校主任）、夏孙鹏（1905 届中院毕业生，后任吴淞商船学校、福州海军学校代理校长）、恽树珏（即恽铁樵，1903 年入读中院，《小说月报》主持者、著名医学家）、吴清庠（1903 年入读中院，南社社员、著名藏书家）、罗鸿年（1907 年肄业，后任北洋政府财政部次长、教育部次长）等。

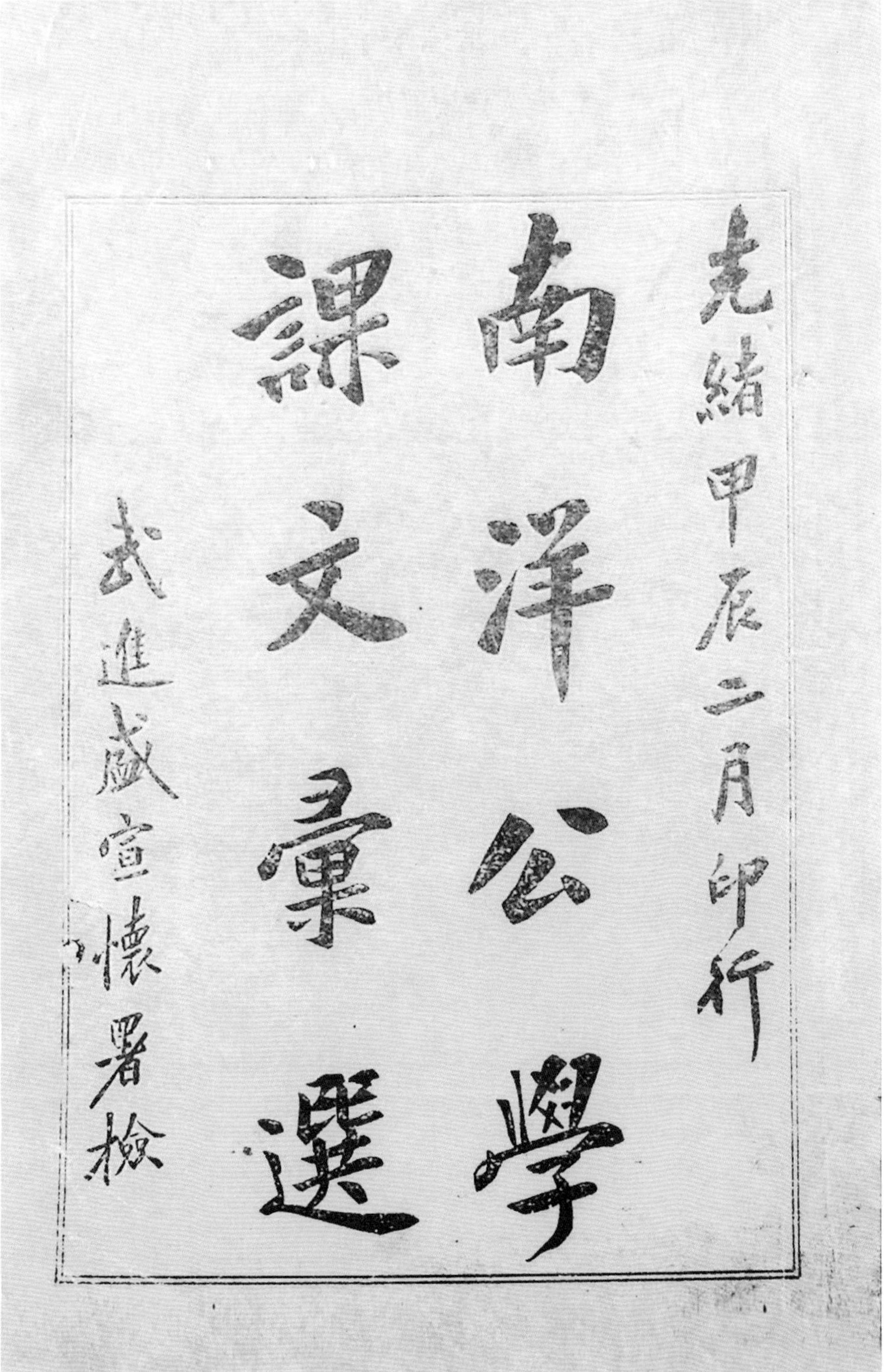

光緒甲辰二月印行

南洋公學

課文彙選

武進盛宣懷署檢

序

毘陵宮保奏設南洋公學自光緒丁酉迄今癸卯七年於玆矣華洋教習分科教授諸生敦品力學中西並進其高材生有遣赴外洋游學者有調往京師外省爲學堂教習者有繙譯圖籍述作斐然擢取科第以去者彬彬乎質有其文稱爲東南翹秀余以壬寅冬承乏之來此念時局之多艱人材之難得夙夜兢兢講求教育誘掖獎勸一本於誠諸生循蹈規矩所業益進今冬放學料檢課文大率宗旨端正詞義淵雅因彙爲一編藉知吾公學研究國粹造詣如此少年文字固不能繩以文家義法要其歛材就範未嘗放

言高論蓋可以得其大概云

光緒癸卯季冬月甬上張美翊

國文彙選目次

卷一　中史上

卷二 中史下

卷二 西史

問英法兩國助土攻俄克雷木之戰號稱最劇克雷木者伸入黑海中有微地相連元秘史作客兒綿古金黨汗三屬部之一也當時多惱河之役土屢勝俄其大將何名克雷木海口礮臺以何爲緊

要是役英法統將著名者何人其始末情形可得聞歟　張鑄

問英法兩國助土攻俄克雷木之戰號稱最劇克雷木者伸入黑海中有微地相連元秘史作客兒綿古金黨汗三屬部之一也當時多惱河之役土屢勝俄其大將何名克雷木海口礮臺以何爲緊要是役英法統將著名者何人其始末情形可得聞歟　錢淇

論孟洛主義　夏孫鵬

論西鄉隆盛　夏孫鵬

福澤諭吉慶應義塾記書後　高恒儒

中有微地相連元秘史作客兒綿古金黨汗三屬部之一也當時多惱河之役土屢勝俄其大將何名克雷木海口礮臺以何爲緊要是役英法統將著名者何人其始末情形可得聞歟

張在清

述美國據斐律賓羣島事

張鑄

述美國據斐律賓羣島事

夏孫鵬

問英吉利屬地徧五洲因之通商用兵皆占其勝各洲要害所在試舉其畧

楊錦森

讀那特硜政治學書後

張在清

萬國憲法志書後

劉樹圻

目次

國文彙選目次終

國文彙選卷一

南洋公學肄業生學

楊墨優劣論

羅鴻年

一物一我而天下成楊說出而天下無物墨說出而天下無我無物則舉世無交際無我則生人無自存二者胥無當也今天下之事簡者日以繁純者日以雜而人又待治者多自治者少所謂悉天下而爲我人人不利天下而天下治之盛勢不可以冥想期此無物之說不可行也我一也而物萬萬以我與物我有時而窮而未受我福者猶多此無我之說不可行也老子之言曰至治之極

老死不相往來。此拔一毛而利天下不爲之說所自來也。楊也者學老而被其毒者也。儒家之言曰。民吾胞也。物吾與也。此摩頂放踵而利天下爲之之說所自來也。墨也者。學儒而得其偏者也。然則吾得而斷其優劣矣。學楊子。得不過爲自潔之士。於世無與也。甚至由潔己而樂己。由樂己而利己。不爲世福。且爲世蠹。彼不名一業。託爲孤高。而以食以息。隱剝蝕天地無窮之利者。皆其苗裔也。學墨子不得。流於游俠一派。其迹或不出於正。而其過天地不平事。不惜以身許人之概。猶不失爲血性之徒。君子不許其仁。君子每嘉其義。於虖。墨子遠矣。雖然。吾蓋嘗放言之矣。天地一大羣也而羣治之理則爲己爲人二義經緯之爲人人所樂道者也爲己人所羞稱者也不知人己者義雖相滅而勢必兩存使純乎爲己則必進自存爲自營進自營爲相勝進相勝爲相爭至於相爭而羣乃以敗敗羣者凶德也其說不可通使純乎爲人則一己無所私所日孳孳者人之飽暖也人之逸居也人之娛樂也寖假而羣多善者人皆爲其施而莫之爲受寖假而羣多不肯施者害生而受者敗德不至善者常夭惡者反壽不止其說又不可通然則楊非也而墨亦不得爲是今見童子入井漠然無動於中者是爲害仁匍匐入井而往救之是爲賊義惻然以憫之設計以出之斯

當矣此譬也可以救楊之不及可以救墨之太過

跌宕自喜頗參西哲家言

楊墨優劣論

高恒儒

吾聞天演家有言。天演者翕以合質闢以出力由簡而之繁由渾而之畫者也。吾嘗驗之於人事而益信矣。今夫發一政立一教。無問其大經大法爲何如。而近行之當世。遠可行之將來。此非偶然者也。必有以見信於人。而後能使羣生漸漬濡染而弗畔弗畔矣。而受其教者。又往往知當然而不知所以然。行之既久。彌失其眞。既非立教者所及知。而其果遂與其因判若逕庭。若風馬牛之不相及。將欲守已陳之形限乎則生機爲之屈而不宏從其後而更張之則向所已成又甚完而大固一二傑達之士憂時憤俗起而

欲革新之各本其靈府所受之外緣與一己之慧觀立論以相爭勝言之過激此矯世之譏所不能免者也

雖然不必慮也今夫羣演之進也無他衆力相推相劑爲變而已。方羣之耆也使無動力以矯之則羣無由存既存矣使無抵力以成之則羣無由立而際其嬗蛻變遷之時非二力雜然並用則羣又無由進蓋動力者求所以勝天行之酷烈使不侵蝕於他羣抵力者求所以宏生養之規使不單趨於流毒動力者所以爲進化之過渡抵力者所以爲進化之終點二者缺一群治無由興矣二者無所先後群治亦無由進然則矯世者未必爲害抵成者未必遂無過也。通此理則吾請與論楊墨。

楊子曰。損一毛而利天下不爲也。悉天下以奉一身不取也。以謂人人不損一毛不利天下天下治矣。此所謂爲我者也。墨子則反其道而行之。以爲人之天職在博施汎愛。苟可以利天下雖摩頂放踵爲之。此所謂兼愛者也。二者各有精義未可厚非而要皆非與於大同之局者也。今夫治化之極至於仁讓樂群尙矣所謂文明之極軌者非耶。然其道必始於治小己而後同群使從楊子之道而爲之則背天下以相爭殺各快其私可也是淪人道於禽獸矣何公理之足云從墨子之道而爲之則率天下以舍己芸人自

忘其形可也亦豈可謂治乎哉

不獨此也今天下人之所以動色相戒者事莫大於復讐而一以兩主義行之事遂各出於一偏而各極其弊蓋爲我之極也杯酒違言可挺刃以尋讐睚眥積怨可殺人而弗顧兼愛之極也大讐不必復小過不必宥而是非顛倒失其眞矣故吾謂二者必不可以偏行夫吾之生也非所以爲己而爲人者耶物競天擇天演無情明誠立教正斯羣品吾獨取其偏者何謂哉

雖然吾之言固於二者無傷也吾聞斯賓塞有言羣己並重則捨己爲羣然則羣不如己治羣可也己不如羣治己可也蓋惟小己

治而後可無失於羣夫治羣者何兼愛之謂也治己者何爲我之謂也誰云二者不合於用亦各當其時而已天地進化無止期則因時立教者亦無定向而欲以趨於至善爲中心點吾故曰二者皆是也皆非也以云優劣難乎辯矣

羣治之未善也先之以爲我可也羣治之已善也繼之以兼愛可也蓋未有己不治而可以樂羣亦未有己已治而不思所以達羣

然則必欲辯二者之高下則爲我之義狹兼愛之意廣學墨子而不得猶不失爲人道學楊子而不得其所以異於禽獸者幾希矣

嗟乎學也者所以考理道之眞教也者所以立言行之範務乎學

斯明乎教矣非然者楊墨之眞僞斷非區區文字所能辯也

思議罔達推闡盡致

楊墨優劣論

孫同祺

舉天下無應無求生機將絕者非清靜之說乎舉天下聚族合羣如指使臂者非等夷之說乎爲國之道其上修己以治人其次舍己以從人其下損人以利己吾觀楊子生當周衰清靜自治爲老子弟子傷世之刑煩兵瀆好爲潔己之論其高世之志或者有激使然語以治國則未也夫伊尹之處莘野一介不以取諸人先以養己之廉一介不以與人更以養人之廉善學者爲聖賢不善學則爲楊子孟子曰楊子取爲我取者僅足利己他不知也天下有利而惜一毛之微而不爲天下因我不得其利即天下因我之不

爲轉受其害利害不並立無利即爲害楊子謂人人皆爲我而天下治豈通說乎墨子兼愛摩頂放踵利天下爲之雖愛無差等無尊卑之分其急人之難視天下飢溺如己飢溺自苦至極始謂之墨其立說於民心離渙之日不無少補焉慨自末季學者各挾一術竊其緒餘博取富貴以保身爲明哲以退避爲有識置身於安閒則曰知白守黑知雄守雌吾師之訓也見利之心太明畏害之心益切亦勢所必至也其弊往往流於不顧國事空談廢務迨國事亂矣利己者亦高蹈遠去矣而古今德業終必成於熱心世務以天下爲己任之士其濟時安危如赴私親之難惟其視羣事如

己事故能使天下羣相愛而因愛以成羣墨子之說殆如是耶況天下之亂皆緣於私私則勢分勢分而遇合羣者必敗則不得不合我羣以敵彼羣相聯以愛相競以羣羣之勢愈大愛之力愈固交通之世合羣之說不可少也然則墨之說近乎仁楊之說近乎義義之過則人我之見甚雖君上在所弗顧仁之過尚不失爲任俠老氏之學在漢承暴秦之後曹參繼蕭何爲相偶一用之而效然其弊至於好談佛老淸言誤國抱遺世之志求修煉之術身滅不悟爲天下笑此類如漢晉唐宋史不絕書蓋天下民氣之聚散民心之合離視學士之說爲轉移凡我族類皆負血氣聚天下之

血氣歸於一如聲氣之相應如手足之相顧患難與共必求利於人驅死勿恤者則俠尚已俠之道兼愛之類也雖不執於中道要以之厲薄俗立懦夫聳無濟乎不然爲我之說必如伊川所謂奸詐從墨之說雖儉不可遵而刻己爲人猶足立教世儒清靜無爲往往爲豪傑之士救人悲世者所譏抑又何也

思致周匝筆情和雅此作者之本色

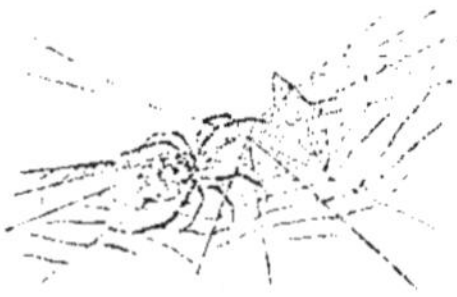

管子爲政四民不使雜處論

王承恩

開千古兵戰之奇禍者蚩尤創千古藝戰之奇局者管仲干戈用撻伐張伏尸百萬而流血漂櫓此兵戰也兵戰戰之有形者也士以學術戰農以樹藝戰工以器械戰商以貨財戰戰績奏廊廟之間戰形泯郊關之內此藝戰也藝戰戰之無形者也有形者禍顯而烈無形者禍隱而更烈盤旋衝突於無聲無臭侵奪幷吞於不痛不癢而一則雄鳴一則雌伏一則日長炎炎一則浸衰浸滅其機關蓋微其利害甚大惟大智鴻哲足知之知之而能言之於西得斯密亞丹焉知之而能言之且能行之於古僅得一管仲仲眞

藝戰之鼻祖哉環齊而睨纍者左荊巒右晉鄭帶甲十萬賦車千乘出其全力僅勢均體敵而無足以制勝於人於是建分功之論籌合羣之謀一變其兵戰政策而爲藝戰四民不使雜處雜處則言哤事亂此仲所以分職也處士於燕閒處農於田野處工於官府處商於都會此仲所以羣民也職分而效速民羣而業專相鼓相勵相習相師材以盛食以豐器以足貨以通而遂以藝戰勝天下今夫藝戰與兵戰大異兵戰在力藝戰在智兵戰在練軍實藝戰在創新奇一二秉國政者拘通功易事之說食古不化而欲括百家之奧旨稼穡之艱難製造之奇巧貿易之經綸責備於一人

之手足耳目心志紛岐才有不逮見聞熒惑勢有不通徒使士不士農不農工不工商不商巫覡禱祀之民多而邪說倡游衍談說之民多而怠風成厮養俳優之民多而虛耗饑康韓非子曰石田千里謂之無地愚民百萬謂之無民此其國有士農工商之名而無士農工商之實有養士農工商之費而不得士農工商之用宋斤魯削遷地弗良販脂賣漿辱處鉅富棼棼泯泯轉以蠹國而亂羣是等於無民也是不戰而先自負也是亡國之形也齊無仲齊之不爲亡國也亦幾希矣仲分民職而不分民心羣民處而不羣民業官山府海百廢俱興學術明英俊衆樹藝蘩田野闢器械新

工作良貨財廣利權握四鄰諸侯環顧駭愕相率斂衽朝齊戴齊威德而推齊執中原牛耳嗚呼偉哉藝力也藝力厚而兵力即從之厚藝戰勝而兵戰即隨之勝南問召陵之不貢西還邢衛之故封北斬孤竹之倔强兵鋒所指靡遠弗屆靡堅弗摧論者徒見其摟伐之盛而未有導及其藝戰之勝者可怪焉嗚呼泱泱大風震爍東海姜齊覇烈千載一人上擬開國聖人法不齊而意遙合下較泰西大哲年相隔而效隱同仲誠藝戰之鼻祖哉范蠡心計然商鞅農戰李悝盡地方罔不椎輪於仲即越而至於今世亦且西人得其意而富强中國徒有其法而貧弱信乎仲藝戰之鼻祖也

識踞題巔心營時局筆力戛戛獨造毫髮無憾

管子爲政四民不使雜處論

吳清庠

嗚呼。物競天擇天演之理。然哉然哉。士農工商國之四民實天演中之數部分耳。古聖王處之固各有其地也。雖然。上古之世。地廣人稀。謀生易易。故四民安其業而無所於淆。降至中古。人民漸多。思想頓變。互換其途以謀生計者。往往而有。晚近以來。兵禍日興。物產不富。欲謀生計。誠難之難矣。浸假今日士農。明日而工商者有之。浸假祖宗士農。子孫而工商者有之。執業不專。斯居處必雜。居處既雜。斯執業愈不專。見異思遷。比比然也。嗚呼。優劣無可分。更安所謂勝負。吾知天行甚虐。不能以人治之日新者奪之。將見民氣不昌而政治不光政治不光而國力不强而馴至於亡可懼哉齊管仲知物競之義矣使四民不雜處亦欲其爭自存耳今夫人類之生也無窮而資生之利則有限以有限供無窮難矣以故有術者多利而勝無具者少利而敗勝者後亡敗者先絕有斷然也人苟各愛其生自不得不求自存既各求其自存勢不得不出於爭果四民各合一羣以自爭又何慮不能各合一羣以自存乎況乎天予人以智神天必不禁人以功業特爭存時不足恃耳譬諸鐵橋造者欲其堅而天乃以涼熱漲縮之力鬆其機以霧淞潛滋之氣鏽其軸一若必使之毀然譬諸良木藝者希其榮而天乃

以牛羊蟲鳥蠹其萌芽。霜雪旱潦殃其根柢。一若務使之萎然。使造者藝者不能調護維持。則橋之毀木之萎不見於彼者乃獨見於此。爭存而後有物競。物競而後有天擇。其信然耶。雖然爭自存者莫宜於獨善自營。而獨善自營者又賊羣之凶德也。今使四民各善自營。不雜誠然矣。推言其弊則此羣與彼羣必至於楊子之爲我老子之老死不相往來而後已。即以一羣論。自營甚則自私。自私極則自由。自由侈則侵。侵則鬬。鬬則羣潰。羣潰則人道所恃以存者去。而人類亦幾於息滅。而國又何所依附哉。嗚呼。物競日烈。天擇愈嚴。本不能以少數之智民與天爭戰。遂足以淨壹是災害而潛人類之禍況乎世界者公共之世界也世界之財產公共所以謀公利公益之財產也以少數之人民攫之遂使多數之人民大悲大苦流於死亡而少數者之究竟亦終無以逃天演之淘汰而同歸於消滅此地層之內古獸殘骨之所由多也危乎哉危乎哉有洞識知微之士起視斯民不禁驚心動魄於保羣進化之圖亟亟不容自已則天良尚已天良者所以制民之自營不使過用而因以保羣者也人雖至武遇殘手廢足而氣轉平人雖甚吝見啼飢號寒而心必動生人所以異於禽獸者賴有此感通耳感通神斯羣道立羣道立斯治化成於是乎人治有權而天行無權

管子有言。衣食足而廉恥興。倉廩足而知禮節。廉恥禮節。胥四民之天良所寄也。擴之充之。達乎其極。四民之中。將始則以同室之憂樂爲憂樂。繼且以同國同種之憂樂爲憂樂。終更以一切衆生凡爲人類之憂樂爲憂樂。羣治之初。內自羣而外他羣。羣治之極進他羣而自羣之。蓋至此而全羣之幸福成。而爭存之形迹泯。不必損己以益人。不必損人以益己。大利所在。取其兩益而已。吾聞之天演家曰。天行以物競爲功。而人治則以使物不競爲的。誠哉是言。雖然。準此以推。無貴賤。無貧富。無人相。無我相。既居世界。以爲羣。即皆得享世界之公利公益。美矣至矣。將見人禍不張。社會綿長進化文明宇宙大光四民處此不雜固彊即雜亦罔莫不臧嗟乎嗟乎甲子悠悠塵寰茫茫豈獨一管仲未能躬逢此盛世目覩其改良近今哲學大儒固猶謂太平無是物而歸之於烏託邦也余心傷矣

民族以競爭爲進化即人人各貴自立之理文抉透鮮學奧窔入深出顯似魏默深龔定庵集中得意文字

管仲爲政四民不使雜處論

劉樹圻

積耳目心腹成人。積人成家。積家成鄉。積鄉成國。積國成天下。治天下自國始。治國自鄉始。鄉者天下之本。起化之原。治鄉無法。四民曠業。天下乃離貳。乃騷擾。乃水火。乃盜賊。乃兵戈。非善爲政者也。善爲政者以四民之耳目爲耳目。則不憂聾聵。以四民之腹心爲腹心。則不憂界格。卓哉管子。其治齊以治民爲先。治民以治鄉爲先。故軌里連鄉之法立。四民不雜處。各安其所。民智瀹而民事成。觀其制法範民。利導之。整齊之。且敎誨之。勿悖乎周官。而頓失其意。又勿局乎周官。而善通其窮。洵非有大政治才者不能。夫周制六官。鄉遂官最多。蓋就其鄉之人。推選以治其衆。凡刑政教治徵調賦役諸大端。悉躬任之。是以無政不舉。無民不安。管子得其遺意。因時制宜。牧民一篇。專論養民事。卽操輕重以馭民。亦深知保民法。而不使四民雜處。尤爲治鄉第一要義。所立鄉長鄉師。條理秩然。與周官鄉大夫鄉老。若合符節。宜乎齊富强甲諸侯焉。顧或謂管子治鄉。其事至微。君子當務大者遠者。不知至微之鄉。苟不能治。遑論天下。忽近圖遠。非徒無功。適以釀亂而已。且夫觀天下者觀國。觀國者觀鄉。鄉部於鄉。善惡可知。稽於鄉。勤惰可知。按於鄉。智愚可知。管子以後。惟漢三老嗇夫。猶爲近古。自隋以來。始令丞尉不得用本郡人。馴至人與家睽家與鄉睽鄉與國睽人勿修於家家勿修於鄉鄉勿修於國士皆游士農皆游農工皆游工商皆游商士無實行鄉勿責之農無恆業鄉勿責之工無技能鄉勿責之商無計畫鄉勿責之又何怪四民言哤事雜終至禍亂相尋也今欲使鄉國相綴屬。當行管子樹鄉之師以遂其學之言。凡談道術講政學者。曰士之鄉。相土宜勤種植者。曰農之鄉。製貨物造器械者。曰工之鄉。通有無權子母者。曰商之鄉。專門名家。以除見異思遷之弊。且農必學於士。然後重於鄉。工必學於士。然後重於鄉。商必學於士。然後重於鄉。士農工商相資爲用。將一有鄉士鄙陋之鄉文而明。一有鄉農。瘠薄之鄉肥而沃。一有鄉工。苦惡之鄉堅而美。一有鄉商。寥落之鄉繁而盛。由是士與士言道。農與農言物。工與工言巧。商與商言計。士不假才。農不假粟。工不假器。商不假貨。縱有百異教末由侵之。縱有百異物末由亂之。四民羣萃州處。通力合作。如一家。如一人。其游惰之民。難隸諸士農工商中者。罰之懲之。毋使稍雜。士析新理者厚獎。農獲新法者厚獎。工創新式者厚獎。商演新計者厚獎。如此而一鄉罔不治。即天下罔不治。有治民之責者。誠修管子之政。亟亟治鄉。仿三代黨庠術序之規。廣立士學院農學院工學院商學院。以教四民中秀異者。洎學成使造各鄉教焉。各鄉人學成。復使轉教其鄉人焉。則天下之民。必專以操業。羣以慮事。睊睊覃思。競於新學。盡人可爲士師。盡人可爲農師。盡人可爲工師商師。人親其親長其長而天下平。人人智其智勇其勇而天下强。又何患士日曹農日荒工日窳商日絀哉

故曰治天下自國始治國自鄉始

管子文政聽鄉即以定民居成民事治國必先治鄉此理至當不易行文復樸雅淵懿卓然大家軌範

管仲爲政四民不使雜處論

吳福康

有有形之戰。有無形之戰。有形之戰戰以兵。無形之戰戰以學。是以善治國者。處於交通之世。必講求無形之戰。齊民業。一民心。聚一國之士與士戰。農與農戰。工與工戰。商與商戰。交戰數年。士學盛。農學興。工學精。商學廣。夫而後游民少。夫而後食貨通。夫而後器利而兵强。用以無敵於天下。非迂緩也。誠以處於列强並峙之世。以有形之戰制人。人得而防之。以無形之戰制人。人不得而知之。乘人之不知。而徐徐焉使民以士戰農戰工戰商戰。以代兵戰。其爲機也密。其設慮也深。而後可如願以償。偉哉管仲。嘗以之治齊。仲之治齊也。時則楚雄於南。晉强於西。耽耽焉虎視鷹瞵。咸有并吞敵國之心。使當時整軍經武。欲專以兵力與羣敵並雄。則以區區海濱之齊。其兵力豈晉楚若哉。仲深思遠慮。知列强並峙。必不可以兵力爭。於是舍有形之戰而用無形之戰。體國經野。分職量功。處士於閒燕。處農於田野。處工於官府。處商於市肆。羣而聚焉。不使見異物而思遷。聚而學焉。不致有外慕而廢業。各安其居。各守其業。各盡其學。厥後官山府海。利權大興。軌里連鄉。兵力日盛。用以制荊楚。服晉鄭。尊王攘夷。其威烈雄風。直追太公而並美。嗚呼。何其盛也。迄今讀牧民乘馬諸書。專言養民之道。治民之法。

而國由是富由是强。千古富國强兵之本原。端基於此。或謂管仲此政。不過一時權宜之計。四民互相觀摩。始成全材。焉可分職而離處哉。不知治國之道基於治鄉鄉里不治爲士者處於市井之間以講學學焉有不荒爲商者處於閒燕之地以治貨識焉有不陋爲農者處於塲肆之所以治事事焉有不怠爲工者處於田野之間以治業業焉有不粗士不精其學則爲游士商不廣其識則爲游商工不精其業則爲游工農不勤其事則爲游農有士農工商之名而無士農工商之實夫士農工商四民者。國家之根本也。爲四民者皆如此。國何以富强哉。管仲有見乎此。各分其處。使士與士學。農與農學。工與工學。商與商學。專其心。安其業。致爲士者皆知孝悌敬義。爲農者皆知審時權用。爲工者皆知審時辨功。爲商者皆知市賤鬻貴。是非本周官治四民之遺意哉。且處士於閒燕。即西人設學堂之政也。處農於田野。即西人設農學會之政也。處工於官府。即西人設工藝院之政也。處商於市井。即西人設商會之政也。特中人以與爲申韓之學。等視鄙焉而不屑道。致富强之實政。渺焉不傳。而西人襲其緒餘。欺凌我中華。良可慨已。嗚呼。管子之政。不行於世。四民雜處。事雜言哤。談詩書者以士游。負耒耜者以農游。飭五材者以工游。通貨財者以商游。且有一人而兼數業者自負多藝多材之長實無一技一業之全其學日卑其習日深蓋至今日極矣誠以管子之政行之分置四民不雜其居入學校而士與士處入田野而農與農處入官肆而工與工處入都市而商與商處絕游手好閑之習收專心精業之功況人立於競爭之界莫不有競爭之心行之數年文學必盛農務必興工藝必精商務必廣四者皆備而國不富兵不強者蒙未之信也

樸實說理應有盡有此文之得陰柔之美者

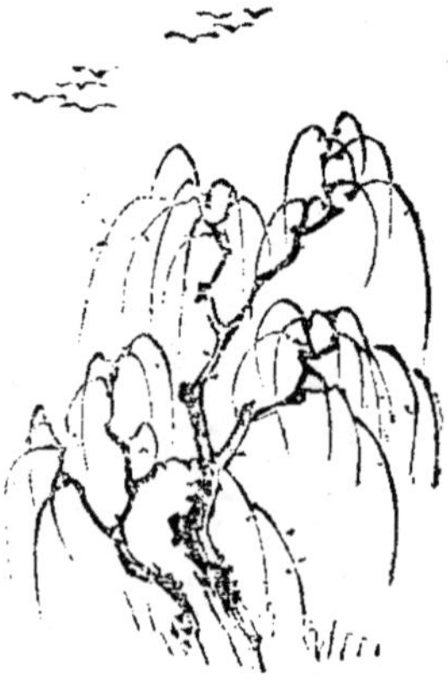

管子修太公之政富强齊國論

沙允成

自來能集天下財貨者。必獲天下之利益。獲天下之利益者。必握天下之大權。欲强國必先富國。欲練兵必先儲餉。財用足器械精。糧儲備。士卒奮。言戰則勝。言守則固。强國之道。千經萬緯。要不外富國一言。富之之法。其要有二。一曰生財之道。一曰理財之道。理財者。理其所固有。鬱塞閉遏而不出。壅阻停滯而不通。有國者道之使流。剔之使出。以足其用。是之謂理財。生財者。利爲所本無。而能精工藝。廣製造。使材之棄者製爲用物。之粗者轉爲精器。之劣者飾爲美。用一人之力。收百人之功。用一日之力。收百日之效。一轉移間利增數倍。此之謂生財。即泰西計學家所謂生利分利之別也。財所聚。權所屬。强弱由之。存亡亦由之。商戰之始。肇於有周。觀於管子修太公之政。富强齊國。可知矣。夫齊何如國也。當周之封。不過百里。雖歷世蠶食。亦不過幾及千里。推之於今。不及一大行省耳。而桓公執諸侯之牛耳者數十年。合諸侯者凡九。他若伐晋伐楚。存魯定衛。終桓之世。不遑寧處。吾不怪齊之强。吾獨怪齊以千里之地。征討不庭。絕無餉匱財乏之虞者何哉。昔漢武席文景全盛之世。用兵西域十餘年耳。司農仰屋而興嗟。度支束手而告匱。桓公征伐數十年。國勢之不及漢遠甚。然而不聞民窮財賈者何也。能法太公之政也。太公之政何政也。不外工商之政而已。易曰致天下之民。聚天下之貨。然必我有貨物而後可以奔走天下。齊國東瀕於海。太公因地瀉鹵。以魚鹽蜃蛤之利。輻湊天下。因黃帝首山鑄銅。以爲九府圜法。當日闤闠之盛。握天下之利權。係四方之强弱。史稱海岱之間。歛袂往朝。諒非虛語。及齊中衰。管仲猶用其法以伯天下。雖然。但出其物產以供他人製器。則利歸於人。成器而鬻之。則利歸於己。摶土以爲陶瓬。金以爲治削。木斷竹以爲梓匠輪輿筐筥籚篋。績麻纙絲以爲布帛。無一不藉工作以成者。無一不藉工作以爲利者。太公勸女工。極技巧。深有鑒於工作之利爲富國之本然則太公之所以奔走天下者乃在此而不在彼管子之所以佐桓公致霸者亦在此而不在彼也泰西各國最重工商其國中之軍興學校諸費籌之於商無不咄嗟立辦管仲當日治齊想其練兵有費費出於商也製械有費費生於商也出於商實生於工也何則太公雖以魚鹽通商然徒恃通商不足以富國其要在乎以工爲體以商爲用工作之而商運之其利乃博而無窮此太公之所以興於前此管子之所以襲其法而繼興於後也或曰方今江海通市異種坌集挾其技巧以炫我華民可謂源源而來矣而中國財用日見不足異於太公之集天下之

財貨以富國者何也曰此正與太公之事相反也太公集貨財而一主於工作今中國之消售者土貨耳工作之利我不能得一以與諸人此中國所以日見瘠弱也欲求自强當自法古始

人皆言維新而此獨曰法古蓋法古正所以維新也自實驗科學外殆半爲古人所已言學者虛心察之可爾

蕭何入關收秦圖籍論

吳 清 庠

史家盛稱蕭相國之功蓋始終一關中而已關中之功始終一收秦圖籍而已圖者何輿圖也籍者何戶籍也固賴以考形勢稽戶口者也形勢據則國體固戶口聚則國力强具此二者入關諸臣何功其偉矣天下既亂凡大城名都百姓之散亡者必衆觀於漢初大封功臣大侯不過萬家小者五六百戶從可知矣關中雖得無人以塞其地一石田已耳今得按舊籍以稽人口之衆寡生存者撫之流離者招之人固未有厭鄉里而樂轉往者也況關中素稱雄富哉戶口蕃息物產豐阜厥後何之遺軍關中以助戰轉

漕關中以救饑不可謂非戶籍功也說者謂何爲丞相張蒼爲計吏蒼固秦舊史官明習天下圖籍者也何之經濟得蒼力居多蒙以爲就關中言戶口則郡國利病瞭如指掌何之功當分於張蒼就關中言形勢則金城千里天府之國何之識獨先於婁敬治事關中便宜行事蓋其相度形勢知其險要足據爲已諗矣意當時所謂圖籍者必不僅版圖戶籍已也當必有資守國之策攻進兵之道如後世測繪諸圖附以說略者史言何收圖籍高祖得具知天下阸塞其明徵也定都之議吾知其不待留侯一辯而意早決於關中也不然宗廟社稷何以不立於櫟陽不立於洛陽而獨立

於關中哉何以不命諸臣而獨命何哉蓋何之言已先入爲主矣惜乎天下太平兵事悉罷七國之亂但減削其戶口而勢已殺與形勢無爭而輿地之學於以不講迄史公作史僅列八表而圖之力又不能孤行於後世凡當時何所收集遂日久而失傳耳讀史者曰戶口多寡盛衰誠立國之大本人羣聚則國存人羣散則國亡曠觀千古如出一轍不可逃也形勢所在特不過易於調度耳究可用而不可恃以關中論劉曜一敗於石勒李茂貞王行瑜再敗於朱溫李思齊張思道再敗於有明夫非猶是關中乎而胡爲挫折若此雖然此言乎理之常而非論勢之暫也中原逐鹿羹沸

雲擾漢得關中則漢興楚得關中則楚興大勢所爭烏可輕哉且千古用兵必資地利知地利則劉敞使遼迂於道而不蒙昧地利則項羽迷道陷大澤而不悟往籍所載成敗利鈍固大彰明較著也然如馬援聚米以爲山谷崔浩據漢書以言涼州地利信口而談山川究不若得諸輿圖者足以令人深信而無疑何之堅守關中以待高祖其計不少變得輿圖之力大矣形勢豈必輕於戶口哉如曰戶口爲重形勢爲輕吾恐形勢不得戶口且隨之以去更何以爲國乎吾故曰蕭何之功始終一關中而已關中之功始終一收秦圖籍而已嗚呼諸葛武侯之於關中也得其利而用非其

時蒲洪姚萇之於關中也得其時而用非其人兩晉以前關中固猶可爲也自今以言關中之地原野荒蕪河流榛塞昔富庶今貧瘠矣昔險要今平夷矣毋亦時代變遷盛者必衰所謂地絕其脈者耶苟不能於形勢戶口多所考究但準諸漢家遺策建遷都關中之議爲苟延殘喘計是則何之罪人矣痛哉

寢饋乙部發爲文章他人有此才氣無此學識

蕭何入關收秦圖籍論

姚菼

古者先王之治天下也必令天下方輿之要事物之數悉萃於朝堂使其所行之政治雖分任於百官而不啻躬親於一室然後天下之政乃無徵不舉天下之事乃無弊可藏吾說有徵徵之周禮。曰、大司徒之職。掌建邦土地之圖。與其人民之數。且辨其山林川澤邱陵墳衍原隰之名物。職方氏之職。掌天下之圖。以掌天下之地。而辨其邦國都鄙八蠻七閩九貉五戎六狄之人民。約言之圖籍而已。以大司徒之尊而掌之。且分其職於職方氏。蓋以爲爲治之具在是焉。至如地事則掌之土訓。州圖則屬之司險。邦野之圖。

則司之遂人。邦中之版。則守之司書。是即後來圖學之類也。至於世奠繫則有瞽矇。繫奠世則有小史。是即後來表學之類也。圖表之學既明。於是時。以之考察形法。何理不明。以之綜敘要會。何數不顯。故周官三百六十職。繁而事舉。其後德衰政頹。茲學遂廢。降及嬴秦專制之世。雖亦知寶其祕府之圖書。益務深藏以愚黔首。斯學乃更不明於天下。及沛公入關。而蕭何乃以刀筆吏久事文墨。知其可貴而收之。遂使沛公得知天下阸塞戶口强弱之處與民之所苦者。終以是定秦取天下。後世史臣乃從而服其有識信乎當楚漢之際。經嬴秦專制積壓之餘。民困於流離。士競於爭戰。

舉世幾不知圖籍爲何物而何獨見及之以決劉項之興廢其識自非衆所及而吾乃益爲世悲也蓋中國古時不通大陸諸國環國之四陲者皆小蠻夷周之長狄南蠻漢之匈奴西南夷唐之突厥吐蕃其最著者也皆不過貪得漢物擾掠邊疆而已初不敢利其土地滅其人民也故歷代廷議於疆域之圖界線之畫恒度外置之邊陲有事則遣將征撫無事則相安相忘內政之調查則爲所欲爲無外界之傾軋世界主義之偏若其弊遂極於因循其政府所藏之圖籍匪特不能望三代即如秦時圖籍之詳明蓋寥寥也沿及宋末而契丹起於遼女眞興於金帖木兒復盛於蒙古之

三國者皆土地廣遠超越南宋兵盛勢强。巍爲敵國疆場之間非復漢唐比矣然而宋人內政不修而國險盡失金人內渡至有入境無人之歎耶律論國復有北事不知之譏明末以孫盧督師僅能以虛聲却敵及薩爾滸之戰終以不明地險失路喪師二關滅亡明遂以敗至於我朝。自海禁大開。環球畢達。强鄰逼處。競爭日劇。其時勢視歷代固難易懸絕而政府以圖籍不明爲國辱亦較歷代爲特甚康熙之間。尼布楚界約中國使臣乃不知界應在何處受俄人之欺給遂使黑龍江北岸失地千里嘉慶間庫頁島酋私投日本復以之易地於俄展轉兩國隱沒百年而疆臣不問政府亦竟不知其爲三姓之舊屬也東帕米爾實我伊犁邊地而嘉慶會典乃劃之卡倫之外俄人藉圖要索無詞抗拒終以畀俄至今屹爲重地緬越之亡英法定界而誤割內地土司以予法英人乃索滇邊之野人山而政府不知地在何所轉以詢之彼國外部貽笑外人莫此爲甚至今日西人每以中國不勤遠略爲詞藉端要索凡此皆沿歷代因循之弊不知獎厲圖表之學振興調查之政宜乎邊界不明受玆鉅創也。至若內地則戶口之數。戶部每歲所報。不過約畧紀之。並不能得其實際。而財計成案。簿書塡委。絕無表譜。黠吏因緣爲奸商困民窮國以貧弱惟輿地家或有圖本。

而官書率多疏舛。即有一二私家著述官又不爲之獎厲提倡委棄不問以爲無關政治戶口多寡生計贏絀一切聽其自然以此立國其不危者鮮矣彼泰西各國之强盛。夫豈無故哉。繪圖則列爲學科。書表則施諸日用。舉凡穀數戶版官成兵籍。賦稅之要會。關市之比較。藝器之良楛。政刑之等級。無不旁行邪上。誌列表譜。義例詳審。差分精析。其制度之備。幾與中國三代若合符節。夫以秦之威擁祕府之圖籍而不得民心猶不能立於紛爭之世況今日以貧弱之勢無圖籍之藏可恃以攷證稽覈而欲圖存於此競爭劇烈之場其可得乎今者又聞俄人且佔奉天。而滿洲士子。有繪極精細之東省地圖。奉之俄政府者。士之懷技者。既不得政府之用。乃轉而售之他國。固無足責也。吾獨怪夫當路諸公充耳不聞。熟視無覩。而他人方且百計測繪。經營備至。土地日蹙。才爲人用。顧瞻前途。能不寒心。而況各國基督教徒。布滿內地。鐵路所至。即彼範圍。固不必有蕭何之入關。而圖籍已早在敵人之手矣。今之秉國政者。亦盍思先王保國之規乎。

前半推闡周禮有原有本後半感懷時局借題發揮有敢言之概

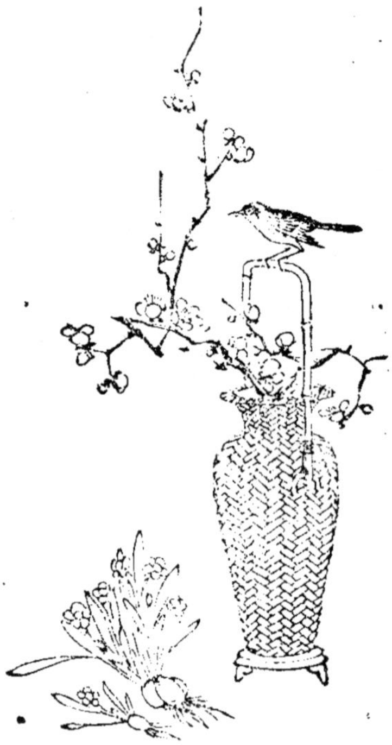

李陵蘇武論

楊錦森

吾聞之。不探虎穴。焉得虎子。履大險。然後能立奇功。險之不履。雖有功曷足奇哉。是以履險雖危兵家之常事也。職是而勝者有之矣。職是而敗者有之矣。或立名於不朽。或遺臭於萬世。斬胡使。定鄯善。服于闐。此非班定遠之將三十六人建功於西域耶。通九國。足跡幾徧全亞。此非張博望之親嘗艱苦堅忍不拔以立名於萬里外耶。李少卿之履險也。率卒五千入胡域。斬首數千級。蘇子卿之履險也。使胡庭。幽異域。茹毛嚙雪。牧羝北海。伏劍不顧。幾死朔北。然及其末也。陵軍矢盡兵疲。而管敢猶復通賊。遂致兵敗而降。毋妻被戮。武雖困胡十數年。一旦還故土。賜錢二百萬。官居典屬國。語云有其因乃有其果。陵與武之因一也。履險而已。而其果適相反。一辱一榮。一遺臭一立名。何哉。吾知之矣。其果之所以異。陵有故六。而武有故二。夫愼重則必成。輕發則多敗。陵輕發也。步卒五千。何足以敵強胡全國之軍。此衆寡不敵之明證也。遠來之衆。方疲于奔命。何足以敵游牧出沒之雄師。此勞逸不敵之大較也。陵爲客。匈奴爲主。單于之軍。接濟甚便。陵之軍。後無援。糧矢易盡。則軍勢更不敵也。步卒不利突圍。而騎卒利攻。則軍隊又不敵也。善用兵者。士卒雖精。兵刃雖銳。未嘗敢輕發也。陵之不能敵胡者既有四士卒雖精而不衆兵刃雖銳而無援其入胡域也與魚之自觸鈎網獸之自投陷阱亦何以異哉當其率士進攻之際必敗之機已預伏矣武愼重也奉君命出使匈奴已蓄一士可殺不可辱之心雖流離辛苦衛律說之乃至伏劍不顧皓首而歸此武之所以功成名立而陵卒遺臭者一司馬遷謂陵爲自守奇士善用兵如陵果善用兵也何不用一二奇計以覆單于之巢穴而建不二之奇功乃冀僥倖功成不智孰甚於陵耶此陵之所以遺臭者二君子用兵尙誠世未有推誠而虐人者不虐士卒無所自而怨之用是誠以撫御衆安得有畔者苟陵而能以誠撫衆也管敢

何以逸苟管敢而不逸也則胡卒莫知陵之虛實而單于即引還矣撫馭乖方此陵之所以遺臭者三世有習駕駛之術者始也惟舟師之命是從既而小試於沼轉側如意遂以爲盡其所長驕然自得杯水視海而滴水視江湖駕舟入海遇巨浪舟覆身溺葬於魚腹陵之敗其猶是乎當其見重於司馬遷也稱爲知兵有祖父風正其小試於沼之時也及其率五千人入異域正其駕一葉扁舟泛大海之時也兵敗勢蹙身降家戮正其槳失柁墮葬身魚腹之時也此其所以遺臭者四龍門之鑿大巧若拙昆陽之戰大勇若怯當陵率兵赴塞時奮然勁悍其氣何雄也及其兵敗而降何

怯之甚也乃知夫前日之勇浮游淺薄非大勇也當武之隨胡使出塞也退然溫克其氣何和也及其伏劍不顧寧爲斷頭使者而不爲降使何勇之甚也乃知夫前日似怯而非怯大勇若怯耳此武之所以功成者二陵之所以遺臭者五陵自言慕范蠡不殉會稽之恥而復句踐之讎曹沫不死三敗之辱而報魯國之羞愚哉陵也蠡沫雖辱終在故國報服之日有期陵之降遠在千里處異族之間報國雖冀且陵孝而武帝多猜忌陵之降又不先告武帝陵之族其能免乎此陵之所以遺臭者六雖然漢家之待功臣未免太薄蕭何樊噲韓信彭越非建國之功臣耶而何囚噲執信斬

越醯鼂錯賈誼非治世之能臣耶而錯誅誼黜其使臣子灰心不亦宜哉況一木不足以成棟宇獨水不足以成江海拿破崙曠世之名將也苟授以老弱之惰卒則不能敵鼠竊狗偷之盜賊哥崙布航海之大家也苟使之乘朽桴膠舟則不能渡溪沚武帝所授陵者步卒五千耳及其深入又不濟其師陵雖善戰何能展焉及其既降即斬其妻子漢之待陵抑何薄哉至于蘇武娶胡妻生通國苟其心之繫漢也何必娶耶而其娶妻生子也豈其心誠不在漢動於名利而歸者耶嗚呼

跌宕生姿推勘盡致童年得此的非易才

史記貨殖傳謂使孔子名布揚於天下者子貢先後之也試申其義

惲樹珏

史記曰。言六藝者折衷於孔子。誠以孔子之道。自治平以至日用。無所取而不備也。然兩漢儒者專重訓詁。宋明以來侈譚道學。浸假而語之曰。孔子之道不僅尚大義微言。并及富國資生之實際。則必遭漢宋儒者之訾議。以爲子罕言利。有斷然者。然而訓詁道學。寒可以爲衣。飢可以爲食乎。則否否。然則孔子其不衣不食乎。抑孔子之治天下。不使民有以禦寒與飢乎。則又否否。然則孔子沒後二千餘年之天下。無非孔子之道治之。其不專在大義微言必有資生富國之實際相附而行亦有斷然者顧自有漢以來譚理財者無慮數百皆不如道學家之岸然聖人自命有以致人之尊且敬也是何原因曰不敢以貨殖玷孔子嗚呼天下之貧其在是乎吾誦史記吾心折史記史記傳貨殖首子貢其文曰使孔子名布揚於天下子貢先後之是言人所不敢言亦言人所不能言偉哉司馬氏之識也夫孔子者天下之大百世之久孰不懸以爲的哉而其道則一本而萬殊子罕言利疏食飲水此一義也曰富之曰百姓足君孰與不足此又一義也治孔學者明乎前一義而昌言之能使天下瘠明乎後一義而昌言之能使天下肥蒙竊

怪夫數千年來之儒者言及利則不問公與私也曰此孔子所罕言也又不問利之在君與在民也概名之爲聚歛曰此孔子所罕言也循至今日國用不足民窮財盡則誰尸其咎也而或者曰史記者司馬氏發憤之所爲作也彼之傳游俠曰何知仁義以饗其利者爲有德傳管晏則津津道分金自序則曰家貧不足自贖凡此之類難以枚舉其傳貨殖猶是而已曾是聖人其名乃藉端木氏而傳乎彼徒見世事惟黃金能言爰作是不平之鳴云耳余曰是讆言也縱以文人視司馬氏亦何至波及聖人且彼下蠶室之日其書已强半告成烏得盡視爲不平之聲也居今日以觀孔子

誠無因門弟子而重輕其名之理若在昔日則觀於叔孫武叔之語而知遷史之言爲不謬也七十子之徒賜最爲饒益原憲不厭糟糠孔子有言不恥惡衣惡食誠如後世儒者之測孔子則周流列國似當與原憲俱一車兩馬當亦無所用之審如是也是必梱屨織席以食之許行而後可

文心奇幻文筆恣肆平實之理以滑稽之筆出之看似游戲文章實則顚撲不破古人論書畫有以側筆取勝者文境彷彿似之

讀漢書貨殖傳書後

劉　樹　圻

卓矣哉。班氏之作貨殖傳。其識見議論。抑何深且遠也。夫太史公創貨殖傳。固所以寄其感慨。觀其敘各地所出。即種植學之權輿。所謂上者因之也。若謂其次利導教誨整齊。最下與之爭。則富國學之精意已盡。至班氏更自抒識見。別爲議論。通古今之世變。以周衰爲界限。蓋與食貨諸志用意略同矣。顧或謂班氏嘗譏史公傳貨殖爲崇勢利羞貧賤。而已仍列之。殊覺矛盾。不知班繼史公作此傳時。實已深悟史公之意。而不肯譏前。非自相矛盾者比。況其所論列。多出史公外耶。或又謂班氏傳貨殖不皆漢人。未免失於限斷。不知班以白圭爲治生之祖。自不能不兼敘范蠡諸人。其於言秦漢之制後。述及蜀卓諸氏。史法何嘗不密耶。或又謂貨殖爲賈豎之事。乃儒者所羞稱。班氏津津道之。終溺於功利之習。不知孔門諸儒。如子贛連騎結駟。億則屢中。固有貨殖之才。即多藝之求。長於附益。亦貨殖儔也。此傳僅列子贛。蓋舉其最著者。亦以見貨殖源出孔門爾。傳中又稱李克務盡地力。白圭樂觀時變。夫盡地力即農礦工之事。觀時變即商之事。四者相需。缺一不可。近西人之盡地力也。以礦學興寶藏。以化學繁樹藝。以汽力開河渠。以火力通海峽。其觀時變也。立民廠。聯公司。罔不欲以巨利運以機械。持以堅忍。彼族致富强之道。雖愈推愈精。究烏能出李克白圭之範圍也乎。他如任氏則窖藏倉粟。刁間則愛貴奴虜。毋鹽氏則出捐千金貸列侯。蜀卓氏則舍近遠徙。以鐵冶致巨富。要皆仁足以取與。勇足以決斷。强足以自守。智足與權變者。其富國富家之術。復纖悉如是。可知吾中國周秦之間。實有商學。當時精義妙道。講究者必極多。所惜者至漢而中絕耳。總之貨殖爲國之血氣民之命脈。今以吾中國二萬萬方里之土地。六十五類之原質。二十六萬種之物產。誠能恤商艱。保商業。廣商途。鼓舞商情。振興商利。則即以漢書此傳爲富國之策也可

辨析史法附會時事條理不紊足見學有根據

管仲修太公之政富強齊國論

王承恩

王者之民文。霸國之民武。王者之財散。霸國之財聚。王者之師仁義。霸國之師節制。其間風化異。時事異。形勢異。一切內政外交莫不異。異則變。變則強。夫而後豪傑士發其材力。抒其政策。借箸廟堂。縱橫四海。一舉而四鄰畏之。夷狄避之。小邦懷之。史冊美之。偉哉其功烈。而用心亦良苦矣。繄何人。管仲也。仲何治。治齊也。齊地阻山負海。持戟百萬。東有琅琊即墨之饒。南有泰山之固。西有濁河之阻。剛猛嚴厲其俗。簡易明肅其政。地大人衆。固一用武國也。然而襄公不道。覆亂典常。田狩畢弋舉而國政弛。九妃六嬪寵而戎士餒。優俳在前。而賢才在後。國家不月長不日引。而太公開國之美制良法厚澤重恩。劃削消磨幾盡。不有管仲其能國乎。仲之言曰。慎六柄張四維。作內政寄軍令。參其國而伍其鄙。分其民而別其業。臣立三宰。工立三族。市立三鄉。澤立三虞。山立三衡。此區別士農工商。而爲富之基礎也。五家爲軌。軌爲長。十軌爲里。里有司。四里爲連。連爲長。十連爲鄉。鄉有良人焉。此隱令於政。而爲强之嚆矢也。不泥舊政。而修舊政。不創新法。而參新法。補弊救偏。兵强國實大國。不之忌。弱國不之疑。兵車西出。諸夏受盟。果哉其守同固戰同强有三萬人以誅無道以屏王室莫之能禦也今夫環齊而國者數十。吳越未興。荊蠻鴟張。長蛇封豕。薦食上國。周室等於弁髦。列邦類皆雌伏。飛揚跋扈。狡焉思啓者。時固莫楚若也。是包天下之勢在楚。楚以累勝之餘。方城爲城。漢水爲池。其倔彊豈能以兵服。翦滅漢陽。不入苞茅。其狡詐豈能以信諭。兵戎請見。體敵勢均。中原之鹿。未知果死誰手。一不幸而功不建。名不立。魯衛鄭陳不來朝。江淮一步不能渡。則舉全齊而爲牛後矣。齊爲牛後而楚勢必益猖獗。憑陵江漢。問鼎周疆。則舉中原而左衽。其服鴃舌。其音矣。是爭諸侯之機。又在齊。齊練兵卒。而敵國未嘗無兵卒。齊繕城池。而敵國未嘗無城池。齊製器械。而敵國未嘗無器械。兩持不下勝負莫決則又屢數十年謀富謀强之奇計秘術使路人知之而攘外安內之大事去矣是不得不寄軍令於內政以修祖宗之法孔子曰管仲相桓公霸諸侯一匡天下民到於今受其賜微管仲吾其被髮左衽嘗觀桓公特一中材之主耳非有文武之聖智非有高光之豁達非有孫魏之才略亡奔之餘置身侯位仲亦以累絏囚虜蓬首垢面作高國之亞四民未盡附也封疆未盡定也而仲從容指畫師太公之遺收鹽鹵之地勸女工通漁鹽操銅鐵官山府海運其堅甲利兵於四方南至召陵北斬孤竹西盟蔡邱伐不庭討不道推亡固存王胙下賜甥舅元勛夾輔王室而

遂爲五霸首於天下何其措置易易哉大都國之富在於善用財不在多財國之强在於善治兵不在多兵勾踐欲報會稽之仇十年生聚十年教訓而後一戰沼吳衛文公大布之衣大帛之冠務財訓農通商惠工敬教勸學授方任能而後中興沛公定三秦收巴蜀燒絕棧道示其志不欲東還而後卒滅項於垓下管仲時齊雖不如句踐衛文沛公之窮蹙而楚方張之燄不可嚮邇實過於吳狄與項滅迹廢形歛聲養氣藏於九地之下動於九天之上夫然後守同圉戰同疆有三萬人以誅無道以屏周室而莫之能禦降及後世度支內窘兵力外絀桑宏羊籍之而輔漢劉晏師之而

治唐於一統之朝雖云流入苛歛而國勢究賴之以昌則仲豈獨富強齊亦何不可借其術以富強今日雖然仲武其民聚其財節制其師治覇國之奇也非王者之正

胸有千古大言炎炎不意英氣磊落之才羣萃於此

宋高宗之南渡論

王承恩

倡南都之說者一則曰大江天塹敵軍不能飛渡再則曰江浙膏腴取四方中漕運尤易於是吳越故基六朝舊趾亡國庸君奔竄其間妄談形勢藉口中興將中原數千里版圖一擲於被髮左衽之域傷心哉五胡之亂懷愍飄蕩神州陸沈晉轍一東王業不振不意幾百年後蹈其覆轍者復見之宋高宗也高宗之南渡何法乎曰法晉元帝元帝際長安淪陷劉石縱橫擇地建康事不得已高宗則有宗張之將起河北之兵借兵馬大元帥之號激憤三軍同仇敵愾汴京可使不失守徽欽可使不北狩楚齊可使不僭逆

傳劈王倫可不必再四通問金雖猖獗國勢人心有十倍於晋者奈何徘徊河上逗撓不進覩國破亡若秦越之肥瘠次相州次東平次濟州天子已入金營久矣始行慟哭遙謝越江南走議者責其不欲淵聖之歸心無君父余謂高宗志淺量小才弱性劣中原無變謹守其邸以奉朝請足耳上天不弔降災二帝困其延頸仰望高枕躊躇曰吾爲康王今爲宋主半壁河山已廣矣何有於江北身承正統已榮矣何有於臣金六宮嬪妃已足悅心志娛耳目矣何有於乃父乃兄若醉若狂新臥積薪還京之疏不報襄陽之策不行乞和之使接踵金軍畀之以小朝廷之醜號甘受而不辭

計亦左矣且自古中興之主皆臥薪枕干百戰而得之少康居有仍光武起南陽唐肅據靈武左執鞭弭右屬櫜鞬萬死一生而後能復舊物報大仇再造社稷豈嘗偷安不進乞和强敵而遂足成事哉故必阨守堅城而後民心定必有進無退而後國勢固成敗之機不煩再計決也且當時州郡猶爲高宗死守也義兵豪傑猶爲高宗捐軀也李綱趙鼎謀之內韓世忠岳飛禦諸外順昌柘皋朱仙鎭之捷兵勢大振兀朮喪膽陳師鞠旅恢復可顧盼立待不此之計反流離海道幸鎭江幸楊州幸明州幸溫台終幸一地下西湖其城可灌之臨安而宅焉彼諄諄於關中上策襄鄧次策者

則恨若仇讎汲汲於割地畀金稱臣乞盟者則親若慈父賊檜用武穆死張浚趙鼎貶謫荒障而江北固有之土遂寸尺不可得使後之讀史者三歎隕涕與東晉並稱偏安嗟乎高宗其亦劉景升兒子犬豚不若無心肝矣乎爲高宗解者曰河洛凋殘時遭兵燹果還都之亦猶董卓遷長安耳不知武昌襄陽據江上游成都劍道特角中原高宗捨而不顧愈遷愈南灰志士之心飽金人之欲視天下眞猶棄敝屣耶天下爲高宗一人之天下則今日棄一邑明日割一城無論區區之兩河南北京洛諸地即舉江南而並入女眞未嘗不可無論區區之稱臣稱姪含垢事仇即舉億兆元元

而畀之他族亦未嘗不可非然者奈宋之太祖太宗親矢石暴霜露而得之之天下英宗仁宗深仁厚澤累世而治之之萬姓何乎西河獻秦而魏滅燕雲入遼而晉亡割地媚敵正前車之鑒也于忠肅曰京師天下根本一動則大事去矣若高宗者可謂人欲我與甘心臣妾晉元帝之罪人石敬塘之儔匹也歟

千古同憤之事獨能慷慨言之筆挾風霜詞成廉鍔具中窾要不同劉四罵人

俊傑廉悍辟易千人具此思筆必非池中物尤宜善養其才儲爲世用作者溫文爾雅吾言當易入也

闢史家符瑞之謬

王承恩

極萬有不齊之物消息於五行迭長之機莫不有成敗升降參乎其間而稗史好興事端弄筆鼓舌妄執國家將興。必有禎祥。國家將亡。必有妖孽之陳言穿鑿附會別樹齊東野人之說曰災異。曰符瑞。迷惑人心志聾瞶人耳目遂使後世若醉若狂爭相祈求冀獲利而避害帝王借之以證興亡身家借之以證休咎甚矣人之好怪也。雖然。災異之記猶有辭焉曰人多情慾鮮克始終起其恐懼修省之心垂其乖異和祥之戒豕啼蛇鬬誌倫理之不可敗壞也水溢霧塞誌女官之不可專制也雨血隕日誌骨肉之不可戕賊也鸜巢雉集誌宗社之不可輕視也至若符瑞又何說哉吾請論歷史之符瑞。

中國之歷史。非上自羲農下至有明。四千餘年之歷史乎。而興王祥符。更僕難數。黃帝有電光繞斗之瑞。顓頊有瑤光貫月之瑞。陶唐有冥莢生庭之瑞。神龜出洛有虞之瑞也。黃龍負舟夏后之瑞也。二日東燄。成湯之瑞也。白魚入舟周武之瑞也。建邦立業一若盡天授之。而人事無與焉。降是以下。洪範傳作。五行志行。方外讖緯愈侈新奇。白蛇大澤劉季開基。赤伏四七光武復國。三光二儀慕容覇燕。草付應王苻氏强秦。天女生男拓跋建魏。且也竹林龍章劉裕嘗王南朝矣五星聚奎藝祖嘗帝宋矣紅羅浮水火光燭空太祖嘗有明矣其間或眞王或覇國或草竊咸依託奇事異徵。入迷不復得之。而封泰山。禪梁父。祭天地。立石頌功。大赦改元。面諛之臣揚厲鋪張交進賀曰是聖朝之盛德也是天命之攸歸也

嗚呼愚甚

祖符瑞之說者。大率曰。德足以格天。澤足以被人。上帝降福。捷於影響。然鳳凰來儀。大舜固稱聖矣。而桓靈之際。閹宦專政。黃巾縱橫鳳凰又何事屢集乎龍馬負圖。伏羲固稱神矣。而元狩之間。甲兵屢興帑藏大窘神馬又何事來獻乎石立柳生孝宣固稱中興

矣。而當晉平公時。霸業衰微。諸夏攜貳。魏榆又何事石言乎。均是龍也。在夏后則吉。在魏髦則凶。均是日也。在成湯則吉。在晉惠則凶。均是魚也。在舟中則聖瑞。在武庫則妖孽。反覆以觀。矛盾自見上而若黃帝若顓頊若陶唐歷年攸久。簡編支離。作史者或因其神道設教而紀述之。或因已好奇喜異而侈談之。余不能考。至白蛇也。赤伏也。與明之火光紅羅。明明以草莽起事。不厭人心。故作符籙片言魚禽片異傳爲美談耳不亦陋哉

今夫爲符瑞作俑者。非方士即佞臣耳方士進其詭誕之辭肆其奇秘之訣以蠱惑人主之聰明佞臣持其巧詐之才工其狐媚之

術以專作社稷之威福道無由也技將窮也於是假之於渺渺無憑悠遠不測之天心大而山川河嶽遠而日月星辰微而鳥獸昆蟲草木儼然天與神賜福莫大焉徐市以之欺秦皇欒大以之欺孝武蔡京等以之欺楊雄宋徽以之頌新莽信其說者無中求有形神彷彿宵小旁伏投隙以入巫蠱之禍子弄父兵京師流血祥瑞不至則妖孼繼之觸類旁求餘可悟矣烏乎余止聞甘露降甘露其究鮮肥可飲乎止聞祥麟見祥麟其究馴柔可養乎止聞黃河清黃河濁聖人其究不一出乎史氏如左邱明董仲舒司馬遷班固勝劉向諸家徒欲奇其議論雜撰讖緯不知後世藉以諱篡

竊之罪競神仙之學者踵相接也

善乎吳起之言曰。在德不在險。余將亦曰。在德不在瑞。芝草產九鼎出寶璽山積慶雲連天而修政不仁朝綱不舉將舟中敵國。何往而不蹈災眚反是道行之。則君明臣忠。民殷國實。歲豐時泰。政教清夷。德澤宣播雖犨豕啼、蛇鬬、水溢、霧塞、雨血、隕日、鸜巢、雉集。種種之災異矢集於一時又何能我害轉禍爲福意中事也較諸馳逐於符瑞塲中心爲物役者相去其可以道里計耶。嗟乎妖由人興。瑞誰云非人造。夏后好龍。雙龍降叅。漢帝好馬。天馬西來。披二十四朝之歷史。幾成一符瑞世界。忽焉歐風東漸。格致昌明。天壞茫茫。瞭如指掌。動植萬萬。竟委窮源。舉史家荒謬不經之邪說而廓清云。其千載一時耶。其千載一時耶。

心平氣靜理障一空而通體又無一筆放鬆確是爐火純青之候

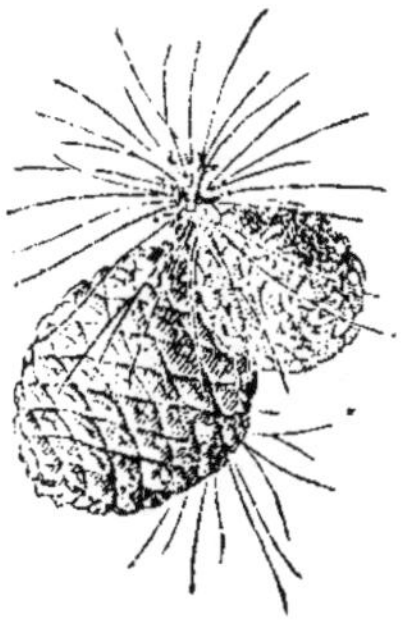

國文彙選卷一 終

國文彙選卷二

南洋公學肄業生學

漢棄珠崖唐棄維州論

李祚湯

嗚呼籌邊之策亦辨夫利害輕重之間而已矣利在於攻雖糜費帑藏而不惜利在於取雖違背盟約而不辭故善爲邊防者。因其時審其勢不以小惠而妨大計不以小信而悞大局夫而後上可以繼祖宗雄偉之功。下可以貽子孫久大之業。外可以絕夷狄侵凌之禍。內可以紓閭閻困乏之憂。獨奈何漢之於珠崖唐之於維州。其措置有大不然者也。夫捐之之議罷珠崖也。其意非盡無成算者。懲南夷之屢叛。勞師遠征。虛糜國帑。且關中老弱。流離困苦。此而請割棄遐方。專理華夏。可謂老成持重之見矣。然亦思珠崖列郡。非他。乃武皇帝謀謨廟堂。闢草萊。斬荊棘。以貽子孫者也。元帝爲人子孫。宜何如永守勿替。而惑於捐之之陋說。輕以版圖所逮之地。棄之如遺。將何以執酎入武皇之廟乎。至若維州。亦唐之故壤也。吐番陰謀三十年。始得此城。嗣後屢爲邊患。一旦如天之福。空壁來歸。使非德裕幾經籌畫。幾經招撫。安能坐收千餘里已喪之地。奈何文宗聽僧孺。不三日至咸陽橋之危辭。卒使千里沃區。淪爲異域。不亦悲乎。且夫元帝與文宗。優柔寡斷之君也。捐之與僧孺。亦畏事偷安之臣也。珠崖維州之宜棄與否。不待智者而後知也。論者不察。反以罷珠崖爲得捐之之力。以棄維州深是僧孺之言信如其說則後世輕議以祖宗土地與人者將有所藉口也其禍尚忍言哉要而論之捐之之志卑僧孺之慮淺元帝之失在忘祖文宗之失在畏事徒拘拘於煦煦之仁孑孑之信而不能奮發有爲以立邊功而攘異族故新安秉筆法春秋於初元三年春書曰。罷珠崖。於太和五年。書曰。吐番將悉怛謀以維州來降。不受其筆伐之意已情見乎辭而利害是非之間亦不辨而自明矣。

魄力雄健議論恢張是養到功深之作

謝元虞允文合論

孫同祺

用兵之道。有謀於事先者。有决於臨戰者。審其勢。度其時。觀釁以動。用力甚微。而成功甚速。如東晉淝水之戰。南宋釆石之役。不得謂非謝元虞允文之畧。然亦秦主金人之自取敗也。夫晉室既東。君臣上下。日事淸談。武備不講。以苻堅蓋世之才。英雄之畧。舉百萬之師。以窺江左。飄忽震蕩。如江漢之不可禦。宜其蔑晉矣。乃元以數萬之師。拒於淝水。殺敵致果。易於摧朽。其故何哉。蓋長江大勢。巴蜀爲首。荊襄爲背。淮南爲尾。踞其上流以攻下流。得建瓴之勢。若徒蹈其尾。彼得幷力以拒其受害也。必手足不足捍以頭目。

晉武帝欲取吳先使羊祜鎮襄陽吳築壽春魏武困於濡須失其險要雖雄才大略無所施西漢七國之變有梁之堅壁而後亞夫得成功楚漢相持有彭越在梁而後漢王得滅楚淝水之戰無謝元使劉牢之指兵洛澗壽陽以下皆折而向秦采石之戰無李顯忠守蕪湖張浚守建康兩淮上下皆非完土雖勉以忠義而背腹受敵危亡可旦暮待耳且以當時時勢觀之南宋弱於東晉八王之亂乘以五胡實賴王導祖逖輩左右之桓溫雖跋扈伐魏伐秦兵威猶耀謝安桓冲皆江表偉人王猛之死至以晉未可圖爲屬宋自徽欽北狩高宗無大志狃於偏安朱仙鎮之捷戰功垂成敗

於議和之策迨秦檜已死而虞允文始有采石之捷然使金主亮既破瓜州截江而渡直指建康水陸並進下游諸郡可唾手而得乃不爲拖吭撫背之計而盛兵於楊州使宋得幷力固守與苻堅不經畧淮南以勞晉軍乘虛以搗荊襄其取敗之道略同不控險害雖孤軍深入無能爲也吾觀允文所處之勢。尤難於謝元。謝元奉命而出。諸事預備。其決勝也猶易。虞允文奉命犒師。無督軍之責。倉皇招募。泣誓三軍。頃刻之間。轉危爲安。其決勝也爲難。然而謝元本屬儒生允文未嫻將畧讀書知兵其信然哉吾意爾時宋事尚可爲。奈何新君即位。復主議和。八可戰之策。雖陳無用。數十年而宋亡於金。視東晉之存亡。與五胡相終始。千古如出一轍。然則幸勝固不足以定國之安危歟。

熟於史事論斷能不蹈空

隋富而亡唐貧而興論

王慈善

嘗讀斯密亞丹原富之言曰。一國之富、在乎眞値、眞値者何、一國黎庶富實之積、而非朝廷府庫充實之謂也。證之有子百姓足君孰與不足百姓不足君孰與足之言。然後嘆中西論富之脗合也。是故君有倉廩府庫而民無褐衣疏食不可謂之富民皆足衣足食而君惟身衣弋綈不可謂之貧何則富視一國而不在一君也觀宋葉適隋富而亡唐貧而興之言。而益信此說之不謬也。隋煬帝建洛陽。用二百萬人。置離宮至四十餘所。築西苑鑿太行。窮極奢華。歲費不計。窮兵黷武。軍需孔鉅。何其富哉。唐太宗去奢省費。

輕徭薄賦。元宗患風俗奢靡。焚珠玉綿繡於殿前。禁后妃以下不得服之。文宗亦能勵精求治。去奢從儉。彼三帝者。皆以節儉爲務。力戒奢恣。較諸隋帝之縱欲浪費。何貧富之相差至如此也。而一則惟延四帝不旋踵而立亡。一則國勢日興。相傳至二十世之久。則又何也。蓋一國之財。只有此數。移於此則失於彼。隋帝之一米一粟。孰非掊克聚斂。剝民之脂膏而後得哉。然隋帝取之以爲分利之用。而小民恃之以生利者也。小民之財既日移於隋帝。故國中之富源日塞。國中之富源日塞。則一國隨之而日貧。是隋之富。非富也。乃君獨富而民實貧也。唐帝輕徭薄賦。休養生息。故國中之富源日辟而一國之眞値日增是唐之貧非貧也乃君不聚歛而已實則其民之富厚數倍於隋也是故唐之富散於民隋之富聚於君夫財聚則民散財散則民聚隋唐之興亡於此可決矣後世之談理財者惟知侵牟漁奪而已不知務培其本爲民闢生財之源若而人者蹈隋帝之覆轍而不自知也可不戒哉

不蔓不支當行出色

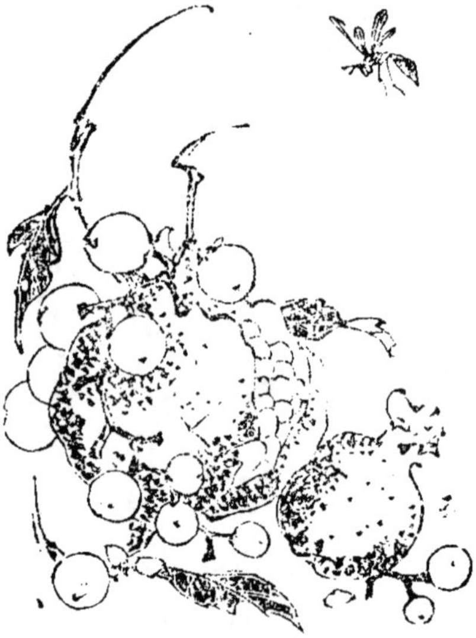

隋富而亡唐貧而興論

錢淇

自古覘國之興亡者不覘於其府庫之貧富而覘於其人民之貧富蓋府庫之貧富其爲貧富也虛虛則其貧富與國之存亡無重大之關係人民之貧富其爲貧富也實實則其貧富與國之存亡有密切之關係何者府庫之財即人民之財相積以成者也無人民之財何從有府庫之財是故其國無養民之德而府庫日充者其民財必日被侵削而貧民貧則生計窘迫窮困無聊而思亂之心以起民之思亂國亡之兆也使其國有利民之政而府庫不盈者其民財必日益增加而富民富則生養得所禮義自知而求治

之志愈堅民之求治國興之徵也宋之葉適有言曰隋富而亡唐貧而興蒙謂隋惟其富故亡也忽焉唐惟其貧故興也勃焉蓋隋之富乃府庫之富而非人民之富唐之貧乃府庫之貧而非人民之貧人民之貧富與國之興亡成正比例府庫之貧富與國之興亡成反比例知此則知二代興亡之故矣且夫國以民爲本民以食爲天隋之倉廩充牣有餘乃不惜民命坐視民之自相食而不以振捄及羣雄一起適齎盜糧羅藝薛舉之徒皆藉此以激怒其衆各據郡起兵而李密且得興洛倉而勢以之張李淵得永豐倉而業以之基是隋之富乃爲人藏富而適以自速其亡耳彼夫李

淵之兵。號稱義師。所至秋亳無犯。而又開倉賑貧。藏富於民。民爭歸之。此其勢雖欲不興。其可得乎。老子曰。多藏厚亡。言富之不足恃也。有若曰。百姓足。君孰與不足。言貧之不爲患也。君子觀於隋唐之事。而知富國之道矣。

着墨不多。意義自然。周匝斯爲雅才

十六

劉晏理財用士人論

吳福康

醫之生人方也。死人亦方也。上之治民法也。害民亦法也。不難於得方而難得用方之醫。不難於立法而難得用法之人。有法又在有人。人既得法不變。弊自除。害自絕。公私自準。輕重自平。人不得。法雖善。利不興。財不闢。公私不明。輕重不均。是以善爲政者。不汲汲言立法而惟求用法之人。誠以有治人無治法也。偉哉劉晏。其理財也。一則曰辦理衆務。在於得人。再則曰名重於利。故士多清修。利重於名。故吏多貪污。於是擇通敏廉潔之士。授以簿書錢穀之權。不誠深知爲政得人之規範哉。唐自安史之變。戶口凋。糧儲匱。府庫煙灰。兩稅之額雖定。而財入貪吏之家。諸道之賦雖增。而財耗猾吏之橐。鹽鐵榷酤之政雖興。而財剝蝕奸吏墨吏之手。下已割肉補瘡。上猶束手興嗟。晏於此時掌財政。亦未有生財之道。開天下自然之利。闢民間未興之財。其所興者造漕運。置榷鹽沽商賈利。供軍國用。不過精於理財耳。辦理數年。國有餘盈。民無怨謗。此何故哉。良由用士人。去吏胥。致平日吏胥中飽之貲。悉歸於公耳。嗚呼。桑宏羊理財而無補於漢。王安石理財而無益於宋。劉晏理財而上下交益。同一理財也。宏羊安石行之則亂。晏行之獨治。推原其故。端在得人。或謂爲士者未必皆賢。爲吏者未必皆不肯。是在登明選公。晏之專用士人。未免過於偏執。而不知非也。夫成周之時士與吏並重吏亦有進身之階朝爲吏而夕爲大夫者有之夕爲吏而朝爲大夫者有之故其吏莫不重名而輕利洎乎後世。徵辟重於漢魏。門第重於兩晉。科目重於隋唐。其爲吏者雖負奇絕之材終無登進之日遂爲世俗所卑鄙而不齒於人以故爲吏者輕名而重利不顧名節不知禮義不恤廉恥不畏國法多方巧計蒙蔽官長上下其手而舞弊而弄法而侵蝕而中飽甚至吏有權而官無權。吏能制官。官不能制吏。官聽從吏。吏不聽從官。嗚呼。積弊至此。天下事尚可爲乎。晏洞見本原。削去吏權。改用士人。非惡夫吏也。誠以吏權不移。利不興。害不除。公私不均。輕重不平。是制治之本源也。推是意也。非特可治天下之財用。即以治天下之大政亦可也。非特可治一時之國政。即以治後世之國政亦可也。蒙願後之治天下者。勿急立法。惟求得人。

息心靜氣。語無泛設。浮煙漲墨。自無從擾其筆端。

劉晏理財用士人論

沙允成

天下之盛吏統於官天下之衰官轄於吏何則吏者本所以勾檢簿書出納錢穀而已何足以掣官肘然自世風之衰官傳舍其任吏世襲其業一切則例律法風土人情官不知而吏知之官不精而吏精之於是官勢不得不假手於吏吏反得乘之以爲弊甚則官欲興利欲除弊一切皆格於吏致利未興而輒阻弊未除而又積官尸名而吏居實是官不能用吏而適爲吏用此劉晏理財用士所以爲可法也晏之言曰士陷贓賄則淪棄於時名重於利故士多清修吏無顯榮利重於名故吏多貪污嗚乎吾觀於此不禁

慨世風之衰也久矣。夫三代以上士與吏合三代以下士與吏分周官不限吏登進之階故士可以爲吏吏亦可以爲士吏士合而天下治後世若漢重徵辟晉重門第隋唐重科目惟吏無顯庸之日故求名者不甘爲吏爲吏者亦不思求名士與吏分士日貴而吏日賤日貴則不屑爲賤務日賤則不能志於名終必志於利流弊不至吏日貪日強官日聾日弱官有權而無權吏無權而有權不止也劉晏能洞悉利害。此晏之理財所以爲三代下絕無僅有之人也。且理財於唐德宗之時。大非易易也。上承安史之亂。下繼藩鎮之橫。兵戎屢興。瘡痍滿目。元氣大傷。公私並竭。使晏當此時。

稍不精心攷察。洞見癥結。雖能興利除害吾恐晏興利而吏滔肥其橐。晏除弊而吏陰掣其肘。法出而弊興。令下而詐起。晏雖多才。其能與桑孔異轍哉。乃唐自晏掌度支獲利三倍捄災恤民上下交益者。晏果操何術以至此哉。吾觀晏之理財。以養民爲先。已異於桑孔之搜括民財者。況又出納必委士類能絕胥吏之蠹。此所以不加賦而國用足。不增課而帑藏裕。迥異於三代下理財諸臣也。雖然。吾謂晏之功不第在委用士人也。其要尤在乎識人。何則。士不盡廉。吏不盡貪。庸腐貪汚之輩。士之中未嘗寡也。晏若見識不精。有用士之名。無用士之實。二三貪汚庸腐之輩。舍循行數墨外無一措長民生本原之計國賦出納之數一無所知一旦强以吏事惘然所措而贓賄或過於吏是無吏之精敏而有吏之貪汚反不如用吏之爲愈也若晏不然用士能得士之長去吏能除吏之弊故吾謂劉晏之功不第成於用士而要實在乎識人有晏之智用士可也即用吏亦可也無劉晏之智用吏不可即用士亦不可也吾願後之讀史者慎勿以用士人一語而沒劉晏知人之明也

侈談變法猶是不知中國腐敗原因先於用人留意無不可治之國此篇明目張膽言之曲盡弊政源流一分閱歷即是一分

學問空談政治學即讀盡西書何爲也哉

二十六

宋高宗南渡論

吳福康

自來禦夷之道不外和與戰二事可以戰之時則戰戰未始不可也可以和之時則和和未始不可也特患於當戰之時以戰爲孤注不預備自守之策又患於當和之際以和爲可恃不曾思自強之方夫我以和爲得計不思所以自強則敵人見我之弱必愈逞其勢力以逼我愈肆其誅求以要我我以和爲苟安而愈不得安我以和爲可恃而愈不可恃必至喪師失地國勢傾弱而後已吾觀宋之南渡不禁有感矣當高宗即位之初宗社爲墟君父見虜北望闕庭誠可淒然淚下者然舉族雖有北轅之釁普天尚同左

祖之心。又有李綱來朝。以資謀畫宗澤守城。以俟車駕河南置經制。河北置招撫。立帥府。討羣盜張所傅亮等皆克任其職兩三月間。寇幸無警。少康之造夏光武之中興。此其時矣。乃信用汪黃貶張所。疎李綱。不信宗澤之言惟汪黃之言是聽今日遣使以求和。明日遣使以求和。汲汲焉欲以和爲苟安不思所以自強。而金人見宋之急於求和。而愈肆其要求不與之和。率師侵掠至四京淪陷於腥膻。不得已爲航海之策。不都川陜。不都荊襄。不據天下形勝之區。而遷三吳一隅之臨安陳亮謂地下西湖其城可灌。而高宗苟且圖存。作廟於此。及其後信秦檜之言。甘心求和偏安半壁。

不能復尺寸之地。原其所以。皆由高宗以和爲苟安。不思自強之過也。然高宗非不知和議之不可恃。而卒決意求和。不欲自振者。或謂高宗恐二帝若還。有不利於己耳。吾謂此論不免過激。特英明不足。昧於君子小人而已。夫親賢臣遠小人。國家所以興隆也。親小人遠賢臣。國家所以傾頹也。人君躬際否屯。莫不欲求忠以自衛。擧賢以自佐。而卒不能扶大木於將顛。綴磐石於既墜者。其所信者不忠。而忠者不信也。高宗前有讒而不見。後有賊而不知。奸如汪黃秦湯。則信之用之寵任之。忠如宗李陳胡張趙。則疎之殺之貶謫之。勇將如張韓劉岳。則棄之逐之誅戮之。以致遷都避警航海圖存越明溫台之間奔走不遑雖晉元渡江明皇幸蜀亦不若是之顛沛也此皆親小人遠賢臣之過也向使當時內倚李陳張胡以理庶政外任張韓劉岳以資戰守則可以雪二聖之恥追太祖仁宗之盛規復中原在反掌間耳何至般樂湖山僅成小朝廷以求活哉嗚呼高宗往矣後之處高宗之勢者其以親賢臣遠小人爲本

論和戰具見卓識抉其致弱之由亦千古公論筆挺而氣蒼此道三折肱矣

宋高宗南渡論

惲樹珏

嗚呼。因循苟且。其亡國最烈之原因乎。始皇之暴。足以亡國。劉禪之懦。足以亡國。漢武隋煬之侈。足以亡國。陳後主元順帝之淫蕩。足以亡國。漢呂后唐武氏以及伶官宦者。皆足以亡國。色荒禽荒。峻宇雕牆。原因不一。底於滅亡則一也。雖然是其顯而易見者也。猛獸能噬人。則趨而避之。於酖毒則安之。火烈能殺人。則畏而遠之。於水懦則玩之。人情恒懾於所危而習於不察。生於憂患而死於安樂。是故懲羹而吹齏。彼始皇以下諸君。雖不道乎。而人罔不引以為鑒。是流毒於當日。而遺禍於後來也。作種種亡國因結種種亡國果不過爲彼祖宗之不肖子孫耳譬之禹鼎神奸不足懼也非可不懼也謂夫人而知懼也自人不以爲可懼者乃可懼矣是何事曰因循苟且於何徵之於宋高宗徵之吾讀有宋南渡史三反覆而悲高宗性質之甚劣也凡國當大亂後必大治晉重耳之霸識者謂險阻艱難備嘗故若高宗者非險阻艱難備嘗者乎越句踐沼吳雪會稽之恥故若高宗者恥更何如乎高宗知恥則宜若有爲矣乃觀其一身安於因循苟且是能爲居齊之重耳不能爲返國之重耳也卑辭厚禮以和金人是能爲嘗糞之句踐不能爲服仇之句踐也嗚呼耗哉彼高宗者其心尙可問乎當時

賢臣良將。士氣民心。史册所載。至今日猶赫赫有生氣。而高宗始終所信任者一秦檜。何以故。曰人主戰。檜主和。和戰兩字交迫於高宗之胸中。而冥心思索。權量而默念曰。和哉和哉。戰不可恃也。此信檜之原因也。此原因之原因何在乎。曰苟且。曰因循。當濠州之戰。武穆請長驅京洛。高宗不許。不許何心也。丙子之詔曰。講和之策。斷自朕志。云云。所志何志也。迨至末路。困鉅艱之不任也。而倦勤遜位。轉藉口向日講和之有所爲。是何要事父母之不暇顧也。嗚呼。兩帝之朽骨未歸。半壁則居然頤養。宋之亡。蓋已久矣。是非因循苟且。胡若是之烈也。而或者曰。子不誅高宗之不孝。而徒責其因循苟且豈定論哉曰高宗有不共戴天讎而猶因循苟且是無之不用其因循苟且可知且此又後世之不幸也以不孝故轉掩其因循之過使後世知以不孝爲鑒戒而不知以因循爲鑒戒浸假而有高宗之君方且不以事金爲辱而以不忍小民塗炭爲仁而當時之岳武穆韓世忠轉居於善戰服上刑之律爲之將爲之相者無一非逢迎上意保全首領之秦檜夫如是雖欲其孝可得乎則何如泗上無賴分我杯羹之言之猶爲率眞也

筆意自龔定盦集中得來矯變不羣獨有生氣

宋高宗南渡論

吳清庠

南宋之初。論者卒以回都汴京爲要著。蒙竊不謂爲然。大亂之後。都邑荒凉。民煙寥寂。元氣重傷。振興固非易易。且河南之地。以河北爲肩背。河北不守。河南必危。觀於鮮卑氐羌之亂東晉。爾朱榮爾朱兆高歡等之滅元魏。安祿山史思明之亂唐。李存勗之滅朱梁。以河北制河南之命。固如出一轍也。今而回都汴京。試問河北諸地。屏蔽尚存乎。蓋亡之也久矣。問當時所謂河北忠義者。果皆孝子順孫乎。蓋不過宗忠簡之招撫聯絡。得其宜耳。以之牽制敵勢則可。以之捍禦敵勢。恐未必能也。宗簡一去。賊盜蠭起。從可知矣然則舍汴京而取東南可乎曰可建都湖廣控馭荊襄據上游之險是謂上策棄荊襄而取江淮建都建康是謂中策棄江淮而建都臨安是謂下策何言乎上策也夫荊襄之地西控巴蜀東通江淮據此以守則敵人既不能踰此而南雖漢江上下罅隙實多可以無虞且戰而勝則可以進圖西北戰而不勝猶可以退保東南故曰上策也何言乎中策也昔人有言曰欲規中原者必得淮泗欲固東南者必爭江漢蓋下流之淮泗必不能敵上流之江漢地勢使然也六朝都建康而强藩巨鎮之稱兵爲難者往往自荊襄江鄂諸地席捲而來此其明證然而江淮之間物產饒富餉可

籌也。南晉府兵。爲天下雄。兵可用也。得此二者。亦足爲奔走天下之具。是故曹操敗於江東。苻堅挫於淝水。究不得以死地當之。故曰中策也。何言乎下策也。浙江形勢。全恃江淮。江淮不守。浙江必不可圖存。越人之滅於楚也。李子通之亡於杜伏威也。皆職此之由。故曰下策也。高宗之初。用事湖廣者。前有李綱。後有岳飛。督軍事者。且有趙鼎。皆當時忠義之臣。事無掣肘之慮。使高宗於襄陽六郡恢復之時。駐蹕於此。保東南。制西北。直抵燕雲。未可知也。惜乎呂頤浩一言。而李綱忽罷。岳飛恢復中原之請。而高宗又不許。棄上策而不用。反轉而從事於江淮。然江淮非無可爲也。韓世忠之江中大儀兩捷。劉錡之順昌拓臯兩捷。以金烏珠之驕橫。且不能不喪魂落膽而去。戰功亦可謂盛矣。乃錡則見嫉於張楊。而兵權頓撤。世忠則梗於和議。而罷官以歸。江淮之地所用非人。其勢已岌岌可危。況樓炤建都吳會之請竟復。並淮防而撤之。淮防既撤。江險亦不足恃。於是乎中原之恢復無期。而偏安之局亦斷不可久。何則。荊襄不守。則金人之由北而南者。可長驅而入建康。江淮不守。則金人之由南而下者。可直指而入臨安。破竹之勢。雖強者不能爲力。壓卵之危。雖智者無以爲謀。嗚呼。宋之亡也。非亡於南渡也。非亡於南渡後之不復北回也。直一亡於荊襄之不知守

再亡於江淮之不知保而終亡於定都臨安而已其亡國之由直一遠君子親小人而已

形勢非足以立國也取其調度易耳此篇談形勢獨詳而歸本於遠君子親小人足徵識卓文氣沉着逈異浮囂

四十

宋高宗南渡論

鄭家健

自古英王霸主有爭天下之志以成大業者必先據天下之形勢而不可示天下以苟安然後外可以禦強敵內可以固藩籬不然望風遠遁委棄疆土終不得免蓋我能往寇亦能往故避敵之舉非久安之策而徒留退縮之名計則左矣夫高宗之宅東南步晉元之後塵也不知晉元建號之初五胡擾亂劉淵石勒慕容垂等分割中原故不得已而宅都建康爲勢所迫也高宗有李綱宗澤之才處金人北還之後不能取祖宗數百年固有之地而守之乃倉皇奔走以遺狂虜噫吾觀宗澤還都之請不行已知其永無廓

淸中原之望也況渡江而後又不都建康而退處臨安其眞甘爲小朝廷而不知恥耶是故英雄之得志於天下也有含忍不拔之心以盡己之力而不肯先屈於人觀楚漢相距於滎陽成皐間高祖雖屢敗不退尺寸之地旣割鴻溝羽引而東遂有垓下之變曹操袁紹戰於官渡操雖兵弱糧乏而苟彧止其退避旣焚紹輜重紹引而歸遂喪河北由是觀之避敵之舉實足使人心瓦解因以喪師辱國而無補於危亡也且自古未有不可戰而可以言守者未有不可守而可以言退者使敵得一邑即守一邑得一州即守一州因而號召天下黠吏奸氓又從而附之則我之險阻已失而

敵人之氣勢方張復欲立朝廷於荊棘瓦礫之中不可得也望風怯敵遽自退屈果何益哉當南渡之際河北山東均委之敵手又棄江淮而僻居海澨山川間阻雖風帆一舉上可以問江淮下可以問閩越不知逼此一隅進無可據之資退無可守之地及兀朮提兵躪江東陷建康自廣德直趨臨安進陷明越而錢塘之波濤卒不能濡戎馬之足也向使非諸將力戰於江上於兩淮又遠而爭襄漢爭川陝以固屏藩而安根本則宋之爲宋固不待伯顏建康三道之師而壓卵之勢已成矣夫高宗不顧父母兄弟之顛沛亡祖宗社稷之根本地委西河二京陝右淮甸百萬生靈於塗炭

以圖一時之僥倖而不可得即爲一身苟安計亦已左矣危幾迫於俄頃遂不暇計他日利害而爲之可勝歎哉

透過一層寫來異常警悚以漢高魏武事作證尤爲讀史有識筆力雄健卓然不凡

論洛蜀黨

甚矣君子與君子遇之不可以有意見也一有意見則凡非君子而欲僞託夫君子者遂不恤爲畛域之分以償其依附之念而黨禍成矣牛僧孺惡李德裕等之異於己也。傾軋報復。垂四十年。於是唐太和之間有黨。王執中等忌富弼范仲淹之勝於己也交章誣諂。一網打盡。於是宋慶歷之間有黨。此皆宵小奇邪之士。功名累心。營私結約。苟全富貴。固不足以深責。不意宋元祐之初。又有洛蜀黨一事。夫洛蜀有黨不足怪。所不可解者。洛黨之首非他。崇政殿說書程頤也。蜀黨之首非他。翰林苑學士蘇軾也。試思程頤之與蘇軾。非所謂文章道德重一時。天下共目爲君子者乎。誠如小人有黨君子無黨之說。則程之與蘇。宜其水乳之交融而不爲冰炭之難容也明甚。獨奈何竟以黨著。而又竟以黨首著。聞嘗反覆思之。乃知洛蜀黨之分。不分於程之與蘇。乃分於欲依附程欲依附蘇之流之有以釀之也。熙豐之際。學問分文章理行二家。而二子實領袖之。講理行者多宗頤之說。能文章者多遊蘇之門。被召執政。相繼任天下事。程頤多用古禮。軾謂其不近人情。於是附其說者。若胡宗愈顧臨呂陶等。遂連章詆頤以憸巧無行。僭橫妄分。以自託於蜀黨。而頤之門人。若賈易朱光庭輩。又號爲洛黨。以語多謗訕剛很好勝劾軾論者遂以此爲頤與軾責不知頤之與軾不過口語之參商若謂其有門戶攻擊之意豈程之所以爲程與蘇之所以爲蘇歟蓋自有欲依附程欲依附蘇者出各欲逞其標榜之私遂妄生夫彼此之念以致同室之內操干戈廟堂之上成水火久而久之生於洛者黨非生於洛者亦黨生於蜀者黨非生於蜀者亦黨黨人之勢已大黨人之禍遂烈斯時程與蘇雖百口以辯而欲脫夫黨人之名不可得而欲免其黨首之稱尤不可得也後不數年而蔡京章惇用事乘其交攻之瑕而均陷以奸黨之稱端禮門之碑其姓名猶歷歷可攷諸賢至此始悔前此藩籬

之不固而傾軋之兩傷也不亦晚乎甚矣君子與君子遇之不可以有意見也

持論和平虛實兼到合作也

文天祥請建四鎮論

吳福康

天下何以强强於勢合而治分天下何以弱弱於勢分而治合治合以天下私於己而責在一身治權遂聚而不散治分以天下公諸人而事有所歸治權遂公而不私聚則忌生私則疑生內相疑忌外夷來侮此往古之陳迹即今事之龜鑑也偉哉信國請建四鎮其知此義哉當宋之初忌五代藩鎮之强足以制其君於是盡釋其兵權建郡邑雖除外重之獘致成積弱之形遼橫於初金寇於繼而元乘之崛起旣喪師又辱國夷之禍宋何其酷也然非夷狄之能害宋也實宋之無以制夷狄也時至恭宗元兵來攻至一

縣則一縣破。至一州則一州破。信國抉致弱之由。籌建鎭之策。欲以亡羊補牢。其見識之高。謀畧之遠。爲何如哉。或謂古昔盛時。天下大一統。縱橫數萬里。地大物博。耳目難周。故建立藩鎭。以分治之。若至宋度宗之時。山後山前。已成荊棘。河南河北。時警烽煙。披覽版圖。東西南北。所存者不過萬餘里。合治之尙虞力弱。分治之不更勢孤乎。宜當道目爲迂緩而不行也。而不知非也。夫恢復之功。不在乎地廣人衆。而在乎佐治得人。信國之請建四鎭。置一都統於長沙。以守廣西湖廣。置一都統於隆興。以守廣東江西。置一都統於鄱陽。以守福建江東。置一都統於楊州。以守淮西淮東。非謂都統必賢於州縣也誠建設都統以治之則土地都統之土地也人民都統之人民也城池府庫都統之城池府庫也財政兵權都統之財政兵權也地之存亡都統繫焉地之利害都統主焉無推諉無忌諱不至如下吏之顧此失彼無因循無粉飾不至如疆臣之陽奉陰違以之理財不至侵漁中飽君民均受其害以之治兵不至虛張聲勢上下均蒙其欺以之用人行政不至專徇情面不顧全局以之守疆保土不至望風奔避不恤名節是眞對證之良藥也不特此也四鎭既建無事則各守疆界有事則互相保護敵攻此而彼出師以救之敵攻前而後出師以要之敵人必不敢

長驅直入元雖强。斷難出入自由。宋雖弱。尚可旦夕苟安。當此之時。禦敵之策。可謂無出其右。惜乎信國之策。不行於前。建鎮之政。莫行於後。夷狄亂華。古今同慨。欲求補救。舍此無方。嘗試申言之曰。天下宜勢合而治分不宜勢分而治合治合則體散體散則難爲功治分則勢衆勢衆則易爲力

樹義正大發論透切文入妙來無過熟庶幾近之

原武

惲樹珏

天地剖而有人聖人作而立教教立而成世界惟教有時而窮爰不得不有武事以相維持此必至之勢。生民以來。靡得而易者也。太古之事。無可攷證。自黃帝始。無代無戰爭。武與不武之比較。強弱判焉。興亡繫焉。忽而視之。小則喪師。大則覆國。晚近儒者。不知武之足重。動稱耀德不觀兵。執孔孟有爲而發之言。相率以武事爲戒。抑亦誤蒼生妨世運實甚。烏乎。彼豈嘗聞七旬格苗與血流漂杵之文同爲不可盡信者哉。繇是乃鄙武而尚文。漢之經術。唐之詩賦。宋之性理。元明以來之制義。二千年來。其氣愔愔。其音嫋嫋。舉國之人。孱弱懦劣。昏暮之氣。沉沉而襲予。欲務廓之。以振起國人之精神。作原武。

天性也。氣質也。人所禀以生也。天性之中。具仁義道德之美。孟子所謂性善是也。氣質之變動。則凡喜怒哀樂愛惡欲皆中之。惟聖賢能使天性化氣質。庸人乃以氣質役天性。聖賢者千萬人不一覯。庸人者。戢戢皆是。羣庸人而成世界。是舉世界有所謂喜怒哀樂愛惡欲。而罔知所謂道德仁義也。無道德仁義。而民乃不能不爭。各惡其惡。各欲其欲。各逞其喜怒哀樂之所極。而民尤不得不爭。既爭矣。優者勝。劣者敗。弱者肉。强者食。則惡得不武。則惡得不武。

有史以來。原其本始。以至極盛。有可得而言者。戰勝禽獸而存人類。人類存而種族別。而部落分。而邦國建。架石焉冶銕焉以自衛。始搏以力。繼搏以刄。此猶武之小焉者也。虎雖猛。人衆則虎敗。箭雖易折。駢枝則難斷。知此理乃不鬭獨而鬭羣。群少數之人以爲成群。多數之人以爲旅。群若干成旅以爲軍。胥一軍之人。而悉出一心。而後乃橫行於天下。故其武事之成就者較多。由是而進焉。則舍勇而用智。用智奈何。曰多算勝少算敗。智用於武。智猶淺。有道存。無道亡。武渾於智武乃大。有人於此。曰我善爲陳。我善爲戰。

是必非兵家之上乘。神明於武者。不戰形而戰心。書曰。人心惟危。曰如朽索之馭六馬。舍心戰而就形戰。君子必謂之不武。至於再接再厲。則執又大變。蓋前此從事心戰者。惟一二賢哲。其餘則皆受朽索之馭者也。厥後胥天下之人無不用其智以戰而仍優勝仍劣敗。則武事之極則當駸駸乎進於無極。今之戰商務戰交涉猶其胚胎歟。烏乎干戈武事也。商務交涉武事之變相也。其道則一。其變無極。尚武固武。不武亦武。聖人作而立教。教立而成世界。惟教有時而窮。不得不有武事相維持。教即無時或窮。亦安所出武事之範圍耶。

推究本原窮極事變是提要鉤元之作

一質一文終始之變論

王慈善

日中則昃。月盈則蝕。此自然之理。所以過於盛者必就衰。過於質者必反文也。昔戰國之世。天下鼎沸。綱紀頹圮。禮儀廢弛。然而物極必反。人心厭亂。及秦幷天下。世風丕變。束縛馳驟。縟節繁文。然而今之過於文者。猶昔之過於質也。高帝起自布衣。從者皆奮興好動之人。舉止自如。禮節盡廢。至於飲酒擊劍。倚柱行歌。然而適於亂者。不適於治。故天下既平。叔孫通定朝儀。文武百官。皆就範圍。而文風復興矣。由是觀之。質極必文。文極必質。終始迭乘。乃世變之常態。而亦天演之公理也。雖然。過於文者。必爲質者所勝。過於質者。必爲文者所棄。皆非常治得中之道。惟能質而不棄文文而不忘質。斯爲得其中而天下安矣。試證諸史。商尙質。周尙文。然而周以文亡。商以質亡。羅馬立國之初。威振一世。及至治平日久。美質漸消。宴安鴆毒。莫可挽救。卒至陵夷衰微。爲北狄所勝。而亡於文弱。嗟夫。北狄之所以被鄙爲狄者。以無文化也。而羅馬乃亡於文弱。若是乎。徒文之不足恃。猶徒質之不可賴也。向使羅馬之民。能於宴安之世。不棄當日之美質。則北狄豈足勝哉。君子是以防患於先。文質並用而不偏廢也。吾國承歷朝之弊。質漸衰而文漸盛。至於今而文弱極矣。開關以來。與外人交接日密。而吾之短亦曰顯。彼既持質以威吾。且又挾文以驕吾。彼之禮儀簡而易。吾之禮儀繁而縟。彼之風俗樸而實。吾之風俗浮而鄙。彼文質並用而皆有以勝吾。吾安得而不敗哉。昔時之與吾爲敵者。徒有質而文皆遜於吾者也。而吾已不勝其弊。今之與吾爲敵者。文質並勝於吾。宜其弊之百倍於昔也。究其弊之所由來。乃徒文爲之階也。然天下大勢。物極必變。吾恐一變而盡尚質也。憤世之流。矯枉過正。至欲盡廢昔日之道德習俗。而力尚其質。甚至弛上下之禮。毁綱紀之倫。然而不知今日之中國。徒文之不足以勝人。猶徒質之不足以救國也。惟能文質並用。乃足以致效。保吾固有之美德。守吾固有之特質。而取人之長。以補吾之短。斯爲得矣。孔子曰。文質彬彬。然後君子。可知文質之不偏廢也。嗚呼。先聖立教之精意。遹乎遠哉。願有心人特此以藥吾國也。

細鍼密縷推勘微至文心靜穆適如其人

論史家符瑞之謬

劉樹圻

中國格物之學。不亡於名法而亡於黃老不亡於黃老而亡於史家今之論者。謂中國無史然中國非無史實無史家非無史家實無史識無史識者祇可稱術數家不得復稱史家何以故以其不明物理侈談符瑞厥謬轉甚於名法黃老故夫中國上世之民。以尊祖拜神爲天性。故其史好談天道。於鬼神災祥之事。每辨其吉凶禍福。以作勸懲。是以上古史分史與祝二大職。史敬祖。祝敬天。所掌皆爲神事神以外無所謂史職無所謂史文也左氏春秋傳。好稱引奇誕。於有文在手諸事。津津樂道之所言鬼神災祥之事。

不可枚舉此爲史家談災祥之始祖然猶可曰古時神道設教則然厥後秦政焚書坑儒卜筮之書獨留至漢代而有陰陽五行讖緯禍福之說爲史氏之支流餘裔即爲學術中一大障礙其以宗教迷信惑當世及後世以視近日之歷史哲學殊覺支離怪誕不足道焉讖緯家言漢之張衡桓譚早攻駁之漢後頓失厥勢惟五行家言甚爲當日學人所重迄今不絕何其謬也五行庶徵出於洪範其初不過教民以日用必需之事史家從而穿鑿附會之妄謂五行爲萬事之本物質之原寖假且由漢人之謬學而爲晉人之清談流風所扇雖經南北朝數百年之久而不衰其破壞理學

可勝慨哉顧或謂史家言災祥其意本諸孔子未可厚非不知孔子於春秋著災異不著事應蓋因旁引物情曲指事類未必一一符合設有不驗世主且忽焉不之懼聖人於此具有深意彼史家所作五行志多以時事之吉凶曲與五行相配有無其證有其應者有本當爲災謬以爲祥者是謂欺天之學豈徒欺人已乎況言符瑞與言災異又自有別言災異者或某年日食彗見則記之曰此天神之怨恫人君當恐懼或某地水旱螟蝗則記之曰此地祇之震動人君當修省此雖於物理無當而藉以警戒人君未始無益若侈談符瑞之史非但不知物理幷借以貢媚獻諛徒長人君

之驕心侈心謬孰甚焉試以天學言之談天文者分歷算占驗二家中國史家皆占驗家非歷算家故講虛理不講實測如日月合璧史家傳爲美談然其言實不足信日月相距頗遠無合璧之理其所以謬者因日月合朔時兩邊相切形似合璧耳至五星聯珠則同居一宿易形若貫珠殊屬難有之事即有聚會時亦於休咎何關哉嗚呼圖讖符瑞之說起於周末盛於漢哀平間新莽篡竊則以藉口光武中興亦信其說至唐武氏頒鼎銘以爲受命之符姚崇竟進表以賀此與宋王旦不諫天書同爲毫無識見作史者亦其流亞也即如宋史天文志以五星聚奎爲首瑞然不數月即

有日食之變吾不知天意果何屬也吁自史記列封禪書前後漢書列五行志於是宋書列符瑞志矣南齊書列祥瑞志矣魏書列靈徵志矣晉書隋書新舊唐書宋遼金元明各史均列五行志矣何其踵謬沿訛若是哉嘗推其謬誕之由大抵因習俗相沿彼身爲史家見理不明者往往篤信符瑞之說牢不可破愚不可瘳且上之人多好言符瑞則史家亦每逢君之惡侈口言之於事之失實詞之妖妄皆所不計且古時不知有五大洲東西半球之說妄以二十八宿爲分野若天但覆照中國而符瑞但應於中國雖聞有海外之國以爲天所不眷可謂陋之至矣坐是三故而中國物

理學與哲理學竟數千年來無所發明。然則符瑞之說非但背於物理學一切眞正之理學罔不爲所障礙後世儒者於哲理學尚有人爲之至物理學則幾無人爲之此不得不歸咎於侈談符瑞各史家矣嘗故曰格物之學不亡於名法而亡於黃老不亡於黃老而亡於史家

同一辨析於此篇殊見學問合璧聯珠兩條尤與西說可通

論史家符瑞之謬

沙允成

章實齋氏之言曰。昊天生十史才不能得一史識吾不敢謂中國自古迄今無一史識吾敢斷謂中國自古迄今具史識者之寡也吾觀中國數千年之歷史大抵無史識足以概之惟無識也故一切禽獸草木之異山川風雲之變不察其故不求其理昧昧然目之以爲符焉以爲瑞焉是何臆斷之甚也惟無識也不自有其心思耳目而以古人之心思耳目爲心思耳目人妖之而我亦妖之人祥之而我亦祥之二者出而中國數千年來遂無信史符瑞其小焉者也中國伊古以來。大都好以神道設教。春秋二百四十年。

紀災異者。比比皆是。夫春秋之所以紀此者。蓋所以昭鑒戒。孔子豈不知其理。而所以不詳言者。正欲人君因之而勤修省耳。左氏不明此意。輯其遺聞。附著於册。雖其意非以侈新奇。亦以昭勸戒。無如以後之庸耳俗目者觀之。遂變爲巫蠱爲讖緯紛紛以起。莫可究詰。雖然。嘗攷春秋一書。自始至終。祇有紀災異。未聞紀符瑞。惟西郊獲麟。一繫簡末。以傷吾道之窮。至若後世之景星慶雲芝草醴泉之屬。終春秋曾不一見。若以春秋爲亂世。謂符瑞所不當見耶。後世治不若春秋。獨所謂符瑞者。則過之。是則此符瑞者。果爲世而出乎。抑非爲世而出乎。此固不待智者而知矣。然其所以致後世如是深信者。不外吾所謂無史識一言春秋而降。首操史權者曰司馬遷。夫司馬遷不可謂史臣中之無識者。以司馬公之識豈不足以知符瑞之妄乃五星聚東井其上有五彩雲等語。吾首於遷之史中見之。則又何說。曰遷固未嘗不知妄。而其所以紀此者。爲時世言之。言雖云爾。心知其非。特假以夥頤奧衍其文章。而後之作史者。非特不能辭而闢之。反從而附和之。自封禪書出。而踵作五行傳者有之。作災祥攷者有之。作物異攷者有之。迨至末流無世無符瑞。無人無符瑞。流風所煽。遂有爲帝王不可以無符瑞之說。符瑞不能盡同也。鳳凰可見於虞舜之世。而亦可見於桓靈之時桓靈非虞舜比也史臣之說窮矣於是創爲見非其時則爲災之說以解之斬蛇夜哭在秦則爲妖在漢則爲瑞固不能槪謂之祥也史臣之說又窮矣於是創爲彼非爲此之說以辨之於是穿鑿附會離奇怪誕無所不至而爲人君者方且深信不疑或因之而改元大赦而封泰岱而禪梁父或且因之驕縱自肆從事土木甲兵以至亡國若是者難以一二計要皆符瑞之說爲之厲階推其禍之原皆司馬遷流毒之長也且天下之物而以爲可奇可怪者未得其理故也得其理則天下無一可奇可怪之事格致之學中國講之最早然其所以中絕者何也其故皆由於我之

不深求。廿心諉諸神怪。而絕不一察其理。此所以致格致之學中絕。西哲有言曰。無論大聖鴻哲。誰某之所說。苟非驗諸實理而有徵。反諸本心而悉安者。吾不敢信。吾亦不忖信也。此其所以能摧陷千古之迷夢。破以前之邪說。卓然闢新理於天下。禽獸草木山澤風雲。有時亦不無反常。使能因其變而攷之驗之。吾知其未嘗一無所得。奈何竟廿心諉諸杳冥不可測之災祥。蓋至是格致之學幾絕矣。由此觀之。符瑞之害。司馬遷固不得辭其咎。要亦後之作史者之不加攷察之過也。

史公封禪書正以著世主之失故謂之謗書後世不察從而效

之愚甚矣文能見及此可見公理自在人心中西儒者其致一
也

論史家符瑞之謬

吳福康

天下可異之事以推步求之固無足爲異也天下可奇之物以常理測之固無足爲奇也吾不解世之人見夫日月星辰之偶反於常輒相聚而謂曰此殆盛世太平之象也見夫草木禽魚之稍有不同輒又相聚而談曰此殆聖人出見之兆也嗚呼此無稽之談。果何自而來哉推原其故其作俑也蓋出於占驗家其濫觴也實由於作史家夫史書者編年書事。所以爲法於天下後世者也。乃自史公作史。封禪一書。侈言符瑞。班范諸史。踵而行之。其後遂相習成風。當夫一王之興。莫不記其符瑞。以爲上帝眷顧之隆。盛世昇平之象。如漢高帝之時也。大書之曰。五星聚東井。以爲高帝受命之瑞。漢宣帝之時也。大書之曰鳳凰集膠東。集北海。集魯。集泰山。集上林。集京師。集杜陵。集新蔡。以爲宣帝中興之瑞。漢光武之時也。大書之曰。京師醴泉出。赤草生。郡國言甘露降。以爲光武繼統之瑞。宋太祖之時也。大書之曰。五星聚奎。以爲太祖受命之瑞。明成祖之時也。大書之曰蒲城河津黃河清以爲成祖登基之瑞。凡天下之一怪一奇莫不穿鑿附會謬相引證下以啓愚民之疑惑上以啓人主之驕心其罪可勝言哉夫星與地球皆一行星也。夫中國幅員幾何。豈足上應列宿。彼占驗者誤會周官星土之說竟舉二十八宿全分野於各省欺天已甚至時見時出有一定之經緯不易之至理彼占驗者遇之遂以時事之吉凶强爲配合欺人已甚史家不究物理之實際徒憑占驗之虛名記之以爲瑞其謬一河出崑崙綿亘萬里波浪浩瀚經過沙漠兩岸之沙泥隨波逐流故其濁也由於沙泥之飄入其清也由於上流之水不洶湧豈足奇哉彼史臣不明自然之理妄據無稽之談以爲符瑞其謬二人爲萬物之靈未有萬物靈於人者彼麟鹿鳳凰亦萬物中之一物耳見之豈足爲奇哉至草木之奇異更無足道矣彼史臣記之以爲符瑞其謬三且慶雲嘉瑞也既見於虞舜之時矣何以又

見於王莽之世。河清嘉瑞也。見於成周之時。何以又見於漢桓宋徽元順之世。黃龍出見。聖人出之瑞也。何以劉聰之桀逆亦得以見。蒼麟啓瑞。昇平之祥也。何以石勒之暴虐亦得以遇。凡此數者。設使起史臣而問之。當亦爽然自失。突要而論之。星辰日月之或反常者。皆天演循環之理也。草木禽魚之偶露其奇者。亦地道變化之機也。而無關乎人事之吉凶也。彼史臣特筆書之。引之爲符瑞。以爲阿諛逢迎之計耳。豈足信哉。

妥貼排募歷指史家之謬足破迷信

闢史家符瑞之謬

鄭家健

自後世以天命爲確有根據之物世之學者一舉一動無不委之於天而符瑞之說因之以起於是眞王之兆。聖德之應。如鳳凰甘露慶雲芝草之祥。獻諸朝廷。編之簡册。以爲上帝眷顧之隆盛世太平之象靡不由此即有顯然無據者亦復穿鑿附會强求證應綴以讖緯怪誕之言上以此結愚民之心下以此媚主上之意而符瑞之說遂昭昭然於史册惑世誣民莫此爲甚嗚呼史家者所以窮古今治亂之原。述一代政治之要。以爲萬世龜鑑者也乃以其妖祥之說拘天下之耳目不亦傎乎夫草木禽獸之屬。雲物珍奇之變。其見也任其性之自然。彼與人故不相涉也即偶有異於尋常者蓋得於氣候所變化者有不同其所以生滋者亦各異此所謂自然之構造而可以實理驗之也若必以爲上天所命。是以偶然爲命。而以常然爲非命也。豈通論歟。況自三代以下朝廷之失德也甚多而王者之嘉瑞其見於當時也甚衆即如龍之爲物也。以不見爲神。以從雲行天爲得志。乃魏甘露之世見於井中。是不神也。至舜治天下。命夔作樂。當是之時。鳳凰適至。舜之史官幷記以爲美。後世因以爲有道之徵。乃宋徽宗之時。以鳳凰見上賀天子。其亦善政所致歟。若其他所謂盛世之禎祥或出於庸君謬政之時或出於危亡大亂之際者殆不可勝計其不爲人之瑞也章章矣或曰孔子著春秋災祥之屬莫不畢書於册不知孔子記災異而不著其事蓋愼之也夫天道遠非諄諄可以諭人君子第順理以治天下萬物之變動有時不測不可一一以徵諸人事不然見之爲災則懼見之爲祥則喜吾恐所謂恐懼修省則人主憚其難未必實行其事而阿諛逢賀之事實足以啓其驕縱之心也封禪泰山之文祭鼎汾陽之使豈非符瑞之說有以致之歟

穩練老成後幅尤有到骨語

八十二

蜀漢用兵武侯出祁山姜維屯沓中形勢得失論

嗚呼。國運之廢興。雖曰人事。未嘗無關於地理也。蓋嘗觀蜀漢用兵之陳迹。而知其存亡之幾。所由兆矣。夫蜀之不足以敵魏。夫人而知之矣。武侯姜維之數出以伐魏。亦夫人而知其心矣。然而不伐固亡。伐亦亡。余觀夫二人用兵之形勢。余尤知夫二人將畧之優劣也。夫武侯之用兵。以祁山爲行師之地。以漢中爲屯兵之處。東規秦隴。可以截雍岐之肩背。西指蘭會。可以舉河湟之要領。而且進可戰。退可守。一旦俟敵人有隙。命一上將。徑趨斜谷。入武關。則中原可復矣。蓋武侯之意。固欲前可以進。後可以退。不欲輕舉妄動。冒險直前。致饜兵士之生命也。不然。魏延子午谷之策。天下之奇計也。偏師直進。上從褒道。下出秦嶺。長安雖遠。十日可達。且登山渡水。行於無人之境。此兵志所謂出其不意。攻其無備也。乃武侯危而不用者。夫亦恐千里行師。後援不繼耳。非然者。兵出祁山與兵出子午。其遲速之數。有識者豈不知之哉。若姜維之用兵則不然矣。維以數年來屢興大兵。連不得志於魏。故欲休甲息兵。以圖再舉。其屯兵於沓中者。蓋爲休養計耳。殊不知沓中雖襟帶河隴。控禦邊裔。而僻在一隅。非用武之地。坐守於此而不顧根本。未有能成者也。試近取而譬之。夫漢中非巴蜀之重險乎。北瞰關中。東連襄鄧。西拒秦隴。南蔽巴益。其形勢之鞏固。西北之保障也。夫守蜀者不守漢中而守劍閣我知其無能爲也劍閣者內室也漢中者外戶也防盜賊者不防於外而防於內其有不爲盜賊所入者幾希然則守沓中而不守漢中我亦知其無能爲也蓋沓中一隅之地。未能兼顧。若敵人以一軍趨甘松。截其東救之路。而以一軍自祁山。趨武街橋頭。絕其歸路。而又以一軍分從子午谷斜谷駱谷。趨漢中。直達成都。吾恐進不能戰退無所歸雖欲分兵回救而敵人已入成都矣則守沓中不尤較守劍閣爲尤左乎夫武侯之出祁山。雖志在進取而未嘗不兼顧漢中也數年以來魏人或出斜谷。或由武都。皆不能得志者。非其力不足也。夫亦以侯之備密而不能取也。乃維計不及此。而徒坐守以待斃。謀之不臧。倘何言哉。是故比而論之。侯蓋能戰而能守者也。維則徒知守而其實不能守者也。形勢雖殊。得失較之。蓋可見矣。且夫以地勢而論。沓中亦不如祁山也。夫祁山上瞰秦隴。下顧漢中。土地平坦。可耕可守。且可以戰。況山峯峻嶮。敵不能逼據而有之。則一旦敵人有釁。可以直向秦州。趨仇池。直達散關。中原之地。可以一舉而得矣。且羌夷在傍。可資輔助。漢中諸險。可以分顧。敵雖有人。其如我何哉。若至沓中。則四戰之地。易於受困。若敵據狄道。則我之出路窮敵佔甘松則我之歸路亦窮且孤軍駐於外而漢中不守一旦敵潛師直逼劍閣恐欲守之而亦無可守也夫守沓中而兼顧諸險尚可也守沓中而不防諸險不可也以重兵守諸險而以輕兵屯沓中尚可也以重兵守沓中而以輕兵防諸險不可也乃維之守沓中。則徒自守而已。已不能戰。又胡怪人之圖我乎。然則觀二人用兵之處。形勢得失。不尤可見哉。雖然。維之屯沓中。固失矣。而蜀之亡未可以責維也。蓋蜀之不敵魏也久矣。武侯以區區之地而能屢出伐魏者。才畧優而防備密也。若維之才則不如侯矣。而屢次行師。一敗於段谷。再敗於侯和。瘡痍未洗。戰血猶斑。民力之凋徼甚矣。其屯兵於沓中者。蓋欲休息數年。再圖大舉。其心豈嘗須臾忘魏哉。且當是時黃皓擅寵。朝政紛紜。維之招疑忌也屢矣。其以沓中屯兵者。其心固有大不得已者存。而非欲坐守於此也。使後主從其所言。而分守陽安陰平諸險隘。則守沓中雖不及武侯之出祁山。規畫盡善。而蜀亦尚可圖存也。夫蜀之所以亡者。其在撤漢中之戍。而守漢樂二城乎。夫漢中左接華陽黑水之壤。右通陰平秦隴之墟。巴蜀之屏蔽也。無漢中是無巴蜀也。撤其藩籬去其屏翰。是以地授人也。强兵在外。敵兵在內。是以君授人也。維設此策。眞亡蜀之本也。若守沓中。則未可謂失之甚也。嗚呼成敗之數。非能逆料也。其成也必有所以致之也。其敗也亦必有所以致之也。兵家之勝負。視乎地理。地理之得失。視乎形勢。姜維之用兵也疏。故知形勢而不能備之。武侯之用兵也慎。故知之而能備之。維之用兵貪近功。故其形勢在進取。不在保守。武之用兵多遠慮。故其形勢可進取亦可退守。考其時勢。究其成敗。察其迹象。而二人之用兵。形勢得失。可以見矣。然而天不祚漢。誰能興之。以後主之孱弱。武侯爲相。尚隕越恐不保。況姜維乎。然則蜀之亡。人事也。實天命也。未可概諉諸地理也。

險要形勢最爲活動。不必泥紙上陳言。當時用兵情形。姜不能盡同諸葛或有出於不得已者文持論最爲通達而於地勢亦大致殊合其佳處轉在陰陽向背施無不宜用筆殆猶用兵也平生沉靜通透卓然不凡他日成就未可量也

直抒所見筆之所至曲折無不如意此天人兼到之作前批盡之矣

國文彙選卷二終

光緒甲辰二月印行

南洋公學課文彙選

武進盛宣懷署檢

國文彙選卷三

南洋公學肄業生學　夏孫鵬

論英國公黨保黨

不有保黨何有英國不有公黨何有今日之英國而兩黨之相軋實躋英國於郅治請益言之。

保黨墨守舊章。不更古制。以尊王爲宗旨。守舊黨也。公黨好奇喜新。務求改進。以增民權爲宗旨。維新黨也。當拿破崙之時。英國君權盛。重刑律。厚賦稅。而土地利權盡執之貴族。昂其值以漁利。又禁止外糧入國。以保其利權外溢。於是積蓄愈寡。市價日增。苛政日甚。民不聊生。於時有人焉。憫民之無辜而流離溝壑。憐其情而恐其爲亂。亟欲改革更張。掃除積習。以安民心。以增民權。是其人公黨也。而貴族宗戚之中。則曰便於民。則我將失其利。相約恪守國家舊制。不稍更變。堅不允從。是其人保黨也。此公保二黨之所由起。

自是而後。英廷仍一逞其專制。苛待貧民。不稍恤民之困苦益甚。是時適値法國政變。拿破崙將得志。民主之論。騰震全歐。英民爲所激刺。亦奮然思動。特恐權力之不張。政府之不敵。未敢猝發。使畀公黨以權。而無保黨爲之阻力。一旦舉事。與拿破崙爲聯。則洪水滔滔而又益之以猛獸其汪洋恣肆難以制服必矣且拿破崙之耽耽虎視嘗欲滅之而甘心者。英國也拿破崙稱覇歐洲。各國迄無甯歲。鼓其民氣竭力支持終爲各國所倚以滅拿破崙者亦英國也英國而內亂則英國之亡可立待也故曰不有保黨何有英國

雖然。保黨所以存英國也。使通國而皆爲保黨則更無與爲阻撓者矣。夫天下無亘古不弊之法國民無百年不變之心若是乎百年而後英國之典法無有不朽敗

百年前之英民。困苦若是其甚。今日之英國。富強又若是其甚。使

於百年之前。悉爲保黨所統治。恪守舊章。不加改革。則昔之困苦。猶困苦也。何有於今日之富强。何有於今日之文明冠五洲。故曰不有公黨。何有今日之英國。

法不可泥。泥則生弊。言保黨之非也。徒言改革而不知舊亦有利。新亦有弊。言公黨之非也。二黨各有其利。不可偏廢。各有其弊。不可偏重。相傾相軋。適去其弊而用其利。今日之號稱爲維新者。不知變法。而動言革命。吾當以今日之英與法國。較其優劣。其亦知所返哉。

通篇結束在兩黨傾軋去弊用利一言政治家有此達識文章

家有此健筆

述匈牙利政變始末

張鑄

匈牙利者。古匈奴遺裔之一部也。始居裏海之北。西歷三百七十二年。帥衆西徙。至奧大利國之東。遂據其地而立國焉。其始政事粗具。至一千二百二十二年。始立憲法。名曰金牛憲章。君民相誓共守。至一千三百八十年之後。數爲土耳其侵伐。一千五百二十六年。國王路易第二戰死。無子。其后馬利亞持理國政。馬利亞者。奧大利國王斐的能第一之妹也。愚而懦。不知事機。以匈國歸其兄斐的能治理。於是匈牙利遂屬於奧大利。其始斐的能誓不廢憲章。故匈牙利人就其範圍。與奧人相安於無事。約二百年之久。

常助奧人破大敵。如普魯士撒遜拿破崙等使奧得免於滅亡。匈人與有力焉。乃既不之德且加以忌嫉。奧相梅特涅虐待匈人尤甚。匈人哀憤無生氣。政變之影響。即伏於此矣。時一千八百年也。噶蘇士者匈牙利北方精布棱省人也。生于一千八百零二年。及長。有大志。居鄉以鋤豪扶弱爲務。且精于法律。長於演說。見同胞受奧人無端之壓制。憤不平。志欲恢復匈人之自由。使不奴隸于奧人。初匈人有國會。及梅特涅酷遇匈人。遂爲所廢。又漸違金牛憲章之明文。增賦稅。添兵額。匈人不能堪。益不平。勸奧王開國會其勢洶洶。王懼允之。于是政變風潮爲之一停。所議各事雖較寬于前。然仍不能脫奧人之羈絆。當是時匈人之代表者爲伯爵沙志挨。溫和派之人也。一千八百三十年。法國第二革命起。匈人亦蠢然思動。謀自立。於是急進派。與其領袖爲威哈林男爵。然沙志挨懼力不能與奧人敵。與威哈林商。欲守和平宗旨。議論數四。始允。于是政變風潮又起而又落矣。一千八百三十二年。復開國會。數奧人壓制匈人之罪多端。將大行改革。奧王惑于梅特涅之言。恐允諾後。匈人要索不可嚮邇。悉駁不從。國會諸人。憤激愈甚。威哈林言語尤決裂。奧王大怒。命政府繫之獄中。匈人既怨奧人壓制之酷。又見志士被逮。倡革命之說者愈熾。是會也噶蘇士始被選爲會員。見事不成。憤甚。又見國民不能詳悉奧政府情形。而奧政府又禁報館議及國事。于是多方作書布告國民。奧政府亦莫能奈何也。然因是奧政府銜之。未幾獲而囚之。匈人如喪手足。謀解救。不得。至奧與埃及土耳其有違言。奧政府欲得匈人爲之攻戰。匈人不允。要其赦威噶二人。始允命。奧人不得已。許之。遂於一千八百四十五年赦二人出獄。匈人歡呼迎二人者道爲之塞。噶蘇士被赦後。著報啓迪民人愛國之心。國中益爲之感動。未幾奧政府適有壓制匈國工商。使利權悉歸奧民之事。噶蘇士乃藉報章大聲疾呼。痛詈奧政府。于是匈國工商羣起一大會。與奧政府抗。謂奧國政府一日不改此法律。則何人誓一日不購奧人貨物。奧人坐此反失大利。而何人亦大倡更法律之說。革命之機。如箭在弦矣。奧王以何人設商工大會將害奧人之貿易也。欲圖挽回策。一千八百四十七年十一月十二日。復召何牙利人開國會。宰相梅特涅授以方畧。使籠絡何人。何人不爲動。而益激烈。一千八百四十八年二月二十三日。法國第三革命起。何人益躍躍欲動。三月四日適遇政府與國會議員小有齟齬。噶蘇士乃乘間數政府罪惡。衆和之。乃草應改革者三十一欵。而自攜草册至奧都維也納。進於奧王。適奧都維也納民亦以受壓制之苦作亂。梅特涅遁去。維也納民與噶蘇士合。奧王既憂內訌。又懼外侮。不得已悉允匈人所請。遂立新政府。匈人至此雖仍受奧王之約束。然得自由之權利。故爲亂之心亦漸銷滅。奧王之允匈人立新政府也。實非所願欲匈人內亂而已得甘心。煽惑之。而仰承奧王之人皆爲之助。於是匈人互相猜忌。蓋匈人種族。或爲馬哥耶人。或爲華拉焦人一部之中。自爲風氣。是時新政府中馬哥耶人最有權力。諸部皆忌之。格羅人首叛。其實馬哥耶人據理行事。豈有所謂忌公濟私哉。格羅人叛。諸部亦不暇辨是非。皆望風響應。一日而警報數至。於是向之聯合與奧王抗者。今則自相屠戮矣。新政府即遣師鎮定禍亂。而轉以叛黨情形報於奧政府。奧王大喜。以匈人之中其狡計也。復遣埃拉志男爵帥師陽爲助匈人剿滅叛黨。而陰接濟之。匈人察知其情。詰責奧政府。奧王果不能答。於是新政府開國會。噶蘇士備言叛黨之性質。慷慨淋漓。聽者聲色俱變。乃募兵二十萬。廣集軍糧。將與叛黨一戰。奧國遣來之代表士的英總督。尚以媚辭欲解散匈人之志氣。匈人誹之。乃瞠目結舌而退。國會之議既定。首相巴站。法相狄渥齋議草至維也納。請奧王首允。奧王之遣士的英來會也。意欲息新政府之征討。則已可乘間施其壓制匈人之伎倆。至是知計不行。心懊恨。多方阻止巴站狄渥來請之事。又商於挨拉志。挨拉志謂新政府應受奧政府管轄。於是奧王從其議。而奧匈將決裂矣。挨拉志盛修兵備。欲首襲匈之彼斯得省城。巴站狄渥遂返匈國。九月十一日挨拉志大軍渡積黎夫河。匈人聞警。亦秣馬利兵以待。九月二十九日與挨拉志及格羅軍戰於布打城。挨拉志及格羅軍敗。幾被獲。乘間遁歸維也納。奧王聞報大怒。下詔解散匈人國會。且命挨拉志爲都督。匈牙利元帥。一切便宜行事。匈人皆受其節制。詔至匈都。匈人大譁。爰整自由之兵。將復與奧國戰。噶蘇士復演說於衆。激揚熱誠。聞者莫不扼腕奮袂。於是志益堅。議先發制奧。遂拔隊西向。時僅有兵一萬二千人。十月二十四日進次巴梭。得四方赴義之兵雲集。驟至三萬。軍勢大振。二十七日。國會議以將軍古魯加李摩加舊部二萬五千與噶軍合。越境伐奧。奧王使其子榮洛格蘇及挨拉志帥衆七萬禦之。互有勝敗。未幾奧王讓位于其姪。而新奧王立矣。是時奧軍强盛。而榮洛格蘇又善用兵。古魯家屢敗北。然噶蘇士鼓勵將士。勇氣百倍。與奧軍戰。互有勝敗。新奧王以奧軍之不能得志於匈人也。忌噶黨之雄强益甚。遂廢金牛憲章。而通好於俄。乞其兵來助。俄遣將帥師萬五千助之。噶蘇士多方守禦。激戰數次。所向皆捷。奧俄軍勢大頹。敗匈人又乘勢大破之。獲甲兵無算。而噶古二將復讓大功。彼此謙讓殊甚。匈人益敬二人。噶蘇士乃乘機布告匈牙利獨立之文於天下。國民附其說。舉噶蘇士爲匈牙利總統。於是匈牙利不屬於奧而自立。奧王聞報。既羞且怒。遣大軍進攻匈牙利。又重賂俄廷求助。俄皇利其幣帛。發兵十三萬。與奧軍合攻匈人。匈人以悉國之兵與之抗。是時也匈之獨立滅亡。如一髮引千鈞。不幸噶古二雄不合。勢將內亂。俄奧乘之戰無不勝。噶蘇士見民離貳。恐自掌國政益增古魯家之疑忌。乃辭職。悉以軍政之權付古魯家。而自引去。於是匈國大勢日去矣。古魯家驕盈暴慢。爲國叛人。私與奧俄通約。舉國以降。匈人怯於勢。

莫能阻之。於是匈牙利國亡矣。奧俄大肆殺戮。待匈國之自由民。無異於牛馬。匈人處此。惟飲恨而已。受奧俄之虐待幾十年。至一千八百五十九年奧與法戰敗。奧王不得已求助于匈人。匈人要其改虐政。奧王迫於勢許之。于是匈人得免苛待與奧人爲雙立君主國云。

嗚呼。和之足以濟事。而忌之足以敗事亦甚矣哉。夫匈人以孤羣敵大敵。所向皆捷。拔民於水火之中。而登之於衽席之上。吾不曰奧人之懦弱。而曰匈人之和。及後敗於俄奧而爲奴隸。吾不曰俄奧之强盛。而曰匈人之忌。雖然。匈國諸部之相和自立之所由成噶古二人之相忌匈國之所由滅一則以興一則以敗勢相懸殊何若是之甚耶曰匈國諸部具有自由性質而獨立之志堅忍不拔者馬哥耶部也而抱大志帥國民入文明世界者馬哥耶人之噶蘇士也馬哥耶爲諸部之精神而噶蘇士又爲馬哥耶人之精神彼格羅人者何以見馬哥耶人哉彼古魯家者又何以見噶蘇士哉近世奧王待匈人不若前之酷匈人亦相安然吾謂馬哥耶人有自立之性質決不受奧人之羈絆自立政府自爲一國吾拭目以待之甚矣和之足以濟事而忌之足以敗事也吾望當國居重任者鑒之

敘次詳明論斷精悍心思筆力在在過人

述匈牙利政變始末

夏孫鵬

匈牙利者。實吾黃種之一類。而古匈奴之遺裔也。始與奧大利政府雙立。同一君主。其權利等。其威嚴匹。一若今日之瑞典挪威。十五世紀時。土耳其人來伐。匈王路易第二戰死無子。其后奧王之妹也。以匈合奧。使並王之。匈牙利由是遂爲奧之屬地。然十八世紀以前。匈牙利人未嘗失自由自治之權利也。奧女王馬利亞的黎沙時。普法聯兵破奧。女王蒙塵。匈人戰聯軍而退之。國以復安。拿破崙之風潮。歐洲鼎沸。而奧人受創殊深。亦恃匈人之力。僅以自保。奧人不念舊德。反忌而嫉之。時奧大利梅特涅爲相。恐匈人權力之過盛。多方以壓制之。欲及其羽毛未豐也。而翦之。漸又脅其民人服兵役。增租賦。奪其工業。視若奴隸。七年不開國會。會時又禁用匈人語言。皆奧人之所以壓制匈牙利也。殊不知其權力可制而其心不可制。心既不可制。即其權力之不可制明矣。一千八百三十年。法國之第二次革命又起。全歐震動。于是又設國會。國會既興。匈人欲大加改革。故每議莫不言及。而奧王方日沈於專制之中。視新政如蛇蝎。且恐一如所請。而匈人將遂不可以壓制。于是排斥之無一俯從。而匈人之奮激亦以愈甚。匈牙利有三傑焉。噶蘇士其最也。噶蘇士出犯大難。爲同種倡。一千八百三十二年被舉爲議員。時政府禁報館。乃日爲點石一紙以會議事情。布告國民。旋又被禁而拳拳之心。不能已也。乃廣聘抄胥。分錄宣示。雖政府亦莫之問。然銜之益甚。一千八百三十七年遂下之獄。尋奧與埃及土耳其有違言。欲求兵於匈牙利。匈牙利人以釋噶蘇士。兵始出。奧政府允之遂赦噶蘇士。噶蘇士出復排斥政府勢力磅礴。更倍於前。一千八百四十七年開國會於菩黎士堡。噶蘇士登臺發論。聽者多從之。乃草擬變政之案。大旨謂匈牙利當另立自治政體。與奧民須一切平等相視。所得權利。不得畸輕畸重。奧王迫於衆怒之難犯。且是時奧京亦不安靖。內訌外患。不得已從之暫爲安之計。於是遂有新政府之設。而民之思亂遂以稍熄。匈牙利者。合數種之民而成者也。奧王乃用計從中而煽亂。此諸異種。諸種中其計。聞風悉叛。噶蘇士欲募兵二十萬。軍費四千二百萬佛郎。請於王。不許。是時奧京內亂已安。奧王故智復萌。仍多方壓制。且欲廢新政府。仍轄於奧。又帥兵而討之。奧王所派總督的士英。懼衆怒之難犯。走遁德國。奧王乃另派廉白長之使箝束全匈政務。未至而爲小民撲殺。由是匈奧戰爭勢遂愈以決裂。威郎之戰。匈人以五千敗四萬之衆。亦稱勇矣。匈人萬衆一心。故所向無前。遂以匈牙利之獨立布告於各國。奧王震恐。乞兵於俄。俄軍勢復大震。然遂謂匍牙利之不敵。殆不其然。乃外寇之方至。而內亂之忽興。又安得而不敗哉。古魯家者。匍牙利之名將也。議守戰機宜。意見每與噶蘇士不合。兩雄相扼。內亂以生。敵人乘之。由是一任人之荼毒。而匍牙利國遂亡矣。夫匍奧二部。相爲援助者也。匍人之國雖亡。而其人種不能亡也。則其心之銜恨。有不可言喻者矣。乘間竊發。誠非奧之利也。且奧人與他族爭戰。又不得不求其相助。故亦不敢過於壓制。至今成爲雙立政體。然大權則皆操之於奧王。此匍人之所以不能自治而自由也。然安知更無繼噶蘇士而起者哉。

論曰壓愈重者躍愈激躍愈激者抗愈力不易之理也攻之暫破而愈堅撲之未滅而愈熾奧王之壓制匈人也有之矣善服人者服人之心也心不服者啓亂之因也奧王之徒務壓制抑何不思其反力之將愈甚也其爲計亦左矣然而吾尤悲噶蘇士有可振興之機而失之也得其民之心矣得變政之時矣有其志矣有其才矣而以一人一己意見之不合遂至於通國敗亡彼噶蘇士者亦豈無其咎哉夫才能足以感一國而不能服一人之心者吾不信也苟一人之心而不能服而欲服衆人者吾亦不信也噶蘇士之雄辯也。一擊千里。其入奧都也。人民夾道。額手歡呼。其得民之心也何如。古魯家固不足論也。噶蘇士果能以其雄辯之才。效藺相如廉頗之故事。而與之交驩。古魯家其有不服者哉。何竟憤然下令免古魯家之兼任總督。宜其部下激昂。大失所望。彼噶蘇士者其亦一矜驕不肯自下者乎。此吾所以爲噶蘇士惜也。嗚呼。差以毫釐謬以千里。以二人之不和。遂致覆亡其種有國家之責者。其亦知所警哉。

敘事繁簡得宜筆力振起結論反覆推勘絕不使一直筆尤有雄偉非常之概

論俄羅斯馭波蘭人之酷

張鑄

夫以殘暴滅人之國而愚其民者。得禍必速。普天之下。萬國林立。以仁德服人者人服之。殺戮流放威力並施。欲以服人而臣屬之亦難矣。吾於俄之虐待波蘭。不禁歎俄之愚而用剛。不能智而用柔也。何謂剛而愚柔而智乎。匹夫手無寸刃。見制於人。雖俯首就順。而脫羈縻之心不泯。善待之。心或忘。苛遇之。心益堅。朝夕莫能去。乘機待時有所發。且發必厲。理之至者也。則昔之羈縻既不能終羈縻。且將受其害。是剛而愚也。若餂之以利。感之以德。雖欲叛亂。將緣其德利而止。是柔而智也。雖然。波蘭人者。白種也。白種者。

有慈祥高尚嚴毅優美四種性質者也。高尚必不甘爲奴，優美必不願受制，慈祥必傷同類之不得自由，嚴毅必憂國政之不能自主。一旦痛深苦極，必有以報。俄羅斯雖俄大而强，然好行壓制，民不歸之，蕭牆多禍，即波蘭恢復前業之年也。然而論者謂波蘭瓜分之後，已屢叛亂，卒不得志，久受俄人暴虐，力疲心竭，恐不能復自主。吾謂不然。波蘭人雖力弱，而心則未疲，自主精神未滅也。屢經挫折而志益堅，究安可料其久爲奴隸哉。

蒼勁鬱勃，時露强毅不屈之概。

問英法兩國助土攻俄克雷木之戰號稱最劇克雷木者伸入黑海中有微地相連元秘史作客兒綿古金黨汗三屬部之一也當時多惱河之役土屢勝俄其大將何名克雷木海口礮臺以何為緊要是役英法統將著名者何人其始末情形可得聞歟

張鑄

土耳其地跨亞歐。俄人居其東北。先世強盛。稱雄一時。降至叔季。國勢不振。漸起強鄰覬覦之心。俄人之耽耽虎視尤甚。蓋俄人僻處歐東。列雄據其西。惟土耳其懦弱。可以逞其翦滅之心也。至俄皇尼哥勞第一即位。嘗言曰。土耳其者。病夫也。擁厚貲據要地。是

可奪而有也於是俄人侵土耳其之心日甚

土耳其人奉回教自希臘教興亦有奉希臘教者然回教人常苛遇希臘教人至是俄皇尼哥勞以保希臘教人爲名漸要索土政府實欲陰削土耳其之主權而張其威力於歐西也

俄人之覬覦土耳其也英人實爲之防蓋以俄人鯨吞虎視使得志於土則蠶食而西英將不利且既得土耳其則地中海之權利必爲所奪而英國東方之商務必爲之梗塞其餘各國亦以拿破崙蹂躪歐洲之後其强力足以繼拿破崙而擾亂天下者惟俄國故於俄人之舉動尤深思審睇而預防之俄人執此不能大快其

欲以逞志於土耳其然剪滅土人之心則固未一日已也。土政府恃英之爲護也於俄國之要索悉駁不從。俄皇尼哥勞怒。於是假土人辱待希臘教人之事爲名興兵致討。大軍十五萬人進攻土耳其邊境。時一千八百五十三年五月也。又致書土王語多無狀。蓋俄皇自謂長於武備。國多勁旅。即各國相拒。俄亦能敵。何況土英兩國合力同心哉。

英人之助土國也實遏俄人西畧之志而自爲謀。當是時法王魯意拿破崙亦欲與俄人搆難。洗前代俄敗法人之恥而張其威。遂與英人聯合。助土攻俄以償其私願。與英人各遣兵艦數艘入黑海。阻俄軍之前進。於是土人膽益壯而俄皇益怒。然英法明知與俄決裂爭戰之機間不容髮。究以兵連禍結必有一傷。於是悔前議致書俄皇欲議和普奧亦以俄攻土耳其而己邊境爲之騷動。亟欲俄人允和約。俄人不從。於是英法決意與俄一戰。而普奧則嚴邊備。俄軍先已據摩達維襪拉幾。至是復命巴基微隻進攻土人。土人以阿馬巴沙爲大將帥師禦之。實爲土俄戰於多惱河之始。阿馬巴沙勇而有謀。屢敗巴基微隻。俄人不得志。廢巴基微隻而以高茶皁爲代使攻土耳其。其海軍之駐於悉瑙比海口者勝之。喇格蘭者。英國之大將也。惠靈吞侵西班牙之役。實爲之佐運籌帷幄。所向皆捷。至是英廷拜爲討俄大將軍。一應軍政。皆許以便宜從事。而法廷則以勝雅瑙特爲大將。亦當世之豪傑也。之二將者。威名震於歐境。既典大軍。用其智謀與俄兵抗。俄兵不能支。屢敗北。俄皇至是素所自負者。皆冰消瓦解矣

斯巴斯士攛者。黑海口之鎖鑰也。與髮腦海口。屹然並峙。礮臺碁布。足資扼守。俄軍以英法水師既屯於髮腦海口。則斯巴斯士攛砲臺爲必爭之地。俄若失斯巴斯士攛。則土耳其既不能入版圖。且盡失黑海之利益。故防守嚴密。又派多兵艦游弋海面。以阨英法水師之進攻。英法患之。於是喇格蘭帥陸軍進屯斯巴斯士攛

遁北將乘間襲亞喇瑪河于俄國之駐兵以爲克斯巴斯士撥砲臺之地步時 一千八百五十四年九月十四日也

喇格蘭之攻俄軍也與士法尅期渡亞喇瑪河遙見俄軍駐於河南山巔三國大將帥師進逼之俄軍登高俯擊三國士卒多死者然英法大將軍令森嚴無人敢退喇格蘭又鼓勵衆將兵愈奮勇俄軍不能支遂遁去於是三國之師據俄之營壘將乘勝直攻斯巴斯士撥會勝雅腦特忽膺痼疾不肯進兵喇格蘭恐衆寡不敵遂能議越數日勝雅腦特卒法以於羅伯爾代之始議進兵然遷延時日俄人已爲之備英法士三國欲戰不得乃築長圍斷餉道

以困俄師而英法土之餽餉濟師則源源不絕自千八百五十四年九月迄十月間大設利砲於斯巴斯士撥之南山巔將攻斯巴斯士撥則以英法土三國全勝之師而攻孤立待斃之俄軍其成敗利鈍不言可喻矣

英法土三國之攻斯巴斯士撥也俄軍抵禦殊力前後相持至七日之久直至十月二十五日仍不分勝負俄之與三國誠勍敵也哉

俄軍被圍日迫孤立無援欲潰圍去一日忽以騎兵攻土營土兵不及防大駭而奔俄軍乃乘勝前趨進抵巴喇克拉瓦與英師部

下旗兵相遇。互相鏖戰。旗兵總統伯殊勇猛。俄軍敗歸英帥大營偵知俄軍之出也。伏兵要隘邀擊之。俄軍死者枕藉遁去。英軍擬乘勝進攻。既以俄人之兵砲足以自保。乃止。

俄皇尼哥勞以英法土三國之師雄據南山也。殊難得志。計唯有血戰可以免。十一月五日。命親王爲統帥。帥師五萬人直壓英法土三軍而陳。會天大霧。覿面不見人。三國之軍或營山巔或營平地。皆不知俄軍之驟至。及鬭鼓角聲喧。礮彈紛至。始倉皇失措。英帥喇格蘭知兵心已亂。即鎮之以靜。下令人自爲戰。勿相統屬。於是或施鎗砲。或奮兵刃抗殺。殊力。俄軍不得志。倒戈而遁。是役也英兵八千法兵六千以支俄五萬衆英兵之勇猛遠近傳之英法之師既敗俄軍也其勢全盛足踏斯巴斯士撥砲臺爲平地不幸軍士多罹痧病者不得進攻喇格蘭亦病沒於是深布孫哥德林登相繼將其軍然天大雪酷寒兵卒既病且凍死者相望十三日黑海颶風大作英法兵艦覆沈者十餘艘亡失甚衆兵士至此亦無怨言英政府聞英軍之多難也遣使齎金帛醫糧而至並慰勞病卒兵皆感激雄氣復振誓翦俄軍然各國以英法士三國與俄搆難三載於茲勸四國和乃大會於維也納卒不協而散於是戰機復續矣

俄皇以不能勝三國也憂且怒乃發兵卒掘隧道直抵三國營寨欲以炸藥轟死敵軍計洩三國亦掘隧道與俄所掘之隧道通遂與俄軍戰於道內俄軍復大敗俄皇憤恨遘疾崩子亞歷山德即位於是戰事將止矣

亞歷山德之即位也欲罷兵然兩軍已成騎虎之勢血戰在所不免是時撒丁人又來英法土於是合四國之力以拒俄人俄人即强亦難勝焉五月中四國合攻斯巴斯土撥俄將篤多勒鼓勇拒戰兩軍互有死傷二十四日英法土三國軍入亞速海破壞俄艦無數六月諸軍又進攻俄壘不分勝負八月俄將高茶阜攻四國

聯軍。法撤兵戰却之。俄國軍漸不振。九月八日。四國軍與俄人大戰於斯巴斯土撥之南。俄人大敗。乘夜縱火棄城遁去。於是四國據斯巴斯土撥砲臺。進攻多惱河口及金木三砦。悉降之。明日。俄人縱火焚疴茶各弗砦。至九月。俄軍來攻土之加爾士城。土人屢戰却之。是時英法尚欲發大軍進攻俄人。奧人勸俄人與四國和。俄人至此府庫空虛。兵民交困。乃從之。於是一千八百五十六年三月。四國與俄遂議和於巴黎。

巴黎和約告成。俄國雖復所喪地。然黑海之權利盡失。多惱河之商務又不得專。且不得于斯巴斯土撥再築砲臺。又不許管理土耳其人民之數者皆所以防俄人西畧之要策也俄人至此亦莫敢誰何。唯有俯首聽命而已。

克雷木之戰實俄人西畧之阻隔而國政大修之原因也當尼哥勞在位時。擅作威福。愚弄小民民人以上國自居往往以皇帝爲天神。任其擾亂。莫敢阻撓。罔知地球上別有强國罔知民人之義務。一任國君之驅使。及乎雄師暴骨於野尼哥勞以黷兵終於是一變前見知往事之爲非評論國是指陳利害愛烈珊德亦以振興國家爲宗旨立學校講西學變頑錮爲文明舍外畧而謀立本至不拔之基立則見鯨吞蠶食之伎倆于外非其思想見識與前代相胥壞耶是則克雷木之敗實天之福俄羅斯也雖然俄因如此其果如此吾又感夫英法士也英兵困于疾疢而無怨言其深明國民之義務者乎其深知英之失利即己之失利者乎不然何痛苦若此而不責政府之罷兵於外也法之與俄戰雖曰復仇究恐俄據土之後席卷而西攘地中海之利益也是則其戰也亦不爲無因唯土耳其介於大國之間爲强鄰所必爭之地不知藉回民之固結變法自强恃英法爲護符不知英法之護衛非爲土耳其而自爲計也引虎自衛則將來侵削之患將不獨見于俄而將見於英法各國矣嗚呼以土爲例則吾中國之前途固何如哉

奇情壯采沓沓飛來此才何可以斗石計尤妙在敘述詳盡絕
不作一影響語可作克雷木戰史讀

問英法兩國助土攻俄克雷木之戰號稱最劇克雷木者伸入黑海中有微地相連元秘史作客兒綿古金黨汗三屬部之一也當時多惱河之役土屢勝俄其大將何名克雷木海口礮臺以何爲緊要是役英法統將著名者何人其始末情形可得聞歟

錢淇

土耳其古時强大國也。嘗稱雄歐洲。勢力與羅馬相埒。其後漸以衰退。疆宇日蹙。而俄人以其梗入海之路。荐迫特甚。初俄國雄主大彼得。謂國無沿海邑落。則不能振商務。興工藝。因本國濱白海。沍寒荒涼。物產無多。難以通商。欲拓地西南。達波羅的海與黑海濱。故出師攻土耳其。土人力拒之。不得志而歸。而雄心未泯也。既奪瑞典之麗芬芽嘉賴力芬蘭達三省之地。又整頓海軍。勤修邊備。蠶食土境。駸駸南向。逼迫益甚。土人苦之。因以亞叔夫地獻於俄。而俄人貪惏無厭。屢侵土境。土人又以克咄開迷啞卑沙喇及黑海濱諸地界之。於是俄人於黑海之勢力漸張大。而益招英法諸國之忌。此英法所以有助土攻俄之舉也。

俄帝尼古喇士者。好大喜功之主也。既即位。擴地之心愈銳。而欲擴地必藉兵力。故其治國以講求軍政爲第一義。千八百二十八年四月。帝遣將巴基微隻率兵侵畧土境。別將踰巴幹山襲亞得里亞諸伯地。明年兩國議和於是地。俄人卒得多惱河諸島及摩達維襪拉幾二地。蓋土耳其東鎮黑海南臨地中海地勢之勝稱歐洲第一。故俄人之處心積慮無日不欲翦滅土耳其以爲己有而握黑海地中海之利權以振興商務擴張海軍而雄視歐洲各國也

迨一千八百五十三年。俄土之戰事又起。而英法二國深恐土國入俄。俄人據有黑及地中兩海之權而伸其勢力於西方也。乃相約助土攻俄以折之。而俄人自是不得志於西矣

初俄帝尼古喇士見土人多奉回教而希臘天主教之在土者不

能自由因致書土王使奉希臘敎之人民歸俄管轄土人以爲是失主權而傷國體不可允立拒之俄人大怒將大舉兵攻土之都城。適英法二國亦與聞此事。各遣兵保護土都。土人亦出兵戍焉。然是時英法未有戰意尚與奧人土人俄人會於維也納議和局。而俄人以英法之脅己也不聽和議其咨法皇之書驕恣尤甚因之英法皆大怒。而戰之意始決蓋騎虎之勢有不得不然者也是時土與俄既決裂。而英法與又憤俄人兵革之事。如機在括勢所不免於是。土王遣大將阿馬巴沙率兵渡多惱河。遇俄將巴基微隻。戰敗之。旋又敗高荼皐之軍於加拉法。時一千八百五十四

年也夫以弱小之土耳其而能敗强大鷙悍之俄雖曰土人素稱武勇而其士氣之奮心致之一亦可想見矣

俄人既爲土人所敗其將高茶皐重整軍旅以兵船繞道克雷木之西巴士多卜攻克土之西諾比水寨西巴士多卜者黑海口緊要之區也在黑海灣之南礮臺林立皆俄人所築據之易於扼守拒敵蓋天險也故俄人先遣兵四萬駐其地而是時英法二國亦先後命將率師至土英將拉格蘭者惠靈吞之戎幕僚也法將勝雅瑙特者親典禁軍者也其威名皆素著於歐洲至是英將拉格蘭會勝雅瑙特及土軍進渡亞喇瑪河攻俄兵俄兵據山巔以臨

下兩軍奮戰。礮聲震天。彈如雨下。英法土三國之軍。死傷雖多而士氣倍勇。人同此心。心同此力。致死無貳。遂奪其地。連克數壘。英將拉格蘭。欲乘勝疾追。會法將勝雅瑙特有疾。未果。越數日。勝雅瑙特病且卒。干羅伯爾繼之。乃會英師進攻西巴士多卜。而俄人已竭其餘力。經營布置。增築營壘。西巴士多卜。鞏固難攻矣。嚮使法將不病。三國分道躡其後。則俄人疾雷不及掩耳。西巴士多卜一城可一鼓而下也。而卒乃以法將之病。失此機會。惜哉。

英法土之師。既至西巴士多卜城。知俄人守禦堅固。未可遽以力攻。乃於城外築長圍。更遣兵截其餉道。以困之。且運大礮於西巴士多卜城南之山。以山作礮臺形。與西巴士多卜對峙。英法土三軍乃鳴礮攻城。俄亦出兵攻山。彼此相持。礮不絶聲者七日。卒未分勝負。迨下令罷攻。瞭見西巴士多卜礮臺。竟若未有損傷。是則俄人雖稱勍敵。亦未始不借助於西巴士多卜之形勢也。噫。西巴士多卜海口之礮臺。關係於俄與英法土之戰事哉。

英法土既不得取勝於俄。圍之不去。而俄人被圍已久。欲突圍而出。知土人易與。以馬兵驟攻土營。土人不及防。遂潰。而英總兵嵌伯饒有智畧。俄兵狂衝而來。嵌伯率兵徐以應之。俄兵敗。

俄皇以英法土三國之士。久踞南山。欲逐而去之。遂於十一月五日出兵五萬。王子亦在軍中。與英法大戰於英克曼。俄師大敗。時流疫盛行。英將拉格蘭亦病歿。深布孫哥德林登相繼爲將。十三日黑海颶風陡起。兵船多覆溺。天又寒。軍士多凍餒而死。至明年二月。各國公使會於維也納。議和息兵。卒不合。三月。俄皇尼古喇士病。卒於軍。子亞立山大立。於是撒丁將德拉馬摩拉亦以兵合英法土會於克雷木。四國兵共二十五萬。以大礮數百連次擊俄。彼此死傷甚多。九月八日。諸軍再合進攻。大戰於西巴士多卜之南。戰既酣。兩軍之士。勇氣益倍。屍骸狼藉。血肉橫飛。久之俄兵稍卻。遂大潰。棄壘而遁。英法諸軍遂進破西巴士多卜。夷其城。平其

礮臺蓋自來血戰之劇未有若此役者也

俄人既棄西巴士多卜城黑海之險要盡失不能再議拒敵且開戰以來財窮民疲力尤不支故俄皇隱有和意會奧人亦勸俄人和俄從之於是土人英人法人撒人奧人俄人議和訂約於巴黎斯以後黑海要口俄土兩國皆不准建築礮臺而俄國兵船不得再入黑海但尼河一帶爲局外公共之地河濱小邦皆任自主各國可保護而不得侵越其權希臘教民之在土者俄人不得管轄約既成各國相率班師自是土國稍安而俄人於黑海之威權不復能伸矣

嗚呼。俄人志存經略四方。堅忍不拔。累世開疆拓土。有包括四海之雄圖使當日俄土之戰英法諸國袖手旁觀則土必入俄而黑海之利權非特盡爲俄有即地中海之利權英法亦難與爭衡夫如是則俄人西漸之勢力蒸蒸日上可執歐洲各國之牛耳而英法諸國舉凡商務軍務往來於地中海者盡爲俄人所掣肘不能發達增進且不能得志於東方矣是故英法之竭力助土非有愛於土也借助土之名以與俄人爭黑海地中海之利權而保其商務軍務之發達增進以從事於東方也不然黑海要口俄固可不准其享有利權建築礮臺而土國何以不能建築礮臺享有利權也。是可知英法雖保護土國，亦不欲土耳其能自强，以分其黑海地中海之利權，特利用此傀儡以存其名，據其實，而利權可獨操耳。而爲土耳其者，當强鄰偪處之秋，不能奮發自强，徒爲俄與英法競爭之中心點，而卒乃被護於英法，僅僅自存，實已不啻若亡矣。蓋國之能立，貴於自主，以保護而存者，久後必亡。吾讀西史至此，未嘗不歎英法俄人之大計雄圖爲不可及，而土耳其之不競爲可悲也。

同一叙事此更瞭如指掌比例時局感慨遙深

論孟洛主義

夏孫鵬

合衆何以立國。曰地利形勢。合衆何以自強。曰地利形勢。然則合衆國之所恃者。地利形勢而已。

南北美洲。地勢毗連。大平洋大西洋。橫亙其東西。與他洲誠天然之界域也。歐人不干涉美洲事。美人不干涉歐洲事。蓋航海以與人爭。失所憑依。事固匪易。不欲侵人。即欲人不我侵。美人所以倡局外主義

併諸部而歸一國。其號令一。其勢力聚。分一國而爲多部。其號令異。其勢力散。大致然也。拿破崙戰勝西班牙。即以西班牙王其弟。

於是中美南美西班牙之殖民地皆叛而自立。及故主復位。益行其壓制之苛政。諸部不堪其虐。遂復叛。西班牙王欲藉神聖同盟之力。攻而克之。是以歐人而干涉美洲事也。

南美諸小國。土瘠兵微。國勢分散。雖强不足爲美人慮。若以歐洲諸國。而伐新造之邦。其力必舉舉而南美遂入於强鄰掌握。根基已固。將滋蔓而難圖。臥榻之下。豈容鼾睡。美人將寢食爲之不安。地利既失。又安得而立國。又安得而自强。即無英人認諸小國之自立。美人亦必爲之力爭。

拿破崙之崛起。歐洲鼎沸。各國紛擾。幾無寧日。及其傾敗。各國叛亂蠭起。干戈征伐。歷有年所。人民疲於奔命。死亡殆半。斯時也美國渡海問罪。以平亂爲名。奚不可者。所以獨處西球一不動念者何哉。曰孟洛之時。去立國未遠。國基未固。當時坐觀成敗。實亦自揣力有不及。恐未得而先有所失。故不敢以美人而干預歐洲之爭戰。我不干預人人亦不當干預我此孟洛之主義也然使美之權力足與相抗恐孟洛之主義又將反此而言

史之言曰孟洛之主義。美國前後皆宗之。則美國今日之政策。即孟洛之主義然則斐律濱不在美洲美人何得而干預之而侵伐之而臣屬之後人既宗孟洛之主義是豈孟洛之政策哉孟洛之

主義曰。吾美人絕不干涉他洲事。又曰此西半球之舉動。與吾關繫較切者。吾美人不得不出而與聞。然則斐律濱其在美洲乎斐律濱其關繫彼西半球之舉動乎孟洛其欺天下後世哉拿破崙之時所以伏而不出者。基未固也。今之所以奪斐律濱者力已足也。惜我無伐人之權耳。否則將執孟洛之言以與美廷爭之。

嗚呼國勢未固則閉關自治坐而觀戰國勢已固則乘機而起寖寖東向此實孟洛主義處國者固當如是。史則曰前乎孟洛宗其主義後乎孟洛宗其主義我則曰前乎孟洛宗其主義後乎孟洛宗其主義特其主義非孟洛所立之主義耳

俊傑廉悍辟易千人

論西鄉隆盛

夏孫鵬

東亞有偉人焉目擊幕府之專横外夷之凌虐羣起而謀變政雄雞一鳴國民驚醒義旗一舉豪傑從風奮鬥於腥風血雨之中者數十年竟掃盡前代積弱之錮習振起國民愛國之精神以致日本駸駸然日進於富强者則西鄉隆盛其人也

當日本之中葉。幕府專横。掌執朝政。視百姓如奴隸。士民側目。洎至德川之末。而腐敗之勢已極。歐米諸國。迫勒於外。蕭墻之禍。隱伏於內。國運之危。甚於纍卵。西鄉隆盛以寒苦之士。職位卑微。竟能周旋於國步艱難之際。顛沛流離。置於度外。不避艱險。成此偉業。當其往來於諸藩也。或叩縉紳諸侯之門。或結慷慨尚義之士。皆思慮深沈。見識操卓之豪傑。若藤田東湖、橋本左内、月照、勝安房者。尤爲深相締結之朋友也。由是其心志益堅。交情日廣。學識以增。吾讀其史至此。而知其成功也有非偶然一朝夕之故矣觀其於東湖先生之死。哀痛如喪考妣。齊彬公之薨。憤不欲生。幾將以身殉。迫於幕府之索勒。與月照相約投海。玆數事者。非其輕身不顧國家之急與夫百姓之倒懸也實以同志之七死亡殆盡一木難支共事無人與見獲於幕府寧自殺也雖然。吾讀史至此。又未嘗不三歎其不能隱忍而成功名幾於泯滅而無聞也夫西鄉隆盛之名。賢士大豪傑之士。深慕之者不爲不多矣。且當時馬場錦小路幕吏欲捕村俊齊與西鄉等。而西鄉從容休息。神色自若。幕吏不之異。遂得免於虎口。其膽畧識見。不爲不高矣。以衆人尚能避於幕吏。豈一人而反不能者乎。則以爲東海大國。而無一插足區者。吾不信也。若以爲朝廷草野。舍藤田左內月照諸人之外。再無其同志者。吾亦不信也。未嘗無插足區矣。未嘗無同志之士與共事矣。而憤然輕軀體如鴻毛。西鄉隆盛其亦未之思也。

日本政變之風潮已起。豪傑志士。擊敗幕府之權力。舊弊掃蕩。新政迭興。國家之大勢已定。功鄙蕭何。有權不受。竟辭職歸山。其立品之高貴。絕無富貴功名之念。於此可見。西鄉隆盛既歸鹿兒島。時新政府初設。頑固黨中。人心惶惶。叛徒蜂擁。不平之徒。四方響應。舉叛旗抗新政府者如猬而起。上書朝廷。奉還賞典祿。欲遠避市廛。獨居僻地。架梁數椽。終老田園。天皇不許。乃即以所受祿。建立私學校一。集健兒數千人教之武事。蓋西鄉料戰爭之機已伏眉睫。故練武士以爲預防也。乃教導之不以規矩。故健兒皆橫行無忌。當警察院巡查數名之歸於東京也。學校中健兒直捕之。誣之曰。爾等受大久保之密屬。來刺吾先生者。大久保者。當時幕府之魁首而西鄉隆盛之仇敵也。乃繫警察院巡查入獄。嚴刑訊鞫。殊形酷虐。海軍省見健兒之不安。恐西鄉之有騷動。乃載運藥彈。派軍艦。欲爲鎮懾計。艦至而藥彈爲健兒所奪。且共集壯士數千人舉叛旗。攻官軍。西鄉聞之大怒。然事已至此。又不忍隻身脫戾。歸罪衆人。乃挈兵一萬。以與官軍敵。後以應接無人。遂被圍困。未數日城陷。而西鄉死矣。吾觀乎此。未嘗不深爲西鄉惜。而深爲西鄉過也。以小不忍而亂大謀。先聖之所不取。西鄉之敗。其以此乎。夫健兒之叛。西鄉聞之而大怒者。以其叛之爲非也。知其非而助之。是助紂爲虐也。以不忍隻身脫戾。歸罪衆人。故帥兵而與官軍抗何不忍者小而忍者大乎雖然戰之初也彼自曰吾於是役必以身殉矣彼蓋知其事之必敗也可見矣知其必敗也而爲之則其意無他直欲與諸健兒共死而已西鄉果何忍焉西鄉負賊名而死者也實則忠其志而賊其名徒以不忍健兒遭官軍之夷戮而已獨生爾故矯然而不顧此所以重師弟之誼而忽於君父之名分也且西鄉果欲竊政權也則當於其功成名盛時取之易若反掌何待於後時哉此吾之所以謂其志不欲爲而激於氣不得不爲耳忠其志而賊其名者此之謂也夫西鄉之初意欲自成一隊强軍抗他日之叛徒其志正欲有爲不幸健兒搆亂使免冠謝

罪勢尚可以挽回天皇必不加重罪而健兒亦必不致盡以誅夷則他日之立功正未可以逆料何竟集兵抗拒不顧事理捐軀而忘其義務彼西鄉者其亦一好勇尚義不自屈曲者流歟不然其有他故抑吾有所不知者歟吾深惜其以忠始而以賊終也然近世日本立憲政治之美駸駸日進於富强者未始非西鄉一人之功今之人追溯其前行莫不謂爲東亞之一偉人頌其功之烈而謂其死之寃近更有美術家者爲鑄一銅象設立於上野之公園其令人思慕之心可想見矣雖然日本明治之維新而成爲東亞之强國也吾不曰西鄉隆盛以後之諸豪傑志士而曰西鄉隆盛

當其破幕府攘外夷啓尊王之義以開王政復興之基則吾不曰西鄉隆盛而曰藤田東湖橋本左內勝安房諸人嗚呼西鄉隆盛之功偉矣飲水思源則又未始非東湖左內勝安房諸人之力也

若揚仍抑極呑吐徃復之致文肯其人心如其文

福澤諭吉慶應義塾記書後

高恒儒

物必有二名而後可議此名家之言也數必有二率而後可相求此數學家之言也吾以之通於人事夫亦何獨不然蓋羣之立於獨也其交相往來日接於目前者莫非同類而欲使其羣驚心動魄幡然大進必不可得也何也蓋無所較也故兩羣相遇而後可以切磋磨礱相爭相競而與之俱進則異域文字尚矣蓋萬物之理常存諸天壤間不生不滅屈於彼則伸於此屈於此則伸於彼不讀其書不足知其人而論其世達其情而悉其奥也而吾之羣亦無由觀感而演進吾讀福澤諭吉慶應義塾記因之有感焉是

以不能無言也。夫日本小國耳。迹其所以能富强之由。則始於通西學。而西學之倡。則始於福澤諭吉。噫嘻。豈偶然哉。中國自道咸以來。與歐西交涉。於兹數十稔矣。習西學者。日增月盛矣。而中國之愚昧如故。貧困如故。其故何哉。蓋福澤諭吉倡西學而兼教育者也。中國則未有其人。此習西學者日衆。而奴隸於西人者所以日多也。此可謂習於當然而忘其故矣。嗚呼。方言自古特重。後世一統。棄而不講。反講矣而又忘己國。而役於人。吾願主持西學者。尚其留意於教育也。

瞭然於教育之道文章識見俱臻絕頂

叙滑鐵盧戰事

惲樹珏

拿破侖既復位。各國震動。僉意見。再合衆以攻法。一千八百十五年四月。英普荷比奥聯軍六十萬。會法軍於渡賚富耳河。英大將空林登爲帥。普將伯路折副之。六月既望。拿破崙帥軍五十萬擊聯軍。劇戰移晷。普人先敗退。法統軍奈擊英。斬一將。英亦卻。拿破崙乃率十萬衆逼軍之。空林登退軍滑鐵路。翼日雨甚。不得戰。十八日復會。攻聯軍之右翼。中軍救之。法乃出其精銳截中軍。礮彈雨注。聯軍大創。顧殊死戰。拿破崙方欲乘勝疾擊。忽後軍亂。則普將彪牢自間道來截也。乃大驚。分軍拒之。英復振。自朝至日昃。互爲羸絀拿破崙乃賈勇以全力搏之英軍殆潰忽又聞礮聲從右入則普將伯路折也空林登反軍夾擊之法軍大敗自相殺拿破崙遁歸巴黎殘卒七萬人僅存云

論者曰拿破崙一身善用騎卒是役也得五千騎猶不至敗績嗚呼是非知言者彼空林登伯路折何如人物也以拿破崙敵拿破崙無取勝之道以一拿破崙敵兩拿破崙是必敗之因必曰胥此覆載之億萬衆吾能以力服之則爲計左矣拿破崙之在今日大名鼎鼎政治家歷史家孰不口有道道之筆有述述之然以言兵家之拿破崙則不因西人崇拜之而吾亦崇拜之

叙述筆老論斷思精吾常古文家惟大雲山房得龍門筆意張陸所未逮作者其能紹述乎且以此筆樹幟譯林亦嚴幾道流亞也天南遯叟輩不足言矣勉之企之

國文彙選卷三終

國文彙選卷四

南洋公學肄業生學

滿洲水陸運道二者孰爲最要說　張鑄

運道有關於一國之貧富强弱者也。承平時則在通商轉貨。爭戰時則在調兵饋糧。故江河下流之不可爲他族佔據。亦由關口之險要之不可爲敵人所奪也。由此則水陸運道皆爲重要。水可以達地之四周。而陸可以深入其內境。雖然。斯密亞丹原富云。地勢之於人事也。川所以爲通。山所以爲阻。故舟車皆以通貨。而車不及舟。其意蓋謂水運較重於陸運也。至理之言。人所共曉。然余謂亦有不盡然者。請以滿洲言之。滿洲居朝鮮之北。西南界直隷。南臨大海。北界俄屬地西伯利亞。阿穆爾省東界東海濱省而西界內外蒙古。水之著名者。爲黑龍江圖們江烏蘇里江松花江鴨綠江嫩江。餘如湖河。則非所計。水運之便。不待言矣。然地處寒道。冬際雪凝。江河冰結。至三月始解凍。非特運貨不便。即行旅往來。亦須棄舟就陸。何況爭戰時調遣軍旅之非易也哉。是以天時地勢言之。滿洲水運利於夏秋而不利於冬春。利於冬春者。惟陸運。雖然使陸運而用牛馬也駱駝也人力車也。則雨雪載途。吾知其必不利於通商運貨。必不利於調兵運糧。與江河之在冬春無以異也。則陸運亦何利之有哉。吾之謂利於運載者。爲鐵路火車。夫蘇彝士河之未鑿也。西人之來中國者。入大西洋。環阿斐利加洲。入印度洋。東北行。始抵中國。及蘇彝士河鑿成。於是經地中海。蘇彝士河。紅海。入印度洋。遂達亞洲大陸。幾減行程之大半。然自俄人築西伯利亞鐵路以來。經營東方。不遺餘力。識者謂西伯利亞鐵路告成後。則歐洲通商諸國。運載貨物。將由俄羅斯乘火車直抵西伯利亞。達於中國。蓋以火車運貨之迅速。常數倍于輪舟。而由俄國直達我疆。其徑直較經蘇彝士河爲便。從前論者謂俄人於西伯利亞鐵路畢工時。必垂涎滿洲鐵路。何況今日滿洲已入虎狼之口而銕路已歸俄人掌握哉故欲中國沿北諸省得免俄人侵侮必先謹守滿洲蓋滿洲爲中國北方險要滿洲失則俄人得隴望蜀欲沿北諸省得免爲難矣雖然滿洲地勢遼濶豈能悉守吾之注意蓋據陸運之險要也齊齊哈爾爲黑龍江省會俄所垂涎哈拉賓居滿洲中央爲鐵道之中心點三姓爲俄人由黑龍江入松花江至甯古塔所必經之路餘如愛琿錦州開原奉天遼陽營口寧遠等城守之足以固吾圉失之實以資敵人亦不可不留意也他若海參崴大連灣旅順口諸險要則已爲彼佔據亦安計哉雖然滿洲之鐵路成即陸運發達之日滿洲之商務興即俄人

偪我疆土之時。念及此。爲滿洲懼。爲中國各行省懼。何以言之。夫歐洲列强之注意於我國也。惟俄羅斯人最狡獪。且又與我密邇。常於滿洲肆其蠶食。各國以滿洲逼近俄土即得之亦難免俄人之虎視已方且經營於中國之東南不暇阻俄人之雄畧是俄人得以全力逞其翦滅之心于滿洲也今西伯利亞滿洲鐵路滙通。商務繁盛。陸運險要。必爲俄人所覬覦。中國兵弛將懦外交乏策。而人民智識未開不知利害則將來俄尋小釁快其大欲何以禦之戰不能戰守不能守必爲俄人所得而後止險要失。滿洲復有何恃。吾聞之。豺狼之欲無厭。俄皇大彼得之未崩也。立銅像於聖彼得堡城中。指向東方。其心志可想而見而其後人之遵遺訓觀銅像。雄心勃然。又可想見東封之心豈至滿洲而止哉。則於中國沿北諸省之侵削。必與滿洲同。以滿洲無水道可以通達中國諸行省。必假鐵道以調兵運糧。今既密邇我國又以火車之迅速各國遣師皆當後之則又從何而禦之耶臥榻之側。容人鼾睡。吾安能不爲之懼哉。

論勢料敵明白曉暢文筆英英露爽殆如其人

滿州鐵道工竣都邑盛衰必有變易宜如何設法以保各地固有之利策

羅　鴻　年

歐西人之謀人國也其法有四曰工商政畧曰殖民政畧曰傳教政畧曰鐵路政畧而四大政畧之中則以鐵路政畧之魄力爲最大亦惟鐵路政畧之功效爲最宏蓋鐵路成則佔地廣集財富而工商殖民傳教一切政畧已有憑藉不難併力兼營一舉而三在其中者也吾於是服俄人設計之工吾於是爲滿州之前途危矣滿州之鐵道成人之言曰鐵道所經之地盡歸俄人掌握矣吾曰不僅鐵道所經之地也舉凡東三省之通都大邑均非吾所有矣

人又有言曰。東部鐵道之權利。盡爲俄人獨擅矣。吾曰。不僅鐵道之權利也。舉凡工商人民宗教之權利均非吾所有矣何也。鐵道工竣。則俄人之經營。必在工商。必在殖民。必在傳教。而都邑之盛衰。勢不能無所變易也。嗚呼滿州。不其殆哉。雖然天下興亡匹夫有責。果何爲而後可曰已去之利不少。而未去之利正多。曷弗設保之之法。然而俄人之經營滿州。已非朝夕。自中俄密約成。滿州凡百實權。悉入俄人之手。既無所謂利。更何所謂保。且即有保之之法。而無行法之權。又奈之何哉。又奈之何哉。曰否否。地方之上有人工組織之利。有天然固有之利。滿州人工組織之利。俄人已佔先著而天然固有之利俄人不能猝然得也奪人工組織之利我無其力保天然固有之利我未嘗無其權也請言其策有土地人民則必有風俗所謂固有者也而風俗者人心視爲轉移者也善則人心固不善則人心去至人心去則百事不可爲矣滿州自俄人入境始受其横暴之政策而苦之繼受其柔媚之政策而安之循至今日人心幾不可問抉其弊皆由官吏不知維持風俗以失其人民剛强慓悍之氣質而不能自立之故楛矢石砮跋涉山川出入窩集格鬬猛獸滿州固有之風俗也非無軍國民之氣質也誠能因其氣質而施以教育使人民有獨立之精神有愛國之

熱誠俄人雖善經營自不爲其威勢所怵自不爲其籠絡所欺則昔之匈牙利今之脫蘭斯法爾之人民滿人不難步其後塵利孰大焉此維持風俗以保固有之利之策一。然欲正風俗必獎勵其職業職業者生民之命脈也滿州有固有之職業三。曰農業。曰漁獵。曰牧畜。嘗考滿州之平原土質肥沃。不亞東南。如松花江。如東遼河。如遼河。如齊齊哈爾之南北嫩江以西。如吉林圖們江。如牡丹江甯古塔左近一帶。統計不下二萬方里。可謂既美且大。吾知播種得法。穀不可勝食也。若牡丹江嫩尼江一帶。木材連栅。捕魚之場所在皆是。且江流甚清。魚美而肥。尤所謂天然之利也。梏矢弩石。滿人所以立國。游獵禽獸。是其餘技。其地禽獸之屬。貴美者世罕其匹。齒角羽毛。其利非淺薄也。至牧畜之事。尤滿人之特技。且其地自古有產良馬名。即今歲輸於俄者。尚達二萬頭以外。可謂盛矣。然則農業魚獵牧畜。非皆所謂固有之利耶。俄人入境既久。必侵奪此種利權。我教之我保之。則爲我有。彼教之彼保之。則爲彼有矣。誠能於此三者。教以良法。保其權利。則小民雖惟利是趨。苟既富矣。自不爲外利所誘。此獎勵職業以保固有之利之策又一。今夫言職業。則不可不培物產。開鑛石也。滿州物產。若禽獸類。前言之矣。有所謂大窩集者。天下森林之至大者也。統計四十八處。不下三萬方里。說者謂備牧畜之用。然植物之學講。天下之材木。不可勝用矣。若夫開鑛需資本。似未易言。然官辦之而力不足。民辦之而力有餘。土著之貲本不足則招內地之股分以補之。事自無不成矣。不然徘徊觀望。著著落後。海拉爾。木溪湖。大悲嶺等地。鑛產雖多。不已無我華人揷足之地乎。此培物產開鑛石以保固有之利之策又一。雖然之數策也。必以維持風俗以挽回人心爲第一義。舍此則欲有所爭。而我無其力。欲有所爲。而我無其權。惟人心不去。則彼之鐵道在滿州。一傴物耳。僅收鐵道之利。其餘一切權利。彼不得而有也。寖假不能。則有財自有土。有土自有

人。不難爲俄人決之。我雖百計謀畫。不亦詞費矣乎。持說似緩實爲當今切要之務可謂能見其大

滿州鐵道工竣都邑盛衰必有變易宜如何設法以保各地固有之利策

吳　清　庠

嗚呼噫嘻。岌岌乎殆哉。世界之鐵道政畧也。德人之所以制小亞西亞及南美洲者以鐵道。英人之所以制波斯者以鐵道。法人之所以制暹羅者以鐵道。他若俄日之爭高麗。英人之圖特蘭斯脫爾。亦罔不以鐵道之權爲先。然則外人之於中國。瓜分此鐵道主權者。意蓋可知矣。綜覽大勢。揄營江南緬甸諸鐵道。則英獨主之。粵漢山東越南諸鐵道。則美德法分主之。津鎮鐵道。則英德合主之。山西鐵道。則俄主之。蘆漢鐵道。名爲比利時而實亦俄主之。而其勢力最雄範圍最大者則爲俄人之滿州鐵道滿州者。山脈川流。氣概磅礴。森林礦山。物產雄富。固　本朝發祥之始基也。今者一切利權。掃地而盡。追述原始。不得不太息痛恨於中俄密約巴布羅福條約也。蓋自中俄密約告成。而滿州鐵道之約乃相繼而訂。自巴布羅福條約告成。而滿州鐵道之約更相繼而改訂。自是而後。由西比利亞達海參崴。由旅順達牛莊。鐵軌銜結。密若蛛絲。而復以滿州腹部哈爾賓爲總滙之所。今試觀哈爾賓以南。凡遼河兩岸最膏腴之區。如寬城子開原奉天遼陽海城等處。固均入俄人掌握之中。他如附近之哈伊辣地方。商店林列。貨物如山矣。

旅館洞開車馬往還矣而當其先特不過蒙古部落五六傾簷頹壁二三而已又如東境之漢突哈智柏革里斯諸地煉瓦之屋金碧輝皇矣圖書之館醲郁芬芳矣炫射者非電燈之光耶隱伏者非水道之長耶奇幻者非公園之景耶落者非停車之場耶而其先特不過人煙杳寂山賊盤藏也都邑之盛俄據之俄治之中國無與也都邑之利俄闢之俄獲之中國無與也狠矣哉鐵道政策也危矣哉鐵道政策也於此而欲求抵制之法蓋眞無法矣雖然春蠶食葉不盡不止投肉飼犬愈投愈前已成之權力不可破未來之希望尚無窮心乎愛國者要當求法於無法之中不得以感

慨歎歔舉乃事也談者曰鐵道通過者無論矣今試以未通過者言之一齊齊哈爾城宜守也城據胡拉爾溪之上流而烏港線之經胡拉爾溪者未能通過此城據而守之利或可保一甯古塔城宜守也城北六十里爲掖河烏港線亦達此而止殖民其地務盡地利效可逆睹也一長春宜守也長春位遼河之東原野開曠形勢天然中國委棄之久矣今幸俄人亦避此而經營煙臺亟宜憑據以收其利辯之者曰子知保利之當然而未知所以然也齊齊哈爾甯古塔長春三路誠哉可守也而守之之法莫如自築鐵道以一線與胡拉爾溪相接一線與掖河相接而長春一線直貫於

奉天哈爾賓之間兩路相接興工之始定名曰中國東部鐵道我之地我治之外人不得干預夫而後據鐵道之權即當享此權之利通商也用兵也俄人庶不能爲所欲爲以求其所大欲乎談者又曰子言甚善其亦知鐵道之興以經費爲要乎中國自兵禍紛如償欵鉅重國帑空虛撫今追昔言之痛心而天然物產之利則莫如鑛山夫鑛山已落他人之手者如吉林漠河等地已無可挽回矣然豈無一二未盡之處如開平煤鑛者然而欲開采必先集股欲集股必先嚴禁外人之入股匪獨大利所出彼獲其多即將來用以工作亦庶幾不受其箝制而招股之策當下一哀痛詔書

謂凡此舉動。皆欲出吾民於外人之水火。而登中國之衽席也。民也有心。其聽之乎。辯之者曰。大利所在。民非不知也。蓋深畏法律之森嚴。不堪官吏之魚肉。且附入洋欵。則高枕無憂也。然則官辦其不如民辦爲善乎。是或一策也。吾用是有言矣。大凡天下之獲大利者。必不能無大權。談者之言。誠爲至當。其如外人之壓制何哉。雖然有形之權無可爭奪。無形之權未始不可操縱也。無形之權維何。曰工曰商。工者所以製造此地利者也。商者所以運輸此地利者也。不有工。地之利且不能得。遑言保哉。有工而無商。則利之所得。囿於一隅。都邑之衰者未必盛。盛者恐不免由此而衰。蓋保亦幾與不保等然即使工商相輔而不予以特別之優待與保護將凡百舉動所在掣肘而地利亦終不可保審如是則工藝局商務公司又烏可忽哉雖然以言保必有利以言利必有地苟無地工商皆贅疣耳烏足爲濟策至是而練兵又尚矣蓋兵者所以保此地兼保此工商以興此利者也觀歐西各國能擴張其利權者雖曰工商爲貴而究之工商者其後兵力者其先非弱之肉而强之食也亦優勝劣敗本天演之公理使然也今歐西不患無兵力但患無地利中國不患無地利但患無兵力滿州鐵道之權之屬諸俄人者正坐此也果使教國民以武使人盡知兵則既不至

割地求和。而工商之盡地利者。復橫行而無阻。夫而後鑛山可以自開。鐵道可以自築。固有之地利。可於此保固。已失之地利。可於此收回。不獨滿州爲然也。放諸天下。當罔弗如是。嗚呼。迢迢京闕。無限烽煙。袞袞公卿。豈無肝膽。若云天下興亡匹夫有責。則空言無補。真不知流湯何從矣。謹策

規畫利病條理秩然唯長於行文故言之不患累贅

論巴拿馬河之開通

張鑄

蘇彝士河之未鑿也。西人之來中國者。由水行須環亞斐利加洲。及鑿成。於是抵中國幾減行程之大半。是則艱於一時而便於萬世者。莫開鑿蘇彝士河若也。然全球水土之應開鑿之應疏通者。正不知凡幾處。而開鑿疏通之後。其得利與蘇彝士河相等。或又過者。亦正不知凡幾處。請以巴拿馬河言之。巴拿馬河者。哥倫比亞國水道之最著名者也。地當中美洲海腰最窄之處。東入加勒海。西與太平洋相距僅百餘里。使鑿通之。則東西洋連爲一水。航海者可以二閱月環行地球一周。無陸地爲之阻隔。是則無論此河之開通。商務爲之大興。調兵爲之大便。姑以其利與蘇彝士河較。則蘇彝士河便於通達亞洲。而巴拿馬便於環游地球。一全一分。利之大小。不言可喻矣。前有法人勒塞勃斯者。開蘇彝士河成。復議開巴拿馬。嗣以工艱資絀。涉訟經年。因而中止。今美國又與哥倫比亞立約開鑿。使東西洋相連而爲一。則將來水利之足與蘇彝士相頡頏者。唯巴拿馬矣。美洲各國。合衆獨强。文化工商。無人能敵。其勢足以壓各國。而威足以震小邦。巴拿馬海腰之開鑿。雖曰假之於哥倫比亞。然重利已入虎狼之口。豈能吐而讓之於他人。噫。巴拿馬海腰。東西洋之要害。而哥倫比亞之險境也。哥倫比亞不能自開鑿之舉而假之於美國將來美國蠶食靡有底止吾於是爲哥倫比亞懼人民土地不能守非唯假之於人實足自戕吾又安能不爲中國前途浩歎哉

持之有故言之成理

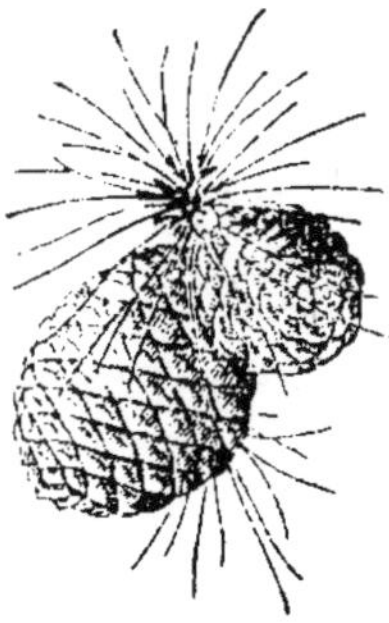

問英法兩國助土攻俄克雷木之戰號稱最劇克雷木者伸入黑海中有微地相連元祕史作客兒綿古金黨汗三屬部之一也當時多惱河之役土屢勝俄其大將何名克雷木海口礮臺以何爲緊要是役英法統將著名者何人其始末情形可得聞歟

張在淸

突厥自近世以來。國威寖衰。勢日奄奄。俄之覦覬。固已久矣。曾請與英協力圖土。英却之。其志不無少挫。至一千八百五十三年。俄帝尼哥勞第一 Nicholas I. 遣使至土耳其。請擁護其國希臘教民之權。土王不允。俄帝遂發兵據摩爾達維亞。Moldavia 襪拉幾亞。

Wallachia 英法奥普四國會集於維也納。欲居間調停。議不成。土人請俄退兵。不允。土遂宣戰。而英法亦率兵船入黑海。以保土境焉。土大將阿馬巴沙 Omar Pasha 越多惱河。與俄老將巴基微楄 Paskiewitch 戰於奥司脫你察。Ostenitza 破之。孟希阜夫 Menschikoff 代將俄軍。自西巴士多卜 Sebastopol 進攻土國。西諾比 Sinope 之水寨陷焉。是時英法憤怒之心。油然而發。遂協力助土。向俄宣戰。方戰之初起也。俄意奥國報襄日征伐匈加利之德。必發兵助俄。然奥畏英法諸國。袖手旁觀。不之援焉。此俄之一大挫折也。西里斯的黎亞 Silistria 城堡者。在羅馬尼亞 Roumania 之南北阻多惱河形扼山險一夫可以當關爲土國北門鎖鑰恃此以禦俄軍俄將攻之久而不拔英法將救土俄軍遂解圍俄兵旣退奧普之願得矣然英法之意不僅在存土也且欲弱俄使不得爲土後害乃多所要求明知其不允而因以陷之也其端有四一、曰摩達維亞襪拉幾亞不復歸俄擁護二、曰多惱河航海之權不得爲俄獨擅三、曰一千八百四十一年所訂之約關於黑海一條各國兵艦不得入黑海當重行申明以期平權四、曰土國人民奉希臘教者俄不得有管轄之權俄國志存東略豈能屈從於是克雷木 Crimea 之戰起焉西巴士多卜者在克雷木之西南礮臺鞏固港口深穩爲黑海之門戶俄國侵士之巨艦皆泊於此是城一失俄之海權陷矣英法知其爲衝要也法將亞爾諾 St Arnaud 英將拉格蘭 Lord Raglan 率大兵六萬餘攻克雷木進抵亞爾馬河 River Alma 俄軍逃潰氣沮志喪矣苟聯軍英法士能乘勝直前追亡逐北即取西巴士多卜不難也乃畏忌心生猶豫不決坐失事機適以資敵而已是時法將亞爾諾死干羅伯爾 Canrobert 繼之聯軍後至西巴士多卜之東與俄將戰於巴拉加辣伐 Balaclava 是役也互有利鈍勝負未決然而英國輕騎以首領號令之誤直擊俄國礮臺全軍殆歿存者寥寥此足徵士卒之勇軍令之肅也後英俄又戰於應格

曼Inkermann是時俄援已至防禦有力英人以八千之師拒五萬之衆猶能百折不回支持勁敵彈藥既盡竿木爲兵幸法軍來援禍患僅免聯軍死傷之衆不下俄人勝負正未可決也是時寒氣極烈瘟疫盛行兵士罹病醫治無術幸有教士婦女前往看護中有弗勞倫司那丁格爾Florence Nightingale世所稱爲慈愛家philanthropist也後各國公使與俄人會於維也納議罷兵不協而寖是時尼哥勞卒其子亞歷山德第二Alexander II.嗣奧國本欲助土攻俄以與英法議論不協仍爲中立其後奧普之役奧之孤立非無由也撒丁Sardinia王維多爾以馬努利Victor Emmanuel 從其宰臣加富爾 Cavour 之議。發兵一萬五千。與英法軍合以討俄。四國進攻西巴士多卜。是時英將拉格蘭歿於軍中。深布孫 General Simpson 繼之。俄將攻上爾那牙 River Tchernaga 營。法撤兵拒戰。却之。英軍攻里堂 Redan 堡城。以數寡勢弱。不克而還。然法軍攻取馬臘皐夫。Malakoff 西巴士多卜亦以失外援而陷。後俄人乘夜放火棄城而遁。與墨斯科城之陷。如同一轍。然而俄人緊要礮臺。已俱入敵人掌握矣。英法二國更欲發大軍。以收全勝。然俄國財匱民疲。不能支持。與四國訂和約於巴黎。其重要之端有四。、一曰黑海權利。爲諸國所共享。許諸國貨艘營業其中。但兵艦不許入。又不許設武庫於海濱。二曰俄國不得專多惱河商權。與諸國共享。三曰土耳其允爲獨立之國。俄人不得干預其內政。四曰摩達維亞襪拉幾亞合成一國。納貢於土。後黑海之約。俄國違之。此蓋其始末情形也。

土耳其國勢不競。日就孱弱。俄之窺覬。由來漸矣。然猶幸延至今。未爲俄所兼幷者何也。由於英法二大國護持而排解之也。土耳其崇信回教。且殘暴不仁。爲諸國之所鄙夷。英法之於土。非有所愛惜而必欲拯其危亡也。懼俄之兼幷土耳其耳。若土耳其之土一旦爲俄所兼幷。則地兼三海。於歐羅巴全土。已扼吭而拊背矣。

苟一旦檢閱形勢擁衆西馳其爲諸國之患必無疑也故英法之存土非愛土也懼俄之兼土耳兩國之强俄所素懾亦未敢開釁端而延大敵不得不隱忍戢兵聽土之姑延殘喘情勢如此而土猶未知變革以圖自存是終亦印度波蘭之續而已耳豈足恃哉

提綱挈領脉絡井然敘兩次約文獨要言不煩毫無從前譯西文者之累墜如此方是譯才　曉暢軍機於當時諸國內情洞若觀火青年得此亮非易才來日方長行看此生蜚翔萬里也

述美國據斐律賓羣島事　張鑄

驅狼得虎不知自治仰人之鼻息以爲生命者斐律賓之土人也外示其仁德之政策而內行其陰險之伎倆者美洲之合衆國也有斐律賓土人之愚暗有合衆國之狡獪於是斐律賓羣島遂爲合衆國所據」先是古巴島及斐律賓羣島悉隸西班牙美人垂涎欲得之美總統哲勿生孟洛曾倡併取古巴島之說後任踵之一千八百四十五年美人欲以一百兆銀元易古巴於西班牙西人不許蓋古巴島爲美國東南屏藩西人不欲美人得之也美人以所欲不遂也欲煽動古巴民使叛西班牙美政府遲疑不

能決。英法亦忌美之得古巴。出而干預。請與美人共保西班牙有是土。美人拒其請。而取古巴之心益馳騁於胸中不能去。無何古巴人果叛西班牙。爭戰之酷。慘不忍言。一千八百七十七年。美總統格蘭德出而干預西古戰事。欲古巴自立。實陰行其併吞古巴之志也。西人知之。亟與古巴和。然不能守和約。未幾復釀禍端。適美兵艦名賣內者。駐於哈瓦那海灣。忽爲西兵擊沈。於是美人詰問西廷。預籌戰資。而西美之爭以起。古巴固入美人掌握。而斐律賓羣島亦爲所併矣。

以天然之形勢而言。斐律賓羣島在亞洲東南海中。可駐美國亞東之水陸軍。及爲美國亞東之大商埸。美人不守孟洛主義。欲擴充權力於東大陸。則其垂涎勢所必至。自與西班牙失和。遂遣大軍二隊。一取古巴。一取斐律賓兩地。土民素銜西人。遂助美國。美國復以許其自立誘之。土人益樂爲之用。於是西人戰輒不利。水陸各軍蕩焉殆盡。古巴遂爲美人所得。而西班牙在斐律賓羣島之權利亦瓦解。駐兵與美軍戰又敗北。西廷莫之敢援。於是低首下心。請和於美國。而斐律賓羣島遂爲美國所有。時一千八百九十八年也。

土人之助美軍也。以其許自立。至是美人背約。土人怒。起兵與抗。

然犬羊已入虎狼之口欲自存則勢有不能爭戰頻年終爲所翦而矢誓服美人之法制矣即近歲也

嗚呼西人苛刻屬地以亡美人狡獪屬地是張斐律賓土人假人之力以求自治終不能自治而益受奸猾無形之壓力近聞美國將大興學校於斐律賓其志趣當爲智者所共曉也顧瞻中華不禁心寒欲墮矣

夾敍夾議眉目秩然由其筆致甚佳故自不作一平直語具此美才必成大器江浦小邑析置自明磅礴鬱積久矣望生勉力向學以應山川靈秀之氣

述美國據斐律濱羣島事

夏孫鵬

自以爲局外旁觀者。乘釁即動。自以爲閉關而治者。見利即趨。美人實有之。內得天時。外據地勢。一不守孟洛主義。以西半球而干預東半球之事。則無有不勝者。此實美人據斐律濱之原因。

近世紀之初。西班牙實歐洲至大至盛之國。自哥倫布尋地之亞美利加。厥後古巴呂宋及太平洋諸羣島。半爲領地。駭人耳目。歐洲各國忌焉。法蘭西欲得平均之力。起兵與戰。各國多助之。國勢遂由此傾敗。拿破崙之亂。一再挫折。外患方熾。內亂叢起。國勢之衰弱。疆土之淪喪。遂不可問矣。是時又悉失其亞美利加屬地。至一千八百四十餘年時。西人於西印度太平洋諸島。勢力猶在。古巴斐律濱等猶受西人節制。但徒有島屬之虛名。而未得其實際也。保守疏虞。利不盡出。饒沃之產。置而不取。可惜孰甚焉。即無美人之垂涎。他國亦必爲之干預。

美人古巴之役。所以取斐律濱之因也。檀香山之得。所以取斐律濱之果也。初古巴斐律濱諸島。以豐腴故。久爲美人垂涎。古巴之土民。叛服無常。而西庭又失管理。適有美兵艦。名賣內者。駐於古巴。衛美民也。西兵忽擊沈之。死傷多人。由是問罪之師。頃刻而至。奪島之心。遂有所藉口。初美人待島中叛黨素善。而西人防守亦不甚嚴密。有此感觸。全國憤怒。投袂而起。摧枯拉朽。而古巴失矣。波爾多黎各島。西戍兵不戰而退。亦入於美。

古巴役後。論勢則西人色却而咸有戒心。美軍乘勢而愈勇敢。美人乃乘此傳檄美國駐香港之亞東艦隊。東發進攻斐律濱島海道相去無幾。瞬息即至。出西人之不意。併力攻之。西軍救援無及。水師遂被攻破。古巴初失。元氣未充。兵力不給。且自西國以至斐律濱島。東向經地中海。取道蘇彜士河。由印度洋至南海。其程既遠。所費自大。而美兵之在香港者。方且取捷爭先以擬其後也。若西行。必徑大西洋。環南美洲。過太平洋。則取道更迂。美人又將全師以斃之矣。故西人失古巴。形勢已失。斐律濱遂非所有。後此不數年。又有檀香山之歸附。檀香山在太平洋中央。爲美洲至斐律濱必由之道。於是檀香山斐律濱與美洲成犄角之勢。呼應靈捷。斐律濱有變。援師旦夕可至。土民屢有叛亂。而終以掃蕩。故檀香山實美國中道之屏藩。失檀香山必失斐律濱。得檀香山

美人有斐律濱者。此其故。

論曰。西班牙屬土遼濶利未得而爲人屬是徒得有土之名而已美人則孟洛主義素不欲得人土地者也而終取羣島利益是欲得有土之實而不欲有土之名也素居局外素宗閉關而實則以

併吞雄畧爲心美人抑何狡哉

嘗讀美人近年紀事謂中華拳匪之亂美廷不得不遣師護衛及北京破美兵獨有節制待華民最慈厚事定美廷索費不奢撤兵獨早又嘗與歐洲各國言不分支那土地嗚呼檀香山斐律濱遇華民之慘狀令人髮指眥裂其不分中華者指土地乎指利權乎吾恐論利權則羣起而爭之矣取實而遺名吾言美人狡吾爲中國危

兵謀地形瞭如指掌敘述有法自是作者本色

問英吉利屬地徧五洲因之通商用兵皆占其勝各洲要害所在試舉其畧

楊錦森

問嘗總攬環瀛。博稽輿圖。不禁歎諸國屬地之多者。當必以英吉利爲冠矣。英吉利本國地僅三島。孤懸歐洲西北隅大西洋中。然其國旗徧輝於日所出入。且莫非要害之所在。握天下之利權。駕五洋之巨浪。嗚呼雄哉。今謹陳其屬地之形勝者。

印度　印度位熱帶與北溫帶。土產富饒。既可增英之富。且有莫大之利焉。越喜馬拉雅而北。則直擣西藏。可以進窺吾西境。且可制俄之得志於中亞細亞。涉蒲蘭蒲達江而東。得緬甸而進窺暹羅安南。且可制法之稱雄於我南部。越印度河而西。得俾路芝而進窺阿富汗波斯。且可制俄之得志於西亞細亞。其南操印度洋之航海權。且可以爲屯兵之地。苟我國太平洋非洲地中海諸地有戰事。則又可以爲根據地。至於商務。則有孟買錫蘭與諸良港。以爲自地中海紅海航路之舟艦停泊所。且緬甸之南。又有麻六甲新加坡爲亞歐航路所必經。於是印度洋之航權盡操諸英人之手。

直布羅陀峽瑪爾達島居伯羅島埃及國潘靈姆島亞丁港　自大西洋入地中海。由地中海出大西洋。有一必由之海峽焉。其名曰直布羅陀。英人築義人咨咨城於北岸。環以礮臺。守以重兵。蓋一要衝也。苟地中海有戰事。敵艦莫能過。鎮此以重兵。復鎮重兵於埃及。困敵軍於地中海。英可操必勝權。自此入地中海。有瑪爾達島。與意之西治里島對峙。可以爲進窺意國之基。且可得志於北非洲。少進有居伯羅島。在土耳其之西。可爲進窺希臘土耳其之基。且適當蘇彝士運河口之正北衝。可以護紅海之商務。南下有埃及。與亞拉伯相望。將出紅海。有潘靈姆島。形勢與直布羅陀峽頗似。蓋自紅海至印度洋之所必由也。鎮以重兵以當其衝。雖萬艦不能過。其險要可知矣。出紅海有亞丁港。地中海紅海印度

洋太平洋有戰事。可以爲根據地。其地商務亦甚盛。英既得斯六地。於是地中海紅海之航權盡爲所得

加拿大　加拿大雖荒漠磽瘠。然於英吉利之大局頗有所關係。蓋其形勢佳也。使美國之不能稱雄於太平大西二洋者加拿大爲之也。微加拿大則無以制美。加拿大者與英國及美近。故商務亦佳。

英屬及英牙賣加島。英屬西印度諸小島白利士　之數地者。或在安地海中。或在其濱。英屬及英所以扼南美北部之國之吭。進窺委內瑞拉巴西之基也。餘數地則北制美。西窺中美洲。下馭委

內瑞拉之基也。且美國方有開巴拿馬河之議。則英之所賴以得航權者此數地也所賴以稱雄大西太平二洋者亦此數地也

威海衛香港婆羅洲澳大利亞及太平洋英屬諸島　威海衛在我國之山東。之渤海所必經。頗形勝。便灣泊。英之據此。窺吾都也。且制德之猖獗於山東。俄之得志於東三省也。香港本我南部之一小島也。可以爲屯兵之所。且以制法之猖獗於兩廣也。然二地地小產尠。屯兵亦不能多。婆羅洲蓋其根據地也。大洋洲英屬島最衆。如澳大利亞如紐西侖皆是。英恃之以雄於太平洋。英恃之以爲窺我國之根據地。且土壤富饒。物產衆多。英之所以富甲地

球者斯地爲之也

嗚呼殖民之策有進而無退種族之競此長則彼消英既屬地徧大地猶復精進不已進窺吾國虎視眈眈於我楊子江之流域種族之競彼何長也我何消也噫我漢種曷不講實學求實用上下一心君民一體以與彼自命爲天之驕子者一角其智力耶

論英屬形勢聚米劃沙瞭如指掌髫年具此才情日後可與談輿地之學

讀那特硜政治學書後

張在清

積民而成國國以羣立而法者所以治其羣也大抵智識愈開文化愈進則法律亦愈詳而愈繁彼狉榛蠻夷無所謂法律也契需恂愍各奮其私其羣將渙矣以將渙之羣而與精進守律之民遇則優勝劣敗出乎自然固不必干戈用而殺伐行也世之欲推翻法律者豈不非爲蔑公益而營私利乎然而公理不明權限不講强凌弱衆暴寡公益既蔑私利亦無可營矣法律者所以保全個人之權利維持公衆之安甯也稂莠不鋤則嘉穀不茂莠民不去則良民不安爭訟刼奪盜竊詐騙民之蠹也欲除暴安良於是有

警察之設民數者庶事所自出也徵兵納稅及他行政莫不取正焉患其寡也則爲之謀生聚以增其數慮其滿也則爲之設禁防以減其數欲審知戶籍於是有稽查之制一國之中貧富旣分振濟自所必要然徒糜國帑以贍養遊民則蠧弊叢生非經常之道是宜廣興藝術設立工廠使貧民被雇而得食此以工代振之妙策也抑吾思開化之國教育一門人民自知振作無庸干涉然而泰西諸國皆設立學部爲之督率料理者蓋非如是則宗旨不一志趨各異教育之精神不能振刷奚望收其實效乎此四者爲政治上之要務然欲有所設施必資乎財故那特硜講政治之學而

於理財一道尤三致意焉又謂財貨過饒有害於國家之發達此似非而實是之說也即以今日泰西證之商務興盛製造日精其國可謂富矣然而姦雄壟斷貧富懸絕國財加益人民有奢侈之患生計太易戶口有過庶之憂此固彼之講政治學者之所鰓鰓然深慮者也那之爲論豈不然哉

不參究泰西政治則無以善其政治此學固宜汲汲講求作者揭要爲言洞明原本娓娓動聽共和立憲之民皆遊於法之中耳天下豈有無法律之國哉孟德斯鳩氏嘗言之矣

萬國憲法志書後

劉樹圻

世界有人類而後有國有國而後有法有法而後有權權尊法法尊國國制法法制權制則均尊則一能均能一國家治平此古今之常經亦中西之通義今泰西各國。多爲立憲政體。溯自美洲聯邦。建國憲。開成典憲法之祖。英法諸國。遂踵跡起。令臣民均統治於憲政下。其法蓋限制之意。與保護之意。兩者並行。雖其目區區數十條。其文寥寥數百言。而各國數百載舉動數千萬生靈皆係此政令之嚴肅人民之治安皆在此近湘鄉周君伯勛。因憲法爲西政中一大端。特編著萬國憲法志。書分三類。曰君主國憲法。曰民主國憲法。曰聯邦憲法。其論各國憲法之程度。條分縷析。可謂殫見洽聞已。竊爲推論憲法之意義。夫憲法之設。蓋以定主權之關係與權限。定人民之權利與義務。其立法權力。遇有要事。多由官吏創議。發參議院或國會詳議。俟贊成方行。論其作用。在明上下之權限。以限制政府之權。其行法權力。乃於社會之轉動。隨機應變。以行便宜之經理及處分。厥權每歸政府。則因一人未能獨理故。至司法權之性質。在專守法律。不徇時執。用能以公道正理。平反侵害臣民權利之事。凡文化日進之國。往往三權鼎立而立法權屬乎全體。視各權爲大。行法不出立法之範圍。司法即爲行法之支派各國所由立憲以利國利民者胥賴乎是周君於君主國首英夫英之憲法內外相繫上下相維固中國所當取法若民主之法聯邦之美憲法每多流弊轉使民囂然不靖何足法哉嘗觀我中國古時設鞀鐸采芻蕘瞽矇箴誦工商藝諫上無黨下無黨夷然廓然特擇理之公者洽卿士庶人以立法是以累子孫十餘世享承平數百年近英國凡有大事王與貴人與三等百姓合議行之百姓言於巴力門而斷於王貴人頗近我國古法是書亦稱爲列國憲法之母故我可參酌仿行焉要之君以民爲體民以君爲心不合卿士庶人以定法則未具全體桀紂所以爲獨夫不

尊其主權於君上則未定重心俄法各國所以有無君黨自由黨之害我國今欲自強采用古法謀及卿士集思廣益則可設共和黨授卿士以專主之權則不可謀及庶人廣通下情則可立下議院授庶民以抗衡之權則不可今誠於萬國憲法中舍短取長令根原在元首輔翼在臣鄰以立百年不敝之法將是非一定國本自立精神一變人心自奮立法者可用其權補偏救敝行法者可用其權發憤有爲司法者可用其權使天下毋倖犯違背請得而斷之曰國家立憲法君上不預其權者强而逆逆則亂君與民共權操諸君者强而順順則治

以上下古今之識參酌中外異同專注重君主憲法而鍊句鍊詞鍊意鍊筆色色均臻絕頂行文之能事盡矣

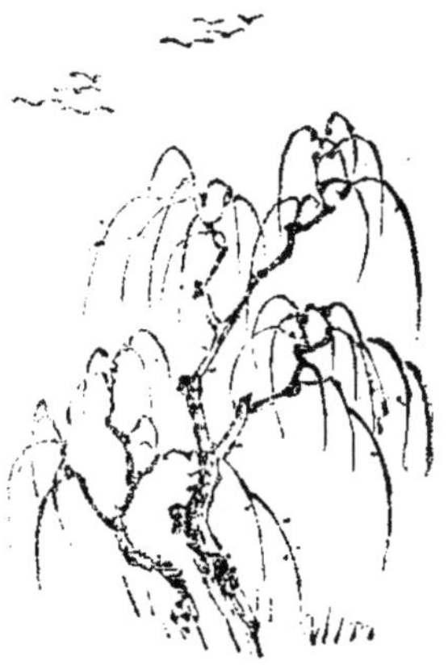

萬國憲法志書後

姚 菼

西儒有言曰。良法勝于惡法。惡法勝於無法。甚矣治國者之不可以無法也。吾獨怪夫世界立憲國凡數十。其政體之組織雖不一。而由專制變爲君主。由君主變爲民主。則固同循此進化之公例。天演之公理。而不可逃者也。中國爲世界文明最早之國。自唐虞至今四千餘年。其政體之組織宜達于完全之極點。乃猶居人群進化之初級。以較之泰西諸國。其比例適相反何耶。觀于堯詢四岳。舜罪四凶。與夫立君必待謳歌。則唐虞之際。爲民主立憲政體可知也。周民流王於彘。諸侯德衰則不朝。則三代以上。爲聯邦立憲政體可知也。周衰七國紛爭。申韓之說起。而商鞅始以之治秦。立國法以與民共守。法玩自上。雖君卿不免於刑。法犯自下。雖編氓亦無漏網。遂致道不拾遺。民忘私戰。則周秦之際。君主立憲政體之發達。又可知也。乃嬴政幷列國。燔六經。先王之遺法。于是盡廢。舉天下之大權。專集于君主之一身。遂由君主政體而變爲專制矣。夫專制者。無法之政體也。人民不能參政。而君主有無限之權。自立法以制限其民。法酷民怨。而覬覦者生心。天下乃大亂。此中國三代下所以治日少而亂日多也。吾讀湘鄉周君達所編之萬國憲法志。益恍然知其故矣。蓋民主之國。主權在于人民。

作憲法以限制一國。而使議院爲之機關。其國體與專制君主雖相反。而單一國家與複雜國家之關係。則甚近。聯邦者即所謂複雜國家也。其三權之權限關係。與君民之權限關係。雖若同於單一國家。然其聯邦各國與中央國家之權限關係。則仍立於不平等之地位。斯又與立憲君主相似也。立憲君主之國。其憲法爲君所制。君自作法而自加限制。且加限制於人。國家行政權爲君主所專有。議院彈劾權之所及。唯行政大臣而不行于君主。以君主不在法律之內。而居法律之上也。凡此幾與立憲民主相反。而以視之專制君主。殆不遠也。然則周君於立憲各國。分爲君主民主聯邦者。其政體之性質。夫固相因而成。而中國數千年來政體之變幻。蓋亦以其時勢之相因。如周君所謂國形與主權之異耳。當堯之時。鴻濛初啓。洪水氾濫。支那種類之膨漲力甚弱。地狹而民貧。及舜始遷三苗於三危。而蠻夷率服。適成爲單一國家。民主政體。行于是時。亦時勢使然耳。至禹疏九河。平成天地。聲被於流沙。塗山之會。執玉帛者萬國。國形既異。遂由單一國家。變而爲複雜國家。儼然如今日泰西美德瑞西等聯合國之政體矣。降及商周之末。王德不競。諸侯不朝。而昆吾豕韋齊桓晉文等。五霸迭興。代爲盟主。則又由聯合國而變爲同盟國。當是時。泰西之雅典斯巴達。亦迭相雄長。主盟於希臘諸邦。蓋西歷前六七世紀之舊世界。殆無不爲聯邦政體之同盟國焉。及乎商君以王道說秦孝公而不用。遂改行法家主義。立憲法以限制其民。自君主以外。無不納之於法律之中。是時君主立憲政體行於秦邦。實已達於完備。惜乎民智未能大開。反動力驟起。商君遂死。猶乘强國之餘力以幷滅列國。復雜國家復變而爲單一國家。然主權雖一。而憲法已壞。君主之權。既無所制限。李斯之徒。遂從而徇始皇之意。廢封建。置郡縣。逞其專制之手段。以天下爲一人之私產。盡舉先民習慣之遺法而燔滅之。取立憲時之遺民稍有思想者而坑殺之。於是立憲君主政體。遂一變而成專制。亦勢所使然也。蓋二者政體之立意本相近惟君主權限人民參政與夫有法無法之別耳藩籬一決而不可收拾遂使數千年之中國無日不在紛亂之中數萬萬之人民棄其固有之權利至今日而與泰西各立憲强國相遇乃相形見絀幾何其不爲六國之續耶嗟呼自泰西六七世紀之間其爭種族爭宗教專制之酷且十倍於秦皇戰爭之烈且震動其全州卒以信教自由著之憲法其禍可以少息矣而十七世紀至十九世紀二百餘年君民之際相爭日劇英則二革命而定君主立憲法美則八年血戰而有聯邦立憲法法則三革命而得民主立憲法則然區區數條之憲法蓋經無數豪傑苦心焦思併命流血而爭得之而我中國乃行之數千年以前其進化之速率且爲舉世所驚駭吾民顧不知保之重之光之大之一任專制者之操縱倏忽而墮入于無法之專制不循天演之公例現世界之慘劇而不止噫是何心耶而況今日全世界之國大半變爲立憲政體。彼憲法既立之國國强民衆方且抱其帝國主義注全力於遠東。凡國于此大陸者不易法律必不足與圖存。中國俄羅斯土耳其諸國民苟其不亡將來或自求一憲法而受治于其下未可知也。特專制之政治既已行之數千年積重積壓以至今日一旦取而盡除之則越級以圖其反動力必大起幸而勝之則人民肝腦塗地元氣固已大傷法蘭西之革命其已事也斯時不幸而爲各國所乘利其土地分據要津則不免爲波蘭之續民主之憲法未布舊時之國土已分必致兩傷而俱敗是則爲中國今日計者則惟復舊日之立憲君主政體而已彼專制之無法立憲法以一之彼君權之無限立憲法以制之君保行政之權民得參政之利其與中國今日之時勢適相符合不然任其無法而不爲之計以與歐西各强國相角逐于經濟競爭之場吾恐中國國民之心智日開欲向亞洲大陸尋一立足地則法蘭西革命之慘劇美利堅八年

之血戰。未始不見諸異日也。是在秉政者之自擇焉耳。
以古事比附泰西政體是爲特識說理圓足固自不凡

萬國憲法志書後

朱寶綬

總論　六合之內。土宇如此其廣漠也。種類如此其繁雜也。國勢之盛衰。民氣之强弱。政治之寬猛。風俗之美惡。以及刑賞戰爭之萬有不齊。而不可以一例論也。獨有一物焉。盤乎天地。亘乎古今。塞乎空際。橫乎四海。上下乎五千年。縱橫乎九萬里。一洲一國一土一民。莫能外。此無他。曰憲法而已矣。夫立乎今日以視往昔。自酋長之世。以至家族之世。不知其幾變也。自家族之世。以至貴族之世。不知其幾變也。自貴族之世。以至專制完善之世。不知其幾變也。自專制完全之世。以至今日立憲共和之世。更不知其幾變也。而其所以變而所以立者卒皆範圍於憲法之中。迄今海陸交通。門戶洞達。立憲共和之政體。發現於世界。而憲法之力亦愈以大。憲法立者其國强。憲法不立者其國削。則甚矣憲法之力足以操縱世界之大勢。孕釀後起之文明。吾知現今列强之戰爭。不在於兵。不在於商。不在於教。不在於學。而在於憲法。則吾敢斷言之曰。二十世紀之世界。法戰之世界也。不觀之英吉利乎。當約翰以前。君主恣肆於上。萬姓怨咨於下。而自憲法一立。國民之精神。爲之一振。遂成世界莫强之大國。而爲憲法之祖。更不觀之德意志乎。在日耳曼列邦中。不過一小部耳。自腓列特力維廉第四之時。

制定憲法。遂能敗奧破法。雄峙於歐洲之中。更不覯之意大利乎。其立國也最古。而其中衰也亦最久。自一千八百四十八年之憲法成。而統一之基礎。於是堅定而不拔。更不覯之法蘭西乎。當路易第十四在位之時。國內之情形。幾有不支之勢。即在急進派中。亦且漫無紀律。自憲法立而此弊除。更不覯之米利堅乎。其初不過英之藩屬。自華盛頓血戰八年。遂成獨立。訂定憲法。而爲地球第一富國。更不覯之日本乎。五十年前。國內之腐敗。幾與朝鮮等。而能一躍而登。附於六大强國之列。則又憲法之力也。觀於此而可以知憲法之力爲何如矣。湘鄉周逵有見於此。爰輯譯萬國憲法爲一書。曰萬國憲法志。取各國已成之憲法。以餉我中國。吾雖未見周君之爲人。而吾讀其所輯之書。吾知其於法律一門。研究有素而熱心世界之人也。吾讀之。吾何能已於言。竊不自揣。敢以已見附其後。

一有公共之憲法。無私定之憲法　憲法云者。所以範圍全部者也。舉一國中若君若官若兵若民。下至細微之一物。無不範圍於法律之中。夫既欲舉全部而範圍之。則所以範圍之者。必經全部公共訂立。而後越法律者。必不能倖免於法之外。守法律者。必不至取戾於法之中。即行法之人。亦不能於法之外別設一途以爲徇情營私之計。蓋法既爲全部所公立即爲全部所公認而爲全部所公守則其法非一家之私法而爲全部之公法觀之西國當立憲之時。必經各處開會集議。公共允行而後可。蓋若斯其慎重也反是則私立之法耳一家一姓之法耳非所云憲法也謂余不信。則何以酋長家族之世。未嘗無法。而不足稱爲憲法乎。蓋少數人所訂之法。必不足以制服多數人。則法適爲致亂之階也。蓋憲法者有公立而無私定者也。

二有憲法內之自由。無憲法外之自由　法者範圍之謂也。憲法者更範圍全部者也。而當茲自由發達之時。反使全部人民悉受範圍於憲法。不幾與自由之旨相悖乎。不知所謂眞自由者皆在於法律之中。斷不出諸法律之外。夫聚多數人而爲一國。則法律爲萬不可少之數。自由云者。不過於法律之中。神而明之。利而用之。優游於法中。而不爲法所拘苦。不然。而曰我自由也。我自由也。則與禽獸奚擇焉。况自由固自有界限者乎。失己之自由權者。固不得謂之自由。侵人之自由權者。更不得謂之自由。此固明明範圍自由之法律也。雖然。亦非可執一論也。有公立之憲法。則法爲全部所公認。犯憲法者。即爲全部之蟊賊。而不得謂自由。反是則無所謂憲法。無所謂憲法。即不足以範圍自由。此其故不難明也。

蓋彼公共憲法者於立法之時彼已得立法之自由權也

三憲法足爲合羣之基礎　甚矣哉合羣之難也合多數以成一羣其中之氣質有不齊性情有不齊於其不齊者而欲齊之斷非勉强所能支持也必有一物以齊之而其羣乃能持久齊之者何也法也人人能明法即人人能獨立而人人能合羣有不明法者即爲全羣之蟊賊而爲全羣所不容如是則法律明而其羣乃久不然者雖有羣如無羣且其羣必不能久即能久也亦不過一此倚彼賴之羣而大背乎合羣之旨於合羣之義無所取也所以欲合羣也不可不先定一羣之法律法律定而羣學明羣學明而團

體。固夫固未有法律外之團體者也國家者團體之大者也治小羣且不可無法而況於大羣故憲法者合羣之基礎而實治國之關鍵也。

四憲法足輔行政之不逮　國之不能無政。猶家之不能無事。政也者。事之大者也。既立於競爭之世。而爲一獨立之國。舉一切兵政商政農政刑政。無一不宜注意。苟以一二人治之。雖披心嘔胆。必不能勝任而愉快。則法宜急焉。兵有兵法。而懦者不能避。農有農法。而惰者不能免。商有商法。而譎詐者不能壟斷。刑有刑法。而奸猾者無所舞文。一二人之心思有不及。而有法以濟其窮。億兆人之誠僞有不同。而有法以服其志。且也法爲衆人所公立之法。彼欲犯法。即犯其所自立之法。夫犯人所立之法。猶可言也。犯己所立之法。不可言也。自我立之。而自我犯之。雖使至愚極頑之人。其肯出此乎。知此而始悟立憲國之行政。所以大異於無憲法之國也。

結論　由前二者。所謂憲法之體也。由後二者。所謂憲法之用也。夫國之不可無法。猶人之不可無菽粟空氣。然無菽粟空氣則人必疲。無憲法則國必亡。此必然之勢。而無可勉强者也。況當列强法戰之時。人皆任法。而吾獨玩法。人皆實事以求是。而吾獨苟且偷安其何以立於競爭之世耶且國之所重者在民民皆守法則國家能收養民之效民皆玩法則有民如無民耳無民之國其何適而可耶譬之輪船駛行海中惟其機師舵工盡能明行舟之法故可鼓輪以達彼岸非然者溺而已矣譬之火車飛騰鐵道惟其司輪運機者皆能守行車之法故能顧盼自如瞬息千里非然者覆而已矣由此觀之可以知憲法之用矣惟憲法由於公立則守法者多而犯法者少憲法以範自由則慎法者多而玩法者少本法以合羣則法明而合羣之基以固本法以行政則法立而行政之機以靈惟我中國法敝於民民困於法法敝而民亦敝民窮而

法亦窮夫至立法以困民則法已不足用況乃因民以敝法則法更何足道耶以無法之國而當法戰之時天演之例戰勝則存戰敗則亡吾言及此吾奚忍卒言嗚呼寰球之勢日迫矣競爭之劇日烈一日矣西比利亞之鐵道成而東西之道路通太平洋之電線接而歐亞之聲勢合欲逐逐視眈眈者咸垂涎於吾旁思一染指當此之時而猶昏睡沉醉其何可長乎周君明審乎列國所以强與中國所以弱之故因擇列强之憲法且詳記其始末輯爲一書以餉我中國夫中國之所以弱者無憲法故也審其所以弱以求其所以强祛吾國之積弊而效列强之成法則中國之疾其庶

有寥乎茫茫者地球至無情也一不自強即不能立足滔滔者逝水至無常也一失其機即無從着手及今而思所以自振已晚矣而猶未晚也今猶不爲斯眞晚矣問天有淚呼籲無靈吾其如之何哉

才氣縱橫確能指出憲法體用所在其辨明自由合群二說尤爲詳人所畧見理獨深

泰西公法家述略

費寶鋆

嗚呼。前二千年。吾中華有善言邦國交涉之理者。曰孔子。孔子後二千年。西人有善論邦國律法之權者。曰虎哥。孔子作春秋。以會盟朝聘存亡繼絕爲宗旨。虎哥著公法。以平戰息爭抑强扶弱爲主義。春秋外夷狄於中國。公法屏野蠻於文明。春秋借列國以起例。公法藉報施爲權衡。東西名碩。其心同。其理同。固不待理雅各游中原。謁孔林而歸。譯四書六經。爲吾道西漸之明證也。

考歐洲十八世紀。維也納會後。始有公法。定爲專書。自地中海以西。亘於太平洋東岸。綿延億萬里。立憲之國。林立。凡聘盟和戰。以及商務界約。一切交涉事宜。皆奉公法爲準繩。判曲直。決是非。然此特施諸平等交際之國有然。至於用公法之柄。仍以國勢之强弱爲斷。何則。以暹羅變法自强。而不免坐困彈丸垂涎於法。以脫蘭斯民氣固結。而不免久戰力疲强屬於英。彼公法家謂道德權力爲人類當守之規則。至今日果安在乎西哲常言曰。兩平等相遇。無所謂權力。道德即權力也。兩不平等相遇。無所謂道德。權力即道德也。普之困於法。土之逼於俄。公法空言奚補於事。奚補於事。

然而環地球而居者。國以百數十計。有國即有民。有民即有社會。

有社會即有社會之交通。交通者社會之上。人人相接而生關係。因人人互接之關係。而有一定之規則。必然之結果。使强者暫歛其威。弱者得保其息。若是者利用公法。

欲知公法之所自出。必先觀其人之學術。自荷蘭受辱於法。虎哥崛起。本人心之同然。立是非之準則。筆之於書。垂爲成憲。雖法蘭西之强。而荷蘭卒自立於不敝。英儒蘇志繼之。著爲邦國通例一書。治外法權。始成鐵案。於是斯谷德倍根興於前。而刑名律學明於時矣。發得耳孟德斯鳩興於後。而法律政治重於世矣。馬爾頓烏拉富生於德。思多利惠頓起於英。先後間出。目治手營。上接虎氏之緒言。發明世界交通之公理。然後强淩弱。衆暴寡之風。稍稍息焉。

噫。物競天擇。理無可逃。自蘇彝士運河開。東西之海道失其險。自西伯利鐵路成。歐亞之軌道通其阻。優者勝。劣者敗。一於國民之能力智慧爲比例差。美之滅古巴。縣飛島。英之略波斯。營非洲。凡所謂殖民政策。曾何公法之足云。即如中東戰後。臺灣割於日本。而旅順大連膠州九龍威海廣南諸要隘。相繼爲英俄德法所租佔。至庚子變起。聯軍犯天津。用綠氣礮。即起前賢以相質。吾不知公法中有是例否。夫泰西法學名家。虎哥而外。如荷之賓克耳。德之海富達。美之瓦爾特。法之馬丁士。皆歐洲法家之名彥。其餘諸儒。指不勝屈。然其書均未之見。見者惟丁氏韙良譯本。顧其理則吾得一言以蔽之曰國與國交際惟勢力平均然後可以言公法遠者吾不必論即如甲午以還。蕞爾日本一躍而登於宇內大國之林自改定條約而數十年之治外法權氷銷霧釋渺不復存獨我中國則七十萬方里之廣四百兆人民之多凡所謂教務稅務商務界務諸事無一得公法之權無一合情理之事是公法者泰西之網羅而中國之陷阱也第不得責彼公法家。言之無當於世而已。

旁徵曲引學有本原

論泰西外交家

劉樹圻

五洲浩穰萬國雜沓界其界族其族利其利害其害交涉紛紜優勝劣敗緬甸也越南也波斯也印度也非洲也釜其魚俎其肉奚爲也俄也英也法德也鷹而瞵虎而視奚爲也有公法名無公法實强出之弱入之巧避之愚縛之外交家之機牙肆應詭詐百出至斯已極蒙嘗讀列國外交史竊驚歎曰奇矣哉泰西外交家之手段也英有格羅瑪而埃及亡俄有列非忍而波蘭滅區區一使臣足以拓墟人國奴虜人君偉矣哉泰西外交家之功烈也格蘭斯頓興英。古耳哈克失强俄。巍巍外交政略。足以聳全球觀聽。繫後世追思。蓋其關係國際。誠密且切重且大也已。夫泰西外交家。如德之利瑣芬則勇於治事。們斯泰則能持大體。拉德林則明敏溫雅。褒洛則謀慮深沈。俄之拉斯道夫則才超行堅。羅巴諾夫則機警過人。靡剌維夫則沈毅幹練。法之德加士則遇難不屈。亞諾特則處事縝密。英之沙士勃利則臨事謹慎。措思縝密。巴爾福則折服政友政敵二黨。固皆有足稱。而義之加富爾。德之俾士麥。尤稱聖手。加富爾與法拿破崙第三聯盟。以少數軍隊。應援勝俄。卒成義大利統一之局。可謂極巧利之外交家。俾士麥欲破奧。則與俄和親。而甘言誘法。既敗奧則峻詞拒法。德法戰後。法欲得俄之歡心。而德亦引俄爲膠漆。以玩弄俄於股掌上。由是沮奧意法同盟。以爲制法之計。可謂極權變之外交家夫西國最近之外交政策其間縱橫捭闔忽離忽合之故固各有原因而無不藉外交家主持之操縱之苟瞢於外交之權術則事事每受人愚敗亡可翹足待故泰西外交方法大都內競愈劇烈則外交愈和平用心愈陰險則出言愈慈祥其稱外交家者率皆狙詐飈起循環反覆熟審夫交涉之利病以佐其沈鷙狠毒之謀俾公之鐵血主義其尤卓卓者也要之泰西之多外交名家實緣於慎選外交官凡爲外交官者必先具外交之特性。復加以外交之閱歷。畢業學校。而通知外事。始令負此重任。肩此專責。又以全國實力盾其後。俾能折衝樽俎間。其培植外交人才。周密詳盡。實中國所當取法。矧天搆一英俄交忌莫敢先發之局。乃寬我綢繆未雨之桑根。天搆一德法諸國政學維新之局。乃導我馳騁康莊之先路。今誠於各學堂廣設外交學專門一科。以練習其才。擴充其識。不必斤斤成案瑣瑣約章。數年後人才輩出。嶄新其中。而玉帛其外。以恢主權。以保公益。不難與西國外交家並駕齊驅。是在當局者能自振耳。又何外交失策之足憂。

鑄語如陶金出冶燭理如燃犀懸鏡於外交家操縱權術曲折

傳出不入偏宕一派是眞少年特色

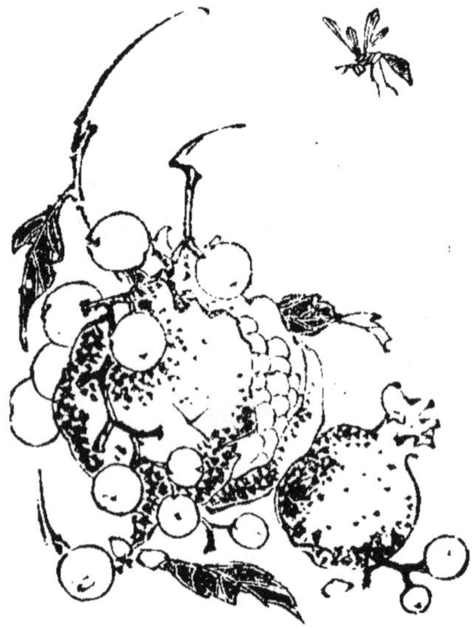

論泰西外交家

吳清庠

人有言曰。世界文明。吾則曰世界有野蠻。無文明。人有言曰。世界由野蠻而日進於文明。吾則曰世界永遠沈淪於野蠻。而永遠無文明。文明者。世界人物容有此思想世界政策斷無此現象也。吾讀中國數千年歷史自三代以降取天下者皆以兵吾知之矣。吾觀泰西第一外交家德相畢士馬克所謂公法不可恃。可恃者黑鐵耳赤血耳。吾愈信之矣。鐵血主義者。法之拿破崙種其根英之格蘭斯頓灌其萌。意之嘉富爾培其幹。至畢士馬克而花始開。而果乃熟。迹其勝丁抹。挫奧地利。敗法蘭西。卒以建日耳曼聯邦之國。何其霸也。美人某推爲外交家第一。嗚呼。是特野蠻第一耳。後來外交家用其主義以發爲政策者。直野蠻無數耳。烏覩文明哉。近覽萬國國力比較一書。知泰西各國。勢不相下。一切外交。未敢輕以兵事發難。凡泰西人乃矜矜自詡曰。我文明也。非泰西人亦夢夢然附和曰。彼文明也。嗚呼。豈眞文明哉。特極野蠻之志願。未易取償。故少斂野蠻之氣概。以待其可野蠻之時日耳。不然。甲國弱。乙欺之。乙國弱。丙欺之。有斷然者。有政治家出。飾野蠻之名而曰强權。一若强權爲彼所應有。殊不知所謂野蠻者。正坐此耳。有哲學家出。別野蠻之義而曰優勝劣敗。天演公理。殊不知有勝敗必爭競有爭競必野蠻天何所演演野蠻已耳吾故曰文明者世界人物容有此思想世界政策斷無此現象也蓋永遠一野蠻外交史而已果爾正不必非薄中國也抑不必崇拜泰西也同此外交同此野蠻各持一德相之鐵血主義以實行野蠻斯已耳雖然泰西外交之野蠻務以同種鋤異種中國外交之野蠻不能以合同種者抗異種反以媚異種者殘同種是則可悲也已

目營五洲手揮八表遺貌取神的是能手

論泰西外交家

姚東彦

有內政之道。有外交之術。道尚正。術尚奇。道尚易。術尚巧。國無內政之道則不立。國無外交之術則不强。雖然。有內政而後有外交。有外交而後可行其內政。未有內政不修。而外交可以致勝。亦未有外交不善。而內政可以長治者也。吾國講求外交之術。數十年矣。而人之言外交者。其技日精。其國日盛。吾之言外交者。其勢日損。其國日弱。自甲午以後。無日而不受外交之衝突。無事而不損外交之利權。至今日而稅則。而礦產。而疆域。而政治。無不在諸國範圍之內。國危矣。尚何外交之有哉。雖然。物必先腐也。而蟲生焉。

國必自伐也。而人侵焉。吾悲中國外交之失計。吾不得不著泰西外交家之操術。吾著泰西外交家之操術。而益冀吾國民之猶可以爲國。而不至淪胥以亡也。

泰西人類。多出於希臘。以漸分。以漸衆。民族之基既定。交通之義愈明。雖中更黑闇時代。互相侵戰。互相殺戮。而政治之改良。汽機之發達。宗教之改革。並立而並爭。並爭而並勝。近世紀之間。乃自家族主義。一變爲民族主義。自民族主義。一變爲民族帝國主義。聚數十輩外交家專門之術。絞其腦力。竭其心血。奮其種種不可模擬。不可思議之手段。以劇戰於世界之內。蓋至此而民族之膨脹。愈推愈廣。國際之交與。亦愈變愈幻。昔之俾士麥。格蘭斯頓。泰西之政治家也。即泰西之外交家也。今之張伯倫藍斯當。泰西之外交家也。亦泰西之政治家也。使俾士麥諸公而處於今日。其外交必無以過於後人。使張伯倫諸人而生於曩昔。其外交亦無以過於前哲。蓋外交隨內政爲轉移。其政治苟完全無缺。則工商業愈盛。而民生愈繁。乃不得不注全力於國際。以求其所謂殖民主義者。而此茫茫大陸之中。苟有據廣土擁衆民稍失其國家之責任。則已爲他人所攫取而代爲管轄。近且以此爲自然之公理。而無足惜矣。英人於杜蘭斯哇爾。調兵至五十餘萬。卒滅其國。美利堅而持保守主義。近亦插足於非律賓之一隅。若俄羅斯之於滿洲。直以威迫。以計誘。必攘而有之以爲快。尤爲數十年外交未有之局。英人狼顧。乃盟日盟美。至不得已而出兵西藏。以思抵制。而日本尤躍然起矣。悲夫運會所極。風潮所趨。列强之所注意者。不在於內。而在於外。不在於兵戰。而在於商戰。其手腕之敏切。眼光之恢濶。足以左右世界。震盪全球。然要必內力既充。然後遠東漸而有餘。而外交特如器之有機括。藥之有引線。器之敝者其機必不靈。藥之少者其引必不捷。國之弱者其外交必不足。孟羅當美利堅新造之始。而務爲保守。非其外交之拙也。其力之未充也。格蘭斯頓嘗意大利殘敝之餘而助其獨立亦非眞能顧全大義也俄法交懽勢成孤立欲引此爲外交之援也二十世紀之初英旣易其方針美亦變其主義蓋天演之公例日明外界之競爭愈亟優者勝劣者敗新者存故者亡自今以往其將相爭而不已乎其將睹大同世宙忘帝力於何有乎而此二百年之間勝者幾敗者幾存者幾亡者幾仰觀前迹俯思後來摶摶大陸有餘痛焉

通達治體不激不隨

論物競爲文明之原因

劉樹圻

嗚呼。二十世紀之地球。一競爭之世界也。政戰教戰學戰農戰工戰商戰兵戰殖民戰。彼外人日用其民族政策民族權力以鏖戰於物競天擇之場。馴至無人不競爭無事不競爭無時不競爭。竭智盡能角進鬬飛遂駸駸乎達文明之軌域人見今日歐美文明之盛。震而驚之。幾莫測其何以致此。不知結果之善實原因之良有以致之彼外人不知歷幾千百年之變動之遞嬗之改進。舊者除。新者乘。拙者蹶。巧者起。優勝劣敗天行劇烈。日演日進。日進日競。日競日勝。乃克成爲現今如荼如錦文明之世界。吁其進步又

詎有限量也哉

方今中外大開闢。大交通。環球而國者五十餘。羣聚而居者十五萬萬。我既不能倡閉關之說。能通商之約。則立國地球上非競爭斷難以圖存。其所競者非但在强力而尤在德智。非但在國家而幷在個人。蒙觀泰東西各國。均藉競爭爲進化之母。凡所以强國體開民智者莫不競相仿效。不遺餘力。而新政新藝新例新法之事因日出而不窮。故知識之未開也競立學堂以教之。上下之隔膜也競開議院以通之。時事之未悉也競設報館以週之。物產之未盛也競立博物院以考之。器械之未精也競創工藝廠以成之。

彼惟恐不如是則不能操勝算是以不但恥下人且時求上人互相角互相奮互相勝互相師有横於前斯後焉者愈不能不奮有躡於後斯前焉者亦不能即安吁此文明進步原動力所從生也

雖然論物競之界限尤貴乎有奮勵心而無陷害心有英雄心而無盜賊心乃爲文明人之舉動而非野蠻人之舉動蓋競爭之理至自立而止昔赫胥黎氏亦嘗慮競爭之足以烈人自營之心暴動之舉以至害民而害羣其識見洵深且遠矣故競爭之道始以自伸競爭爲主義終以伸人競爭爲主義此豈輕言競爭横恣無禮者所可假託乎哉

嗚呼。烈矣哉物競。嗚呼。大矣哉物競。溯自生人之祖。戰勝百物。然後人爲獨霸。中古以還。人人相競。僅遺此最宜之種。今種類一日不滅。即競爭一日不息。競爭者。誠爲人類之活潑力。而天演界中有機之利器也。是故弱者爭自强。斯人人均强。愚者爭自智。斯人人均智。至人人能自强自智。即不患人之我弱我愚。既不患人之我弱我愚。縱有弱者愚者在其旁。而亦無容弱之愚之。并求所以强之智之可。此物競之極點。即文明之極點也。

我中國際二十周世紀之交。物競爭存丁茲。爲烈苟能振衰起弱發憤爲雄。以與外人競勝。將農以生計之艱爲恥。工以器具之劣爲恥商以公利渙散爲恥兵以武備窳敗爲恥士大夫以志氣不長思想不靈爲恥恥之而上下同心四民合力勃然以自興兀然巍然以自振羣思競長爭存於天綱淳漓之秋庶國有競爭則其勢不得不處於强人有競爭則其勢不得不進於智而又不忍借競爭之名以大逞其不仁之用自可受競爭之賜於滄海之一粟而常存於天演消息中爲優勝不爲劣敗焉竊願有文明中國之責者勿遽責後此之果早改良今日之因

新思想新議論以和平之筆出之戛戛獨造迥不猶人

論物競爲文明之原因

吳福康

有天地而後有生民有生民而後有種類有種類而後有競爭有競爭而後有文明文明之興物競之力爲之作之激成之贊全之也或曰如子之言物競爲文明之原則無競爭不能文明也我中國虞夏商周時代之文明果何競爭乎曰子知其一未知其二也夫中古文明之興未必皆因有競爭然窮則變變則通古人之言未必無因也晚近文明之衰未必皆由於無競爭然逸則怠怠則荒今人之言未必無故也無競爭而文明漸衰則有競爭而文明自興語雖奇而理實正也今夫大而一國當閉關自守之時無有

所爭奪。其政治不妨安於簡陋。及與羣雄並立遂各逞其欲以相爭既爭矣强者勝弱者敗弱者必不甘自處於弱必使所以自立之道不得不舍舊圖新以簡陋之政治一變而爲文明之政治彼强者見弱者之克自奮興猶恐反爲人所制亦以向所行者而勉益加勉此大勢之自然也下而一人當蓬巷獨居之日外無所遇。其學業不妨安於膚淺逮至出而問世遂各逞其技以相爭既爭矣優者勝劣者敗劣者必不願自安於劣必思所以角勝之法不得不補弊起廢以膚淺之學業一變而爲文明之學業彼優者見劣者之克於自振猶恐反爲人所勝亦以向之所學者而精益求精亦人情之自然也。然則文明之原。非因物競而興哉。不特此也。試觀歐美各國。昔時之政治如何。政治也。自政治家與政治家爭。而倫常大綱秩然有條矣。昔時之教育如何。教育也。自教育家與教育家爭而章程規制燦然美備矣。昔時之哲學如何。哲學也。自哲學家與哲學家爭而碩彥名儒卓然特出矣。昔時之藝學如何。藝學也。自藝學家與藝學家爭而槍礮至巧也。講求至精矣。舟車至笨也。運用至靈矣。向使不各爭其爭。各競其競。政治文明之進化。豈能如此其速。教育文明之進步。豈能如此其捷。哲學藝學文明之進境。豈能如此其銳乎。蓋物競愈甚者。其文明愈盛。物競愈

大者其文明愈昌文明之原皆因物競啓之也夫何疑哉

理明詞達語雖淺近義實精深

論物競爲文明之原因

王承恩

混沌闢人類成萬物之智愚勇怯分齒牙相對鱗角相搏跳踉叫呼其競用力力不能勝則驅之窮山放之絕漠而名之曰禽獸禽獸敗而人羣立材力相尙智巧相生維身家性命之虞求飽食煖衣之計其競用心心不能勝則屏之四夷投之荒陬雞犬不相聞有無不相通老死不相往來而名之曰野番野番敗而半開之民出甲兵相淩師旅相見闢土開疆以建邦國制禮作樂以廣教化推亡覆亂以拓權利其競心力俱用心力不能勝則黜之平等之下置之公法之外牛馬使之奴隸視之百喙集之而名之曰閉關

絕使之國其國勿進取必破滅而後文明之人之國始獨立於天壤間弱者肉强者食大地茫茫幾無一物一事不競政治愈競愈精兵卒愈競愈悍土地愈競愈大工商百事愈競愈盛噫烈矣何天開其運而人力莫之能遏

太洛爾之言曰求天則以利用萬物野蠻之民則絕不知之半開之民則稍知之文明之民則大成之考蚩尤作兵甲喜亂好戰軒轅勝之創文字制封建而政術於焉進一步延及春秋之討伐戰國之幷吞三國之鼎峙六朝之分爭五季之割據揖讓變爲征誅玉帛降爲干戈所謂無懷之民葛天之歌大同之盛治來世靡得

復覩者此中國競爭之大概也西自希臘立教風氣大開民質大强而政術亦於焉進一步羅馬之統一突厥之縱橫蒙古之侵寇十字軍之遠征挐坡崙之圖霸使自由平等之聲播揚大陸民族帝國主義遍行二十世紀此泰西競爭之大概也競之於千百載之上而文明現於千百載之下班馬入美而美馬蕃生歐鼠入澳而澳鼠徧地中國之蕃薯蕷來自呂宋南美之番百合本諸地中海東岸忽焉蔓延異地忽焉剗滅舊種動植如此人當奚似彼墨洲之紅人澳洲之黑人伯林海之甘穆斯噶加土著交通以後日見彫零寰球搏搏種類雜糅天演界中之公例奚可逃遁

且夫人者。萬物之靈也。國者。地球上之一大團體也。負其天賦之權。忘其進趨之利。灰心死氣。飲鴆如飴。困守一隅。卑以自牧。欲求物我無相干涉。而不知人方逐逐耽耽。盡瓜分之圖。援利益均霑之例。視之爲几上肉。釜中魚矣。印度埃及古國也。不競則見滅於英。波蘭土耳其悍種也。不競則見削於俄美利堅。英之一部落也。競則獨立於新世界。日本東瀛之三島也。競則雄視乎東亞。故文野無定例。物競分劣優。文明人泯競爭心。退一級即野蠻。野蠻人生競爭心。進一程即文明。

文明莫盛於白人。競爭亦莫烈於白人。士農工賈。爭占先籌。拓地殖民。趨之如鶩。甲國擅商權。則乙國開礦以抵之。甲國精兵制。則乙國築路以禦之。甲國善樹藝。則乙國講製造以制之。法不惜萬金之費。而收蘇彝士利權。俄不嫌累年之勞。而括西伯利大勢。哥崙布開美洲。盧棱論自由。孟德斯鳩纂法律。達爾文纂生理。畢心殫慮。馳騁大陸。盤若旋風。疾若掣電。其競爭也。始在疆場。繼在政治。始在形式。繼在精神。掘地尋土。將逢蜃灰。每每員輿。正不知幾移幾換。而成此最後之奇。讀赫胥黎天演論。能無慨然也。中國素稱開化最早。戶口早衆。而太古王驕歲滅月耗。蚩蚩人滿。烏足恃也哉。諺曰。物恥足以振之。國恥足以興之。欲與泰西抗衡乎。余將策物競而進之曰知恥。
筆機開拓窮源探本慨乎言之

述匈牙利政變始末

羅鴻年

匈牙利之國。何國也。由今言之。則獨立之國也。則與奧大利並稱雙立君主之國也。而自十九世紀之初言之。則奧大利之屬土也。則絕無獨立實權之附庸也。嗚呼噫嘻。昔則風雲無色。今則壁壘俱新。百年間耳。昨非今是矣。何興之暴也。請述其政變始末。十九世紀之歐洲。民族主義之說。所在皆是。浸入人心。至深且劇。如火燎原。不可撲滅。故自法之大革命後。接踵而起者。無慮十數國。若西班牙之復憲法。尼伯耳之燒炭黨人。比利時與荷蘭之分立。其尤烈者也。而於是疲弱之匈牙利。受其影響。遂勃然興起匈牙利之先。未始無國會也。自神聖同盟後。梅特涅堅主專制。務愚匈之黔首。禁匈之權利。而國會以覆。至維新黨人起。復建國會。會分二派。曰溫和派。曰急進派。而一以謀獨立脫奧之羈絆爲宗旨。登高一呼。衆山應響。而匈人獨立之聲。遂巷語街談而皆是矣。然而斯時虎狼奧之注目。固未嘗一日不在匈也。

匈之立國會也。奧忌之。沙志埃噶蘇士之爲會員也。奧尤忌之。忌其合民羣。開民智也。於是禁印板。禁點石。禁報章。禁之不已。又逮其會員於獄。坐噶蘇士輩五七人。皆會中之錚錚者也。而於是匈之變政之機。爲之一厄。

然而匈人望治之心。則未稍懈也。翌年而奧有戰事。徵兵於匈。匈人以廢虐政釋噶蘇士要之。奧不獲已。出噶蘇士。噶蘇士出而急進黨復振。而社會黨亦與之俱振。駸駸乎又復舊觀矣。奧懼。議籠絡匈民之策。遣員與匈民會。冀愚匈民而利用之。然臨會議。屈卒爲匈民所挾。要以改革案件三十有一。曰廢貴族之特權。曰保農民之產地。曰信教自由。曰言論自由。曰租稅不得畸輕畸重。曰凡民有選舉權。其至大者也。嗚呼是會也。奧欲以利用匈民也而轉爲匈民所利用。事亦奇矣。功雖不終。而異日王國規制之基礎。則於此會立焉。

匍牙利之立國也。種族不一。馬哥耶人三之一。而非馬哥耶人三之二。政變未兩月。相繼而叛者數族。新政府之勢又危。豈非我族類。其心必異乎。蓋奧之唆之使叛也久矣。奧因得而傾匍之政府。役匍之人民者。又十餘年。嗚呼。大好山河。風雲又變。滄海橫流。未知所極。吾於是且爲匍悲。吾於是且爲匍危。

雖然。匍之政府亡矣。匍之民心未死也。經營獨立之志士。未嘗已於謀也。千八百五十九年。奧失利於法。謀求助於匍民。匍民遂躍然起矣。要以三事。曰恢復金牛憲章。曰復建政府。曰招志士回國。奧之志不樂許之。然迫於時勢。不獲不從。而匍牙利之王國立矣。

而奥匈雙立君主國成矣。

論曰。國何以立。民氣而已。民氣振而後有堅忍不拔之志。有堅忍不拔之志。而後可以圖大功。成大業。匈牙利黑子地耳。一旦欲脫其君國之羈絆。其不能免乎摧折挫敗勢也。乃至於再至於三。百折不回。不達其目的不止。非所謂堅忍不拔者耶。然而一人有此志未可也。必盡人有此志。所謂民氣是已。匈以蕞爾之國。能摧大國而自立憲政。職是故耳。彼數十倍於匈之大國。不能振民氣以禦外侮。立憲政。聞匈之變政之風。其亦可以興起矣。

夾敘夾議。再接再厲。行文如秋山雲影。晴瀾風漪。是學養兼到

之士

論西鄉隆盛

張在清

自來創偉業建大功者必有堅忍不拔之志沈毅果敢之氣志氣者功業之基也有是志氣乃有是功業不則阻力猝來頹然喪失畏首畏尾無所成就矣日本維新之偉人首推西鄉隆盛而考其立身行事亦志氣之獨勝而已矣日本四十年前王室衰微霸臣執柄外侮紛乘內訌交作國祚之延岌岌可危矣西鄉日本薩摩藩士耳夙抱大志負忠義悲王室之衰微憤外夷之跋扈與同時豪傑乘間而起幕府方且厲其威稜大索巖錮而其志操愈固意氣益昂慨然欲伸尊王攘夷之說於天下至於一往不顧視死如

歸何其烈也卒連合諸藩興師覆幕舉諸侯封建之權拱手而歸之上遂以成王政復古之功國家維新之治嗚呼偉哉雖其間所遇之拂戾所事之挫折殆難歷數然不以之灰其心頹其力而反足為磨鍊之具者志與氣為之也不然則艱難阻之禍險阻之復何能悲懷國計殫精竭慮以成今日之日本哉余嘗見西鄉之像其狀貌魁梧壯偉與其志氣相稱嗚呼此其所以為西鄉歟且夫天下有開創之英雄有相從而起之英雄二者既別，高下判焉當幕府之衰尊王之義使淫漸漬於人心固已久矣然而天下之士未聞能自拔者也迨西鄉創之於先志士仁人隨之於後乃得成其功日本維新之偉人首推西鄉豈無因哉雖然西鄉之學識師藤田東湖而益精西鄉之名望非齊彬公而愈盛余稱西鄉余更不能忘其所自來也西鄉之忠勇義俠固突然其晚節末路失之激切卒以身殉而賊名隨之世之有志者其毋矜才使氣小不忍以亂大謀哉

文筆凝鍊視甚囂塵上者相去霄壤中間著閒筆以疏文氣風韵絕高吾黨多才合讓此青年出一頭地

俯仰揖讓神韵獨高似歐公纂史之文此篇虛實兼到固不僅以掉弄機調勝也鄙人老而無成見此眞爲欣羨

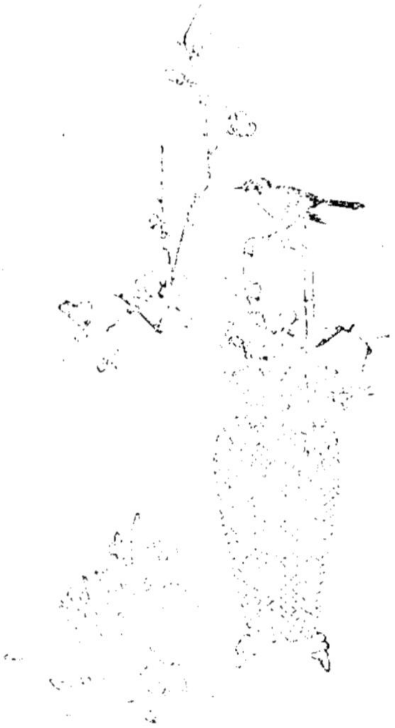

門羅主義 録六月初十日新聞報

南洋公學洋教習勒芬邇君以公學閏月二十日暑假時畢業生張在淸所演說之洋文論一篇已譯華文囑登報端本館以其題爲門羅主義於歐美近日之交涉有大關係而亦吾張子以警齡於中西學皆有心得故爲照錄於下　門羅主義起於十九世紀之初葉而實爲美國外交之綱領自拿破侖敗後有所謂聖盟者歐洲君主訂約聯盟互相保持以防杜革命爲宗旨俄（時皇亞歷山大第一）奧（時相梅特涅）倡之於先普法繼之於後舍英而外莫敢異議也自聖盟成而干預他國內政之事層見迭出那不勒斯之民政傾夷西班牙

之君權復奕聲威震赫布於全歐駸駸乎有擴其權力於他洲之勢西班牙藩屬之在南美洲者乘本國內訌外侮擁土自立不受節制西班牙志圖收復而力不足乃求援於聖盟然事關全局利害顯著致起英美之疑遂成抵抗之舉蓋俄羅斯拓地於北美妨害均勢非英之利法蘭西雄心復肆欲建藩屬於西方普奥又皆志存拓地好務遠畧者苟四國同心逞其狡謀紛紛割據此豈英之所能忍乎即就商務而言英已與諸叛藩訂約通商博沾利益維恐他國之干涉也美利堅地形曠邈不與歐接外邦之侵擾既免立國之規模自定彼自享其便利久矣一旦歐邦執其干涉主

義施諸美洲則交涉繁而枝節叢生美國勢必嚴修武備以資防禦而不能注意內治矣且歐邦兵力素强一旦相機而動卷甲西馳美國不能晏然已也即商權亦可保無侵乎然則英美二國志同意合宜若可以併力協謀矣英外務大臣鉛膂深悉利害不從聖盟之議致辭於美請協力以圖時美國門羅爲總統亟當爲執政皆諳於情勢練於外交深以聯英爲非恐開英人握權美洲之漸拒虎納狼智者不爲况前人政策素戒聯盟乎總統門羅婉詞以謝英復致書國會曰美洲者美人之美洲美洲之土地他國不得而佔踞也美洲之政務他國不得而干涉也此數語也足盡其

主義之綱要究美之政策又有深意存焉倡獨立之舉宗自治之義本洲諸藩屬立國美實導之於先護之於後故又曰歐洲列强在西半球固有之藩屬吾美斷不侵奪維其地既已獨立而爲吾美所認者他國或干涉之則是公法所戒吾美亦斷不能容也卒之聖盟知難而退而南美諸國遂免於外人之凌轢美國保和平之局獲伸義之名豈不懿哉若夫英之於美雖外無結約之名而陰有保持之實亦足稱焉然當時論者謂門羅主義所以防歐勢侵入似乎美國權力日增則門羅主義將日衰殊不知國無强弱孰不惡外勢逼迫國愈强則其所以拒之者愈力而愈效以是門

羅主義歷代信守逐漸發達凡歐美交涉之重大問題多就决焉當拿破侖第三乘美國內亂發兵據墨西哥欲改民政爲帝國美利堅以其與己之大綱相背阻撓之而其計遂挫一也英國與委內瑞辣以疆界互爭致有違言美國居間調停事乃始定二也近者委國負不償致啓釁端而延大敵英德二國合從圖委然而不敢乘機立威者畏美阻之耳三也觀此三端可見門羅主義之勢力甚强甚厚突而掊擊門羅主義者猶謂南美諸國恃美袒護不思進步斥爲文化之敵夫南美法度不修政綱紊亂其情形有不可究詰者然門羅初意止防外人之干預未嘗保南美之治安則

因不任咎也誠使美利堅管轄諸小國干預其內政損害其主權是自相矛盾也況美握大權又非諸國所願耶文化進步由薰陶而漸得非威力所驟致攻人民畧土地此強大之主之用心而非斯邦之幸也試觀天下之開通者莫非洲若任歐人之蹂躪之割據之而不爲怪宜乎脫榛狉之習入文化之域究而今不然其故可知也雖然公法不可恃依人不可久爲南美諸國計維有修其內治愼其外交內足以統轄政務外足以捍禦強鄰庶幾門羅主義有盛衰而諸國主權終無損益歟

國文彙選卷四 終

光緒三十年四月初一日出版

每部二本 定價七角

版權所有

編次兼發行者 南洋公學

販賣所
上海四馬路 作新社圖書局
上海四馬路 開明書店
上海三馬路 宏文閣
廣東雙門底 宏文閣

《南洋公学新国文》简介

该书于 1914 年 7 月初版，1915 年 8 月再版；交通部上海工业专门学校校长唐文治鉴定并题署；书册为铅印线装本，全 4 册（卷），32 开，环筒页装，定价每部大洋 8 角；该书由苏州振新书社印行，代发行书局有上海的商务印书馆、中国图书公司、国华书局、锦章书局、知新书局、无锡的文华书局、常州的晋升山房、常熟的学福堂书庄、奉天的章福记书局及商务印书馆各地分馆。[①]

此书于 1914 年编印出版时，学校已定校名"交通部上海工业专门学校"，然而书中学校名称仍然沿用学校初创校名"南洋公学"。大致缘由是：自 1896 年创办至 1905 年改属更名前的十年，南洋公学校名声名远播，广为社会认同。而自 1905 年先后改属商部、邮传部、交通部，校名先后更为商部上海高等实业学堂、邮传部上海高等实业学堂、南洋大学、交通部上海工业专门学校。十年之间，数次更名，未能形成为校内外所共同接受之校名。1917 年编印第二集即《南洋公学国文成绩二集》，仍沿用南洋公学校名；同时发行《交通部上海工业专门学校（旧名南洋公学）新国文二集》，在正式校名后注明"旧名南洋公学"。到 1926 年刊印三集时，才使用当时校名南洋大学，定书名《南洋大学国文成绩第三集》。

此书编印，是对南洋公学汇编学生优秀国文课业这一传统的继承，也是唐文治校长极其重视国文教育的成果结晶。书成付印后，唐文治奉赠盛宣怀两部，并附上一函，言称："文治到校以来，逐年厘定课程，于国文尤加注重，诸生成绩卓然可观，略著成效。兹特裒而集之，刷印成册。"[②]

---

① "版权页"，《南洋公学新国文》，苏州振新书社，1914。

② 唐文治：《致盛宣怀函》（1914 年 9 月 18 日），上海图书馆藏盛宣怀档案，档号：045003-1。

该书选辑者是学校国文科长李颂韩[①]，校订发行者为邹登泰[②]，校长唐文治作序，所收文论为1907年至1913年的“校课之菁华”247篇，依内容门类分为九大类，具体类别、篇数、例文标题、所在卷数，如下表：

序号	类别	篇数	例文标题	所在卷数
1	原类	16	《原学》	卷一
2	释类	7	《庄子内篇总释》	卷一
3	说类	45	《作易者其有忧患乎说》	卷一
4	读类	8	《读鸱鸮》	卷二
5	书后类	16	《书荀子劝学篇后》	卷二
6	合论类	10	《管夷吾俾斯麦合论》	卷二
7	论类	78	《秦废封建论》	卷二、卷三
8	问类	24	《问五族能否同化试究言之》	卷四
9	杂文类	43	《拟庄子秋水篇》	卷四

其中，杂文类又分“拟、传、记、赋、文、记事”。全书所收主要文章为议论文体，因此出版前的书名曾定为《南洋公学新国文论说》[③]。书末附“本校历年大事记”，记载自1896年创校至1914年间重要校史变迁，为难得的校史资料。学校将此书及其他师生展品选送参加1915年美国旧金山巴拿马世博会，获得最高奖——大奖章（Grand Prize）。[④]学校因此在此书的推介广告上特意加上“巴拿玛（马）赛会得头等奖”一语，以示国际影响力。

全书所收文章署名作者共计110人，多为在校附属中学（即此前中院）及专科学生。此后成长为近代各界知名人士的有：邹韬奋（1912年至1919年在校，学名邹恩润，新闻学家、民主斗士）、淩鸿勋（1915届土木专科，曾任交通大学校长，铁路工程学家）、孟宪承（1912年附中毕业生，著名教育家）、陈柱（1911年至1915年就读附中，曾任交大国文系主任，散文学家）、唐庆诒（1910年至1914年就读附中，曾任交大外文系主任，语言学家）等。

---

① 唐文治：《南洋公学新国文·序》，《南洋公学新国文》，苏州振新书社，1914。李颂韩（1871—1927），字联珪，江苏太仓人，唐文治高徒，早年就读南菁书院，精于三礼之学。1908年2月受聘来校，1926年因病离职，主持学校国文教育长达18年，成效卓著。著有《养庐诗文稿》。

② “版权页”，《南洋公学新国文》，苏州振新书社，1915。

③ “插页广告”，《南洋公学国文成绩二集》，上海苏新书社、苏州振新书社，1917。

④ 《中国教育品赛会得奖单》，《申报》1916年1月9日。

南洋公學新國文

唐文治題簽

一

南洋公學 國文成績二集 巴拿瑪賽會得頭等獎

是書爲校長唐蔚芝先生鑒定原名新國文論說今改是名以昭核實將全書意趣揭出

一上海南洋公學開學界風氣之先國文程度久爲海內所推許本編搜羅七年校課之菁華誠學界未有之大觀也

一本編約計二百四十篇左右無題不新有美必錄爲教育部所獎許

一本書評選門分類別曰原曰釋曰說曰讀曰書後曰合論曰論曰問曰雜文雜文中若擬若傳若記若賦若篇若文若記事各臻美備

一本編理想高超文筆奇逸脫胎於莊荀馬班諸家故多唐宋八家氣息

一本編評選精確校訂審詳印模亦清晰無比

一本編後附大事記

一本書於巴拿瑪賽會得頭等奬其價值可知

一本編爲海內大文章凡高小以上若專門若師範若中學並女子各種學校均宜手置一編交換智識

每部四厚册定價八角

本書發行之意趣

上海南洋公學開辦已二十年得學界風氣之先現爲交通部立之工業專門學校平日教育之精神非常發越其程度之優美不言可喻本年爲廿週紀念之期於春間開紀念大會三日此項成績經校長唐蔚芝先生鑒定陳列備承○學界交口贊許因付鉛印公諸同好內容較初集尤爲豐富除原類釋類說類讀類書後類史論類合論類問類雜文類外添入經說性理論雜論擬古議辨詩詞等類計十七門題目既屬新穎文筆尤爲高尚展卷不厭百回讀饒有唐宋名家氣息誠近數年來校課之精華亦廿週紀念大會陳列之無上品也凡現在是校肄業與曾在是校畢業者均宜購作紀念而各省學生之信仰是校成績者尤宜手置一編藉資觀摩

唐蔚芝先生鑒定

南洋公學新國文

振新書社印行

序

粵維彊圉協洽之歲季秋元月文治來主郵傳部高等實業學堂即今交通部工業專門學校是也既涖事進諸生告之曰汝儕宜崇國學在易夬之彖辭曰揚於王廷言王者宣教布化於朝廷緊文字是賴尚書贊堯以來曰文思曰文明而論語贊堯之則天曰其有成功其有文章蓋巍乎煥乎黼黻翼爲中天之所以臻郅治備哉燦爛誠神明之式也尼山木鐸聲大而遠四教合科其一曰文維賜也達夫子文章可得而聞爰逮六藝諸子百家靡不孕育於是分支流於是歷代作者累軌相望名師大儒稱三不朽立德立功之外尤重立言蓋德行功業胥於文焉爲之歸宿日月麗乎天百穀艸木麗乎土而文章實麗乎人故汝儕宜崇國學於是有某生翩翩而進言曰弟子既聞命矣我校剏設於十年以前樹風號純樸其於國文翹懃以求之罔敢存菲薄之志第今者歐化東漸科學掞張舉凡兵農灋數聲光化電之學靡不肇胚佉盧有識之士方將特闢徑涂改從象寄先生獨提而倡之毋乃左歟文治曰吁子誤矣夫木之輪囷而夭矯者本也水之潏汩而濆薄者源也生民之類自棄其國學未有不亡者也子獨不觀夫歐洲諸國乎其競進於文明者則其國家其人類強焉存焉反是則其國家其人類弱

焉息焉我國文字自書契之造以迄孔子數千年來綿綿延延人類之所以長存者胥由文焉作之綱維綜其要端可得而說尚書陳謨天敍有典天秩有禮秩者理也無文則何以成理敍者序也無文則何以有序繫古聖王通神明類萬物九敍惟歌彝倫攸備成周造士追琢其章庠序盈門四方爲綱緜是虎門讀灋納民軌物者光誦綦詳秦漢而後師道特尊名山都講皋比坐擁凡所以鉤稽訓詁者文爲之也發攄性理者文爲之也安定分齋經義治事紫陽講學格物致知下逮餘姚宗派舜水人師鑽緒導揚維文是賚然則今日人心之不死道德之攸歸者皆文爲之也斯國文之宜興而不宜廢者一也八紘經緯九垓滂唐廣谷大川異制民生其間者異俗修其教不易其俗齊其政不易其宜凡山川陵谷之變遷風俗運會之遞嬗聲明文物之紛闐鐘鼎旂常之銘識人事老少存亡之紀刑法食貨戰鬬號令之具胥由文焉以作之揭櫫登明堂而觀禮儀趨采齊行肆夏者文也奏簫韶而歌雅頌聲依永律和聲者文也圜橋觀聽詔令咨俞雖武夫悍卒莫不感涕者亦文也爾雅騈雅廣雅說山名物極孳乳之偉觀通考通典通志著憲明彝尤文獻之淵藪今試問二十世紀歐美各洲之史書有能如我國二十四史閎大而整終始而備者乎文勝則史終瘉於野夫廢歷朝之掌故則治術

隳掃習行之法律則庶萌惑宣聖微言觀乎人文化成天下名不正則言不順言不順則事不成斯國文之宜興而不宜廢者又其一也董生有言曰少成若天性習慣成自然蒙以養正端重斯文孝弟人瑞麗藻彬彬不文者惷能文者興若夫其冠緌其纓禁緌其容簡連游於藝林則犾犾然莫莫然識者憫焉況邇年嬴滕之子躡屩之儔負笈東西游者歲且增夥省方設敎慮憲求良者言普及言通俗而於根荄之地模範之精概乎其未有聞宋人之學三年也反而名其母壽陵餘子之學於邯鄲也未得國能又失故行大雅閎達蹙額疚心夫日之師德也藝成而立不以德言授其徒也美之學於意法也程功而返恆以美語教其國也吾國國學之精剛者倘師其意則所謂普及所謂通俗庶幾其有濟斯國文之宜興而不宜廢者又其一也且夫形而上者謂之道形而下者謂之器迺耳食後進穴見小儒方謂道勝於器則國文盛器勝於道則國文衰庸詎知象根乎心器原於道無象非心也可離非道也儻令諸生於敎思之傳嬗德行之權輿孝子悌弟忠臣貞婦之壯志勞情朝而述焉莫而諷焉或歌或泣或廉或敦或萌私淑之願或動親炙之誠然後知製象器以含章者莫非本道心而成文鴻範五行肇自太極萬彙鎔鈞孰闚其迹斯國文之宜興而不廢歷千百年而不可磨滅者也而

恂愁學子憚於艱難妄言廢息誤矣傎矣眩矣惑矣諸生於是懼然顧化唯然而咸退其明年爰有國文補習科之設又踰年爰有國文大會之設又踰年爰有國文研究會之設又踰年爰有講秦漢諸子之議又踰年爰有講周易孟子諸經之議綴學之士徽徽乎郁郁乎探乎詩書之源涉乎儒林之圃蓋吾黨小子斐然而成章矣閼逢攝提格之歲如月國文科長李君頌韓輯成績錄以進且請一言以爲序文治作而歎曰是吾之厚望也夫繼自今者篤信殫精鍥而不舍當陰消剝極之會繫碩果之爻際風雨晦明之交抱雞鳴之誼將見閎意眇恉鉤深致遠我校必有進於道德家者總攬萬變網羅典章我校必有進於政治家者方墨經之旁行象畫記之刻劃我校必將有通譯閎材者擘道學之奧窔發良知之實詮我校必將有紹述師傳者夫聖者範圍乎天地智者溝通乎風氣賢者會友而樂羣德者不孤而有鄰則吾嚮所謂國文宜興而不宜廢歷千百年而不可磨滅者意在斯乎意在斯乎校長唐文治謹撰

南洋公學新國文目次

卷一

詩三百篇大抵聖賢發憤之所爲作也說　陸以漢

內外交養說　蘇明藻

涵養須用敬進學則在致知說　陳炳元

善氣迎人親如兄弟惡氣迎人害於兵戈說　向紹洪

其二　蘇明藻

國無常強無常弱奉法者強則國強奉法者弱則國弱說　楊貽誠

國多私勇者其兵弱吏多私智者其法亂民多私利者其國貧說　尤乙照

其二　黃錫蕃

其三　胡端行

漢人以名爲治故人才盛說　何榮曾

其二　陳長源

士人有廉恥則天下有風俗說　李熙謀

其二　陳　洪

其三　孫世揚

卷二

其二　朱寶綬

李廣程不識合論　李家譽

諸葛武侯郭子儀俾斯麥伊藤博文合論　朱寶綬

漢孔僅桑弘羊唐劉晏合論　胡端行

圯上老人淮陰少年合論　顧時俊

漢伏生叔孫通合論　張宏祥

霍光張居正合論　解鼎臣

王孫賈母樂羊子妻聶政姊北宮氏女合論　金雲

以上合論類

堯讓天下於許由論　楊貽誠

齊太公勸女功極技巧通魚鹽而國富強論　朱寶綬

管子天下才論　鄭維藩

晏子脫驂爲越石父贖罪論　鮑啓元

越王句踐臥薪嘗膽卒以報吳論　楊貽誠

卷三

孔融薦禰衡論　勵平

其二　童維善

東晉桓温圍長安未能滅秦魏太武帝屯兵瓜步未能滅宋論　胡奠錄

魏之患天下爲三晉宋之患天下爲南北論　張宏祥

蘇綽謂爲國之道當愛人如慈父訓人如嚴師論　吳洪興

其二　顧懋勛

唐太宗遣使詣高麗葬隋戰士論　李家鑾

唐高祟文討劉闢軍士有食於旅舍折人七箸者卽斬以徇論　鄒恩潤

陸贄請罷瓊林大盈二庫論　錢德新

以公共爲心者人必樂而從之以私奉爲心者人必咈而叛之論　凌鴻勛

第五琦請督租庸自漢水達洋州以輸於扶風劉晏因之輦東南以供西北
　而東南之民始病論　朱寶綬

吳越王俶以其地歸宋論　薛桂輪

宋曹彬克金陵不戮一人史稱良將第一論　周賢頌

卷四

問聖賢爲豪傑之師豪傑爲義俠之師而義俠之弊則爲狂誕今欲使狂誕者進於義俠義俠者進於豪傑豪傑進於聖賢其道何由　陳杜

問羅念菴先生登第時慨然歎曰丈夫事業更有須大在此等三年選一人奚足爲大事也後先生卒踐所志爲陽明入室弟子近世士風澆薄學者多沾沾以一畢業自封何古今相去之遠耶吾黨不乏遠到之士曷各暢言所志　笪弘

問信守名教之心何以於眞理無毫末之增益　吳福同

其二　楊嘉楠

其三　陳其鹿

其四　勵平

其五　伍淵

問姚廣孝囑燕王謂孝孺必不降不可殺之殺之天下讀書種子絕矣假令燕王聽廣孝之言正學先生果隱忍不死乎試推先生維持名教之苦心以闢廣孝佞邪之謬說　薛紹淸

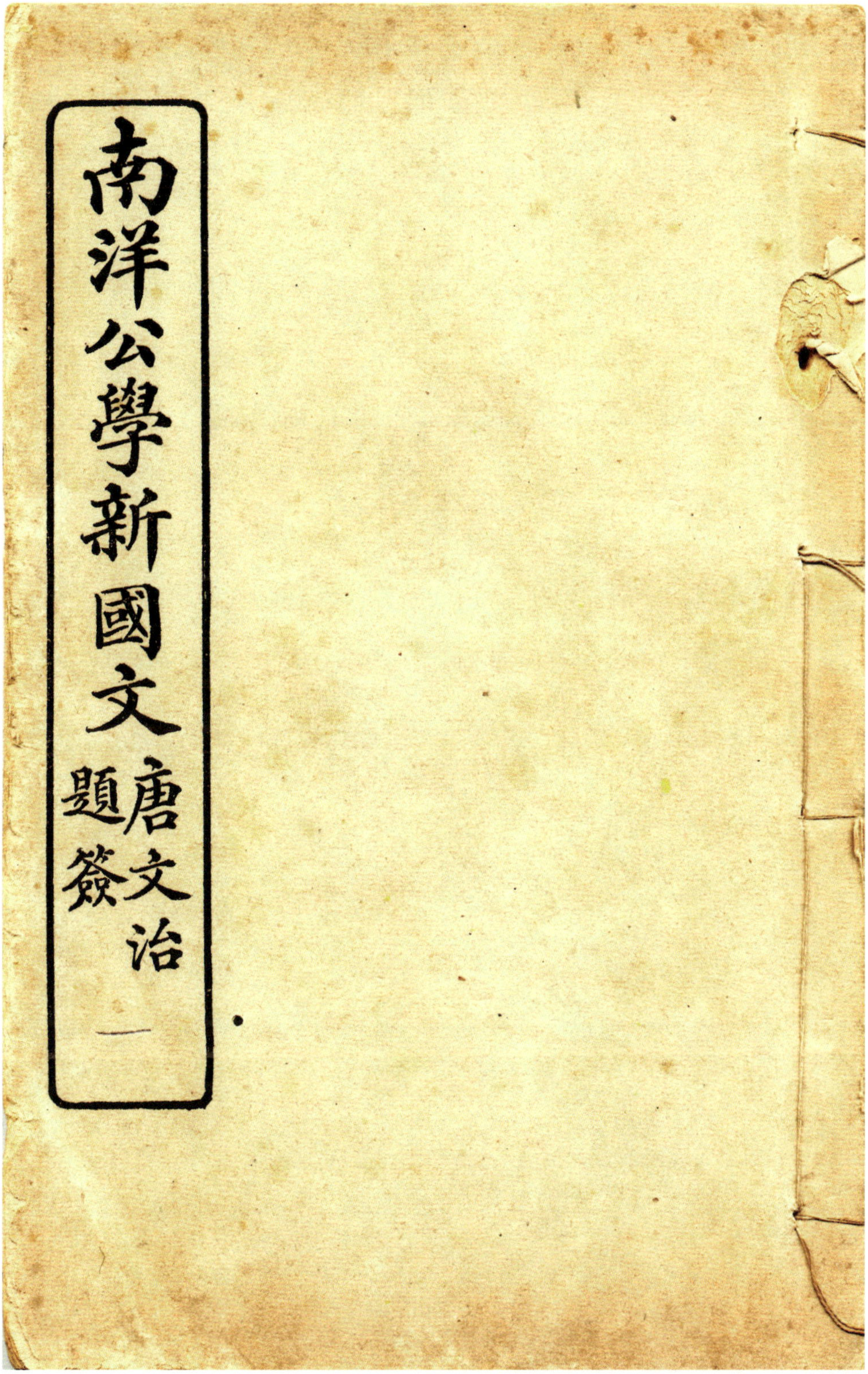
南洋公學新國文
唐文治題籤
一

南洋公學新國文卷一

原類

原學

向紹洪

學之起其在人智之初萌芽乎學之盛其在人類之以智相競乎學之極其與天地相既與造化相終始乎太古蒙昧人與獸習就皮而衣掇腥以食榛榛狉狉無所動其心固無所謂學洎人智日啟制文字以代結繩宮室衣服器用無不有待而後得而後心之不能自泰體之不能自逸也遞相積也而人於是乎動其心以思勞其體以役心不動焉動必有所不得不得而從而思之於是有學體不勞焉勞必有所不成不成而從而思之於是乎亦有學不得於心思在內者也不成乎事物思在外者也思在內則發爲仁義道德哲性之學思在外則爲格致天地之學道德哲性肇於伏羲盛於孔子亂於百家弱於晉魏稍振於宋弊於元明流極於今徒託空言夫百家亂道宗孔者之言也而未得孔之實孔之學其素乎五色備彰合而爲素其和樂乎絲竹並奏調而成聲故曰孔子集大成者也學無常師問禮於老聃訪樂於萇弘孔子蓋未非乎百家也而

百家之馳逐雖各立門戶互相攻訐亦未嘗出乎孔雖然學者心之以理相勝也理者沿人情順物宜而得其是者也宇宙之物淸而上浮者爲天濁而下凝者爲地覆載其中以蠕以動以生以長爲人物萬類日星之運行七政之相仍是天之理也山川之形勝源泉之灌注是地之理也人物萬類雖各異狀而其理未嘗不一苟得其理無所不同故無所謂孔子百家也中國學術之盛首推戰國戰國之世百家並起相訐競以智也泰西學術隆於近世近世諸哲繼興互出新奇國與國爭人與人角無不以智也夫天下之理無盡藏也故學亦無窮期得天之理是曰天文之學得地之義是曰輿地之學得人之性是曰哲性之學此理之大而易言者也而學者嘗言之而不盡語之而不詳而其他又何可多言哉吁學之極亦難矣雖然起於一心之微而彌綸於天地之大者學也萎於一念之細而極乎庶物之理者亦學也天者吾知其爲天日星之運行吾得而測度之地者吾知其爲地山川之形勝吾得而位置之物者吾知其爲物吾得執其理而貫通之無不由學學之用亦大矣哉

翱翔忽區之上滔騰大荒之野駘蕩恣肆卓然自成一子

原學

康時敏

天地人物其有始乎有學而知天地人物之所由始學有始乎有天地人物而知學之所由始蓋學卽寓於天地人物之中天地一日不窮學亦一日不窮人物一日不滅學亦一日不滅學與天地人物相終始者也自有學而益知天地人物之道自知天地人物之道而益知學之不可亡自上古結繩爲治而治天下之道權輿於此矣神農樹五穀味百草而耕植醫藥之事荄矣黃帝作器用而舟車房屋之便利肇矣伏羲畫卦倉頡造字而文字之原萌柢於此矣天地生草木禽獸人而已未嘗生舟車房屋醫學八卦結繩文字也天地人物各有一理窮天之理而天文之學生矣窮地之理而地文之學生矣窮人之理而人文之學生矣窮物之理而物理之學生矣天地剖判一理寓其中人物始生一理居其間惟其有理而學以生是天地人物之有是理欲使人得以成天地人物之學也是故理無形者也察其理而成有形之學察之愈深其學亦愈精天下之物無窮也天下之理無窮也天下之學亦無窮也萬物因學而愈盛學因物盛而亦盛然則天下之物天下之學其有窮期哉窮物之理以成學窮學之理以成物不然物何以愈變而愈精學何以愈窮而愈深昔日之舟車何以成今日之機輪昔日之弧矢何以成今日之火器專制之治變而爲立憲矣隸首之算精而爲微積矣窮物之理

以成是物窮是物之理以成他物窮物之理卽所謂學也窮物之理而成物是學貴乎有用也夫天地之生物所以供人制器尙象也懸象而不爲器則物何以愈精學何以愈深世界何以日新是豈天地造物之本心哉是故生古之世必窮古之學生今之世必窮今之學孔子作易繫辭傳論上古以迄後世聖人惟取制器之實事不尙泛騖之空譚蓋作者之謂聖述者之謂明明聖者述作相傳之學也士生今世秉天地人物之全負經綸位育之責可不勉哉可不勉哉

博大昌明有俯視一切之概余嘗望諸生以所習科學精蘊發之於文異日作者其庶幾乎勉之勉之

原孝

孟憲承

至德而無以加良知所固有也要道而不可越天理之本然也良知所固有者不待勉強而幾天理之本然者非可造作而致是則孝之根原也夫人之生也三年不離懷抱以長以教至於成人是故孩提之童無不知愛其親也欲報之德猶昊天而罔極也孝子之事親也居則致其敬敬其所不容不敬養則致其樂樂其所不容不樂何者祭而豐不如養之薄君子思其不可復者而先施也病則致其憂憂其所不得不憂喪則致

其哀哀其所不得不哀何者親戚既沒雖欲孝而不能孝也祭則致其嚴則又嚴其所不敢不嚴何者悽愴怵惕無往而不思其親也五者備矣然後能事親五者不備則不足以爲人子然而所謂致者致在心性而非致在形骸所謂備者備其精誠而非僅備其容貌而已也則是所謂致者致其良知而所謂備者備其天理矣故曰至德要道良知所固有而天理之本然也夫身體髮膚受之父母不敢毀傷孝之始也是踐形而復性也立身行道揚名於後世以顯父母孝之終也是開物而成務也以踐形復性爲始以開物成務爲終是以踐形復性爲體以開物成務爲用也此其爲德不亦至乎始於事親父子有親也中於事君君臣有義也終於立身則夫婦有別長幼有序朋友有信而五倫備矣孝爲五倫之一而實貫乎五倫之中此其爲道不亦要乎夫天下人人有良知是人人有至德也人人有天理是人人有要道也然卒不能人人盡孝道以無忝其所生者有其良知而不知致有其天理而不能備也良知之既泯而固有之至德亡矣天理之既滅而本然之要道失矣夫以不能致其良知備其天理而遂亡其所固有失其所本然則亦可痛也已嗚呼明發不寐有懷二人小宛之思良知之端也無父何怙無母何恃蓼莪之痛天理之至也然則欲孝其親者良知可以不致而天理可以不

備乎哉

運精深純粹之理出以至誠惻怛之言兼能將平日聽講大誼摘抉精微直可作一則孝經註讀鄙人講學垂三十年今得該生爲之析喜逾望於此益可徵碩果之不食而斯道之在天壤無一日息也〇以良知天理詁至德要道注重一原字方合題旨與他卷之作成孝說者迥乎不同

原孝

方仁裕

今天下競言教育矣。教育之所重者在倫理。而倫理之造端在孝。倫理者教育之精神。學校者教育之形式。精神健而形式求備此教之所由興也。精神不振而形式繁多此非教育之本義也。欲言教者曷先言孝。

古今言孝者莫如孝經。凡自天子以至庶人言之莫不詳備。然析其要義。得有二焉。一曰孝者良知也非名也。一曰孝者庸行也非畸行也。

曷言夫孝之非名也。孝之誠者誠於心者也。愛其親者孝其親者也。愛生於心。故孝爲誠心。心之誠者致其良知者也。故孝爲良知。名者誠身而得者也。誠其身者卽致其良知。然良知致而名得。良知其先而名其後。良知非名。故孝亦非名。

曷言夫孝之非畸行也。凡事親者常道也。守其常不失其愛。夫乃爲孝。孝非出於日用行常之外者也。夫常者庸也。畸者非庸也。孝爲庸行。故必非畸行。

嗟夫世之以孝爲名者多矣。賈子有言。上崇孝而勇者割股。怯者廬墓。彼藉孝以爲聞。夫豈非以孝爲名哉。抑知孝固良知。而非名乎。夫人生呱呱而啼。匍匐而行。以抵於成人伊誰之力以致此哉。恩斯勤斯。誰無人心。其對於親者將何如耶。孝之至者。遵良知而行。行其心之所安。幸則愛其親而養其志。以曲盡其心。不幸而有萬不得已。則將捨天下之安富尊榮而徑行其孝。初無求白於天下後世之人言。名云乎哉。五十而慕舜之所以爲大孝也。

然事之有不幸者。尤孝者之不幸也。夫古今人固有以親惡而孝益摯。名毀而孝益彰者。然此皆孝者徑行其情。而非孝者所樂爲也。夫孝子不忍揚親之過。又安忍以親之惡而受孝之名乎。夫孝子欲以揚其名者顯其親。又安忍毀其名以辱其身乎。事出兩難。則捨彼而就此。然推孝者之心。固不樂有此變而獲此名也。君子居世。親慈而子孝。天倫攸敘。此天下之眞樂。而王天下不與焉。此純孝所以大庸。而中庸之學。以孝爲本也。

悲夫世風澆漓本原柔薄匹夫無狀良知旣昧溺於流俗之瞽說斗然冒天下之大不韙以重傷其親者比比焉其顧名義之當然以力行其是已爲庸俗所震駭況其上者乎本小而末大將何以爲教

沈摯之思足徵作者天性言爲心聲固不可以僞爲也

原恕

唐慶詒

世界有至道焉以之爲人則愛而恭以之爲心則和而平以之爲天下國家則無所處而不當黎民安居樂業各得其所不擾不竊不爭不奪天柱立地維鞏綱常明道義尊反是則天下擾亂不能安乎黎民草竊奸宄相殘相殺血戰百年無所底止斯道也何道也斯吾所謂恕也何謂恕如心謂之恕何謂如心以己之心推之於人謂之如心何謂以己之心推人之心己所勿欲勿施於人是已且夫世界之人其心理同也目之於色口之於味耳之於聲四肢之於安佚有同嗜也有同美也我欲立人亦欲立我欲達人亦欲達我欲珠玉貨帛他人亦欲珠玉貨帛我之所欲卽他人之所欲也我之所惡卽他人之所惡也以我之所欲加之人則天下治以我之所惡加之人則天下亂聖人於是以己之心推而至於億兆人之心爲之政以安民之居爲之禮以次民之先後爲

之刑以鋤民之強梗。相奪也，爲之城郭甲兵以守之。相欺也，爲之符璽斗斛以信之。凡此者，皆欲保民之安佚，無他謬巧者也。曾子曰：夫子之道，忠恕而已矣。孟子曰：推恩足以保四海，不推恩無以保妻子。二說皆有息息相通之理。蓋爲人卽所以爲己也，爲己卽所以爲人也。古人造字，俱有深意存乎其間。恕者，如也。而如字不足以盡其理，故曰如心。推如心之義，則民我同胞，物我同與也。我居深宮之中，當思世之無屋廬者多矣；我食八珍之美，當知世之宛轉道旁求食無所者多矣；我衣錦繡之服，當知世之奔走風雪無襦禦寒者多矣。使我而居彼之境地，其悲慘爲何如？則知他人之處此者，其悲慘可知矣。我當以衣食之，救濟之，教育之，俾世界衆生無一不安樂，無一不與我同，然後大同之世可幾，平等之說可行。迺後世之人則不然，顧一己之私利，不顧衆人之公益；顧一己之幸福，不顧大局之如何。相擠相軋，相排相擊，有己無人，一若世界惟我宜享幸福，他人無與也者，此卽所謂不恕也。小而言之，我嘗縱觀於商埠等處矣，人聲喧雜，唾洟滿地，恣睢暴戾，不顧他人，此卽所謂不恕也。西人動言公德，卽我之所謂恕也。人而無公德，則非特無益於國，且有害於國。若而人者，必爲衆人之所不容，通國之所共嫉矣。世人多謂法律爲保護人之生命財產而設，庸詎知法律者，非一人之私言，實發生於衆人之心理。苟衆人之心理而變遷。則法律亦將變遷而不窮。我欲保我之性命財產。他人亦欲保其性命財產。推我之心以及人之心而法律因之生焉。然則無法律者卽不恕之謂也。大而言之。爭名奪利。非恕也。妨害人之自由。非恕也。小而言之。折一花。傷一木。損一物。非恕也。曾子言己所勿欲勿施於人。然我謂恕有有形之恕。有無形之恕。有形之恕。身恕也。無形之恕。心恕也。顧己不顧人。有形之不恕也。心中愛憎喜怒之不正。無形之不恕也。我以恕待人。他人亦以恕待我。我以不恕待人。則人亦必以不恕待我。出乎爾。反乎爾。愛人所以愛己。欺人適以自欺。可不愼哉。

摹擬昌黎原道文頗能得其神似再當加功以求進境

原心

蔡其標

靈臺。方寸地也。有神居之。曰太素。稔之者。衆。通之者。寡。人世不達。靈臺咫尺。顧若蓬萊弱水者。非太素自絕於凡人。人人不欲通款於太素耳。有不靜生。來自髓海。造太素。太素見而怫然曰。吁。子胡爲來溷吾居耶。吾方苦溷吾者之多。曰忿懥。曰哀樂。皆是鄉之盜賊也。曰貪欲。曰好惡。皆是鄉之水火也。吾方力拒侵略。而戕害不虞。吾且圖防戕害。而侵掠卽至。幸也。吾無定情。無定形。無終始。無存沒。故彼無奈我何。然而三尸之刼奪六賊之騷擾至於不堪之時吾乃去之子亦知吾之所居卽是靈臺乎非靈臺之必吾居也吾壽萬千遷地則億兆京垓無量數已吾所不居之地蓋荊棘生焉焦土膭焉環視迴顧能不惻然雖然吾居固有鎭守之者李耳莊周淸靜無爲端拱而治宰是地也則吾如唐虞之民及孔子孟軻宰是地敬勤爲治則吾如湯武之民至邱明史遷爲治吾雖安而實勞朱熹程頤申紀明法有如申商吾乃苦其令而不得逸安後得王陽明吾始樂且安陽明以後無人焉故吾居長騷然今子又至子固與忿懥哀樂爲姻眷貪欲好惡爲密友盜賊之行汝習之決水縱火是子長技請子速退否則予將斬汝以慧劍不靜生愀然對曰止、法當有懺悔余之與忿懥等爲伍不得已也豈盡如夫子言彼盜賊水火夫子且害之況余有定有形者乎偏師來襲綿力不支貼耳俯首以受驅策余實悔之矣余今來蓋求聞道也太素問曰子之鄰不有所謂耳目口鼻手足乎所眈逐酷嗜者不有所謂馨香宮商妍媸甘旨裘葛之類乎子欲得道能滅爾之鄰耶曰不能能使爾鄰盡革其所嗜乎曰是更不能太素曰是固惡乎可語道者然汝固無可如何會見汝同草木俱腐覓汝於髑髏中而不可見矣於是不靜生悲雪涕而言曰敢問夫子何道自爲曰吾本無形而有變變者所以應外物有時而鑒萬物則吾如止水有時而理宏艱則吾如錚鐵見危授命則如砥石見利思義則如古鏡外物之來無窮而我應變之道至一凡庸處之若漩渦獨吾躬則否吾所謂變者固未嘗變焉浩然之氣天良之知是吾太素之原悉彼七情六慾五蘊紛來擾我必欲使吾應變吾末如何吾之靈魂不滅故彼亦無如吾何子而欲靜一返觀乎則解除無限因緣而可脫去諸煩惱矣不靜生恍若有悟作禮而退乃歸而記其說

雷霆走精銳冰雪淨聰明文之妙處近之

原心

徐世大

烏知飛犬知走是知也物所感耶心所應耶是飛與走也天之命耶體之機耶吾不得而知之矣謂是飛與走天也何天之厚烏與犬也謂其體耶何烏與犬不同體也謂心所應耶吾不知心之爲何物也吾嘗疑古之生物未必同於今或爲物所感漸以移易則古之烏或能走犬或能飛未可知也是則烏之飛犬之走皆爲物耳推而至於宇宙之內聖君賢臣孝子烈士愚夫愚婦之倫攘攘擾擾以終其身其實皆爲物耳人之性不同然飢而求飽寒而求溫得之而喜失之而哀順之而樂逆之而怒一也環人之身皆慾耳安得有心且四足而走者吾知其爲馬二足而二手者吾知其爲猿而心非猿

馬也蒼蒼者吾知其爲天赫赫者吾知其爲日而心非天日也魚也吾知其能游鳥也吾知其能飛而心非魚鳥也則謂爲天下無是心可也然言身理者謂心者循環之腑言道德者謂心者仁義之府言功業者謂心者思想之母言宗教者謂心者靈魂之祖則天下固有心矣於是焉心有善惡之別邪正之分或慕義好善或務利喜名而心之作用無窮盡矣於是焉懼禍懷德而心之機械變詐不勝其繁矣由是言之心者萬善之根而實萬惡之首也談道德仁義者失其本矣吾於是反而求諸己吾不知吾心之何在也吾於是推而問諸人人亦不知其心之何在也或曰心者方寸地耳此方寸地果何地耶或曰心者充塞於天地之間心有時又若在吾身中何耶嗟乎心固不得而知耶若有若無若影若沒若有智識若無智識若有罣礙若無罣礙凡鳥獸魚鼈人物無不有而實無一有也吾無以命之命之曰一太虛之幻境而已矣

筆情夭矯托想高妙雅近蒙莊外篇文字

原心

傅煥光

今夫心本純然至善也可以辨是非定猶豫官天地府萬物此心之眞性也雖有仁義禮法無所用之及夫智巧開渾沌鑿導之以動作濬之以聰明而天性之汩沒者十二

三矣操之縱之馳之驟之淆之以是非示之以刑賞愛憎起機械出而天性之汩沒者又過半矣質白之絲染於墨則墨染於赤則赤虛明之鏡形圓則影圓形方則影方絲之有赤墨者染爲之也影之有方圓者形爲之也人之有智愚賢不肖者教化陶鑄之也西哲有二我之說主人我者是曰道心主形我者是曰人心道心長則人心微舜所以云人心惟危道心惟微也孟子所以云大人者不失其赤子之心者也故心可以爲善可以爲不善人自有生以後凡外物之來皆足以喪其良心嗜欲漸著惡知日長燭物不明鑑理不眞是非倒置黑白混淆心爲形役主宰全失於是移其孝親之心於妻子移其道德之心於利位權勢欲之所趨殺身不悔莊子云哀莫大於心死而身死次之其是之謂歟夫心操之則存舍之則亡虛之則明雜之則乖導之以天理則致良知窒之以人欲則失本心充一念之善可以儕堯舜推一念之惡可以爲盜跖微乎微乎善惡之界即天理人欲之界亦即人禽之界也姚江謂聖人可學而至在乎致良知而已而舉世攘攘天性汩沒無一人能涵養及此者吁是則可哀也夫

摹莊子馬蹄篇文頗能得其神似

原情

楊貽誠

情也者即於物而生也無物即無情也天之所覆地之所載日月之所照莫不有物即莫不有情是故人之生斯世也一情以爲之維繫也無情即非所謂人也君臣也父子也夫婦也兄弟也朋友之交也皆情也仁也義也禮也知也信也皆情之所以爲情也喜怒哀樂情之體也孝悌忠信情之用也詩所以達情書所以述情禮所以維情樂所以和情無他情也者道之所由生也無情即無所謂道也是故情之品僅七而情之存於天地間則亘古今包天下廣大高遠蓋有不可以彷彿者焉舜之克諧以孝父子之情也周公之爲王穆卜兄弟之情也老者安少者懷朋友信孔子交際之情也冀缺之耨相敬如賓則又夫婦之得其情也堯舜之崩也臣民如喪考妣四海遏滅八音然九族不親百姓不親恐亦不足以致此周公居東成王未信也金縢之匱既發郊迎之典興矣然則君臣之情不相感唐虞三代之治亦未必專美於千古也蓋喜怒哀樂不得其中則無所謂孝無所謂悌無所謂忠無所謂信無孝無悌無忠無信即不可謂道道豈能一日亡於天下哉孔子之删詩書定禮與樂爲天下之道計即爲天下之情謀所以養之正之之策也情非即道也而道則生於情温柔敦厚詩教也無情即無所謂温柔無所謂敦厚疏通知遠書教也無情則上下不相通知遠何裨於道恭儉莊敬禮之

所以範情也廣博易良樂之所以陶情也寬衣博帶佩玉履舄避鄭衛之音而聽韶武之樂聖人豈好爲迂闊哉情不和不足以爲道也鴟鴞之詩飲泣悲歌祈招之詩忠義激發成王聞而傷心穆王聽而知過此詩之所以達情也夔典樂直而溫寬而厲百獸率舞此樂之所以和情也有舜之子而瞽瞍爲之父夔夔齊栗而瞽瞍亦且允若焉則禮之維情者周也堯之允恭克讓舜之溫恭允塞情之見端彰彰可考則書又言情之書矣且夫溫良恭儉讓孔子之情也仁也衆人待我衆人報之國士待我國士報之豫讓之情亦庶乎義矣拜上泰也拜下而不得謂諂天縱將聖自不得不多能則又禮與智之情之見於外者也他若微生乞醯而不得謂信矯情也父攘羊而子爲之證信固信矣其如情何非情則亦不可謂信失其道也是故道也者情之見端也無情卽無道也無道卽無天下也道不可一日無情焉得一日亡於天下哉韓子曰情也者卽於物而生也信然

以歐柳之文章達儒先之義理穿穴經誼曲暢旁通而一種幽靜沖雅之氣尤流露於楮墨之表吾校得此生國文爲之生色爲忻賞嘉慰者久之

原情

王大炎

性也者天之理也情也者性之用也知天之理則性尊矣知性之用則情摯矣上古之世治化未興生民未有居處未有城郭甲兵未有禮樂刑政工商之業未備婚嫁喪祭之典未行也當此之時民抱其性未知用其情也先王本民之性原民之情因民所好好之因民所惡惡之宮室田廬以處之城郭甲兵以衛之禮樂刑政以教之符璽斗斛以信之工賈以通其有無冠婚喪祭以教其睦誼自此而後堯舜禹湯文武周公建立中極協和萬邦上下交孚以情而天下垂拱以治記曰先王因人情以爲田大哉情乎綜古今統中外舟車所至人力所通日月所照霜露所墜凡有血氣者莫不賦性莫不秉情迨至後世廢德任法窮理抑情風俗日偸民志日漓汨其淸明之性而務詐僞之習上下隔閡交相欺也天下于是禍亂相仍而爲否此不師先王之禍也先王原情以立治好惡與民同故化隆治美其民朴質後世任法以抑情强民之所惡奪民之所好故教化不行其民詐僞先王本性以盡情故其情眞而摯後世離性以論情故其情僞而浮眞而摯者爲忠孝之情慈愛之情貞固之情果敢之情纏綿悱惻之情本其至誠以爲至情蹈湯火犯白刃百折不回生死且不足以動其心況其他乎嗚呼斯情也何情也是屈原忠臣伯牙孤子不忘其君親者也是國士之感豫讓荊卿甘死而不反顧

者也是貞女淑媛矢志而不辱者也凡此者皆本性而盡情擴而充之足以保四海錮而蔽之不足以事父母嗚呼情之蔽也亦多端矣物欲蔽之死生蔽之喜怒哀樂蔽之蔽之也愈甚則失之也愈遠于是澆漓之情詐僞之情畏葸苟且之情紛至沓來而性汨沒亦甚矣此離性以論情之過也記曰天命之謂性率性之謂道又曰道也者不可須臾離也道也者卽情也情也者不可須臾泯也情泯則君臣父子夫婦昆弟朋友之道廢而吾人相生相養之道滅矣其弊可勝言哉

洞達治理刻雕物情用筆亦夭矯變化得淮南諸子之神

原情

錢蘊輝

上下數千年縱橫億萬里民生其間者數萬萬何以故而成家室成國家成社會又何以故而爲君者仁爲臣者忠爲父者慈爲子者孝兄弟則相親也朋友則相愛也一言以蔽之曰情使之然也夫人之始生也嗚嗚以啼口不能言也足不能履也然而知愛其親知敬其長愛敬之發根於良知良能而知能之發實根於情天付人以情不論其爲智愚賢不肖莫不各予其當然之情情之至者足以動天地感鬼神情善則性亦善情惡則性亦惡天地無情爲剝爲否人類無情爲凶爲極故曰萬古一有情之宇宙情

之爲用大矣哉夫不觀之動物乎今是大鳥獸或失喪其匹偶越月踰時焉則必反巡過其故鄉翔回焉鳴號焉躑躅焉踟蹰焉然後乃能去之小者至於燕雀猶有啁噍之頃焉然後乃能去之故有血氣之屬者莫不有情今人而無情是其智出禽獸下矣又不觀之植物乎棠棣之華偏其反而豈不爾思室是遠而彼草木之情固有深於人者矣山榛隰苓摛懷舊之蓄念澧蘭沅芷發思古之幽懷觀夫芳草纏綿寫一掬孤臣之淚所謂發乎情止乎義禮者此也否則草木無情而有情人有情而反無情豈非咄咄怪事哉是故盈天地之間惟人最貴盡天下之人惟情至眞緇衣之好情也而巷伯之惡亦情二南之美情也而變風變雅之刺亦情自三代而下不知情之爲用乃以古人好賢之章比之溱奔之什於是風雅之道息而温柔敦厚之意微矣嗚呼是果情之罪耶抑非情之罪耶吾爲此懼作原情

瀠洄水抱中和氣平遠山如蘊藉人文之妙處似之

原盜

鄭明

太古之時無盜盜之起其起於人之有爲乎有爲則有所不足不足而求其足其勢不爲盜不止高名也大利也豐官厚祿也華居麗產也其果屬於吾耶抑非屬於吾耶非

屬於吾而吾獨思專而有之則無形之盜固甚於彼有形之盜矣盜之有形者不過踰閾穿隙蠅營狗苟禦人於國門而刼其貨耳至於無形之盜損人於漠漠之會沾一已之名以誤蒼生奪天下之利以瘠百姓蓋自有此無形之大盜而彼有形之小盜乃紛然以出矣盜之術不一其爲道不過二端名與利是也上者盜名下者盜利盜名者名至而利亦附焉盜利者未必得利而有盜之名一朝羅法身死東陵爲天下戮盜名者尊之爲善士盜利者賤之爲惡人同一盜也而有善士焉有惡人焉若論其盜則名利一焉皆非其所有而竊取之者也夫奚分善惡於其間哉昔魯之大夫有被盜者一夕而室如縣磬焉怒而訟諸士師士師曰子家富萬鍾皆儻來之物不責己之爲盜而訟他人何也夫天生萬物爲庶民也而子據有之子之爲盜固天下之大盜也盜人者人亦盜之盜天下之大盜是彼乃盜之有道者也何必訟君子曰噫士師其大盜之尤者乎夫幷法律而盜之矣已爲士師而禁他人之訟盜令天下人聞之不將以法律爲盜賊之護符乎且魯人既爲天下之大盜彼盜者盜之士師又以盜天下之大盜爲非盜則此士師者甯非大盜之尤者乎愚誦是說而心悲之今世俗方以嚴刑治有形之小盜夫安得有魯之士師其人哉作原盜

語意精闢使筆如劍非熟讀周秦諸子未易有此見解

原盜

藍兆乾

昔者秦失其政陳涉以謫戍之徒揭竿而嘑天下響應遂以亡秦於時壯士雲屯豪傑景從大者數十萬小者數千人然其起也無非憤秦苛法冀除虎狼之政漢興與民更始天下大定文景之治比隆成康武帝竭府庫之財以事邊天下騷然矣莽篡漢祚天下相師以寇攘赤眉銅馬動稱百萬於是張伯路一起而濱海九郡陷沒孫恩竇建德李相成踵興而四海動搖盜之爲害於國若是之烈也然而志士仁人亦嘗竭天下之力以禦之其極也不過紓一時之患終不能弭之使不復興者其故何哉蓋民志之不定也久矣易曰上天下澤履君子以辨上下定民志夫所謂上下者豈如帝政之世所謂天王聖明臣罪當誅者哉蓋一羣之聚必有賢否賢者一羣之所共奉以爲上者也是故上無常上唯有賢德者乃在上也三代之世任官唯材授職唯能人無覬覦之心故其時上下宴然民志固定盜賊不興文景以還任賢用能之道少替王莽以宰輔行篡弒之事民遂風從競以攘奪相尙降至唐宋紀綱愈頹宦官僉壬盜弄國柄野有遺賢朝有棄材上下之相繫也以名不以實於是下不服其上上務暴其下怨毒所積

發爲盜賊蓋自孫恩黃巢諸賊興而唐宋明之宗社亦隨之亡矣推其禍始孰非上下不辨民志不定之故哉嗚呼吾觀於近日盜賊之日滋而益有感矣滿清以非種入主中夏魁奇豪傑之士百計謀所以顚覆之於是綠林黨會之俠皆被網羅幸天佑華夏民國成立會黨諸豪共爲元勳或則開府一方或則建牙千里天下想望以爲羣雄得所國家可以無事矣孰意桀黠之徒野性難馴妄謂清廷尊嚴尚可覆而去之孱弱新帥何不可取而代耶故有貪得無厭而仍反故行爲害轉甚者矣又或閭閈驍壯里巷游滑監夫前者之達爭棄故業而從事會黨於是工作則勞動無人四郊則羣盜如毛商旅戒行闤闠爲空嗚呼立國如此而尚可以自存耶此皆民爭幸進上下不得其位之故也

樹誼必精摛詞無懦

原夢

王永禮

天地一大夢也人生一小夢也殤子夢之短者也而蟪蛄朝菌亦夢彭祖夢之長者也而天池之鯤窮髮之椿亦夢今有物焉視之無形聽之無聲捫之莫得其迹測之莫得其影有物無物無物有物謂之有則無聲音容色之可據謂之無則形影清晰優游乎

魂魄出入於迷離惝恍之域質之靈臺熒然不知其解問之穹蒼則又窅然而若無聞逍遙乎四海之外出入於九天之際漂乎渺乎莫知其竟果何物也是殆莊周之所謂夢與或有疑者曰天有形可測地有迹可稽人有事績可推生死存亡優勝劣敗昭著乎簡策而謂之夢可乎且彼彭祖大椿無論矣以蟪蛄之短命殤子之夭折亦莫不有一二歷史之可載隳地呱呱人固知其爲殤子也四壁唧唧人固知其爲蟪蛄也旣具其形復有其聲而謂之夢誕且妄矣可乎其不可乎余乃爲言以曉之曰客之言夢言也今日我兩人相對之境夢境也客知有天地有彭殤有蟪蛄與大椿雖然客未知客之所以爲客也故客之言夢言也客亦夢也何以故天地未始知有天地也夢而已矣彭殤未始知有彭殤也亦夢而已矣蟪蛄大椿未始知有蟪蛄與大椿亦一夢而已矣客知有天地彭殤蟪蛄與大椿而不知己之在夢中宜客以不夢者謂夢而以夢爲非夢也千秋而下客且物化而夢醒前之所謂非夢者後將信爲夢其夢矣莊子有言天下莫大乎秋毫而泰山爲小莫壽乎殤子而彭祖爲夭蓋言其夢之爲一也彼管測蠡窺之儔競爭於名利徵逐乎俗慾終身役役不見有成不自知其爲夢也出魑魅魍魎之伎倆行機械變詐之心思恣睢放縱靡知所止推其極不至爲禽獸幾希我之心哀

焉乃作說夢以遺世之大夢方醒者

讀書有得筆意亦灑落可喜

原夢

唐慶詒

宇宙之間有異境焉忽而嬉笑忽而怒駡忽而哭泣忽而飲食忽而有所欲忽而有所憎曰斯境也何境也夢也高山矗於前麋鹿奔乎左風雨晦明變化萬端曰斯境也何境也夢也杖劍相撞金鐵皆鳴胡馬奔走黃塵匝地曰斯境也何境也夢也方人之夢也自以爲身在天地之間而實則在枕席之際自以爲眞境也而實則夢嗚呼人生一夢也宇宙一夢之宇宙世界一夢之世界夜間之夢夢中之夢也是故金玉錦繡夢也高談雄辯夢也勝敗存亡夢也位極人臣功蓋萬世夢也身死之後而迺大覺然後知向者之營營擾擾皆幻也噫嘻苦海无邊回頭是岸睡夢之中又復眈眈於名利貴富終老不悔亦可悲之甚矣豈造物之弄人耶抑世人自迷而不悟耶儒人明仁義之道禮儀之則使人人各安其所不相爭奪以求我固有之本心蓋於夢中求其道也道家佛家倡爲清虛之說以喚衆生務使心地清靜外形骸度生死使精神固結不解以進於道於是世之學者儒詆佛佛闢道道排儒紛紛紜紜莫衷一是於睡夢中互相排擠

其亦夢之甚矣其亦可悲也已盧無子問於烏有先生曰人生而夢死而覺覺而奈何烏有先生曰人死其尸骸化爲土土生腐草腐草化螢螢復化爲他物如是而復爲人蓋夢而覺覺而復夢天演之理亦造化之奇也我惡得而識之乎雖然方其夢也不自知其爲幻境也莊子之論奚益我之論又奚益哉

文筆灑脫發人深省如授洞賓之枕

原夢

戴國璜

天地一逆旅也人生一過客也眞者未必眞而僞者未必僞以僞喻眞人無不知其眞以僞喻僞則無有知其眞矣昔者鄭人遺鹿初以爲夢夜夢得鹿乃又以爲眞夢耶眞耶不特鄭人未能辨卽列子亦無從辨之矣莊周夢爲蝶栩栩然蝶也俄而覺則蘧蘧然周也周之化爲胡蝶歟胡蝶之化爲周歟周亦不自知其所由分矣世人徒知夢之爲夢而不知眞之亦夢聞莊列之所言蓋莫不驚以爲奇然非奇也人之死謂之大夢則夢卽可謂之暫死夢之爲境虛無飄渺或喜或憂或榮或瘁離合悲歡當其夢時一如其眞及醒而恍如隔世俄而夢俄而覺晨鐘一鳴南柯景象果安在哉故人以死爲醒者之夢而我以醒爲夢者之生何也一醒而夢狀都非矣嗟乎茫茫大塊憧憧寸心

名繮利鎖束縛其間或志於道或競於功憂其所短樂其所得送往迎來忽悲忽喜更或慮其福之不長壽之不永極聲色之好以娛一時盡其力之所能以傳後世一朝蓋棺嗚呼已矣向之所謂安富尊榮者無異草木榮華之飄風鳥獸好音之過耳也然則眞者非眞夢者非夢生前之榮譽亦何異於夢中之富貴哉且又安知死後之知不較俄覺時之知尤清楚哉夢何非眞眞何非夢則又何必曰眞何必曰夢哉作原夢

胸中雪亮腕底風生是能領味蒙叟寓言者

釋類

莊子內篇總釋

陳柱

能使天地失其大秋毫失其小彭祖失其壽殤子失其夭堯舜失其聖楊墨失其辯此何道哉曰是莊子之道也是莊子齊物之道也莊子生於衰世痛至道之淪亡人類之失性故發明齊物之理使天下之物咸歸元牝品類之性各復其根故齊物一篇實莊子之要道而七篇之精英也然而莊子著書不以是列於首篇而特次于逍遙遊之後者蓋以爲物理之明闇在乎一心之虛實斥鷃之細控地而自矜雲鵬之巨摩天而遠適雖大小之形不一而自得之量惟均然遠近之見既存斯逍遙之樂自喪何者夫未

樹則有所自是此斥鴳之所以笑大鵬而聖知所以相非也有待則有所不可此雲鵬所以待大風而堯舜所以不勝天下也（見在宥篇）又惡睹其能逍遙哉故借肩吾問答之言明役物之無補託惠子相難之說知無待之大用故能心與天遊而可以語于大理之方也故首之以逍遙遊夫有物物之心則我爲物累無物物之志則吾與我忘同爲天籟何取于刁刁調調俱是眞人何用乎炎炎詹詹故大小壽夭賢愚得失通人達觀復歸爲一故曰天地與我並生萬物與我爲一也（此理通于物理化學另著莊子正義詳釋其理）夫既已謂之一矣則物亦我也我亦物也生亦死也死亦生也（此理以物理學之分子說解之最易明確見莊子正義）人之大欲莫甚于生大惡莫甚於死誠使生不足欲而死不足惡則又烏彼我大小得失之有是死生彼我大小得失之際皆不足以動吾喜怒哀樂之心則齊物之眞樂生矣此齊物之用也故次之以齊物論然狂者爲之或輕生而好死莊子患之以爲貪生非也惡生亦非惡死非也悅死亦非皆不能任大道之自然盡其性命之情者也故次之以養生主養生主者緣督以爲經不揠苗以助長故其養生亦非貪生也是則逍遙游也齊物論也養生主也此三篇者皆以出世爲宗者也然苟出世之心太甚則所謂刻意尙行又非至人之道至人者不以出世而自清不以入世而自濁故次之以人間世虛己以

應物則入世而世不能累固無庸硜硜焉以出乎世爲心也此心齋坐忘之道亦養生之要也既心齋坐忘矣是德之得於內者充故道之符于外者廣然所謂符於外者非求於形骸之外也以哀駘它之醜而時人親之支離無脤而靈公說之符之于外而人忘其外故曰無爲而物自化也故次之以德充符夫無爲而物自化者蓋以其能明天人之際相忘于物藏於天下有情有信無爲無形神鬼神帝生天生地此上六篇之總匯而至道之大宗也故次之以大宗師至道之宗無始無終至道之極昏昏默默萬物齊同同焉皆得而後世好事矜于爲治性情離而禮樂作大道失而仁義興聖知用而詐僞見七竅通而渾沌死此有爲之罪也若夫至人則異夫是用心若鏡不將不迎應而不藏成而勿有所謂不得已而蒞天下莫若無爲無爲而后能安性命之情者也所謂塵垢粃糠猶將陶鑄堯舜者也此莊子應世之學也夫不有出世之志者則入世常多卑鄙不有外物之心者則物物終爲物害故七篇之中終之以應帝王應帝王者莊子不得已之言也由此觀之七篇之文天道人事之本末胥于是該之矣嘗統而論之逍遙爲齊物之先齊物爲五篇之本不齊物則養生爲貪生不齊物則入世多攖物不齊物則念慮交戰于內而德無由充不齊物則中心迷惑而道無由宗不齊物則有爲

而治適以亂世終身陸陸心與物鬥大道淪亡濡沫何拯此莊子所以著書告世其志亦深遠矣吾特表而出之以與世之學莊子者共勉之

齊物之說爲孟子所闢而莊子齊物之旨實指齊死生而言文以養生主劑其偏可云洞見眞宰餘亦能深闚道府貫串始終忻賞無已惟竊有進者出世何如救世齊物何如愛物而成物世之愁儒動持高論遂溺披猖要不免爲賢者之過深願作者之依乎中庸無徒泛濫於河漢之言也

釋君

陳柱

於戲柳子厚其知言哉其言曰封建非聖人意也勢也吾嘗卽其說而推言之而后知天下之立君殆亦有不得已之勢存乎其間奚以明其然邪夫生民之初于于徐徐人與草木儕族與禽獸居鼓腹而遊固似乎其足樂也然而無城郭甲兵之威則不足以禦外侮之至無禮樂刑政之具則不足以弭同室之爭紛紜淆亂必至率獸食人而人亦將相食天下之民囂然不能樂其羣而遂其生矣聖人患之故爲攻戰守衞之用以禦其患教之尊卑長幼之序以弭其爭於是乎天下之民始得相生相養安其羣而無患故天下勉焉奉之君以臨乎其上非夫人之生而樂有君之制也勢也故白虎通訓

君爲羣謂君以羣而後立羣得君而後安也管子言牧民孟子言人牧莊子曰夫爲天下者又奚以異夫牧馬者哉此以牧字釋君者也夫牧者能安養其羣之謂也由安養之義故稱之爲父母書曰惟天生聰明作元后元后作民父母父母云者能安養之之謂也推安養之義而廣之而時行物生茂育羣動者莫如天張子曰乾稱父大易首言乾乾者象天言君德也故後人之于君又稱所天蓋非特尊之而已也謂夫君之德當如天之無不覆也由象天之義而引申之爲代天行治故又稱天子然則君也者羣也曰牧曰父母曰所天曰天子皆取安養其羣之名以名也君因羣而后立君而失其羣斯不君矣是故聖人之治天下務以得民爲要語曰民爲邦本本固邦寧猶言民爲君本本固君寧也又曰惟天生民有欲無主乃亂此言羣而無君則不羣也是以有羣則有君故羣字从君从羊言如羊之有牧而后可安其羣而無患也卜式曰非獨羊也治民亦猶是也以時起居惡者斥去毋令敗羣由是言之則君之所以爲君者其任至重而其責亦至勞古之聖人有茅茨不暇翦而日昃弗皇食者矣惟有至勞之責於天下故天下亦奉之以至尊之號而後事之者乃不以爲謟是故殘民之君謂之獨夫而弑君之民謂之亂臣古聖賢于君民之際固未嘗不深爲之防也而后世昏主忘其至勞

之責而肆其淫樂之行天下之民失其教養之道而不能安其羣故悲其生而疾其君舉君民之間無異乎犬馬寇仇之相遇也夫是以君不足尊民不足愛君不足尊而民不足愛是以上下相賊敢肆其殘忍暴亂而無疑悲夫痛哉吾讀黃梨洲原君未嘗不仰天長太息也作釋君

貫串古經旁通小學持誼純粹中正不激不隨此讀書種子抑亦治事之才也

釋君

包澄

吾聞遠古無所謂國有部落而已無所謂部落有家族而已家族之始個人而已穴居野處茹毛飲血強食弱肉當此之時無所謂君長然一身之中耳聽目視鼻嗅口食手握足走則必有所以使之聽使之視使之嗅食握走者此何物使之者宗教家曰此之謂靈哲學家曰此之謂思生理學家曰此之謂腦吾今一言以蔽之曰此之謂一身之元首東郭之野有人忽而歌忽而泣忽而大笑冠纓絕忽而大哭繼以血忽而操刃殺人忽而伏地股慄醫學家曰此神經病也吾今謂之曰君民作亂醫學家曰致病之由不一或遇非常之驚喜或怖非常之恐懼或受非常之疾痛或激非常之思感皆足以病其神經神經病而百骸亂於是喜怒哀樂之情出而奪其用喜勝則歌哀勝則泣怒

而操刃懼而股慄其竟也顛狂以死吾今謂之曰致亂之由亦不一吾今謂之曰元首病而凡庶亂吾今謂之曰搏擊相殺以竟於亡嗚呼痛哉醫學家曰治病之由亦不一要正其神經又曰一身當盛強之時百骸勞而心神逸百骸動而心神靜百骸不避勤難以供心神之欲百骸不辭勞瘁以聽心神之命心神則居逸而不敢惰安靜而不敢息欲不敢過命不敢肆及其病也先惰其心神養尊處優以驕以肆卑視一切於是五官百骸始不爲吾用於是外界之風邪至於是內感之擊戰生於是君臣上下親疏尊卑長幼之秩序亂於是顛狂作而身乃死由是觀之一身之中雖無君長之可言而心神之用隱然以元首而自命南方之君爲儵北方之君爲忽中央之君爲渾沌儵與忽二人相聚于渾沌之野共謀所以爲君之道儵曰吾有心腹吾有腎腸惡其爲我擾也莫如剖之剸之渾沌曰嘻子左矣子自剸其心腹腎腸尚能活耶忽曰吾有耳目吾有手足惡其運動而或擊刺我也莫如塞之斬之渾沌曰嘻子左矣子自斲其耳目手足尚能活耶于是儵與忽二人再拜稽首求眎所以爲君之道渾沌曰不識不知帝之則也視天夢夢聖之機也儵與忽相與恍然如是而渾沌之學遂傳于無窮如是而堯舜元首股肱之義遂絕於萬世

俶詭離奇深得蒙莊之神運氣尤渾樸堅厚昔九方相馬在牝牡驪黃之外此文近之

釋良知

凌鴻勛

存乎人身之上有一物焉不附於軀殼不現乎形體不待求而致不待養而成其爲性之靈乎人之初生也渾渾沌沌而已而其靈則隨其軀殼以日長浸假焉而知識日增冥冥然不知其所以然也是故人者固萬物之最靈而無所不知者也知之所及橫山河海嶽而無不通亘古今百世而無不達者也善惡之辨邪正之分充塞乎天地之間入乎人之靈存乎人之知而其靈變化焉其知振蕩焉由是而聖愚賢不肖分焉忠孝姦邪判焉亦渺渺焉而不知其所以然者也萬事萬物有善惡而人之知感焉感萬事萬物之善惡在乎知知萬事萬物之善惡而操縱焉取舍焉在乎人人之有良知也亦不能無惡知也一念之善良知存而惡知滅一念之惡良知滅而惡知存良惡兩知固不容兩立於方寸之中者也然而良知遠乎哉我欲良知斯良知至矣有乍見孺子將入於井者無不有怵惕惻隱之心有舉其親之遺骸而委之壑者過而見之無不泚出於顙蓋人之良知久已游離於中一發焉而必不可遏故曰夫人皆可以爲聖賢在乎

致良知而已吾致之吾擴而充之一刻焉而不忍離則以天地爲爐陰陽爲炭萬物爲銅可也然人有雞犬放則知求之有放良知而不知求者矣孔子曰顏回三月不違仁其餘則日月至焉而已慨乎其言之也大抵良知之存於人猶水之在於山也涓涓不息將成江河導其源而通其流將泙湃以達東海若塞其源而壅其流必致潰決而傷人人之有知亦猶是也孟子曰孩提之童無不知愛其親也及其長也無不知敬其兄也愛國愛民曰仁蓋由愛親而推焉敬事敬物曰義蓋由敬兄而推焉仁義者聖賢之道也愛敬者又仁義之源而良知之發也故曰貴乎致之也夫世運以人心爲轉移人心隨所知而變化國運之盛者人之良知必存焉者也國運之衰者人之良知必泯然者也嗚呼羣陰剝矣大道微矣良知泯而世界殆不可問矣先天下而知以感覺天下人心之良知是吾黨之責矣

精心結撰異日可與衞道勉之勉之

釋良知

孫復培

知感覺也感覺之發不衷於心則有流蕩忘反而不止者吾得而推知之情致知之紛知犯上知穿窬知富知祿位知爭鬬貪夫知財烈士知名農家知收商家知利雞鳴而

起日入而息憧憧往來朋從爾思日奔騁於嗜欲之中天性汩潏而罕所復存夫是之謂雜知於是有爲良知之說者以爲博施濟衆蓌乎天眞愛親敬長肇於孩童緜是歟仁民之文循惜物之訓乍見孺子將入於井而惻隱之心生焉顧往往不能持之以恆譬諸爲電爲火成俄頃之光明幼而粹然長而昧焉入而壯然出而忘焉有傚而靡終輿論縱善之乎將何所懷挾以終其一生夫是之謂無恆之知君子於是返之於初元氣起於子懷姙於己懵焉無所知也及夫墜地呱呱是聲胥五洲而皆同故夫東海北海西海南海此心此理放而皆準形既生焉神發知焉五性森然而感生焉而覺生焉生我撫我長我育我顧我復我當其撫覆長育顧復之時其愛莫不知也俄而煦嫗我俄而緣督我俄而鞭笞我俄而誥誡我當其煦嫗緣督鞭笞誥誡之時夫是之謂孩童之知君子於是繼之以學十年出就外傅居宿於外此始離父兄之時也而愛敬未嘗離也十有三年學樂誦詩舞勺成童舞象二十而學禮離父兄日遠矣然而當其處也固知愛敬之時也及其出也尤知愛敬之時也思慮之萌依依於几杖也夢魂之越戀戀於庭闈也醒兮如見父兄也恍兮感激而涕零也見老幼之顚躓而掖其起也哀窮民之無告而謀所救也念生活之艱鉅奉養之或缺而知父兄之憂思而莫殫也夫是

之謂丁壯之知君子於是要之以終蔬食不飽布衣不安野處不樂寂居不甘富貴之求無待言已至於祿位既得居之猶有覬覦之心此覬覦之心何心也父兄既衰遇之反有抗爭之心此抗爭之心何心也平旦清夜思其志意思其感覺思其良知聖人自少至老層累曲折之數皆提撕警覺以存之因其良知之發而察識之而推放之充類至義之盡以至於無窮俾其一生常能循仁義之途而蹈仁義之實朱子曰吾心之表裏精粗無不到而全體大用無不明意在斯乎意在斯乎夫是之謂有恆之知抑人之懿德天賦也致良知之心尤操之卽是而不遠離者也乃俯仰宙合存良知者缺如致良知者復缺如豈性善之說不足憑驗歟曰是不然人卽至不肖不能自外於常人卽不能自外於常道而卒喪其良知者知之而未能行也陽明王子有言曰知而不行不得爲知是故知行貴乎合一

以古奧之氣實實達出其空明之理詞意雖有所脫胎而精闢處自不可磨滅

曲折奧衍是善學古文者

釋自由平等共和獨立諸名詞正義

陳仁愔

客有問於余曰今者民國更新人皆知自由平等共和獨立之爲幸福羣起提倡之然

而盜賊蠭起。倫常變亂。任患者少。私利者多。致大陸沉淪。有不可終日之勢。自由平等共和獨立之誤人。豈淺鮮哉。余應之曰。客何不細思之乎。此人誤自由平等共和獨立之名詞。非自由平等共和獨立之誤人也。此人之不能有其才能以行自由平等共和獨立之美政。非自由平等之不可行。共和獨立之不足用也。請釋其正義。何謂自由。自由者我之自由。卽人之自由。若但知吾之自由而不顧人之自由。是盜賊也。何以知其然也。有大盜焉。入富者之家而向之索錢財。不遂。殺而攜其財去。人讓之。則曰我自由也。嗚呼是豈非自由之誤人乎。是故自由者在法律中。則可謂之眞自由。不然直盜賊耳。何謂平等。平等者言人人皆有一定之權利。平等之義務。不可欺弱淩寡。非言人人皆平等。可由是以蔑亂倫紀也。何以知其然也。昔有學者三年。反而名其母。母問之。則曰天下之物皆平等也。我人也。母亦人也。母可名我。我獨不可名母乎。嗚呼是禽獸也。是不知道德法律也。何謂共和。共和者公天下於國民。非可以一人之意定天下之事。非可以國事爲天下之事。遂互相推諉也。一人有一人之義務。不可棄其職。一人有一人之權利。不可越其限。斯可謂之眞共和矣。不然蹈專制之覆轍。則必至國事繁冗。莫適任患之弊。何以知其然也。昔者伍員之欲伐楚也。謂吳王曰。楚執政衆而乖。莫適任患吳王從之遂大破楚入其都夫執政多則有其弊況共和乎何謂獨立獨立者言人能自食其力可不恃他人國家立於世界可不受人之保護非言人人可離羣而立國家可閉關而守也人人離羣則萬事皆須一人所手成國家閉關而守則文化不能日增何以知其然也昔有人焉處廣漠之野自爲耒耜以耕田爲房屋以安身爲布帛以爲衣履處之期年以罷疲死嗚呼離羣獨立適足以自殺其身也由是觀之自由平等共和獨立之名詞行得其當則皆可享莫大之幸福不然則將受其大害也是安可謂非人之誤自由平等共和獨立諸名詞哉客聞之曰善我將說天下之新人物使勿蹈滅亡之轍也

理精詞粹趣味盎然是能讀國策而有心得者

釋遊

陳其鹿

古今一大循環也天地一無盡藏也人生以七尺男子軀爲天地間最靈物而不能取萬物之用遊無盡之藏者獨不愧古人以弧矢射四方而示其有志者哉且吾聞之游有大小之殊而其爲逍遙則一也古之人有善游者孔老孟莊之徒是已有游乎文章之林圃者有游乎六藝之源流者有游乎禮義之途者有遊乎虛無之鄉者有遊乎世

界之外者有遊乎聖人之門者客問於予曰人有不知仲尼之行者則少伯夷之義不知大道之體者不足聞莊子之言今吾善遊而未嘗登高山大川以自廣故願聞遊之道於子余油然而笑之曰遊之術亦多矣請爲子說遊有遊乎文章之林圃者一縱一橫議論莫當十盪十決急不得奪翻江倒海倚天拔地琅玕之腹抽黃對白委宛之章是丹非素逸藻雲浮綺思星布漱六藝之芳潤傾羣書之津液僕隸風騷衙官屈宋馳騁乎上下古今翱翔乎經史百子推倒一時之智勇開拓萬古之心胸子亦足於此乎客曰愚惛未能也予曰文所以載道明道之謂文今吾爲子進於是夫禮以節人樂以發和書以道事易以道化春秋以道義詩以言志故温柔敦厚詩教也疏通知遠書教也恭儉温良禮教也雍容樂易樂教也窮通變久易教也善善惡惡春秋教也故六經者文章之淵源也能明六藝則明道明道則斯可爲文矣子盍一遊其源流而探文之本乎客曰吾聞六經者聖人之糟粕也漢儒窮經而經亡秦時焚經而經存由此觀之經亦何必觀哉予曰元元之道至至之理爰清爰靜遊神之庭惟寂惟寞守德之宅吾爲女芒乎芴乎而遊於大明之上幽兮冥兮而遊於窈窕之門以無知爲知以無道爲道子亦游於此乎客曰唯唯予曰吾當爲女反其道而行之彼游乎虛無之墟者無當

於聖人進取之旨且狂放則傷風俗故爲游乎禮義之途孔顏爲程程朱爲路無絕其源無迷其途迷陽迷陽無傷吾行吾行郤曲無傷吾足言不違義行不違禮如是者亦可謂之賢者矣客曰予淺不能羽翼乎道義之途也余曰今吾有大游登輕捷之球上九天兮撫彗星登崑崙兮食玉英與重華兮游於瑤之圃山林兮畏隹宮闕兮嶢岩覽冀州而有餘橫四海而焉窮佩長劍之陸離與天地兮比壽冠切雲之崔嵬共日月兮齊光此其游不大於老莊之徒乎雖然謝安南山淵明小園其游不大其樂無窮或則牢籠百態情託萬彙因一山一水以托其胸中磊磈不平之氣鬱抑無聊之概亦洵可游也或則游禹域之名山大川以蘊山川疏宕奇偉之氣伊可游也孟子曰觀乎海者難爲水游於聖人之門者難爲言然則文章之林圃六藝之源流虛無之鄉禮義之途世界之外山川之地可以游可以毋游而聖人之門則難游而不可以不游何也夏蟲不可以語於冰也秋蟬不可以語於冬也登東山則魯國小矣登泰山則天下小矣故夫不觀於海不足以言天地之大不游聖門不足以知聖道之巍巍是故不可以不游也今吾與子游乎聖人言語之門則知君子之樞機而使於四方不辱君命矣游乎德行之門則知疏水簞瓢孔顏之樂矣游乎文學之門則知賢人修辭立誠之旨矣游乎

政事之門則知聖功王道一以貫之之徼矣此眞古今之大循環天地之無盡藏也吁觀止矣

神思獨運萬途競萌觀山則情滿於山觀海則意溢於海我才之多少與風雲而並驅矣

說類

作易者其有憂患乎說

何榮曾

易之興也其於中古乎其當殷之末世周之盛德邪當文王與紂之事邪酆都之間岐山之下間氣所鍾實產聖人誕生之初聖瑞顯鳳鳥至豈天欲大有助於聖人而先呈其兆與何不生之於明盛之朝而生之於[illegible][illegible]之世邪何不使之享九五之尊而辱於羑里之間邪豈天生聖人復不使達其道與抑欲大有助之而故爲此也殷紂之時何時也比干剖心箕子佯狂非君子道消小人道長之時乎文王既目睹之矣紂乃不德鹿臺之財多於五都之市鉅橋之粟多於南畝之倉民生凋敝文王既目睹之矣沈湎冒色敢行暴虐朝野騷然文王既目睹之矣目睹之而不救之非聖人之所爲也尤非悲天憫人之聖人如文王者之所忍爲也聖人生於此時既不能關款款之忠復不能

拯元元之厄於是考天人之際定卦爻之體示人以吉凶得失垂諸後世以爲法戒此聖人悲天憫人之所爲作抑亦天之所以大任聖人也豈徒以牢騷抑鬱因以大鳴其不平邪若天生聖人又使之賫志以沒是欲樹大木而先斫其本也或使之小用其材是欲成大器而預縮其模也豈天之心哉天之所以大任聖人者欲以其道傳於天下後世豈特一國一時而已哉易成則天人之道盡矣聖人之道達矣聖人之志遂矣易曰明夷利艱貞彖曰明入地中明夷內文明而外柔順以蒙大難文王以之於是知周之所以王矣而文王三分有二以服事殷其敬天順人有如此者故曰伏羲文王周公孔子皆有先天下之憂而憂之心非徒憂己之憂患己之患而已也夫易廣矣大矣有聖人之道四焉以言者尙其辭以動者尙其變以制器者尙其象以卜筮者尙其占蓋卽天道以明人事陰陽往來剛柔進退可知禍福吉凶得失之倚伏夫人情莫不欲趨吉而避凶而聖人患人之不修身也故易六十四卦皆云君子以者誠患人之不爲君子也三百八十四爻皆云君子貞吉欲人之爲君子不曰貞吉無以勸之也欲人之不爲小人不曰悔吝無以怵之也故曰易者君子之書也非小人之書也君子順之則吉小人逆之則凶其聖人作易之本旨也與故曰是以明於天之道而察於民之故是興

神物以前民用又曰辨吉凶者存乎辭又曰慎以終始其要無咎又曰居則觀其象而玩其辭動則觀其變而玩其占夫易之道無窮而易之意可得而知矣夫易聖人之所以崇德而廣業也楞嚴大雄氏之準繩也道德經老子之傑作也易能包羅二經而不能包羅於二經嗚呼此聖人之所以以此洗心而退藏於密也非天下之至神其孰能與於此哉

高著眼孔往復以陳義頓挫以取神洗盡繁蕪獨標眞諦

作易者其有憂患乎說

陳長源

昔司馬遷曰易以窮變夫變者吉凶禍福之緣也宇宙間變化之起也無常故吉凶禍福之來也亦無常聖人憂其無常也故爲之易易者遷也安也能明易之道則無往而不適無遇而不遂故曰知機其神乎易者寡過之書也能洞乎變化之機則吉凶禍福毀譽先判故曰自強不息君子以日遷善改過自伏羲生當草昧創爲八卦以演天象文王處殷之末首蒙大難明夷艱貞靜觀乎天人之情詳察乎興衰之道深悉乎吉凶消長之微推演爲六十四卦以盡人事以象天時垂法後世儆戒將來詳哉其言之矣周公東征管蔡流言丁茲大變復作之爻辭孔子生當春秋王化陵夷干戈滿地禮義

廢而詐謠興乃退而教授洙泗上溯周易著十翼深有感乎文王文明柔順明夷艱貞聽琴操而爲之三贊三嘆故曰易之興也其當殷之末世周之盛德耶當文王與紂之事耶夫伏羲丁天人開創之際故爲之象文王當人事劇變之際三綱毀九法斁身囚羑里四海困窮故詳演其卦周公孔子或遇事不順或遭時不遂故重繫之辭是皆就其世之所感身之所受心之所憂著爲大經垂法萬世使後人得識陰陽剛柔吉凶消長禍福之道幾微之機循日遷善以歸無咎則其所憂者雖感乎世道之壞而實歸本於人之正心修身故曰易者憂小人者也

詞意周帀出色當行

君子以教思无窮容保民无疆說

錢德新

在易臨之象辭曰君子以教思无窮容保民无疆蓋臨者有居上臨下之象苟在上者能保其民能教思以保其民教之於无窮容之於无疆明良相契泰交有象雖唐虞三代之盛莫或過之所謂大同之世也聖人慮後世之不能教思以保民也故明之於易而歸其責於君子震曰君子以恐懼修省艮曰君子思不出其位同此用意然震爲雷有恐懼修省之意艮爲山有思不出位之義臨則兌下坤上有教思保民无窮无疆之

象也。故兌爲澤。澤深而不可測。非教之而其思无窮乎。坤爲地。地大而載厚。非保民而容之无疆乎。證之卦象。而後知其不曰教而曰教思。不曰保民而曰容保民。亦大有深意存焉。夫天下之事。皆始於教。亦皆肇於思。是故朱紱方來。思移於利祿。觀我朵頤。思移於酒食。豐屋蔀家。思移於居處。則亦同此思耳。唯思所以教。而其教始能篤實光輝以至於无窮。尚德行。習教事。坎之象辭固已言之矣。况欲保民而容无疆也。可不以教思爲重乎。後世不知此義。上焉者徒以保民爲事。而不思所以教之。不揣其本而求其末。保之者適所以擾之耳。卽使能保之於一朝。必不能保之於永久。無源之水。涸可立待。無根之木。榮豈能長。保且不可。无疆云乎哉。下焉者并保民而王莫之能禦之理亦未之知。保民且不知。教思云乎哉。唯君子能法乎臨。舉凡所以保民之策。教民之政。日縈乎胸中而思臻於完善。寓教於保。教其民。卽保其民。範保於教。保之政。卽教之政。意思如兌澤之深。度量如坤土之大。日月經天。江河麗地。教思无窮而後容保民乃无疆也。臨之時義大矣哉。

理精詞粹氣盛言宜後路尤勝

君子以教思无窮容保民无疆說

仲志英

天生君子代天以教民天生君子代天以保民天下之民萬有不齊也教之者豈平易教之卽可謂之代天乎天下之民若是其衆也保之者豈方隅保之卽可謂之代天乎教之者必如水之流無微不至保之者必如地之大無所不容斯可謂之代天矣易曰君子以教思无窮容保民无疆非此之謂與夫世界日新矣民智日新矣所謂日新者非大同也此國與彼國異此省與彼省異此州與彼州異此縣與彼縣異此鄉此井與彼鄉彼井異卽此人與彼人之情亦無不異異之端非僅人民之學也有異於志趣者有異於好惡者有異於風俗者有異於形勢者此數異者非終異之而無變也有今日以爲高明日以爲卑者有今日以爲新明日以爲舊者有今日以爲文明日以爲野者有今日以爲宜明日以爲乖者合萬有不齊之人民萬有不定之情局而教之而保之君子何從而教何從而保也夫天地之道曰陰曰陽人民之情曰剛曰柔剛者必勇柔者必仁仁者好靜勇者好動動則能變靜則能守守而不變則常聚變而不守則多亂君子於其亂也思其所以致亂者剛之過救剛者必用柔於是君子敎之以柔君子於其窮也思其所以致窮者柔之過救柔者必用剛於是君子教之以剛剛者得柔則不拘乎動柔者得剛則不泥乎靜靜而能動動而能靜得天地之中和知聖賢之大道矣

夫人民之志趣好惡有異君子因其異而利導之人民之風俗形勢有變君子因其變而善誘之由井而之鄉由鄉而之州由州而之省由省而之國由國而之天下天下之民皆受教則天下之弱者強強者益強天下之民皆得其保矣夫教民有窮君子之思則无窮保民有疆君子之容則无疆教思无窮容保民无疆此君子可謂代天者矣

一氣抒寫氣足神完中段頗悟得教育原理

正月之吉始和布治於邦國都鄙乃縣治象之法於象魏使萬民觀治象挾日而斂之說

胡端行

治國之才莫尚於元公治國之法莫備乎周禮秦漢而下治術不古法爲之非人爲之也周官三百六十官制亦云簡矣而治術井然政教翕如豈無故哉良由立法有共和之心行政有秩然之序也法之由和衷而立者則無弊政之依次序而行者則不亂加以預宣意旨以示萬民以公天下之心行公天下之法下令有不如流水之源令順民從者乎觀周官大宰之職可以知其治法之備矣正月之吉始和是立法有共和之心也蓋一歲之始任事之始亦即行政之新階級也舊法宜删新法宜增利者應興弊者應革胥於是定焉太宰固不能孤行己意猝爲損益也必合六官而和之和衷共濟斟

酌盡善及至制爲法度於是布治於邦國都鄙乃縣治象法於象魏使萬民觀治象挾日而斂之是行政有秩然之序也政治而無一定之規畫則淩雜無序民難適從故凡應行之政自應立爲表分爲項孰者爲先孰者爲後使萬民咸知一歲之治象何如因以覘一歲之行政何如也治法之精豈有過哉夫天下者天下之天下治天下者治天下之天下非治一人之天下也則立法之始不得不出於共和行政之時不可不循其秩序而治象之法更不容不宣告諸民也三代盛時治術修政教盛固由治法精良以公天下之心行公天下之法有以致之也嗚呼尚矣

選詞按部攷誼就班

周禮大司徒之職掌建邦之土地之圖與其人民之數以佐王安擾邦國說

羅惠僑

九州之大非可冥心搜也萬民之象不能僂指數也圖籍尚矣圖籍者帝王之鴻寶也守成之世重在知戶口籍重於圖開創之世重在知形勢圖重於籍然皆不可偏廢者也蓋當太平無事之時子惠元元休養生息不過辨其山林川澤邱陵墳衍原隰之名物稽其財用九穀六畜之數要均其人民牛馬車輦之力政至於四海未定兩軍相當

決興亡於一戰判勝負於崇朝則非識險易審緩急不爲功是以夏書禹貢周官職方度地如管子任地如呂氏縱橫策士必先言形勢民兵之數而周禮大司徒掌土地之圖人民之數得以知地域廣輪之數識人民要均之法其能以佐王安擾邦國者有由也夫一指蔽前則泰山不見十步易轍則日景不分以曹瞞之智猶惕息於陽平以武侯之明猶遲回於子午孟獻畫偪鄭之計知虎牢之固也韓信決勝趙之策知井陘之險也形勢之險要卽土地之圖之所載也三代以前西北之戶口盛而東南衰秦漢以後東南之戶口盛而西北衰蕭何計戶口轉漕關中恃有戶籍也司馬貨殖傳班氏地理志膏壤沃野男三女二戶口之數明辨以晳知戶籍之重也戶籍之所載卽人民之數也是故居今知昔在是圖籍臨御治世亦在是圖籍圖籍明文化得籍以設施德教得藉以流行卽當騷擾之世亦得以勘亂定邦而布其德教行其文化故曰佐王安擾邦國也且夫圖籍之學之不講也久矣歐西各國皆有圖畫之學有東西洋比較之表有南北極探測之隊有人民統計之表有人民增減之表故其宗教商業所及之區凡山川形勝人民風俗屋宇器械衣食之細電綫鐵路航路商埠港灣物產鑛利之繁罔不實測而詳記之故持此以商戰兵戰投無不利間無不入我國地官失職圖學久廢

欲建築軍港必待測量而知欲分配議員必待調查而得安能遠覘鄰國之情形周知環球之利害哉讀周禮大司徒一章益惓惓於周公之思慮遠運謀深已

氣宇軒昂墨采騰奮入後兩兩比較慨當以慷尤非學貫中西者不辦

大學八條目基於格物說

高恆儒

事非行之爲難行之而得其宜爲難理非知之爲難知之而篤信之爲難吾人立身斯世出而與物交際其所秉於天之靈明湛然在躬如拂拭之鏡如澄清之水不以纖塵染迨物牽於外欲動於內好惡之心生喜怒之情動役於物而不能自克浸浸乎以物易性而情瞀矣由是而顚倒是非淆亂黑白氣於以益散志於以益漓意於以益紛識於以益陂順玆以往未知究極而欲與之論是非討國是甚者舉而置之萬民之上賦以政權託以民命其不至僨事而敗國者幾何天之生人其始豈相遠哉亦各自役於境而不能自拔耳故觀事接物莫大於去蔽立誠而去蔽立誠則必先之以格物今夫理之懸者如名數諸學思幽而邃徹而能達非沈思渺慮湛然清靜者不足以與此而習之者意凝而神專心精而力果識辨於微矣理之渾者如理化諸學執因以求果儲能以效實其於立信求誠之功最相期而不爽然非果毅者未足以與此故習之者悟

擴而心靈神通而意實志求於誠矣理之著者如天文地理歷史政治諸學宏通而博大悠遠而高明非心能與於天地之大者未足以與此故習之者意達而情深心廣而志暢道通乎大矣蓋習乎理之懸者久則拘曲而不達不達則神滯故匡以理之渾者使知事無不因之果不獲而食者斷無有也然久於此則近慤矣故終以理之著者使知天地之悠久山川之變遷政俗之隆替人事之興衰游神於宇宙而無所阻藏神於舒密而無所拘夫然後清明在躬志氣如神判萬事如治獄而得情矣西儒特嘉爾倡意住我住之說斯賓塞倡破幻之旨要莫非推闡窮理盡性必先格物之遺緒而已皆吾大學之學也故吾謂觀事接物莫大於去蔽立誠莫先以格物非然者吾恐日言治國平天下而國愈以不治天下愈以不平也

洞澈東西學術源流言之鑿鑿博大精深而處處不溢題分未易才也

大學言平天下首在與民同好惡說

張孝友

古之言治道者多矣皆政在囿民囿民之治謂之後王後王者小康也先王者大同也仁其道道其身刑於寡妻至於兄弟以御於家邦是謂大和民之所好好之民之所惡惡之是謂大同大和者本諸身也大同者徵諸庶民也以一人之心徵天下之心以天

下之心爲一已之心上下一心咸有一德天下其不幾於一乎一者平也本其身之好惡以同民好惡則好色如太王雖好色無害也好貨如公劉雖好貨無害也與民同樂則千里之囿不爲大也省方巡狩增封加事不爲病也何也與民同也合其身之好惡以同民之好惡則國危可詢而國無危矣國遷可詢而民無病矣立君可詢而放弒擾攘玄黃血戰之局亡矣是之謂大同其效孔子不得而見也堯舜遠矣文武之道布在方策可得而稽孔子其有東周之志乎時君好戰時君之所好非時民之所好也時君好利時君之所好不能好民之所好也奪民之好而爲好則民惡又從而禁民之好惡箝制天下之口是先王之敝人也已齊之尼谿楚之書社魯之司寇不終其任堯舜文武大同之治不作麟出非時孔道其窮春秋者大同之軌大學者大同之事也平天下而歸本於民同以是知民不同之不可爲治也奈何囿其民哉或謂愚民無知凡民難與圖始天道之公常不足以勝乎人欲是非不正好惡乖方聖人又從而同之耶曰不然先王唯恐民之不智後王唯恐民之不愚大同之世無不受敎之民卽無一非忠恕之士孔子之道忠恕而已矣卽堯舜禹湯文武周公之道亦忠恕而已矣以忠恕貫乎人心則好惡不期同而同天下不期平而平大同之境不覺其效也解者曰中心爲忠

如心爲恕以人反己推己及人寧有拂人之性者乎大學者大同之學也何以知之於平天下與民同好惡之旨知之

拈大同二字作柱意旁徵曲引題蘊畢宣用筆尤能斂才就範無劍拔弩張之態

風有采蘩采蘋雅有行葦泂酌昭忠信也說

童維善

聖王之迹息而風雅以興風雅之義微而春秋乃作蓋君臣之義昭然若揭上之待下不一其事而要以信下之奉上不一其行而制以忠忠也信也貫兩間充四海如日月經天如江河麗地歷古今而其義不晦者也道微世衰大義乃乖文武之澤五世而斬詩人猶能道其政而寓炯戒之意東遷而後上淩下替孔子遂致憫於心而行太史之職吾讀左氏傳周鄭且行交質君子發其斷語然後知風雅之義忠信大道蓋亡於此時而猶或見於一二君子之言者請即其義而申說之蓋周之天下自成康沒而道一變幽厲興而道更變平王嗣位自西而東而道益變至周鄭交質天子下躋諸侯諸侯上陵天子信既安在忠於何有吾讀采蘩之詩夫人不失職也吾讀采蘋之詩大夫妻能循法度也夫人大夫之妻能奉職循法若是蓋內存乎尊敬之心外自發乎有禮之行懇懇乎忠之昭也此國風所以有采蘩采蘋歟吾又讀行葦之詩言周家忠厚也吾

又讀泂酌之詩召康公戒成王親有德也周之先忠厚有德若是蓋我能待下以忠厚神自饗乎有德穆穆乎信之昭也此大雅所以有行葦泂酌歟忠信之道備於風雅風雅之義著於采蘩采蘋行葦泂酌四章孔子處春秋之時作春秋之書意者當三百篇删成之際憫風雅之義微采四章於風雅門弟子習聞其說左氏乃採而錄之於傳中歟慨自鄭莊不臣而忠之義蕩然無存周平不君而信之義亦蕩然無存厥後王綱日墮侯服凶恣變春秋爲戰國淪周室於暴秦風雅之義固已絕而無望而聖王之迹且曠百世而未聞君子疾首痛心追原禍始鄭莊不忠王室固亂臣賊子之尤而平王之不信諸侯亦不得辭其咎也嗟夫忠信聖王之大道也君臣之正則也旣阨於古宜昭於今吾願後之言治者三復風雅之四章而昭其忠信也可

其味黯然而長其光油然而幽習之先生之文也文之妙處似之

黃帝制六書說

朱芴廷

無中外無古今郅治之軸必循文化之涂致其鼻祖則亞東有中國歐西有巴比倫中國有黃帝巴比倫有阿亨鐵那帝然究其兩國始制文字之同然實則二帝而一者也巴比倫字成楔形中國曰字字卽楔音之轉此其同也楔形剞如獸趾蒼頡觀鳥獸蹄

跡之迹象形制字此亦同也他如中國考老之轉注上下之指事度渡之假借江河之諧聲信仁之會意而已比倫則有一形實字虛借之用一字上下同形之制要之異於今之蟹行之書符乎古之鳥跡之文也故攷古者言黃帝卽阿亨鐵那帝之轉音中史言黃帝夢遊華胥之國巡狩天山華胥卽言歐西天山卽巴比倫太乙散地之轉音實則黃帝踰天山而東輸文化於東方時巡狩而西者不忘母國之意耳然則東西文字信乎同源雖謂巴比倫之文字爲中國六書之母無不可卽謂中國之六書爲今日泰西文字變形之母亦無不可後世末學膚受心醉歐風置國學於不顧而猶強分東西囂囂然曰吾寧舍此而就彼是猶鷽鳩笑鵬何其不知量也乃憂時者或思六書之義從茲或晦蒙謂六書之義從茲而明蓋前乎黃帝者爲酋長遊牧之世結繩紀事蠢然不知治化無所用六書也後乎黃帝者爲人事競興之局彬乎其有文章雖天下嘖嘖多事而世界之進步莫不由簡趨雜由紛理劇而文字者實爲致治之機關文明之導線故禮樂婚嫁兵刑之制始於黃帝而因文紀事因事紹治人事因六書而肇六書因人事而著世未有棄人事而治亦未有舍六書而能治者也況今天下車同軌行同倫書同文方合中西而鑪冶之吾聞有倡萬國公字名愛斯滲倫拖者矣未聞舍己而耘

人之田用彝而能易夏者也是蓋徒見東西文字之異而不知其似異而實同耳日本之強也以歐化而漢學不廢吾國爲世界文明之古國而四千年來之古文字厄於東而轉盛於西夫東西文字一也彼西方美人自詡文化者其亦念黃帝之賜哉

既精既博元元本本殫見洽聞足令小儒咋舌○入後義尤精博

黃帝制六書說

陳維嵩

遐稽洪荒天造草昧人類之生也榛狉未化較之禽獸初不甚殊然其聰明智術秉賦於天者既獨異於禽獸抽象之觀感自深人智之啟牖愈速又以喉管發音較複於他物仰觀俯察其智彌濬胸臆之思慮所欲自表見於外者彌衆於是動之口舌者謂之語寖假而動之口舌者取而著之簡策謂之辭文字之興豈偶然哉溯中國之有文字自倉頡始而其所以冠絕萬國者以字各一音不由拚集更取象於天地萬物著爲字形而象形出意識所注各有別擇欲指若者爲左爲右若者爲上爲下而指事出雜聚二文融爲一意見者自能會心如武从止戈信从人言望文卽可生義而會意出轉老爲考卽字之變形推其文之變義而轉注出以偏旁取象更附字以諧協其聲如江河从水水象形字也又从工可工可協水聲之汨汨也而諧聲出然又以字少不敷不足

達意於是取一字而二其義以通用之迨後世則加偏旁以識別而假借出假借者所以濟象形指事會意轉注諧聲之窮也於是六書具備矣六書備而宇宙萬事萬物之理悉取而筆之於書以彰往察來則盈宇宙間萬事萬物之理無遁形俾人觀於往昔而若者是則是效若者宜戒宜懲乃可以化成天下此世之所以日趨於文明也文字之功詎不大哉故自伏羲始畫八卦已植文字之基至黃帝創制六書集文字之大成乃由結繩之治進而有簡策之可徵而中國亦於是時奠定丕基涿鹿一戰蚩尤授首苗族遠竄黃帝遂能制禮作樂振興百度綿延至於今日不墜皆食黃帝之賜太史公書繼春秋其序次自黃帝始此其卓識洞越千古者也豈非以文字爲文明之源淵而中國文字之興非黃帝創制六書不爲功耶嗚呼文者天地之精英也其爲用廣矣大矣蔑以加矣舉凡幽深綿邈之思想非文無以達也歷代掌故之得失非文無以見也治亂興亡之因果藉文以傳之聖賢豪傑之偉蹟託文以顯之生乎百世之下欲悉百世之上之陳迹苟不求於文將焉求之安能不稽載籍而知古昔之得失明如列眉又安能悉偉人之行誼如揖讓於一堂乎三皇以前之事不能詳考者文獻不足徵焉故也三皇以下之事得以詳考者文獻足徵焉故也則以三皇以前六書未創結繩爲治

三皇以後六書已作簡策可按也然則黃帝之制六書其嘉惠於來世者詎不懿歟

華實相宣情文並茂東坡所謂少年文字頭角崢嶸者

黃帝制六書說

王臨堅

天下之事功今古之遞邅其迹萬殊其衍無極而由其果以稽其因舉凡國俗民才之變制度學術之原可以悉其權輿而知其一羣之治化也蓋太古國家其文明之發生與並世之國同其創始同其世紀所謂文字者亦同其構造族散異趨各守其俗而文明有高下崇尚別虛實皆於其始胚胎之矣近世新學突興博古之士好探討古實以究其微而溯中國之文字紀載所稱必曰自黃帝始舊說謂帝臣蒼頡體類象形而制字字有六義象形指事會意轉注諧聲假借是也而惟象形指事爲六書綱領所謂會意轉注諧聲假借者相襲而成集字以爲文也竊有以論其微矣夫國之有文字有發生於己土者有雜采諸他族者雜采諸他族者舉音而曉其義發生於己土者隨義而舉其音孳乳相生由獨而合其集合之由以意爲之以表其音故中國之文字其目分六而文字之成皆以理合由是可證中國之文明無事不寓其理想也夫學術由理想而致其極則說元而涉虛政俗之成必賤功利而崇名義故天下之事理有必拘牽文

名而行之矣夫豈作始者之定例固然哉蓋自黃帝習居中夏環海而居生長繁殖老死不與外通獨致其心思才力以成上古之文明其一藝之制一令之行卽其事而定名於是其體日繁而不可合之以簡當古初之世埃及身毒波斯斐泥斯其制字也亦依中國造字之規西學所謂楔形文字也而其後列邦交爭民不囿處後起之希臘集取衆長而有旁行之文字不事指畫藉音以通而延此恆幹故學務其實迹事崇其便利此其治化之所成迥然與我異也

採中西文字之權輿而推究其致用之異思沈力厚莊雅不佻品格極可寶貴

詩三百篇大抵賢聖發憤之所爲作也說

陸以漢

君子生逢不幸處國家多艱之秋不得已而舉其牢騷抑鬱憤激不平之概一託之於詩詩者聖賢微言之所寄大義之所存自詩亡而春秋作後世詞人墨客以執管吟哦品評風月爲能而風雅之道式微矣蓋嫠婦憂周抱宗國將亡之痛泣錡殉國存干戈衞國之思彼婦孺且具愛國之心況夫當世之賢人君子覩時君之失政哀國步之艱難未嘗不欲本其憂思發爲忠告蓋野人獻曝之忱以救君人之失乃堂高簾遠下民之呼籲無聞所可藉以通此惓惓憂國之忱者惟詩而已蓋古者採風之使偏於國中

採民情以達帝聽賢聖之士有所鬱結則發之爲詩以寫其感慨之懷望其君之採擇也降及季世虐政寖行至於監謗言論不得自由而憤激不平之思於以益甚且目擊時君之昏暴不忍無言心憂邦國之顛危不敢不告憂傷怨結悲來塡膺用乃不辭瘏口因貢槩言然又不可直陳無隱故多託物興辭憂而不傷怨而不怒婉而多諷以達其存君興國之誠君子讀小弁小旻之篇諷巷伯谷風之什未嘗不爲之悲也詩有二義曰美曰刺觀三百篇之中刺者實多夫自成康沒而頌聲寢國風二雅之篇大抵作於周道陵夷之後譏刺之辭固所以傷時君之失德卽頌揚之什亦多以哀王道之寖衰故關雎爲美后妃之詩而以譏宣王之晏起鹿鳴爲享嘉賓之什而以刺遇賢之失禮由此觀之則非獨變風變雅之詩爲作於王道衰微禮教陵遲之後也觀小雅巧言何人小弁四月諸篇嫉王聽之不聰傷讒人之得志哀人倫之大變悲刑政之繁苛其他諸什亦多傷教化凌夷風俗頹懷憤激之思可謂至矣雖然覩世俗之昏亂不能不發憤雖發憤而作詩而其詞忠厚不涉繁苛婉言以諷而不忍深惡痛絕之者此所以爲古聖賢之詩豈若後世士夫一不得意於世則悻悻然以憤世嫉俗自高者所可比耶嗟乎春秋而後詩道淪亡此賢聖所以不作也歟

託微詞於毫素寫緜邈於寸心學人之文吐屬固自不凡

內外交養說

蘇明藻

立天之道曰陰與陽立地之道曰柔與剛立人之道曰仁與義陰陽偏鬬則天失其所以爲天剛柔偏勝則地失其所以爲地仁義不備則人失其所以爲人故陰陽相推天之經也剛柔相濟地之理也仁義交修人之行也仁義非遠欲則得之違則失之故君子之學學爲人也君子之學爲人學養仁義也仁義何以必需養不養則不至也既至矣而又恐其過故不可以不養也過乎仁則爲柔惡柔惡曰懦過乎義則爲剛惡剛惡曰暴暴傷氣而懦害志氣者形諸外者也志者藏諸內者也外之氣不可傷故剛惡不可以不制內之志不可害故柔惡不可以不除柔惡不除則志害而氣益傷剛惡不制則氣傷而志之受害益甚志與氣相關其勢足以相益而亦足以相損故交養尙焉交養若何亦制其外之剛惡而去其內之柔惡而已治柔莫若敬制剛莫若和敬極肅肅和極雍雍穆穆綿綿斯爲德容根之茂者其實遂膏之沃者其光曄仁義之人其言藹如此交養之效也養之既至則內剛而外柔內剛則無柔惡之慾而志不害外柔則無剛惡之暴而氣不傷所謂以春風接人以秋霜律己者是也外既怡然內自坦然內既

懔然外自肅然合之而爲一夫然後有肅肅雍雍之象知此可以悟程子內外交養之理矣

精心結撰粹入理窟具徵學有心得

涵養須用敬進學則在致知說

陳炳元

甚矣哉動靜之機之不可不愼也吾人一日之間心之動靜不知其幾何卽涵養進學之機亦不知其幾何也然使當靜而一於靜是忘也非吾儒居敬之學也當動而一於動是助也非吾儒致知之學也故曰學在勿忘勿助之間而已矣欲盡其性必先居敬欲窮其理必先致知蓋盡性則易蹈於虛而居敬則崇實之功也窮理則易騖於博而致知則守約之道也由居敬以盡性乃爲吾儒之盡性而不入於虛無由致知以窮理乃爲吾儒之窮理而不至於泛騖是以吾儒之動靜無不敬也無不學也靜而非靜動而非動也其殆程子所謂涵養須用敬進學則在致知乎或者謂讀書必先養氣似涵養急於進學不知氣以養而致與學以致知而進其事雖二其行之以漸則一也必涵養爲體而進學爲用涵養則如雨露之潤進學乃如萌蘖之生明儒湛甘泉先生稱涵養進學如車兩輪行則俱行豈容有二而謂有二者非知程學者也旨哉言乎盡性窮

理之功無一息可間當靜之時居敬以鎭靜卽古人涵養之時當動之時致知以禦動卽古人進學之時自一念之微以至於事爲講習之際涵養致知一時並進然後知古人之所以能盡其性以盡人之性與窮天下萬物之理者非可一蹴幾也玩程子此兩語須字及則在二字意味其功夫之邃密可以想見吾人生聖賢後苟不自暴棄而欲盡性以窮理其必自居敬致知始矣不然忘且助焉又安能動靜交相養而求學有心得哉

理境澄澈卓然見道之言

善氣迎人親如兄弟惡氣迎人害於戈兵說

向紹洪

幽蘭之谷香越十里偶有過者則趨而就之隨侯之珠和氏之璧光耀十乘澤彩流溢偶有見者必把而玩之調成均之笙奏雲和之樂絲竹相序節韵激揚偶有聞者必駐而聽之矣詩曰淑人君子其儀不忒其儀不忒正是四國故修己在我遇物在人方以類聚物以羣分其聚也必有以合之其分也必有以離之吾觀乎春百卉怒芽相競以生漸而就暢相悅以華此春之氣歟欣然樂人者多矣吾觀乎秋草木零落而變衰山川蕭條原隰憔悴此秋之氣歟令人喟然動感有懷憂思何氣之感人深也夫遇物而

成之積而大之感於中而不知之謂氣蘭之香珠玉之澤絲竹之音亦氣之善也而非善氣積善之氣其臭非蘭其澤非玉其音遠越絲竹而自成節奏其迎於人也必投其臭味奪其心思而便之趨就把玩相愛相親愛惡發於心心感於氣和氣感之而愛生乖氣感之而惡發是故欲人之親去己之乖氣見人之惡求己之和氣愛惡在人親遠由己非人能爲之己有以致之也春其天地之善氣歟何待萬物之親且仁也秋其天地之惡氣歟何與萬物之相仇也物固不能自有氣氣來自天物之對於天地者然也物稟天地之氣以爲氣以相親切以相推逐物之對於物者又然也以物率於天地渺乎小矣故天地能以氣化物物與物率大小等耳故視氣以相投易曰同聲相應同氣相求此之謂歟管子曰善氣迎人親如兄弟惡氣迎人害於戈兵親故相投害故相避氣之來非一日也積而成之者漸也鮑之肆一魚之嗅歟趨而遠之者其惡也人性好善而惡惡故善氣迎之則親惡氣迎之則遠孔子曰愛人不親反其仁明乎斯指則四海之內皆兄弟也夫是之謂大同夫是之謂郅治之世

古色斕班其秀在骨作者於周秦諸子寖饋功深故吐屬名雋胎息深厚望而知爲敦品勵學之士

善氣迎人親如兄弟惡氣迎人害於戈兵說

蘇明藻

亘天地萬世而不變者其唯剛柔之道乎明乎此則大之足以平治天下不明乎此則小之亦足以亡身夫剛柔之用運之以氣其變化亦至不測矣如春風之靄然而可親也如秋霜之凜然而不可犯也而或彼或此則有時焉孔子曰可與立未可與權權者因時制宜之謂也不知權者不可與言剛柔之用伯夷之清純乎剛者也其流也戾柳下惠之和純乎柔者也其流也鄙是皆未足以盡剛柔之道禮記有曰內文明而外柔順文王以之夫內文明則不枉己夷齊之道也外柔順則不拂人柳下惠之道也然則如文王者其庶可謂能審剛柔之用者哉管子曰善氣迎人親如兄弟惡氣迎人害於戈兵斯言也蓋卽文王外柔順之意夫氣體之充也故人莫不有氣氣有剛柔在乎養氣有善惡視乎用用之處己則不可無壁立千仞百折不撓之剛氣用之待人則不可無光風霽月温裕敦和之柔氣管子此言係專就待人而論故所謂善氣卽温裕敦和之柔氣也非同流合汙無所可否諂媚容悅之謂也乖戾恣睢固爲惡氣然諂媚容悅豈遂得謂之善氣哉夫接人之際無論事之是非然否能一以温和之氣出之則人安有不敬之如兄愛之如弟者哉不然失言杯酒禍起蕭牆古來正不乏其例也周亞夫

以快快而下獄穎考叔以爭車而殺身毋亦昧於剛柔之道也夫

胸中雪亮腕底風生通篇一意到底語無泛設文之有內心者

國無常強無常弱奉法者強則國強奉法者弱則國弱說

楊貽誠

道德之窮濟以法律非法律勝於道德也道德微而法律顯也道德所以致治平法律所以維道德道不可須臾離故法不可一日亡於天下蓋人品雖有善惡賢不肖之分然惡者固不肯自以為不善而不肖者且將竊仁義之名以濟其盜蹠之行道德亦有時而窮則所謂道德者固治之要而非治國之具也是不可無法律以濟之舜去四凶作惡者不止四凶也而以四凶為最禹誅防風倔強者不止防風也而以防風為甚屏四凶戮防風天下有所懼而不敢違矣斯巴達非聲明文物之邦而國勢之強足以抗雅典而有餘執法嚴也馬其頓新造之國也而霸希臘法成之也韓非子之言曰奉法者強則國強奉法者弱則國弱勢則然矣今夫法固不易言也商鞅用秦變法定令行之十年道不拾遺山無盜賊韓非繼之法加嚴矣然而秦強以此亡亦以此議者且謂秦之亡亡於任法是行法所以速其亡也是大不然天生五材民並用之而不可廢然

水火金木土穀足以養人有時亦所以殺人人不能因其殺人而去之也法之弊在乎偏偏則苛苛則擾行法而出於擾則天下因以多事是非法之不足恃也用不得當無怪其禍天下而有餘也商韓言法弊在乎偏故其效僅足以及一時非奉法之強之過也無道德以爲之範也吾故曰法律所以維道德而法律不可不本於道德無法律卽無道德無道德卽無法律道德固不可離法律而獨存而法律亦不可外道德而獨行

今者歐美諸國視法庭爲最高之政治機關自國王總統而下皆當服從其奉法之強視商鞅之刑太子傅者有加焉然不聞行之而有弊者立法善也攷其現行法律有成文法有不成文法成文之法視不成文之法而規定彼所謂不成文之法則普通之倫理也以倫理範法律故其國強而能久豈僅區區奉法之強已哉

理精詞粹包掃一切作者澄思渺慮素不喜爲人云亦云之譚故嚼墨一噴獨闢蹊徑徒賞其詞意雋拔猶末也

國多私勇者其兵弱吏多私智者其法亂民多私利者其國貧說

尤乙照

天下未有無民之國亦未有弱國亂國貧國之民可常立於地球之上蓋國以民積民

恃國存國之與民禍福共而休戚同也然而國者虛名民者實生凡致強之道舍民其誰任之民生致強致治致富之道其術固多而莫重於皆有公心有公心則勇者執干戈以禦敵侮智者執法律以治民事民亦不爭私利以匱國家之財用國家由是可強可治可富反是而無公心則勇者雖多徒足爲攘奪之媒智者雖多徒足爲骫法之具富者雖多徒足爲壟斷之階國家無恃以存矣旨哉管子禁藏篇之言乎曰國多私勇者其兵弱吏多私智者其法亂民多私利者其國貧蓋民無公心即務私圖務私圖則苟有可得之於私者雖亡國亦將不惜充類至盡賈似道之禍宋吳三桂之禍明莫非私爲之階可不痛耶夫兵凶戰危即恃以禦外侮亦必至奮激之時而後一用非恃以爭私產擁私位也國多勇者祇宜深自養練以俟外侮之來仗鐵血爲強國之具使偶不得志暴戾遽興塗炭同胞之生命以償一己之慾望元氣之凋喪不顧也外侮之迭乘不顧也循至玉石俱焚同歸於盡嗚呼勇而如是則國多一勇者即多一致亡之人故管子曰兵弱兵弱則國必亡於外侮此以知勇者之不可不存公心也孟子曰是非之心智之端也惟智者能別是非是非別而治事治平則凡爲國中之智者首宜各別其良心上之是非而以公心行之庶幾國有一智者即多一能別是非之人不然智者

而純以私見爲是非則同一事也必致彼一是非此一是非甚且以是爲非以非爲是入主出奴視意所如使此輩爲吏則法何得平故管子曰法亂法亂則奸究生心而國以亂此以知智者之不可不存公心也天下生財有限藏於國則國富藏於民則民富國貧則無以治事民貧則無以養生故善爲利者以富國爲富民之本今使國家甫籌鉅款而用之公者半用之私者亦半不務國利民福徒欲假公濟私各染指以自利焉則國何以堪故管子曰國貧國貧無能爲政矣此以知言利者之更不可不存公心也管子以大政治家而兼大法律家故其言之深切於事實非常人所及有如此者嗚呼後之人其亦知所勉乎

削膚存液斂氣歸神文之以蘊藉勝者

國多私勇者其兵弱吏多私智者其法亂民多私利者其國貧說

黃錫蕃

國之盛衰全視民俗之道德爲轉移也道德日增其國必盛道德日落其國必衰證諸歷代之興替莫不皆然何以言之道德之於民猶軌轍之於車道德淪夷民將自私軌轍困敝車將覆轍道德亡而私欲起國家之危亡隨之焉一國之人以公爲輕以私爲

重兵私其勇吏私其治民私其利是則兵之勇非獨不能強國而足以弱國吏之智非獨不能治國而足以亂國利之尙非獨不能富國而足以貧國不知兵之強在能禦敵非在能自鬭私勇之兵勇於自鬭者也吏之智在能行法非在能亂法私智之吏智於亂法者也國之富在能理財非在能奪財私利之民巧於奪財者也管子禁藏篇云國多私勇者其兵弱吏多私智者其法亂民多私利者其國貧誠哉是言夫國多私勇者則朝夕操戈同室授外人以隙其兵之弱可知吏多私智者則朝令暮改顚倒是非其法之亂可知民多私利者則互相爭利各自爲謀其國之貧可知是故國寧無勇者不寧有私勇者吏寧無智者不寧有私智者民寧無尙利者不寧有私利者也

思淸筆雋入木三分

國多私勇者其兵弱吏多私智者其法亂民多私利者其國貧說

胡端行

國於天地必由有立立國維何務在開明德性彰顯至敎陶育諄愨之氣鼓勵高尙之風國性優美而國化敦厚相見以誠相接以禮持己以正臨下以平士夫出其才智以治國工商營其實業以利國軍民奮其精力以強國太和氣象昇平事業雄風著於宇

內。威名宣於邦外。國之隆盛。固由其國性之葆光內潛。國化之正氣旁礴耳。非然者。風雲甫定。文教未敷。叔季之頹風未絕。逐鹿之野心勃發。擁兵以自衛。則兵爲張權之資。非桿國之人。舞文以弄法。則法爲黠者所利。非明哲所定。蠅營以求利。則財聚於一隅。而偏枯於全邑矣。夫曰兵勇固可以強國。吏智固足以司法。民利固可以富國。然不知好勇鬬狠。專權自恣。張其虛驕之氣。而無嚴正之概。則其勇不足恃矣。深文周內。顚倒是非。狥情枉法。破壞憲章。仗三寸之舌。鼓十萬之言。智則智矣。其如法不平何。萬戶自封。一毛不拔。銅山金礦。爭自貿易。一人肥而天下瘠。民卽利矣。於國何有。此無他。其所恃以爲勇者。爲示威之用。則私勇也。所恃以爲智者。爲舞弊之計。則私智也。其所恃以爲利者。爲斂財之法。則私利也。私勇則競於私鬬。憚於公敵。私智則長於弄文。忘其壞法。私利則公益弗聞。國利忘懷。而向之所謂強國治國富國者。適成一反例耳。此其流弊。固早爲管子所灼見。其著禁藏篇云。國多私勇者其兵弱。吏多私智者其法亂。民多私利者其國貧。良有鑒於齊俗之去太公遺風已遠。國性或流於澆薄。國化或趨於囂張。公德公理。或蔽於私欲。故發斯語以警國人耳。觀於齊桓召陵一師。稱霸東南一匡九合。兵不血刃。勇何如乎。強何如乎。無他。嚴正之師。足以懾服羣雄也。權輕重。審法度。

令行惟謹法定無更國以是治山海魚鹽權歸府有穀貴則糶穀賤則糴國以是富管子之所以爲勇者在堂堂正正所以爲智者在精審明察所以爲利者在國富民足故能守治平富強之效也是以立國之本當務激發固有之國性提倡道德闡揚仁風使勇者不爲爭鬭之行智者不爲狡猾之謀牟利之徒不作獨富之想而以嚴正之氣以治兵清介之操以立法公益之心以興利則國自臻於治平強盛之境矣謀國者其以保存國性國化爲本圖毋以私勇私智私利爲弱國亂國貧國之媒介可也

筆情跌宕闡發無遺

漢人以名爲治故人材盛說

何榮曾

東漢人材盛矣論者以爲皆嚴光爲之祭酒焉爲之先導焉善哉言乎嚴光之高光武之厚使之然也前乎此者武帝之崇儒術使之然也又前乎此者高帝使之然也高帝使叔孫通定朝儀高帝不學無術爲此何也曰爲名也武帝多欲喜功崇儒術者何也曰爲名也光武之下士嚴光之不屈何也曰爲名也三代之風無復見矣君之所履臣之所式也兩漢之士區區以功名爲的高帝創其先武帝繼其緒光武承其後也故叔孫先驅也董仲舒等中軍也嚴光者殿軍也故人材之出也爭先恐後以名爲鵠於是

洋洋稱盛矣夫一軍之中主將當敵則諸將莫敢不奮勇士卒莫敢不爭先矣上好名下從之而風俗自變此漢之所以治也夏尚質而人多信鬼周尚文而民尚奢關雎葛覃后妃之化也匏葉鶉奔衛公之淫也故吾前謂在拂特之世風俗由君而成者良非誣也高帝定儀開天下專制之漸武帝崇儒成學術專制之風故吏多酷而民困光武仁慈故吏多循而民偸此其大較也漢承秦制之餘秦承六國之餘皆所謂仁義充塞至於率獸食人人將相食之時也漢繼興而能反之雖曰好名亦足以爲治矣顧亭林曰漢人以名爲治故人材盛今人以法爲治故人材衰又重之曰昔人之言曰名教曰名節曰功名不能使天下之人以義爲利而猶使之以名爲利雖非純王之風亦可以救積洿之俗信哉兩漢之初雖有禹湯文武復生恐難遵乎三代之盛苟無挽回之術必淪於夷狄矣故名之一字救漢之藥石也高帝等名醫也不然則亂臣賊子行將公然爲非矣新室之不長皆此藥石之效也松柏後凋於歲寒鷄鳴不已於風雨三代以下風俗之美無尙於東京者其是也乎其是也乎亭林先生生於明季當時內訌外叛土崩瓦解之勢已不可復遏先生潛心經史覽察風俗悲國家之淪胥發憤著書數十萬言日知錄尤爲彼終身精詣之書此言名與法對知有明一代亡於法者也一法生

一弊生又置一法以捄其弊此所以外戚藩鎮宦官之禍皆見於明也易曰括囊无咎无譽先生有焉豈爲名哉

批郤導窾穎銳非常庖丁目無全牛可謂神乎技矣

漢人以名爲治故人材盛說

陳長源

古聖王之治天下也選賢任能尊仁重義禮樂以化之刑政以禁之故民俗大洽國內大和後世道衰權霸迭出爲治者不首務乎仁義禮樂之大本而兢兢於名法之末噫此世之所以不治歟雖然聖王不作權桀盛行三代以上之人惟恐其好名三代以下惟恐其不好名齊桓晉文尊王攘夷奠安邦土而孔孟羞稱漢武唐太虛禮下士窮奢極欲而世儒褒美亦以見世風之移非可強挽爲治者貴因時利導權爲之宜爲之榮祿之名以尊之廉潔之名以激之恥辱之名以防之俾納民於軌物弭亂於無形故以名爲治者猶勝於任法善哉乎顧氏之論漢治也夫名有三有名教之名有名節之名有功名之名炎漢初興軍書旁午禮樂大典未暇兼及然高祖定約非功不侯非侯不相田橫不屈而義之四皓不就而禮之漢世尚義崇功之風實基於此故人材輩出多顯名職猶不失養賢授能遺意孝武繼統罷黜百家獨尊儒術實爲有漢一代名教之

先河又得一代大儒董江都爲之冠博士弟子之設通經達用者之辟一時人才濟濟萃於朝堂雖云曲學並進然實開漢代文藝教化之先聲後來儒臣或以詩作諫書或以春秋斷獄如蕭望之輩皆凜然有古大臣風黃霸廣漢之流則激揚吏治儒術之衍爲實用於斯爲盛故歷孝宣元成以至新莽篡竊其間雖或奄宦弄權外戚盜竊而國有宗臣野多遺老或婉言切諫或抗志不屈如劉向龔勝之儔數見不鮮亦未始非孝武尊崇名教孝宣孝元扶翼之效也光武中興首禮高隱之嚴子陵明帝襲統設大學立明堂臨辟雍養三老五更公卿坐而論道尊崇名教激厲名節極矣故東京士人尚節義重廉恥之風視西京尤美及國運中衰權奸恣志而忠臣義士危言覈論矯正波靡殺身成仁如陳蕃竇武李膺范滂等或力扶朝綱或直斥姦佞作中流之柢柱揚大化於天衢死而後已誠足多焉要之有漢一代治術始基於高祖崇名尚功中成於孝武孝宣之尊崇儒術而大成於光武明帝之褒隱逸崇名節重名教故功名之士以西漢爲多而節義之士以東都爲盛昔太公治齊曰尊賢尚功名雖不及仁義道德而猶勝於法誠以法者治之具而非致治之原也君子觀於漢世崇名及其人才之盛於治術思過半矣

於兩漢之治術洞見本原響切光堅神完氣足

士人有廉恥則天下有風俗說

李熙謀

教化衰而廉恥喪廉恥喪而風俗壞甚矣廉恥之關於風俗大矣哉夫所謂風俗者天下之所可風可尙也所以觀民間之習俗性情也故古者太史採詩歌謠諺以占民風情性之强悍柔弱於此見習尙之奢侈樸儉於以占推而至於風俗之淫佚忠實國家之興亡盛衰亦無一不可於此卜之是以風俗者國性民情之表識也夫千里俗異百里風殊俗有懦弱之俗有悍勇之俗風有樸實之風有輕薄之風天地不變民種如故而方百里間忽而篤誠忽而奸險忽而橫暴忽而懦怯歷世相傳隨時移變是則督責領率之者有以轉移驅鞭之也夫貴乎風俗者以有可風可尙之可言而風俗之轉移又在督責領率者之驅鞭善乎宋羅仲素之言曰士人有廉恥則天下有風俗何言之深切而著明也其當二帝蒙塵宋室掃地廷無忠臣野無義士感憤而發者耶其悲時憫俗思挽澆風救世而發者耶夫廉恥有時或無風俗則無時可無也無天地可以無風俗無生物可以無風俗無人衆可以無風俗至無廉恥而自成風俗者則山猺獞苗菁居穴處食血茹毛裸體披洗饑則爭飽則息一切婚喪習慣亦必有風俗之可言其

天性未知廉爲何物也恥爲何事也然則無廉恥固亦有風俗也羅子士人有廉恥則天下有風俗之言何謂也蓋士人無廉恥非天下眞無風俗也士人無廉恥則天下無風俗之可言也士人無廉恥天下之風俗不足稱風俗也夫士爲四民之首所以導率天下民也廉恥爲節勇之本所以興發志氣也風俗爲民情之發現習之由之而不自知也士人有廉恥足以使四民有廉恥廉恥心存節操之守堅忠勇之氣盛正壯奮發而風俗於是乎大成足使頑夫廉懦夫有立志是則風俗之所以係乎廉恥也廉則清清則正恥則勇勇則壯無廉則頑無恥則懦於是役使虜使不敢辭牛呼馬呼不知抗如此而尙有何風俗之可言如此而可稱風俗則山猺獞苗亦有風俗也蟲魚鳥獸之蠕泳飛踽亦可稱風俗也嗚呼無廉無恥至於今而極矣賄賂公行苞苴白晝議員之代價幾何選票之一紙幾何幾盡榜之於道路尙得謂士人有廉恥乎風俗其無可問矣趙宋天下有羅子等之大聲疾呼終不免南渡偏安今日者其何人起而問諸

擧胸中無數之見地無限之感憤明目張膽而出之文至此其無不盡之懷題得此遂無不滿之量允稱傑作

士人有廉恥則天下有風俗說

陳洪

自古善爲國者必以風化爲本聖人之道興則人心正而天下治風俗腐敗則人心死而奸詐尙奸詐尙而國乃亂是國家之興廢實係乎風俗之善否雖然衆生芸芸未知所從與俗浮沉者多能出類拔萃者鮮矣是故風俗易敗而難矯惟一二正心修身之士卓然處其中風俗之善者贊之其不善者擯之於是衆望歸而羣起趨之至一鄉而一鄉化至一國而一國化衆人之所趨一二士之所趨也風俗正而聖人之道盛孔子治魯三月而民化是風俗之善否實係乎一二士之趨向而已所貴乎士者貴其知道也貴其有廉恥也皎然特立見義而忘利衆望所歸雖有頑惡者亦見而心折焉相處旣久則不知舊習之消於無形也此大道同化之功聖人起而天下以正焉羅仲素先生有言士人有廉恥則天下有風俗然則士無廉恥則咸趨於利而不知義惡風尙矣蓋以衆人之所趨乃一二士之所趨也爲士人者實負矯風之責焉洎乎晚近聖人之道淹詐僞風尙士人有廉恥者寡矣卽有一二特立之士而衆不之從以爲道德不能用於今世嗚呼世風如此天下事尙可問乎士人不能生而知道在於敎化風俗如此士人如此殆國家之敎化未盡善耶不勝望當道者加之意焉

亦高渾亦明潔迥然拔俗千尋

士人有廉恥則天下有風俗說

孫世揚

古者政教修明移風易俗出自王官自天子失官學術轉而在下風俗之變每在下而不在上驗之史册有足稽者季漢晚明奄宦專政綱紀陵遲而獨行逸民諸傳雅俗廉孝之士忠貞敢諫之臣後世曠乎未有聞也黨錮諸賢不避斧鑕雖曰朋黨相胥非盡出於悃愊然自清流之作閭巷婦孺咸喻大節之不可奪也聞伯夷之風者貪夫廉懦夫立庳於風俗固已多矣故古者風俗之良楛係之王官後世風俗之良楛乃係之士人宋儒有言士人有廉恥則天下有風俗是固然矣乃以爲朝廷有教化則士有廉恥是或未盡然也教化修明士有純德草上之風必偃固也然士行之至或無待於教化且必亂世乃見忠直之風狷介之操叔季之俗往往踰越盛世粤晉之東下訖於陳五朝不競篡奪於內削弱於外其間名賢輩出流風所被往惡日湔而純美不忒故其俗無漢之詐僞魏之侈靡而學術昌明禮教日隆三代以來無有愈於此者故曰在下不在上也

純密淹雅的是通才

斯賓塞稱文學美術爲文明之花說

童維善

嗟夫物質文明至今日而幾極矣汽電之營技巧之進日新月異蓬勃光明之象吾不能測其端竊謂世界美術文學於斯爲盛宜西人之以天驕自負也顧斯賓塞氏則言文學美術爲文明之花吾嘗尋乎其旨而有疑焉夫汽電之營技巧之進是蓬蓬勃勃者非今日之文明耶璀燦光明皆可認之爲花然花也者有緣而后生者也有枝葉焉有根本焉以今日之花可卜後來之果然則孰爲枝葉而孰是根本耶後廿世紀而文明者果可得若何之果耶今文學旣興美術亦大可觀謂非文明誰其信之然謂今日世界已大文明吾又不敢侮天下法律之未盡備也政教之未盡修也機械相殺之風之未盡絕也循是而往含氣之倫詎有相親之機大同之望何時能達卽物質進步詎爲人類幸福文明之極談何容易則所謂文學美術之燦爛者要亦文明之淺者斯賓氏所以稱之爲花也其根本與枝葉固自有在非徒豔羨此花已也夫花者有緣而發卽此美術文學之花亦非無藉向非道德宗教爲之本人類或幾乎息胡暇乎彬彬麟麟蔚兹大觀根本茂枝葉盛欣欣向榮而有此花成信夫美術文學爲文明之花而非文明之根本也吾是以原斯賓氏之旨知法律政治文明枝葉道德宗教文明根本也世之人其亦欲得未來之善果乎吾願其注意於文明之根本也

響切光堅動中肯綮

斯賓塞稱文學美術爲文明之花說

吳洪興

天下無無根之花亦無無實之文學美術是故徒培其花者是謂忘本祇知從事於文學美術者是謂乏實忘其本者非徒不得其根並與花而失之乏其實者非徒不得文明並與文學美術而失之蓋培樹之志固在於花不盡在於花也求文明之表固在於文學美術不盡在於文學美術也花誠樹之表豈僅花而已矣文學美術之外亦有實業在焉彼求樹而不植根欲文明而不求實業者是猶欲絲而不蓄蠶其可得乎斯賓塞之言曰文學美術其文明之花歟誠以立國於世花固不可缺而根尤不可缺文學美術固不可缺而實業尤不可缺不然駢偶奇麗美固美矣何救於吾國今日之衰弱斲刻建築華則華矣何補埃希之亡然則世人亦可知矣雖然樹而不花根而不末國雖富強不免來野蠻之譏則文學美術亦求文明之所不可鮮者也蓋嘗論之二者不可偏廢植樹者固不可棄樹而得花亦不可崇樹而棄花求文明者固不可求文學美術而棄實業亦不可得實業而棄文學美術是故吾國之文明惟周爲盛當是之時樹與花並重實業與文學美術並重是以泗水之濱文學卓絕乎萬世三楚之地機械創

始於一時及夫兩漢此意漸失降及六朝益形華靡重以宋儒之理學明清之八股既失文學之眞意又棄實用之實業彼歐西者方日唱其惟競則勝之說文學美術爲文明之花之談則吾崇花而不崇根之空學又安能敵彼崇尚實業之工商界耶及夫一旦悔悟則吐棄之又惟恐不速終至邯鄲學步盡失故步西人實業之學未得吾國固有之國粹已蕩滅無遺是又豈文學美術爲文明之花之意耶故我謂文學美術爲文明之花者實業爲樹文學美術爲花以光之也非謂重文學美術而棄實業亦非徒重實業而置文學美術於不顧也不然彼歐美實業之國又曷爲而研究拉丁文學及崇尚建築耶

文氣清腴華實並茂

斯賓塞謂修道之法在於嘗人生最大之辛苦說

鄒恩潤

天之將降大任於斯人也必先勞其筋骨苦其心志而後立功成德遺澤萬世後人聞風興起馨香膜拜欽之仰之慕之親之豪傑之士甚至俯仰慷慨感涕零泣恨不同時者夫豈偶然哉大禹古之聖王也治滔滔之洪水拯芸芸之衆生民到於今受其賜是無他惟嘗人生最大之辛苦故人徒見其成功而不思其居外十三年過門不入泥橇

山權之極人生大困難也孔子古之聖人也挽旣溺之世風傳一線之道緒東亞道德賴其維是無他惟嘗人生最大之辛苦故人徒見其成功而不思其車轍盈天下所如不遇而絕糧於陳微服過宋飲水曲肱寧作居夷之浩歎也王陽明近世之大儒也悟格物致知之學倡聖賢良知之旨振人心之委靡惠後進以無窮是無他惟嘗人生最大之辛苦故人徒見其成功而不思其困思勉行學術三變而居夷處困動心忍性極人生最不堪之境也此外如勾踐之臥薪嘗膽而復國仇陶侃之運甓習勞而平大難載之史冊更僕難數於是而益信斯賓塞所謂修道之法在於嘗人生最大之辛苦爲不誣也雖然君子孳孳爲善惟日不足小人孳孳爲惡亦惟日不足夫周公之握髮待士固勞也而王莽之僞恭下士亦勞也孔子之周遊列國固勞也而蘇秦之奔走游說亦勞也其勞相同而其所以爲勞則大異其嘗天下最大之辛苦相同而其嘗天下最大辛苦之結果則大異是何哉所修之道異也於是乎知修道之法在於嘗人生最大之辛苦固也苟所修之非道則雖嘗人生最大之辛苦庸有濟乎不然是謂周公王莽爲同道而孔子蘇秦無異轍謬可知矣孔子曰欲速不達孟子曰其進銳者其退速聖哲名言固已先西哲言之矣不問收穫第問耕耘有志之士盍自勉旃

文事軒爽能見其大後路尤足爲有爲而爲者痛下一鍼砭

希臘之教育重理想羅馬之文化崇實行說

張鴻嚋

存一定之希望而國事民事卽於以出者是之謂理想定一定之宗旨而國事民事卽於以定者是之謂實行理想重高尚實行重平夷理想重他日實行重今時惟重高尚重他日故存希望非達極點不可而所得文明僅在春華惟重平夷重今時故所定宗旨無高尚難行而所得文明則在秋實何也理想者事實之母事實者理想之子嗟乎此希臘文明所以終爲羅馬文明者其以此也歟閒嘗考歐亞交通以來東方文明一度而爲西方明文西方文明一度而爲希臘文明而集希臘文明之大成者則爲雅典爲斯巴達雅典尙文斯巴達尙武雅典之希望在使通國爲文人爲學士斯巴達之希望在使通國爲武人爲軍民一則術藝大明儼然一文物之邦一則好動干戈凜然一軍民之資二邦之性質不同二邦之希望則一時雖不長要不得謂非歐洲文明之一絕大關健也至若地拓歐亞號稱雄邦者非卽所謂羅馬也耶羅馬自西柔君主以來一以帝國主義爲意雄君英主代有其人內政外交均徵完備歐洲文化繼希臘後首推羅馬要而論之希臘守成之國也羅馬進取之國也守成重在己進取重在人重在

己者故教育首重理想重在人者故教育首崇實行抑又聞之大抵一國之教育文化恆視一國之地位與一國國民之性質爲比例差一國之地位與一國國民之性質而宜理想矣則教育宜重理想一國之地位與一國國民之性質而宜實行矣則教育宜崇實行希獵一島國也島國之民好通而不好塞惟其通也故喜理想而不喜實行羅馬一大陸之國也大陸之民好塞而不好通惟其塞也故喜實行而不喜理想彼希臘羅馬之教育亦視民之通塞與地之近水與否二者而已矣後世教育大開文明日進教育宗旨勢必視民之性質與國之地位而定夫希臘文明不旋踵而爲羅馬者無羅馬實行之文化也羅馬文明不旋踵而爲意大利者無希臘理想之教育也是以希臘教育吾取其意不取其法羅馬文化吾取其法不取其意質之以爲後世教育之宗旨

於理想實行互異之處闡發詳盡具徵學識明通

希臘之教育重理想羅馬之文化崇實行說

陳永恆

天欲啓數千年後之歐洲爲文明之區天必使數千年前之歐洲種文明之果間嘗流覽西史及近今西洋之所記載與夫文人學士之所編乃知西國文明之母實始於埃及埃及解紐希臘勃興於地中海此爲歐洲文明之先導究其發達之原因大抵採取

埃及之菁華而復以本國所固有者發揮而廣大之無埃及不能種希臘之文明微希臘不能發埃及之文明亦不能成今日西國文明之實際希臘之於歐洲其影響何其大又何其重也我知之矣自來立國於地球之上爭勝於物競之秋有教育者存無教育者敗有教育而復致之完全者存無教育而終於不復提倡者敗是故善觀人之國不觀國之強與不強與夫文明之與野蠻而惟觀教育之程度若何希臘之所以文明希臘之善於教育也其宗旨在於理想故希臘教育家卽理想家也理想愈高卽教育愈善教育愈善卽理想愈密教育由理想而發達理想由教育而完全相輔而行不可偏廢希臘以理想爲教育之母以教育爲理想之子母子聯合宜乎希臘人才先後繼起也如梭格拉底亞力士多德柏拉都此三人者希臘之大哲學家亦希臘之大思想家也嗚呼希臘以教育植人才而人才出以人才治教育而教育廣希臘誠歐洲文明之祖國哉後數百餘年而羅馬與希臘文明因之就衰羅馬吸希臘之所固有者爲文化之基礎鎔化一鑪集爲大成凡一切雕刻建築與夫學術美術發達於全國實行而無礙豈知羅馬之實行文化卽本於理想哉羅馬之理想卽希臘之理想以希臘之理想發爲文化之實際宜乎繼希臘而復文明也嗚呼後先輝映文化迭生試看今日之

歐洲豈非古化所傳播希臘羅馬厥功偉矣

深明兩國文化源流局正詞純春容大雅

特操異撰兼成己成物之功明德新民胥由於此說　王永禮

治功教化古今不相及也文章事業古今不相及也由游獵而入於畜牧由畜牧而進爲耕稼由耕稼而趨於完美治制之國體此政治上之演進也繪象計事結繩制字陋簡之則漸趨淘汰而象形指事諧聲會意之四體備生民之事物乃可觀此文治上之演進也荒古之民狉狉榛榛茹毛飲血穴居窟處遞嬗千百載而烹飪之法明紡織之道得舟車屋宇之用大昌於世此事業上之演進也然而治制粗具事物浸繁而樸質之民性靈猶窒僿後聖羣起設庠序立學校教之以六藝之學曉之以三綱五常之道文質彬彬由野趨文此教化上之演進也故教化治功事業文章皆精進無前日趨新異不主故常不循古訓日新月盛時異而歲不同其遷變之速轉移之力神乎其妙疾雷迅電誠未足以喻其萬一嗚呼亦大可訝矣雖然考之生理之學人固有性靈也性靈愈用則愈巧各修其天稟之美各致其高明之學合天資學力二者之用以明一己之特操於是天演之學行而人道乃大進其所以致此者莫外乎行己自由與所居各

異二道而已英儒穆勒約翰名之曰異撰然則特操異撰者天演學之媒介與藉一己之腦力窮一己之心思修一己之學成一家之言卒之一言之微一行之細驚世人之耳目動天下之觀聽於是言行舉止莫不如磁石之含吸力矣庶民將於是焉取則庶物將於是焉增進推其極也有轉移風化之力左右世界之能不萌民胞物與之志而民胞物與之功自顯不翹開物成務之績而開物成務之效自至故曰特操異撰兼成己成物之功明德新民胥由於此雖然穆勒約翰之所以明特操異撰爲明德新民之本固將以奪帝王之威恢復行己自由之神權也甘發新奇之學說明自由之眞諦不畏帝王之加罪不避俗人之訾議彼固深知行己自由之不得則特操異撰皆成空想而成己成物之功明德新民之效亦皆無以見諸事實輓近來歐西文化大進新制日明新理日出固皆由思想無束縛言論無箝制之故飲水思源不得謂非蒙約翰之賜英國當中世之末封建之制未廢之日人民階級之見甚深平民之心思言論無不一一受貴族之壓制故治功教化事業文物皆卑卑不足觀及十五世紀之初封建之制蕩然無存民權日伸而進步乃速訖今四五百年間文化之進不可言狀嗚呼此自由之作用也吾國當春秋戰國之際言論思想最發達之時代也各家之著述垂千百載

而不朽故治化之進退與民權之伸縮有正比例焉彼專制之君顧一己之自由以抑壓民權爲務使文化不進物質不新天演界之蟊賊人道之大敵也

詞意精當洞見本原

特操異撰兼成己成物之功明德新民胥由於此說

范祖璧

世有今昔之不同時有文野之各別古之所是今未必是古之所非今未必非常人拘泥世俗徇古非今往往阨特操異撰者之所爲而使不得行其志於是世界進化日遲一日而明德新民之盛終不得驟睹是可慨已今夫特操異撰者之所爲其不同於常人也明矣不同於常人而入於邪不得謂之特操異撰也然則所謂特操異撰者必也持特別之行而不背於眞理具出衆之才而有利於人羣不背於眞理者知天演之義進化之理而與俗與古爲戰者也與俗與古爲戰者見古之所見者不若我所見者之是古人所操守者不若我所操守者之善於是舍彼就此而獨樹一幟以其心之惟求其安之故故人有好者彼無不肯舍其所謂特操而從人之所謂特操矣所謂有利於人羣者充其思想之能力以促學術之進化學術進化而物質愈文明其能利用天然之力而益加以人爲之功者蓋其終焉必能造福社會以盡其才具之能者矣不特此

也特操異撰者之於一世猶晨鐘暮鼓也芸芸衆生無非迷於俗而泥於古得特操異撰者大聲疾呼如夢忽醒於是革民俗之惡而新其思想去人類之障而謀其進步胥於特操異撰者是賴特操者之於此時也一國之柱石也社會之模範也惡人感其行而去其惡愚人去其愚而學其智千人屬目萬戶傾敬影響所及化一鄉而及一國化一國而及天下噫其所謂特操異撰兼成己成物之功明德新民胥由於此者豈不然耶

理明詞達

赫胥黎稱惻隱仁愛之風衰而其羣以渙說

徐世大

天地至廣而萬物至衆也人以眇眇之身厠處其間豈特滄海之一粟哉疾疹之相侵寒暑之相逼飢渴之相尋豺虎蛟蛇之相淩使無羣焉將冥冥而生昧昧而死無日不在憂患中矣人欲去其憂患而羣以集焉相愛以仁相接以義相交以道相煦以德故有父母兄弟之樂朋友親戚之好鄉黨閭里之情疾病相扶助死亡相弔唁禍難相救援飢寒相周卹也於是推而至於一國故有民胞物與之懷殺身成仁之節思天下有飢溺不啻由己飢溺之也故孔席不煖墨突不黔禹稷三過其門而不入伊呂以天下

爲己任彼其栖栖皇皇以求天下之利者亦惟其惻隱仁愛之心發於不自知耳推而至於萬物亦然是以佛戒殺生儒明愛物人與物未嘗不同有眼耳口鼻之識則有好生惡死之心夫惟君子德加於同類故曰恩足以及禽獸也嗟乎人惟挾憂患以俱生故孟子稱惻隱之心人皆有之又曰惻隱之心仁之端也惻隱之發則爲仁愛人若不愛其羣則自私自利之心重必有詐僞刻薄之行有詐僞刻薄之行必有侵暴渙散之事己不愛人而欲人之愛我容有是理乎甚至父子等如路人兄弟視同仇敵一家如是一國如是天下如是人心渙散於是有瓦解土崩之患施之一家而家破施之一國而國危施之天下而天下亂何言之無羣則無家國天下此必然之理也赫胥黎有見於此乃爲推其本曰惻隱仁愛之風衰而其羣以渙嗚呼是可謂得合羣之道矣觀於此而知仁與不仁之間差之毫釐謬以千里人生於世欲求免於禍患者當知所從矣

根柢盤深枝葉竣茂文之有內心者

時詘舉贏說

蔡邦霖

值霜凝雪飛之候而興漠北之師當民命凋敝之際而築臺榭之觀夫人而知其師之必敗國之必亂矣何也行其非時也非時之事不可行強不可而可必敗所謂時絀舉

贏必敗之道也夫日往月來自春徂冬此之謂時然此爲天時之時未足以盡時之義也天下事行其適所當行謂之時國富民足擴充軍備之時也兵彊疆固與民休息之時也民安歲豐振興禮樂之時也禮成樂興與民同樂之時也此治國之時也幼而學壯而用用其所學而衣食足兒不號寒妻不啼饑而後營廣廈買良田此齊家之時也次第井然不可稍躐今於民不聊生之際而募士卒興土木是何異鬻妻子而置田宅欲家之不敗得耶故韓昭侯作高門而屈宜臼謂其必不出此門非宜臼有前知夫亦謂失時者敗耳我中國自清季以還國勢凌夷財政大紊困於天災益以人禍而武昌舉義復增兵革之擾民敝已極噫是時也何時也可得言矣專制既死共和乃成議院不可不立也列強環伺國防綦重陸軍不可不練也民智閉塞學校不可不興也民生凋敝實業不可不振也此爲中國當務之急而必及時行之者也今有言振興海軍者矣二十世紀中以海權定國勢海軍之不可不振固也然國防所需陸軍是先云以攻人時絀孰甚且艦自敵來其不足耀武也明矣以割肉補瘡之費置海濱美觀之具是猶行將破產之少年而猶市華服以炫人烏乎可頃者有所謂某某銅像費若干萬議院夫馬費若干萬偉人籌勛費又若干萬在歐美富強之邦固數見而不鮮然中國以

借款度日而亦效此豪舉豈其時耶嗚乎時急矣時乎時乎不再來矣當局者其亦行其所當行庶不致遭時詘舉嬴之誚耶庶不致失時而自亡耶余馨香祝之矣

詞氣充足綽有見地

經濟侵略甚於兵戈說

杜光祖

凡物之有生者必有爭爭者生存之本也故自上古至今數千年之中實無日無爭無時無爭蓋不爭則不能生存也上古之人智識未開然梃杖之具已皆有之所以自衞也迨夫有國家而國家與國家之爭以起刀槍相接性命相搏強者勝弱者食自後國家之興亡全係於兵戈間矣然當危急之際振臂大呼號召國人仍可作背城之一戰雖敗亦可大損敵人也故以兵戈相爭者敗固有害勝亦有損且國雖衰弱倘能戮力同心尙有可救也今有政策焉非兵非戰然較兵戈爲尤甚若墮其中直至亡國而後已者是何政策是何政策非現今之經濟政策乎經濟政策者專以經濟爲攻城奪地之利器侵略人國者也設立公司於人國也運銷土貨於人國也大借債款於人國也皆經濟侵略之大政策也其侵略也不費一粟不損一人既受其利於前又滅其國於後一舉數得較之以兵戈滅人國者相去何如哉夫經濟政策之困人國其來也漸故

人多不之知而易就其計也不觀夫英人之於印度乎先立一極小之公司爲發展其經濟侵略之基礎而印人不之知以爲是區區者必無害也而孰知數十年之後滅其種亡其國皆由此一極小之公司哉且國之財政猶人之血脈也今有人焉塞其血脈吸其骨髓日積月累豈有能支者乎今以經濟政策塞其國之財政吸其國之精華國之亡也宜矣然而兵戈未能也國之存也以強國之強也以富富者存國之本也今以經濟政策貧其國弱其民欲國不亡其可得乎然而兵戈亦未能也此非經濟侵略甚於兵戈之證乎余書至此未嘗不歎其設計之巧思慮之遠又不能不爲我國前途悲矣洋貨遍地皆是外債累如山積近日我國之現象非已受他國之經濟侵略乎倘國民及早醒悟則尚不致步埃及印度之後塵若長此夢夢吾恐中國亡無日矣悵望前途能不放聲長慟哉

前中慨乎言之文氣頗盛

說馬

吳福同

良木之生於山也非不堅且良也然其未遇知己也牛羊厄之斧斤伐之雖具美質而人莫之知也及遇匠石而以之建華廈築畫閣成大器焉美玉之藏於璞也非不華且

美也然其未遇知己也頑石視之瓦礫賤之雖爲至寶而人不之識也及遇卞氏而以之施彫刻琢文字値連城焉夫良木之建大廈者其質固無異於昔日之生於山者也美玉之値連城者其質亦無異於昔日之藏於璞者也然而貴賤懸殊者則以時勢之不同而亦無知己與有知己爲之也良馬之於天下也亦然方其未遇也祇辱於奴隸之手困死於槽櫪之間者皆是也雖有千里之能而舉世朦朦無有知其能者是亦良馬之大不幸也然一遇伯樂而增價百倍逞其奔騰之技行千里之程而騏驥之名遂顯於天下矣是故匠石者良木之知己也卞氏者美玉之知己也而伯樂者則又良馬之知己也世無伯樂非天下遂無騏驥也有騏驥而人不知之也且又不獨馬爲然也世無成湯則伊尹卒耕於莘野世無文王則太公終老於磻溪無鮑叔之薦則管仲爲囚於堂阜非蕭何之賢則韓信老死於行間自古英雄豪傑懷濟世救民之心挾富國強兵之策亦恃有知己者能引用之而委以大任耳未遇知己則隱身巖穴匹夫得而辱之既遇知己則貴爲將相立功當世名垂竹帛是故伊尹相湯而放桀於南巢太公相周而伐紂以救民管仲爲齊相而桓公爲五霸之首韓信爲漢將而高祖得統一天下是數子者雖其才智之過人要亦有知己者有以用之耳甚矣人之貴有知己猶馬

之貴有伯樂也雖然用之則行舍之則藏此聖門之訓也士君子立身處世遇有能用我者則舒展經綸以遂其濟世救民之心苟無用我者則隱居求道以自樂其性分之樂其在上也奚以喜其在下也奚以悲吾唯守我道求我學而已又何必孜孜於知己爲哉然則千里馬之不遇伯樂者亦唯靜以待命自隱於凡馬之中待時之至可也

以知己二字立論正喻夾寫層折都到文筆亦如天馬行空不可羈勒

說兵

郭映虹

兵凶器也戰危地也驅不訓之兵而戰之是以卒與敵也驅不用命之兵而戰之是以將與敵也驅幸災之兵而戰之是以國與敵也故用兵有三忌有四危不可不知也兵忌輕輕則寡謀齊鞍之敗是矣兵忌驕驕則易爲敵乘魏武赤壁之敗是矣兵忌貪貪則智爲利昏袁紹白馬之敗馬超渭水之失是矣頓兵近郊濡滯不進使敵從容擣吾堂奧而扼吾吭是爲主危主危者城郭不保不顧首尾不諳地形冒險輕進深入重地欲戰不得欲退不可前阻勁敵後無援兵是爲客危客危者蹶將帥不睦事權不一和戰攻守紛然異議守正用奇雜然幷陳敵驟乘之驅衆浪戰是爲兵危兵危者潰將帥欲戰內廷主和將帥堅守內廷趣戰陰掣其肘暗絕其糧賞不抵功罰浮於罪是爲將

危將危者覆諸葛瞻綿竹之陷主危也關雲長襄陽之失客危也晉泌之師唐九節度之潰兵危也明熊廷弼之無成近世林則徐之喪失將危也戒三忌避四危庶幾可以一戰乎曰未也兵莫難於用衆莫神於用奇用衆欲整而嚴專而一整則不可犯嚴則不可亂專一則將士知所趨避而禁令無不舉之患用奇欲速而密陰而不陽使敵知吾之奇而不知其所以奇知吾所以奇而不知所以禦吾奇且敵所謂奇者或非吾之所謂奇而眞奇乃在敵之不奇之中或即在敵之所奇之中而奇中又有奇焉此則兵家之機不可言傳所謂運用之妙存乎一心者也雖然此皆論戰之之術而非論所以戰之之術也今夫飲食男女人之大欲存驅天下之人棄父母捐妻子以蹈白刃是非可以威令而勢刼之也淮陰侯曰驅市民而使之戰非置之死地不可也孫武曰令發之日涕泣交頤投之而無所往凡此皆所謂令之以威而刼之以勢者也然威之所不能令勢之所不能刼則兵家之術毋乃窮乎善用兵者方募使兵知其當戰當訓使兵不畏戰將戰使兵樂戰明揭其旨之所在以示於人曰吾之募此非以狀聲勢焉耳矣蓋將以之戰非以備不虞焉耳矣蓋將以之戰使彼應募者知夫彼之爲此貴死不貴生也上之所以求彼者在死不在生也即彼之自期者亦有必死之心而無偸生之念

也。如此則雖置之死境而以爲當然。何則。夷之素所蓄積固如是也。昔者秦人之法。使百姓自爲戰。戰勝則利歸之。民使其所以爲生者。非致死無由也。故能以區區關中之地而并天下。後世則不然。其始之募之也。不言兵之職甚危。而謂其甚安。不作其致果之心。而稱揚其進身之堦。故其貿然來從事者。非爲公也。爲其一己之私也。欲以此自足而享其逸樂也。平居無事。飲食居處之微。少不如意。且羣起囂然以與其上爲難。安望其爲我致命哉。凡此皆失在於方募之始也。夫所謂使兵樂戰而不畏戰者何也。兵不樂戰則無以作其氣。畏戰則無以壯其膽。欲兵之樂戰。則莫若使之有所愛。欲兵之不畏戰。則莫若使之有所恃。有所愛則知戰死之不足惜。有所恃則知雖戰未必至於死。虎咆哮於前。奔避惟恐後。有卞莊之技。則操錘大呼而從之矣。蜥蜴興於案。壯夫變色走。鄉人撻其伯兄。則孺弟奮臂而奔之矣。何則。有所愛恃也。故善用兵者。嫻其技藝。利其器械。使其心常知敵之可勝而已。身雖危而不危。發其愛土敵愾之心。使知己之所以戰者。皆所以自保也。夫如是。有不必戰之將。而無不志於戰之兵。有不可勝之敵。而無不可勝之之心。此用兵之要策也。

如讀新長短書辨才無礙足與老蘇權書相頡頏矣

終

◉右台仙館筆記廣告

是書爲最近大文豪家俞曲園先生所著先生著作等身經史子集莫不悉心訓詁自成一家若曲園雜纂俞樓雜纂等書有百數十種文章隽卓早已風行海內昔曾文正公曾以拚命著書四字贈先生先生遽許爲知己迨右台仙館落成先生已年逾花甲勳業功名都置意外著作之事殆將輟筆不意身愈閑而技愈癢於是復有是書之著惟其身心都閑故著作亦愈見精湛本社覓得原稿精印出售詳加編目易於攷查首附先生遺像欲得先生老而彌工之著作蓋速來購裝訂八册定價洋一元貳角

各大書莊均有經售

蘇州觀西振新書社啓

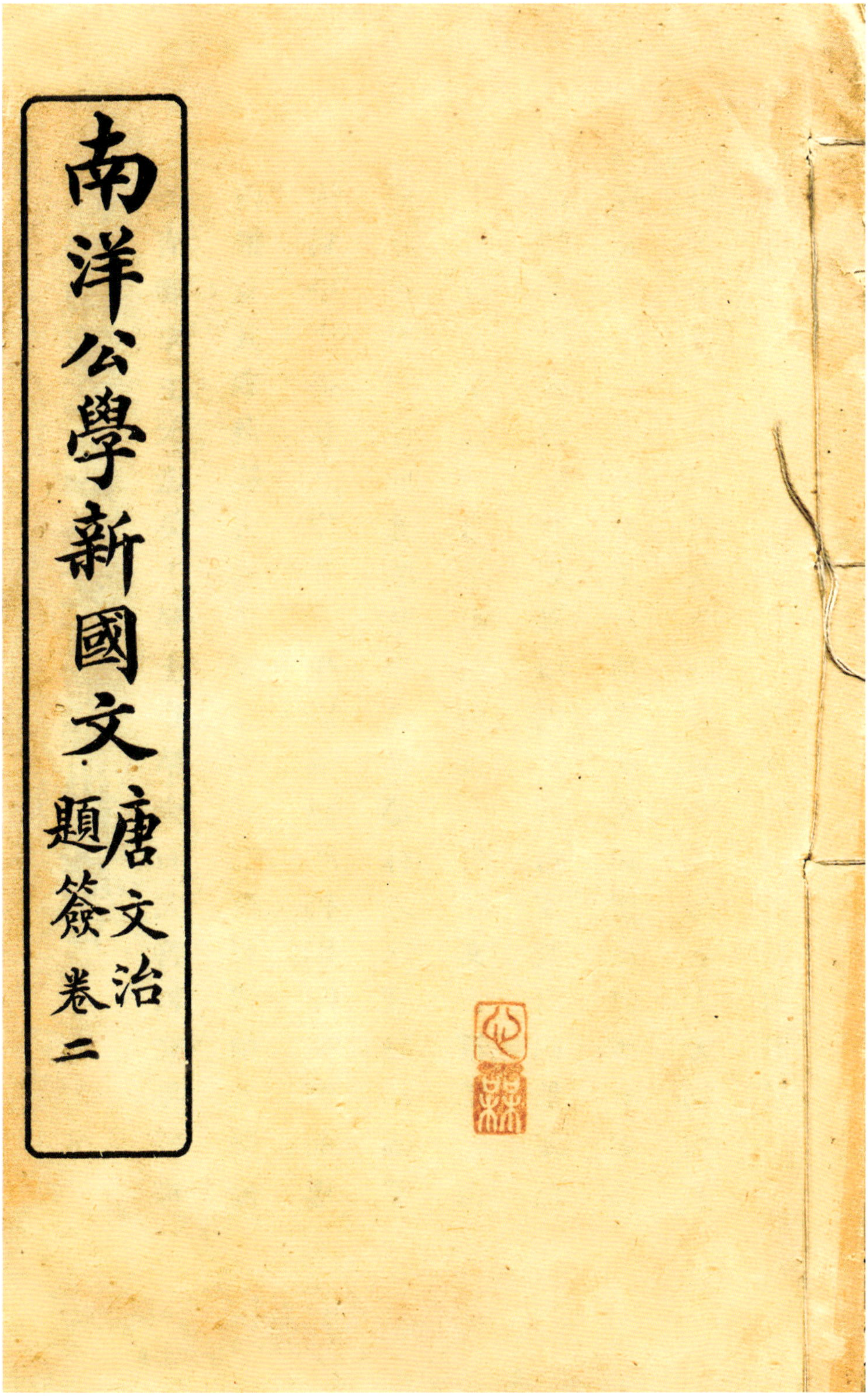
南洋公學新國文

唐文治題簽

卷二

◎精印篆文論語孝經說文古籀補出版廣告

吳清卿先生大澂吳下學士也精金石尤善籀文早經海內推重其親書篆文論語篆文孝經二書更覺精妙絕倫洵爲平生得意之作敝社先以論語原稿影印後復將孝經原稿付印從此珠聯璧合允推藝林之珍寶論語四冊定價壹元孝經一冊定價二角五分再說文古籀補一書流傳甚少茲並印行以餉海內之好古家裝訂四冊定價壹元以上三書紙墨工良精采奕奕與墨蹟無殊有志篆學者不可不備購以資摹倣各省及上海各大書坊均有出售

蘇州觀西振新書社啓

南洋公學新國文卷二

讀類

讀鴟鴞

徐佩璜

世有忠誠之士其功績愈昭則其所遭謗誣亦愈夥唯能弭其謗於先者乃能揚其功於後君子不特譽之爲忠而嘗美之曰知道周公其獲是稱矣當武王疾篤三公在朝獨周公以身爲質爲王穆卜後人以是見公之忠尤加於召穆雖然公之功藏之金縢人不得而知公之心託之鴟鴞人不得而悟三叔遭武庚之流言以死公亦因而避位以東征金縢之篇曰我之勿辟我無以告我先王又曰公乃作詩以遺王名之曰鴟鴞王亦未敢誚公誚史記作訓古文信作訃因訃而誤爲訓則未敢訃公者猶言未敢信公也當是時殷民煽亂九廟震驚鳴鳥不聞於西洛靈龜告警於東方周公若無以善處之則上下相疑天下不免於騷擾故公之居東非爲避讒計爲定亂計也非爲身計爲周計也讀鴟鴞一詩誠摯之心披露於千載其聲悽惻冀王窺其隱而破其疑其志亦可哀已嘗竊論之武庚無假流言以害三叔之心而三叔實因流言而死方流言之

起也不知播自何人一旦其言達於京師則遂以爲三叔與武庚同意矣嗟乎三叔曷嘗與武庚同意哉成王不察而誅三叔噫甚矣鴟鴞之首章曰鴟鴞鴟鴞既取我子無毀我室子謂三叔室謂國家言汝既害我三叔矣無再毀我國家公之意殆自責不能早止流言以表三叔之寃乃爲詩以剖白昭雪之亦可謂垂涕泣而道矣書缺有間無人能爲三叔闡微者蒙是以不能不辨今夫讒言之起每乘於上下相忌之時急而持之勢必無幸公知成王未知道故離王東居以爲未雨綢繆計若此則謗者自不敢謗三年破斧四國是皇嗚呼公之忠非他人所能及而公之心又豈他人所能知哉成王不明公之心以是啓天之怒期年大旱禾苗盡偃大木皆拔及成王親逆公而遂轉災爲瑞君子是以知天人一貫之道不毫髮爽公之政治在於禮公之學問在於易而公杜漸防微之道則在於詩孔子訂禮贊易删詩則公之道實傳之孔子孔子讀鴟鴞詩之二章而歎爲知道孟子復述之以爲治國家之法蓋知公心者孔子後孟子一人而已矣

理想新奇文筆頑豔六經皆我注脚非讀書有心得者不能

讀常棣

楊耀文

甚哉外侮之可畏也常棣之詩曰兄弟鬩於牆外禦其侮此何爲者耶人自有生以來至親骨肉之際父母外惟兄弟然兄弟親而易疏往往禍起鬩牆外侮因之而羣至君子憫焉不知兄弟之親出自天性昔先王封建親戚以藩屏周豈徒爲親親計哉亦爲防侮地耳乃方其初已不免三監之煽亂而迨其後且至於列國之紛爭本欲防侮卒不免以兄弟之侮召外來之侮大傷親親之義者何哉不能佐德之不類仗手足以護身軀藩籬破而外侮乘親親之道由是缺也溯周自瓜瓞生民克昌厥後而三讓無名之至德至孔子而始爲表彰當時泰伯虞仲假采藥之行爲荆蠻之隱弟兄友愛爲何如也厥後武王末受命金縢作册周公願以身代自有倫常以來盡兄弟之道者莫如公而處兄弟之變者尤莫如公不幸而沖人踐祚外侮紛來管蔡流言禍及手足痛寡兄之不祿念王室之多艱大義滅親鴒原抱痛迴思同氣連枝之至誼與夫恩勤鞠育之深恩上何以對文王下何以示來世則宜其拊膺而歎息聞樂而傷心者矣召穆公窺見其隱故作此詩以慰周公吾於是而知兄弟親親之機道未嘗一日息也苟非爲讒言之所中雖有小忿不廢懿親矣夫常棣一無知之草木其花猶韡韡然羣而不傷聚而不亂可以人而不如草木乎故周未東遷雖暴虐如幽厲未聞以同姓之國稱兵

畿內者召穆公作常棣之功也及周室東遷德愈不類又無召穆公其人發親親之道以致河陽之狩晉侯召王叔帶之亂文公請隧交質之役稱兵温洛繻葛之戰射王中肩所謂我周室東遷晉鄭是依者至是亦不足依矣而平日倔強不服化之楚子反觀兵周疆問鼎之大小輕重坦然無所疑無他人必自侮然後人侮之也嗚呼同室操戈終歸於敗東周其一證也後世有以天潢貴胄而興尺布之謠豆萁之賦者殆未知外侮之可畏也曷不披常棣而三復之乎

婉轉抑揚頗有機致

讀後漢書逸民傳

凌鴻勛

范蔚宗撰後漢書創立逸民列傳前史所未有也意者自古幽人逸士其高風不可終閟耶古之君子以天下事爲己任世有治亂道無顯微邦無道則蒙難艱貞邦有道則王臣蹇蹇蓋生民之責愈重則天下之憂愈深烏可以遯世無悶視民生之多艱忽然不加忍戚如所謂逸民者乎鳥獸不可同羣欲潔其身而置天下於不顧揆之聖人舍我其誰之志夫豈中道然吾嘗推諸君子之用心則異乎是蓋自三代以降世風愈下清節之士無聞光武中興旁求遺逸志士處有爲之會正期於致君澤民而獨不事王

俟高尙其事蓋不事之艱更甚於事逸民遯世之心更苦於聖人用世之心也君子感萬物之不平哀民生之無恥睹夫奔競於利祿之徒忘其所以蓋隱然傷之矣隨波逐流則有所不忍濡迹匡時亦有所不能乃不惜犧牲一生之經綸付之高山流水之外甘冒矯枉過正之譏逆情干譽之誚而故高蹈以學於狂使天下之士或聞風而革其心化當時以化後世則逸民之道謂足以濟聖人治術之窮誰曰不然木之屈於左者正而直之必不能直之也必反屈於右退而後木自直也然則矯枉過正乃所以爲正也君子豈不欲中道哉不可必得故思其次人第知其處已過正而豈知其所以爲正之苦心哉昔巢許遯跡於堯舜之世夷齊餓死於武王之時彼豈故爲索隱行怪立異自高歟無乃懍乎民德之不修廉恥之道喪不能不以高風勵天下故於明聖之世而獨不降其志不辱其身則後之同乎流俗合乎汙世計得失於利祿之中夫亦可以愧矣至治之世君子猶深隱憂況乎光武之時新莽之遺風流俗猶有存者哲人日已遠不可不以一身留先正之典型於是以知斯人之不可以無也古人於進退屈伸之際一因乎時伯夷孔子易地則然耳此嚴先生輩所以度白雪以方潔甘絕塵而不反歟孟子曰聞伯夷之風者頑夫廉懦夫有立志奮乎百世之上百世之下聞者莫不興起

此逸民之功足以維持名教嗚呼非今世之所希孰爲使余三復斯傳而景仰不已乎

文筆韶秀絕倫中叚尤見識力

讀宋史道學傳

陳柱

子陳子讀宋史道學傳客有趨而進者曰昔者老子莊周之徒著書以明道深者入黃泉高者出蒼天大者含元氣纖者入無倫斯可以謂之道學已乎應之曰唯唯否否老子之書言道可道非常道名可名非常名莊子之書言旡思旡慮始知道旡處旡服始知道是皆以道外乎學者也故可以謂之道家而非道學也客曰昔者匡衡馬融之徒亦著書以明道或言忠孝或明治化斯可以謂之道學已乎應之曰唯唯不不馬融自叛其道匡衡不能行其學此皆以學外乎道者也故可以謂之學者而非道學也客曰異哉子之所謂道學者可得聞與曰必也孔孟之徒與孔孟之道不爲高深言之似甚易而聖人亦有所不能焉孔孟之學在乎六藝聞之似甚難而匹夫匹婦可以能行焉本乎良知良能而繼以正心誠意道不離乎學學不離乎道故曰孔孟之徒也客曰然則史遷作史不爲孔孟立道學之傳必待宋之程朱等而后立道學之名抑獨何與曰時執不同也昔者大古之世族與禽獸居人與萬物一當此之時混混爾盱盱爾無所

謂道也無所謂學也遞德下衰知巧已萌堯舜代興明五刑敷五教當此之時學以明道道以致用道與學爲一而不知其孰爲道也孰爲學也故道與學之名亦無得而稱所謂魚相忘於江湖人相忘於道術者也德又下衰至於春秋戰國之世時君昏暴國家衰亂道與學離學隨道喪孔孟憂之著其言於天下曰天命之謂性率性之謂道脩道之謂教曰誠者天之道也思誠者人之道也蓋欲使天下之學者學能合其道行能盡其學也當此之時道德雖斁然去古至德之世未遠能道學者尙衆而不見其可異也故史公作史無道學之稱意在茲乎意在茲乎德又下衰先聖之道毀滅於秦穿鑿於漢汎濫於六朝陵夷於五代中間韓退之李習之之徒雖上追孔孟下啓後學然著書無多厥徒亦寡宋史所謂詧焉而不精語焉而不詳者也當此之時世風大壞人多貪鄙不學不道惟名惟利至宋中葉民日益訛國日益弱周程朱張輩出乃思有以正之以格物致知爲本以明德親民爲用上明天地陰陽之學下明倫常日用之道然後孔孟之說大明於世凡秦漢之所毀滅穿鑿六朝五代之所汎濫陵夷胥於是乎復興而道與學復合爲一爲宋史者思道學泯滅之禍而知道學之可貴也故特爲之立傳蓋道學之倡必起於道學已喪之際亦猶魚之相濡以沫者必起於水涸之時埶使然

也韓退之云挽狂瀾於既倒發潛德之幽光道學諸公之志亦猶是也夫然民心趨惡如水就下習非勝是古人所嗟道學諸公雖苦心積慮欲致太平無如時君之不明小人之日進故終於亡國而後世之士不知咎小人之喪邦而反咎諸公之講學以爲宋室之亡緣於諸公之尙文弱神州之禍咎在諸公之多拘迂而不知正叔序易謂隨時變易以從道不得謂之拘迂也元晦論修攘謂非戰無以復仇不得謂之尙文弱也烏乎諸公之無負于斯世也如此而世之毀之者獨如彼此吾讀宋史道學傳不禁始而喜喜道學之既絕將復興于宋也終而悲悲道學之將興又復絕于今日也烏虖豈其絕乎豈其絕乎凡在吾黨可以興矣客唯唯而退

運氣學子政南豐而格局變之稍學莊生繕性亦能脫去痕迹與漢末六朝相摹擬者異矣

讀宋史道學傳

孫熙文

中國史才首推班馬范陳以後承襲前例莫之或易至元脫脫作宋史特創立道學一傳讀史者多恣議其弊破史家之舊例作過當之推崇標立幟志疑於杜撰一也昧儒林之意矜道學之名故示分歧徒淆趨向二也儒林道學既分兩傳而或出或入不一

其例立異剽新益形龐雜三也道學之弊私門各競僞流放襲授人彈端四也坐此四弊而道學一傳遂爲後儒所詬病余亦竊竊私疑者久之以爲脫氏之才雖非馬班范陳可比然其敢爲破除前例創立名目必非一無斟酌貿焉從事徒供後人訾議者可知及見袁簡齋氏謂宋史道學傳本於范書黨錮傳始怡然恍然知脫氏之創立此傳冏別有深意存乎其間也紹興因伊川而禁程學慶元因新安而籍逆黨以童昏之智昧賢奸之辨假紹述以去善類崇道籙以貶賢良內陰而外陽內柔而外剛內小人而外君子堯舜禹湯文武周孔貽留之道學幾爲當世所諱言閉塞晦悶人心從此益危道心從此益微脫氏痛其然也特創立道學一傳使天下後世知直道自在人心千秋自有公論而程朱淵源一脈仍如日月經天江河行地曒然不滓不以掛名黨籍而損其聞望其於世代之隆汚氣化之榮瘁關係不綦大歟序曰道學盛於宋宋勿究於用甚至有厲禁焉嗚呼脫氏立傳之本旨蓋見於此矣雖列此傳者未必盡罹黨禁而罹黨籍者又未必盡列此傳與蔚宗之作黨錮專溯黨之所由始與禍之所由成體例似有不同然當時僞學之禁門戶紛爭薰蕕並處必以掛名黨籍者而連類附書則是非益淆流品益雜使世之僞君子僞道學轉得假託黨人沽名邀譽小以長標榜之風大

以啓擣亂之漸爲後世學術之累故脫氏但舉道學之眞傳詳考源流敷陳往事若濂溪康節橫渠南軒諸人雖生或先於程朱名不及於黨籍而爲程朱之學所從出與學所從傳者皆得與焉其同被僞學之禁與程朱之學非一脈之薪傳者雖有名於時而均不列入用意之深立言之微固非淺嘗史學者所能幾也而乃妄恣論議非特脫脫之不幸抑亦史學之不幸也

灼見本原可稱脫氏知已

讀明史忠義傳

劉其淑

嗟乎時危世亂其士君子顯節之秋乎余意謂聖如伯夷忠如屈子果生當堯舜則首陽之歌澤畔之吟當不著聲於史籍何也得行其道時不窮節不見也故奇節懿行每多發於亂世苟人紀文教未全墜廢則世愈亂忠義之士必愈多自來喪亂之世多矣禍之起或原內憂或由外患從未有內憂外患交相乘如明末者世愈亂時愈窮而節愈顯此明末忠義之士之所以獨多於列代歟雖然是豈旦夕之效哉春雨而華秋陽而實其來因遠矣間嘗攷之明承元後去宋未遠明祖所致諸儒實承朱子之學故朱氏傳注大興於明漸摩既深至窮巷小儒皆習聞反躬居敬諸說斤斤然以氣節相尙

其後高顧講學東林尤宗性理人多趨之降而爲復社淸議沸騰士氣之激揚於斯爲盛是則明自神熹以後雖政綱日亂而學興於下大義猶明所謂人紀文敎實未隨亂政而墜廢也嗚呼此則明代忠義之士之所以獨多也耶觀其臨危授命或孤城蔽賊食盡而志益堅或持節鎭邊勢去而心彌厲至天時人事之旣窮乃慨然置之一死甚至合門以殉何其烈也蓋嘗論之一代之士氣全主乎學說學之敝也人人失其操守囂囂然放縱其行奢靡其習舍法律而言自由蔑廉恥而競權利目禮義爲怪談以奸詐爲能事戕性賊生迷不知返權利所激循至以國家作孤注之擲而忠義之風無聞焉可不痛哉此吾讀明史忠義傳觀諸公之急公赴義絕臆斷肱至死不二未嘗不歎宋學昌明反躬盡性諸說有以醞釀示導之效也吁盛矣

慷慨激昂氣象雄渾洵有功名敎之文

讀俄羅斯地志

費仁基

跨歐亞秉雄圖撫二百餘兆之人民擁八百九十萬方哩之土地而虎視眈眈其欲逐逐懷囊括全球之志具蹂躪世界之心各國畏之若豺狼防之若虎兕靡弗震心動魄聞而色駭談而膽慄曰此侵略國也侵略國也者非卽俄羅斯其國歟俄羅斯古名薩

魯買基耶世界之強國也亦宇內之大國也英連屬地計算外推俄爲巨擘蓋其地位置當歐之東北亞之北部其境占全歐二之一強連屬地計之佔全陸地七之一其東南部與我東三省蒙古新疆毗連自黑海之役不得志於西遂肆其東封而注意於遠東日以窺我爲務狡焉思啓投瑕抵隙無時或忘夫人謀我而我未之知此危道也人強大而我不知其若何強大此又錮蔽之大患也審其謀而防其謀知其強而法其強舍其短而取其長以斟酌而損益之思患而豫防之此俄羅斯地誌之所以有作也讀境界則見北冰洋之嚴寒波羅的之半凍期烏拉山川之迴繞有黑海之便利而韃靼海峽爲各國封禁俄不能雷越一步爲可喜也讀地勢則見烏拉高加之崒嵂卡批提安之邐迤數百萬方哩之平原有彿爾待岡而苔原草野於是乎判且黑壤巖鹽層藉可廣見聞也讀山脈則知華岡平均高度一千尺烏拉長一千二百七十哩西北爲提滿有倍可山越海接新地島有高加索最高之峯爲紇耳布爾士高且一萬八千五百二十六呎也讀河流則知入北冰洋者有丕紹拉河入白海者有土味納阿尼牙等河入波羅底海者有尼納維斯杜拉二河有薾河得尼普耳以入黑海而烏拉入裏海窩瓦且爲全歐第一大河也於湖沼而知湖彙湖水國之風景於氣候而知煖溫北極圈

之氣象於物產而知農礦森林等之階級於都會而歎森堡莫斯等之壯麗觀其種族之擾攘而語言當齊一矣觀其教育之幼穉而宗教宜早戒矣觀其軍政以期長而致懈則當兵限年宜縮短矣觀其政治以專制而致弊則立憲確期當速佈矣匪特此也吾觀華騷而有麥秀黍離之感吾觀農務而曉王田官地之失吾於勃羅底諾而歎拿坡侖之勇吾於猶大種族而悲無國民之苦諸如此類莫能悉陳種種事端不可殫書讀斯誌者固當因物興感無不寓其致治之思見俄之利而效之見俄之弊而戒之尤要者當知俄爲中國患甚深其窺伺中國也甚久矣自黑龍沿海等地入俄而俄人經營滿洲蒙古新疆等處益急今且有岌岌不可終日之勢昔林文忠有言曰英法等國不足畏也終爲中國大患者其俄羅斯乎則固以其爲平原國侵略性成地處寒涼趨煖愈切且具有實力能爲患也嗚呼與俄羅斯爲鄰者其戒諸

理法雙清非眞有功夫者不能臻此美備

讀巴爾幹半島地志

陸承謀

國不能自治而後人治之處列強之間亦難矣鷹瞵虎視窺伺其側苟勢不足以敵力不足以禦而或有可乘之隙則強鄰乘之以逞其欲此弱國之所以淘汰也讀巴爾幹

半島地志而有感焉。當夫突厥西侵。兵力所至。莫不摧折。摩哈默德一世。創帝國領土跨三州之廣。巴爾幹半島之土耳其。孰謂非世界之強國哉。迨夫十七世紀以後。內政衰而外禍起。羅馬尼亞、塞爾維亞、希臘、黑山、布耳加利等。離土而獨立。幅員有日蹙百里之慨。雖然巴爾幹半島之多故。處衝要而不能保。鄰強國而不能制。故也。巴爾幹為歐亞之界。黑海地中海之喉。且扼俄人出入黑海之路。其重要為何如。俄野心民族也。疆域之廣。為世界第二。其日夜不能忘者。無不凍之良港耳。可出者惟黑海。可乘者惟巴爾幹。巴爾幹之人種、宗教。與俄相同者實多。於是因土耳其宗教之衝突。出而干涉遂搆克里米之役。蓋欲伸勢力於巴爾幹。得以出入黑海。得出海之路而侵地中海之權。迨巴黎條約成。黑海為封禁地。羅馬尼亞、塞耳維亞、黑山。對於土耳其。其為半獨立國。巴爾幹半島之情形。為之一變。俄人未償其欲。又唆布爾加利獨立。蓋欲以襄助獨立之功。得保護之權。再張勢力於近東。卒成俄土之役。柏林會議之結果。羅馬尼亞、塞耳維亞、黑山等國。公認為獨立。布爾加為土附庸。巴爾幹半島之情形。復為之變。自後雖半島之風潮。或起或息。而俄人終不得出海之路。故舍近東而圖遠東。沿海省之蠶食海參崴之佔領。復注意於遼東。日俄之役。不啻巴黎條約。則巴爾幹半島之變遷。與遠東有密切之關係者也要之巴爾幹者衝要地也土得之而不能守俄竊之而不能得於是釀成種種之騷擾而卒至分離以土耳其莫大之帝國僅存六萬五千方哩於巴爾幹半島故曰國不能自治而後人治之

於巴爾幹半島情形具有心得故能言之有物文筆亦佳

書後類

書荀子勸學篇後

陳柱

嗚呼吾觀今日之時勢而知學不可以已讀荀卿勸學篇而又知學不可不勸也荀之言曰青取於藍而青於藍冰水爲之而寒於水然則人才之盛衰其殆由於學術之進退乎又曰干越夷貉之子生而同聲長而殊俗敎使之然也然則民德之高下其殆原於學術之汙隆乎學術惡乎興曰興乎在位者之勸導與學者之互相勸勉而已自夫專制解紐共和建設自由平等併爲一譚青衿之識識者憂之於是求治太速者對於敎育前途不暇審計徒歎息於中國人才之不足民德之未純烏虖此可謂不揣其本而求其末矣今有匠人於此曰天下少直木吾是以棄吾業也聞者必笑以爲大愚何者木受繩則直彼匠人者固有繩墨之具者也有繩墨而不知施徒咎天下直木之不

足非愚而何夫天下直木少而曲木多能施繩墨則可使曲者直不能施繩墨而善處材不材之間以應我用是終無足用之木咎不在木而在匠人矣作人之道何獨不然今日人才之不足民德之弗純是昔之敎育未至也吾將疾首蹙頞以勸執政曰昔日之政府失其敎育故今茲之人才民德至於如此若長此不返人才消歇道德隳落黨禍閱於內債團逼於外悲哉我新造之邦其將爲神州之陸沈乎吾願執政早爲之所也吾更將疾首蹙頞以勸學者曰敎育之不施固執政之罪然不就敎育自棄厥學學者之罪其又奚辭生斯世也爲斯世也當以救國爲心有救國之心者當自求學始詩曰風雨如晦雞鳴不已言亂世之君子不廢學也荀子曰無冥冥之志者無昭昭之行無惛惛之事者無赫赫之功又曰良農不爲水旱不耕良賈不爲折閱不市士君子不爲貧窮怠乎道道者學之的志者學之矢也離婁督秋毫之末不聞雷霆之響季子聽清角之曲不見嵩岱之形何者心專秋毫意專清角也是故君子之於學也用志不紛乃凝於神利祿患難視同烏有又安有猖狂之行敖慢之心至自暴棄而爲名敎之罪人哉莊子之論養性曰死生無變於己世之潛心向學者能如是乎則形而上之道與形而下之器皆備於吾躳矣荀子所云涂之人可以爲禹子雲所謂顏晞孔而莫之能

禦者是也否則墨翟將致悲於素絲楊朱且興嗟於歧路彼曲學小道且如此吾願學者其勉之也夫山鳴而谷應磁近而鐵變事固有相感者痛今思古爰書其意於此上以勸執政下以勸學者於乎孟子有言上無禮下無學賊民興喪無日矣無禮無學盈天下皆賊民則喪國不遠矣有心者幸勿河漢吾言也

抑揚往復酣暢淋漓蘭陵警世之苦心被作者無心道出證以當今之時局倍覺思深慮遠驚心動魄之音令人不忍卒誦

書荀子勸學篇後

陳炳元

學術莫盛於戰國亦莫衰於戰國孟子明仁義於前荀子崇禮教於後斯其盛也然而諸侯放恣處士橫議縱橫捭闔之辭堅白異同之說一往而不可禦百家奮興大道隱晦其盛也乃其所以爲衰之漸也是故焚坑之禍發之者始皇成之者李斯而釀之者則實始於戰國之學者孟荀二子見之矣孟子之道仁義蓋逆知自暴自棄者之爲世患也故導之以性善所以順其機以引之也荀子之守禮教蓋預料自由平等者之激世變也故遏之以性惡所以反其道以進之也要其爲救世之苦心則一也不幸而異學猖披狂瀾莫挽仁義之說既不用於時君禮教之言又不明於後世一旦焚坑之禍

作遂乃舉數百年之莘莘學子永沉錮於專制之時代甚者至謂中國本無學術之可言等於埃及印度吁可悲哉予讀荀氏勸學篇尋繹其義知其羽翼六經表章聖道正與孟子之說相發明其曰學莫便乎近其人其人卽指孔子猶孟子所願則學孔子之義也今夫孔子之道所以修己治人經緯萬彙者何歸乎歸之於禮而已矣博我以文約我以禮聖道則體大而思精仰高鑽堅顏氏子歎爲卓爾者是也蓋人血氣志意知慮由禮則治通不由禮則勃亂提僈食飲衣服居處動靜由禮則利節不由禮則觸陷生疾容貌態度進退趨行由禮則雅不由禮則夷固僻違庸衆而野故曰將原先王本仁義禮正其經緯蹊徑也君子之於學博學審問愼思明辨篤行無所不用其極一言以蔽之曰止於禮而已矣此荀子勸學之本指也若登高山必造其巔若臨深谿必窮其源禮者學之本學不止於禮則猶半途自畫也故比類而通禮法之所該造次於是顚沛於是使耳目心思非禮無所謂學故曰學也者學一之也夫如是則吾之所學富貴不淫貧賤不移威武不屈屹然獨立生死由是國有道不變塞焉國無道至死不變故曰德操然後能定學術明而士氣正雖有暴主安得以儒爲詬病哉嗟嗟時至戰國申商苛虐孫吳變詐愼墨蘇張之徒專以談論爲雄孔氏之道幾乎其息幸有孟子闡

仁義荀子振禮教立言指事根極理要然卒無補於焚坑之禍也吾讀荀子勸學一篇而有歎於今世學術之陵夷爰奮筆而書其後孰謂今日不復有始皇哉無形之焚坑甚於有形言念及此潸焉隕涕剝膚之災碩果之痛我同學當亦有感於斯言

文氣淵懿樸茂如漢儒說經具有家法望而知爲績學之士

書荀子勸學篇後

趙式民

人之性果善乎吾不得而知之也人之性果惡乎吾亦不得而知之也然則孰爲近曰性惡之說爲近以其惡故須學也若善則可不學矣難者曰信如子言豈荀子之說是而孟子之說非歟曰否不然性無善無不善學則惡者可進於善不學則善者將化爲惡屈子之離騷有言曰蘭芷變而不芳兮荃蕙化而爲茅天下善人少而不善人多則謂之性惡也亦宜否則吾懼人之放任而不知學也蓋性猶水也水之始達無分東西也決之東方則東流決之西方則西流性亦猶火也火之始然莫知其致也厝之以薪則燎原發之以水則戢滅人無分乎君子小人也養性則爲君子任性則爲小人故水不善導奔潰千里火不戢滅燎原難嚮人不誘掖獎勸則流爲蟊賊水而疏導之則爲利川焉火而善用之足以成物焉人而矯正之則爲君子焉學之於人重矣哉古聖人

之治世豈有異術哉端人之趨向納之軌物之中而已中庸論盡性之學曰天命之謂性率性之謂道修道之謂教教者何教人以學也學術正則心術正心術正則士氣振士氣振則國勢振千聖百王之要道盡於此矣不然放僻邪侈無所不爲犯上作亂一若天性使然人人言自由人人譚平等則鹵莽滅裂之學將更甚於不知不識之愚民不至爲世大患不止也聖人慮後世私心自用之徒弊必如此設爲庠序學校以教之春秋教以禮樂冬夏教以詩書養之深而教之切故慕義嚮風之心深士風乃蒸蒸其日上降至荀卿之世則不然矣索隱行怪之說徧於天下而先王之道晦人自爲學家自爲教百家奮興異說騰起墨子蔽於用而不知文宋子蔽於欲而不知得愼子蔽於法而不知賢申子蔽於勢而不知智惠子蔽於辭而不知實莊子蔽於天而不知人曲學之徒拘於一隅昧於大體天下學者靡然從風不入於彼則入於此入者主之出者奴之入者附之出者汙之噫、世之人欲聞純粹之學說其孰從而勸之不特此也學說淆於上品誼頹於下天下衙擠詰軾朝秦暮楚之徒所簡鍊以爲揣摩者不過爲位尊金多地耳熙熙而來皆爲利來攘攘而往皆爲利往卑鄙猥瑣妾婦之道所在皆是噫、世之人欲求正當之學行其又孰從而勸之嗚呼此荀子勸學篇之所由作也後世儒者多以荀子性惡一篇謂背於孟子性善之恉詆斥不遺餘力吾謂彼特未讀勸學篇而深思耳若取勸學篇而一一詮釋之六經之道粲然大備荀子之學又烏嘗與孟子異哉青出於藍冰寒於水之喻亦可以見人性不盡善卽善亦不可恃矣荀子性惡篇曰人之性惡其善者爲也爲之之道盡於勸學一篇中大戴氏取以入禮記中其識偉矣孰謂漢儒不明微言大義哉

詞意高騫議論純正振筆疾書與道大適入後尤有水到渠成之樂

書國策司馬錯論伐蜀後

張宏祥

當宇宙分裂之時值羣雄逐鹿之秋禮樂壞亂征討撻張玉帛不修干戈是尙弱者肉強者食勝者主屈者奴其誰不知非戰不足以定天下非爭不足以保社稷哉然必有爭之資而爭可久必有戰之實而戰克勝故智者制戰於未然明者計功於悠遠未有未制之於先而能勝之於後者也未有不計之於始而能成之於終者也驥騮之欲騁也必先畜其勢蟒虺之欲伸也必先集其力悍鷙之搏也嘗厲其羽翮焉猛虎之攫也嘗磋其爪牙焉有蠢物者樂蟒驥之馳游慕鷙虎之所得不畜其勢不量其力而效鷙虎之搏攫此所謂商蚷不量而渡河螳臂之怒而當車也非不知迅之可貴而得之可

羨也不知其所以至耳張儀之與司馬錯爭論伐蜀亦猶是也彼徒知爭名於朝爭利於市不知爭利於市爭名於朝固也誰不知霸王之道之由此也然試問所恃以爲爭者何也是猶商蚷螳臂之說也伐蜀者爲驥騮之畜其勢也蟒虺之聚其力也鷙之厲其羽翮也虎之利其爪牙也所恃以爭名於朝爭利於市而爲王爲霸者也所挾以并吞七雄混一區宇者也錯之言其本也儀之言其末也安在儀之爲辯者耶且錯之言曰欲富國者務廣其地欲強兵者務富其民其所以伐蜀欲廣秦地而富秦民也不足以強秦而富秦者蜀固不足取也意者錯其抱殖民思想之大願有感而發斯語也乎夫欲殖民而後侵敵拓疆則其征討必無禍患於其國侵敵拓疆而能殖民則其征討必不爲盡棄之功漢武窮武而國用不足惰煬侈欲而民不堪命秦以累代之征伐始皇之蕩奢而其社稷之危不危於民計之困而亡於君政之暴非錯之斯言遺利澤於秦而何哉

蜀地富饒秦資之以滅六國其後楚漢爭雄蕭何轉漕關中未嘗匱乏猶其遺也此文見得到說得確氣足神完無懈可擊

書史記貨殖列傳後

何榮曾

史記以貨殖列傳終何也蓋史公以武帝橫征暴斂有舟車稅有馬口稅有鹽鐵稅又加以孔僅桑弘羊等長君之惡逢君之惡無一不與庶民爭利百姓足君孰與不足百姓不足君孰與足之義蕩然泯矣史公以李陵之事慘受宮刑痛夫武帝以窮兵黷武之故始而峻法嚴刑繼而橫征暴斂至於天下騷然則欲求如陶朱猗頓烏氏倮寡婦清等亦不可多得上下征利民不聊生風俗偸而廉恥之道喪此豈細故哉孟堅不察乃以此譏史公謬矣後世貨殖之不興以致國家貧弱皆此輩謬說誤之也夫商在庶民之列太公管仲白圭子貢諸人之致富史公採之以爲鼓勵之資又悉載諸方之風俗物產人情變態以爲指導蓋商多則民富民富卽國富也武帝昧於此義徒日重稅其商民以爲伐匈奴通西域求神仙之用民財焉得不竭民命焉得不危尙何暇言貨殖哉輓近以來莫有知史公著貨殖傳之深意重農抑商之說牢不可破以致商業日致衰頹此眞吾中國商業痛史也夫商戰足以亡國生計家曷不起而圖之哉

筆情雅潔斐然成章

書司馬相如難蜀父老文後

譚鐵肩

文章固可以美盛德亦可以挽世變豈獨可以挽世變且可以大武功堯舜典謨之書

君臣之德俱見湯武訓誥之誓諸侯奮而奔會周公鴟鴞之詩頑民聞而感服是故感人以德不如感人以言之易感人以言又豈若感人以文之剴切詳明哉予讀司馬相如難蜀父老之文洵足稱典謨訓誥鴟鴞之遺音矣夫孝武固大有爲之君素具横括遠略之志挫匈奴弱西域泱泱雄風漢家令主然欲召羅天下儒士以博尊賢之譽而儒士多諱言兵廷臣皆偷安而忘遠蜀父老以動兵勞子弟爲言又豈獨蜀父老爲言哉故西南夷之開幾於中阻然相如素慕藺相如之爲人幸際孝武非惠文之比且生長於巴蜀之陲深悉西南夷之患故發爲雄文以解蜀父老之愚愿盛稱美德以諷孝武夜郎無功以詰廷臣勸以非常之事卽子産民可樂不可患之旨高言賢君之大德既以勤身加以勤民八方六合嘉謀攸遠重恐孝武終於逸樂故言泰山梁父之封以究其圖復稱仁義道德之教以明世道其詞切其意懇其謀深而隱可謂善言之士者與或以孝武好兵黷武虐民耗財而相如媚其意以曲其文嗚呼是豈足以論相如哉中國邊夷之侵代有其禍趙秦之匈奴猶漢之西南夷也匈奴至漢而大患庸詎知西南夷之不復匈奴哉趙秦却之而匈奴不沾文化漢武通西南夷而至今遂爲郡縣相如之言曰凡懷生之物有不浸潤於澤者賢君恥之大哉言乎使趙秦之時亦能以意

開喻匈奴吾知頭曼冒頓雖桀黠難制未始不可以文明柔之也天驕一化則五族大同詎至今日而始泯畛域哉此吾所以重感相如之言也況中土文士多病懦弱以武功稱者古今幾人相如豈可不謂之文士而有雄傑氣乎吾故曰文章可以大武功

文頗有樸茂氣入後有未經人道語

書臧洪報陳琳書後

趙以譽

夫義莫嚴於君臣行莫高於節義當世衰道微之始則必有犯上桀敖之徒舉君臣之大義先淪棄之而後亂臣賊子竊權假器無所忌憚於其間是惟守正不惑之君子觀其隱微故不惜犧其一身而砥然柱石於雞鳴風雨之候嗚呼余讀臧洪報陳琳書其耿耿孤忠豈僅痛夫故主之淪亡已耶彼蓋悲夫奸臣竊命王室衰微彼袁紹見義不爲坐視勿救且與賊臣通睦失尊王之大義背除奸之初志嗟乎人孰無君臧洪非泄泄之徒陳琳尚欲憑一紙書以易其操節耶孤忠不諒臧洪之心益愈有所深痛焉夫張超受命於漢帝非有隕職彼曹操何人而可加兵於超乎黃巾之餘孽未靖操復乘間肆其鴟張張超被滅實奸臣竊命之階臧洪之請師於袁紹也救超即所以尊漢室也伐操即所以掃逆寇也不謂見拒於紹臧洪遂知紹之無志於王室而大義告絕此

固為人臣者所應爾也彼陳琳既不能規主於先而又昧義於後故其回書詞嚴義正責袁之背義正責陳琳之不規其主於大義也彼張超之亡不足惜而亦知賊臣之智愈張漢室將有覆亡之禍乎況其時世風泯棼尊王無人臧洪雖無救於故君而飲泣揮戈征伐逆賊又何不可以奬王室耶即不然扶植綱常一死以報故主較之屈身俯首事二君以取富貴者不已多乎彼陳琳者正宜善言於紹以全彼君臣之分並以全交友之道亦以成彼袁紹忠恕之名而乃欲以身死名滅之言誘其歸降豈琳之心並不欲保全其區區微節耶平旦之氣未亡思之亦當有愧於中彼黑山雖綠林之徒尚能憐其忠貞來相救助較彼袁紹有足多矣嗚呼吾讀臧洪之書而歎古來孤臣孽子命既不猶而其心復能不見諒於人者蓋比比也

精警透闢詞挾風霜足以懾亂賊之心而作忠義之氣直有關世道人心之作曷勝欣賞

書庾信哀江南賦後

孫寶鐄

麥秀黍離箕子因以興悲者君國之恨深也登樓作賦王粲因而生感者家鄉之情切也我生不辰遭逢陽九銅駝荆棘傷故國之山河滄海桑田悲身世之零落人孰無情

我心非石前塵影事湧上心頭有不欷噓欲絕流淚沾襟者乎是以滿紙無非言愁搖筆盡屬寫哀傷心人別有懷抱固無怪乎其憂之深也信生不逢時迭遭慘變梁社既墟乃寄迹於周其作哀江南賦也非特寄憑弔之思亦以致痛惜之意非特表身世之恨亦以明一己之志蒼涼感慨血淚交并令讀者生故國之感焉是知信身雖事周心不忘梁故主之恩君國之思固未嘗一日去懷正不可與彼三朝元老兩代功臣同日而語也余讀其文余哀其遇余察其言余尤敬其志矣嗟夫大厦將傾既未效一木之支殷室既亡又重餐周家之粟信之於此蓋有自傷其不能求諒於後人也不然抑何其言之痛切也三復斯文未嘗不感嘆也

意酣詞足鍛鍊功深

書庾信哀江南賦後

楊嘉楠

辛亥之歲嘗行役白門得謁明陵登鍾山游秦淮臨臺城蓋以金陵爲六朝舊都歷代君臣駐止之地將欲追尋往迹弔歷史之興亡然皇陵豐草徒映斜陽秦淮笙歌幾忘勝國鍾山則王氣猶然臺城僅長林茂草卽欲近訪明社而故老遺黎都無可問過是上溯六朝則山河全易滄桑都非典籍所載幾亦無可徵矣噫予欲弔興亡而興亡之

迹不駐今固如此更千秋萬歲兮後之人將何憑以觀往古何憑以觀今日無所觀則無所鑒季世君臣之所以禍亂相繼前覆車而後循軌者豈不以此爲之廢然太息者累日蓋深恨當代之事之不可復得也後於雨窗無事取蘭成哀江南賦讀之不覺掩卷涕泣若當日亡國之狀君臣捐死孤臣流離之慘悉在目前卽彼臺城一角亦同浮於心而不能去不復知己身之在白門抑在當代嗚呼文字感人之深有如是哉吾聞之情發而爲聲文字者聲之形也是故巴猿啼峽下聽者之淚寡婦夜哭擢客子之腸至誠天籟蓋無不足以動人而況孤臣流離傷懷故國本其至情發爲詞章遇弔古者流而讀之其愴然動懷者又何足異然古人之爲文章豈僅爲他日弔古者而作蓋當金甌已缺玉步初更之時迫於新朝威命不敢有所論記乃或託爲寓言或自述身世本其悲鬱之懷寫亡國慘痛以告諸伯叔兄弟世世相詔故有新朝受命數世而人民故宮離黍猶存故國之悲者非所謂亡國而不亡天下君死而民心不死者耶伊誰之功歟亭臺宮沼亘百年已無可認縱能追尋置身此間者寧亦知其時景象若何得失何在第讀當時賢人所爲傳記則不啻親入此境得失之林已如指掌此所謂文章垂萬世者矣當前淸之以胡虜入主中夏明社子黎如亭林諸賢著爲文章警勵後世及

今讀其書猶深種族之痛亦猶讀蘭成之賦而垂淚不能自已者也晚近改革之告成雖由於政局之不良先賢文字提撕之功未可沒也今日吾輩讀哀江南賦僅知弔梁武之慘痛侯景之暴不知梁民讀之亦只太息悽愴而已耶梁武爲國之不當吾輩僅笑其愚不知繼軌之君之讀此者亦知取以爲戒抑亦無動於中耶凡一代之興皆有才人產於其間或制詩歌以頌國家之盛或成條策以說當世之君至於國破身流存亡莫保乃發爲哀歌以傳後世此亦才人之窮也故觀於一代文章之聲可以知其時國家之治六朝各代壽命不永故其時不少駢儷哀感之文今之欲觀其時之治者取其文讀之可矣正不必撫其故都追求往迹於無何有之鄉也庾信平生最蕭索暮年詩賦動江關蘭成哀江南而吾哀之而吾不欲以彼之哀江南者哀祖國吾更不欲後人之哀我自哀於無窮也

亡國之痛發於文字者感人最深垂徼亦最切文扼定此旨探驪得珠餘義皆鱗爪矣

書王荆公讀孔子世家後　沈文瀛

夫子之道大矣洋洋乎發育萬物峻極於天祖述堯舜憲章文武質諸天地而不悖俟

諸百世而不惑自生民以來未有盛於孔子者也史公高着眼孔列之世家以抗之宜矣而荆公讀孔子世家則曰亂例牴牾進退無所據其然豈其然乎夫孔子以聖德遭衰世治六藝經傳以道奸七十二君自衞適魯然後雅頌各得其所知言之不用而道之不行退而與門弟子論道思垂典文以自見其行苦矣栖栖遑遑坐不煖席樂天命而悲人窮知其不可爲而爲之其志卓矣其足以爲萬世之師表者豈在堯舜禹湯文武周公下哉嗚呼尙乎不可幾已自世德旣衰人心不古邪行大作每況愈下致有拔本塞源毁冠裂冕而孔子垂典文正人倫明天道致至治筆削春秋直道顯著故陳涉之王也而孔甲負器爲之奔從項王已死魯城爲之不下此豈非孔教遺化之效哉漢武帝表章六經漢明帝執經問難故後漢桓靈之際朝綱陵替國政秕僻而黨錮諸君風雨如晦雞鳴不已彼其之子舍命不渝彼爾權疆之臣息其窺盜之謀豪俊之夫屈於鄙生之議者亦以人從先聖言下畏逆順勢也大聖遺澤固若是其遠甚哉夫以孔教之盛舄迹萬世聖道之大入乎人人放之則彌六合卷之則味無窮此列之以世家正爲史家別開生面遠出尋常萬萬也而荆公則曰處之世家仲尼之道不從而大置之列傳仲尼之道不從而小謬矣或曰然則仲尼之才帝王可耳亦何特公侯哉曰否

否、史公有言天下君相當時則榮沒則已焉自天下學者皆折衷於夫子可謂至聖矣此足見仲尼之才豈特與夫君相者可同日而語哉列之世家以抗之宜矣嗟乎嗟乎古人往矣居今而論古之人讀古人之行事想見其爲人賴有史而已史寓褒貶別善惡不可苟作直筆如龍門曠百世而絕見者矣而荆公謂多所牴牾自亂其例何足信哉何足信哉

抑揚頓挫餘味曲包

書東坡賈誼論後

王大炎

木秀於林風必摧之行高於衆人必非之忠貞之士被讒廢棄大抵屈平賈生類哉賈生之死自以爲類於屈平也後之論之者亦謂賈生與屈平同一忠而見疑也雖然屈平仕亂亡之楚汨羅一沉而楚祚不長賈生遇方興之漢出相長沙鬱鬱以死而漢治不衰其時勢異也其君與相亦殊也文帝之英明非若懷王之昏亂絳灌之持重非若上官大夫之讒佞也長沙之傅乃將挫其年少急進之氣俾成老成練達之器耳乃一不得志鬱鬱以死東坡惜誼不能善用其才良有以哉然誼實王佐之才其性貞其學純屈節阿附以售其才誼不爲矣三表五餌之術痛哭流涕之疏惟其概於國者深故

冀於君者切，冀於君者切故責於己者銳。梁王墮馬死，作鵩鳥之賦以自哀，誼之死也有由來矣。大抵性之貞者術恆疏，東坡惜誼不能善用其才，而欲其曲以求售。夫曲以求售，行其術於君臣取舍之間，上以術求，下以術應，術者僞也，貞者正也，舍正行僞，國何以治？是欲以主父偃、嚴樂之奸邪試之於文帝而已，豈所以論賈誼哉？然則誼不能善用其才而鬱鬱以死，乃其所以爲賈生而堪與屈平爲伍歟。

東坡爲賈畫策，自以爲得，豈知申韓詐僞之術哉？文勘破此旨，力闢邪說，扶樹道義，爲有功世教之文，快極快極。

書陽明先生集要後

陳維嵩

世有於立德、立言、立功三者咸足以垂不朽，使百世而下讀其遺書，感動奮發，莫不嘖嘖焉尊而敬之曰偉人也。偉人也者，非王陽明先生其人歟？陽明之學術事功，焜耀簡册，于今不衰，亦既三百年矣。而蕞爾東鄰，自明末遺老朱舜水乘桴東渡，陽明之學遂傳彼邦。厥後竊其緒餘，卒能削藩衛之權，歸諸王室。問其當時所謂志士，率皆私淑陽明之學者。然則跡日本之所以興，雖曰西學之功，而究其淵源所自，不可謂非陽明之學之力也。即日俄之役，致勝之勳首推東鄉，意其爲人必英鷙桀黠，孰知其人乃恂恂儒者且鋟一生低首拜陽明之印章以志景仰彼其縱横海上以強大之俄而一再大挫艦隊盡殲竟敗於其手者豈偶然哉則其人固崇拜陽明者也綜是觀之日本之以扶桑三島彈丸之地摧敗大國而鼎列於六大強之林者卒藉陽明之力吁何其盛歟何其盛歟蓋陽明之學寂照光明鞭辟近裏最足以鍼砭人心策勵末俗觀其判父子相訟之事以舜爲大不孝數語棒喝之其人卽感泣以去其弟子王艮世其學尙能感其鄉人下至販夫走卒無不奮勉所謂懦立貪廉者殆近之歟故其學以致良知爲本雖其精深堅卓或不逮程朱而於學絕道喪之餘實足以振澆風而挽頹波其補敝救偏之功效如影響則或亦程朱所不逮也乃有弇陋拘瞀之儒以陽明爲徒知尊德性而不知道問學是豈知言者乎陽明之五經臆說雖不傳而觀其全集及傳習錄所載無一不原本經籍不知道問學者而能如是乎卽其與友人論學諸書謂象山與弟子書亦言經史不可不讀但須體之於身耳又謂學問之道孟子所云求放心而已矣又言苟有志於學問則錢穀甲兵無一非實驗學問之處況於經史文章乎是固亦知道問學之可貴者也其所舉象山所謂六經皆我註脚一語世遂因而詆諆之不知所謂六經皆我註脚者蓋謂六經之說返求之我心而皆有合也非謂可束書高閣而不讀

也。試讀象山陽明之書此豈不讀書而未嘗學問者之所能乎若論者之言誠可謂一言以爲不智者矣嗟乎今世之士或姝姝守舊泥古不化或昧心於外來之學以爲足以致富強而興國也則相與貌而襲之貌而襲之而仍不足以勝之也則茫然無所措手足庸詎知橘踰淮而成枳遷地勿良苟不本吾固有之學以發揮而光大之將彼之良法美意一施之吾國而皆成枳矣斯豈非不知折衷損益而徒畫虎焉效顰焉之故歟嗚呼不有陽明之學說出而振聾發聵則是滔滔者譬彼孤舟泛乎中流將莫知其所屆矣是以處今之世提倡陽明之學爲最亟凡尸壇坫者以及一命之士皆與有責焉者也前明施忠烈公精選陽明之書分經濟學術文章三門採擷精當學者雖全豹未窺而精要之作備於是矣曩讀陽明全集心焉好之今見坊本重刊集要如見故人持是以往其於世道人心所裨豈淺鮮哉讀此書者倘有感動奮發以思私淑而步趨陽明之後塵者乎則社會之幸而亦有人心所爲延頸舉踵禱祀以求者已

閎大宏深左宜右有髫齡得此的是駕才

書惠頓氏萬國公法後

李大椿

天地之大德曰生人羣之大寶曰法法也者保天地生物之大德也故人與人羣而有

法國與國交而有法法之所在卽理之所存理之所存卽生之所寄世有強陵弱而不宥於法者焉衆暴寡而不容於法者焉此無他生有所賊害理有所背棄卽法有所不容也天地以大德生人羣天地卽賦人羣立大寶之權天地亦卽賦人羣守大寶之責故法非生於作息行止之外法卽生於良知良能之中詩云天生烝民有物有則民之秉彝好是懿德天秉物則以生烝民民秉天自然之物則而應變運用於作息行止之中則法律生而懿德自備惠頓氏之創萬國公法亦洞明天地以大德生人羣之微意歟然昔日之公法寓於公理之中今日之公法存於兵力之內惠頓氏當世界初進之日萬國初通之會合五色人種性情之異同符五洲各邦國勢之強弱立萬國公法爲天下大防萬國之民幾有共慶昇平之樂吁何其盛也讀其辭則曰毋陵弱毋暴寡以毒害他國人民者禁軍艦駛入列國國境外三英里者禁虐戮旅居他國人民者罰運不法之貨於他國者罰推其意亦曰體天地生物之大德而已然英何以夷印度法何以滅安南日何以攘琉球臺灣俄何爲以綠氣戕我軍士英何爲以鴉片入我國境德何爲以軍艦佔我膠州而俾士麥更持鐵血主義思蠶食孱弱豈惠頓氏之公法有所不及歟吁吾知之矣今日之公法兵力之公法也非惠頓氏立法之初意也兵力之所

及節公法之所及兵力之所不及而公法之所及者雖有法吾未見其能行也故敵人以法不若敵人以力敵人以法者法有時而窮敵人以力者力之中可立以法然蔑天理敗人情按之惠頓氏立法之初意已胥壞矣

筆勢開拓迥異膚庸

書惠頓氏萬國公法後

王大炎

縱古今橫中外世界萬國不以德懷不以兵畏徒以方尺之書規異守同弭兵息爭其勢遂足以左右世界而維持全局若其書非所謂萬國公法者乎嘗考近世亦多變矣世界交通愈趨愈廣人類之爭日益劇烈或以通商墟人之社或以傳教覆人之宗或違言以啓釁或無端要挾以敗盟狡焉思逞往往而是此生民戰爭之禍何時或息耶強食弱肉之謀未有窮期耶則是萬國公法之作其勢也夫吾聞好治而惡亂貴生而賤殺者天地之心也保和平之局弭戰爭之禍生民之所大願也保和弭兵戢長蛇封豕之野心沮蠶食鯨吞之伎倆此公法之能也近百年來火器益烈交通益捷各國外交政策益譎詐刀俎魚肉何往而不可然而列國維也納一會拿破崙既擒歐洲域內至今無大戰事而歐洲以外亦絕少爭地爭城殺人盈野之師公法之力所以左右世

界與強國不敢非弱國受其利順天心從人願故曰公法之作其勢也已抑又聞之世界有強權無公法蓋公法者和平之名詞強權者和平之保障公法者強權之輔車強權者公法之後勁強國挾強權行公法而公法強權合爲一弱國藉公法抗強權而強權公法畫爲二合爲一者公法亦公法強權亦公法畫爲二者公法自公法強權自強權公法之存亡直視乎國勢之強弱而已矣帝國主義發達時代大勢在整軍經武戰勝廟堂公法云何哉強權云何哉

倜儻不羣方家舉止

書孟德斯鳩法意後

王士杰

孟德斯鳩所爲法意凡五卷予嘗受而讀之及卒業則作而言曰人之生也自其賦於天者則有心自其心之不同欲一一焉以達之則有治當其穴居而鮮食鷹之臂而狗之驅獵而牧外日無所事則不有治也稍進焉數十百人相爲聚或幕而往或皮而來則必推其桀爲之主再進而耕且釣則有君主又再進焉則有百官倉廩牛羊田地府庫焉又再進焉則有君臣父子師友兄弟夫婦之倫文書之教有刑有賞又再進而舟車日以通文字日以繁器日以出物日以新則有民主及若立憲者焉故凡所謂治皆

在得民心而已其人蠢則治不可以深焉其人靈則治不可以淺焉耕稼陶漁之民視獵牧之民靈矣故其治加深焉文字工商之民視耕稼陶漁之民靈矣故其治又加深焉循是以往將必其民加靈焉而後其治亦加深焉未及其時而希之者妄也及其時而止之者愚也然而時不可以徒恃古之聖人猶有教也教者何也上以輔天時而下以明民德者也其所以者何曰禮以維人道曰樂以通人性曰文章以養人氣三者缺一不可禮之所不及有樂焉樂之所不及有文章焉古之聖人未有不達於禮樂文章而可以言治者也若孟氏之爲此書可謂好學深思者矣雖然、有蔽也其謂君主無道德惟民主乃有之吾不知其何謂也彼則謂君主之民皆奴隸奴隸無道德夫奴隸與夫自由云者皆心德之事也豈其外之謂乎今概以服從守法爲奴隸則歐美之民有不奴隸者乎夫政府無專制立憲與夫民主也在乎得民心不得民心耳今毋論中國矣彼歐洲數百年前何以皆專制之國乎專制而不得民心則若桀紂英之察理法之路易由其道有不亡者乎拿破崙亦專制之君法人稱其功到今而當時方求民主戴之且數十年夫非以其得民心乎是故得民者國安而君尊失民者國危而君辱無專制立憲民主與夫古今中外一也夫君主之治民心隱往往不爲君主所見故及於禍民主之治民心顯而易見其異在於議院而已夫議院之開不開匪直歐洲與亞洲地勢異而已以嚮者不汽不電之日雖多海之歐洲議院不可得開僅英倫有之則國小而民稀之故也希臘民主而亡羅馬雖爲民主數年卒改加達支民主亦亡是故歐洲大國十八稘之前無民主者小國雖民主亦卽亡也況中國強半山國也人民甲於天下則其於議院之制無怪其不與也已若夫中國之民被禮樂文章之教視歐美人孰靈孰蠢徐而觀之異可日也吾特以難孟德斯鳩之言專制者耳

剖駁得宜○油然之光從浸淫古義得來他人有此才氣無此濃郁有此思力無此發皇本校多才斯爲冠冕

書羣學肆言倡學篇後

陳中清

天地人物其有始乎有學而知天地人物之有始天地人物其有終乎有學而知天地人物之有終天地人物其有羣乎有學而知天地人物之有羣君子曰學不可以已也人類生計強弱之所由判人類文化高下之所由別也太古之時人與獸具就皮而衣掇腥而食行乎天之常道盡乎人之自然無所謂學亦無所謂羣也殆天道日進人智日深合力同心共居會食有男女然後有室家有室家然後有部落有部落然後有邦

國學之道至矣羣之理亦盡矣非羣何以倡學非學何以成羣哉余嘗讀羣學肄言倡學篇云民之察理也常易其專顯而難其渾玄又云用會通之語多者其爲人必經學問用專指之名衆者其人神識不越下中不禁躍然曰藥石哉斯言非所謂普及教育中國當務之急者耶夫動其心以思者學在乎內者也學在乎內則發爲仁義道德哲性之學也勞其體以役者學在乎外者也學在乎外則志爲格致製造實際之學也故研究羣學倡學爲第一要義學者何普及教育是也普及者不在灌輸艱深之學識而在感觸淺易之意見不在造就少數之人才而在養成多數之國民家童里兒每樂翁媼言故事而小書稗說素所饜觀道聽塗說素所樂爲有是哉教育之有益於羣而其爲普及也必矣夫羣而有倡學學而言普及則其學也非縹緲虛無之學乃實際日用之學也則其羣也非固其外乃固其內也非結其力乃結其心也嗚呼如此以言學如此以言羣乃克沉實無懈而非浮囂暴動者所能語於此也南北統一共和告成國爲共和國民爲自由民羣則羣矣猶惜無人以爲之倡學無學以語於普及彼都會之地冠帶之倫固自命不凡若夫山野村落之民牛馬不識菽麥不辨者比比皆是而惟是營營焉擾擾焉如是以言羣是猶南其轅而北其轍焉烏可哉余讀羣學肄言余有重

感焉爰書其後以質夫當世之君子

以疏暢條達之筆闡栗密窈渺之思信於羣學淵源確有心得

合論類

管夷吾卑斯麥合論

吳清庠

管夷吾與齊卑斯麥與德霸業相同也參觀中西歷史乃知兩公創霸時之國勢同創霸之政策同及輔助創霸之人物亦罔莫不同所可痛者結局異耳管夷吾入政界之初正齊國內亂泯棼之日讀管子大匡篇與鮑召諸臣言論從可知矣而十九世紀初之普受創於法君主蒙塵疆土分裂外援既絕內勢日窮英雄無用武地較齊爲尤甚時人有言時勢造英雄其信然歟管子不死子糾管子愛國管子之自信力也卑公一生力排輿論卑公之自信力也鮑叔謂管仲不死爲欲定齊國之社稷耳嘉勒特吉評卑公曰公無異於人所異者剛毅不撓之獨立性耳誠兩公知己之言也管子之時君權未確立蓋猶是貴族爲政時代管子執政而後猶云分國爲三鄉則高國等貴族實與公中分齊國可知卑公值法國大革命之後自由民權諸說其勢銳悍雖以拿破崙梅特涅之極力牴牾而終歸於敗覆獨卑公堅持一君權神聖政府萬能之主義百折

而不可回時人有言凡政治進化之例必由貴族柄政進入君主獨裁然後國家機關乃漸完具彼二公者組織內政之意見何其上下千古相同乃爾乎至外交政策卑公則恃鐵血不恃公法而孔子之論管仲則以桓公九合諸侯不以兵車深贊美管仲之仁似與卑公爲少異殊不知惟可兵車者乃可不兵車也可兵車而不兵車此所謂仁也不然彼宋襄之不禽二毛非不仁也何以終敗績哉豈孔子而不知之乎況乎管子一書所載軍政正與德人舉國皆兵之制又大略相同乎吾故曰政策同也彼夫鮑召爲管仲之助士坦哈爾丁伯器希阿崙呵爾開卑公之先內政外交各得其輔所難者綜厥成勁厥後耳此二公之霸業所由可貴也獨是德至今日去卑公已有年矣乃霸權日張法且無由乘其隙而報其仇讎而齊自管仲既卒內亂大作驟至於滅亡霸局之不同一至於此其故何歟嗚呼噫嘻溯其因抉其弊毋亦中央集權不敵聯邦政制也耶士生今日誠不容以千載下之政見追咎千載上之人然而德固如此齊固如彼矣可懼哉可懼哉

運筆如風吐氣如虹有目共賞之作

漢高祖唐太宗拿破崙華盛頓合論

王士杰

夫天下非大物也而常爲數百豪傑之所爭吾是以怪之聞古之人有許由者不受堯禪民稱頌到今不衰又有伯夷叔齊者相將采薇西山而死周之末有莊周者卻楚昭王之聘曰靈龜當曳尾途中耳漢季有嚴光者與光武爲故人去而釣於富春之瀨嗚呼彼其心視天下何如也非萬萬不得已未有以天下爲樂事者堯舜禹湯文武周孔之用心蓋如是至於後世則不然秦爲不道起而叛者如雲項羽爲最強以其智短謀淺而又多忌賢豪不爲之用爭歸於泗上亭長劉季卒賴其力以仆項盡有秦之天下此中國爭天下之始也漢而後有唐唐而後有宋元明開國皆相若唯唐太宗所與爭者皆不及項羽得天下視高祖爲易然而天下之禍亦大矣吾獨怪乎湯武之起諸侯環甲相從者動以數千何以不聞有是也嗚呼可以觀世變矣世之衰也多爭唯豪傑不爲所謂豪傑也者志在利天下而無所取彼其視天下固不足取也嗚呼華盛頓知之矣起田間建旗獨立既勝英拂衣復歸田當其統軍時有部卒負木偏裨督之甚嚴卒數十人皆汗流偏裨袖手視於側華盛頓過而見之助諸卒力役顧謂偏裨曰他日有事可召爾帥美之人鑄銅事華盛頓有由矣獨立十九稘大事吾固未之前聞美既成法民起而效之以無華盛頓也其國大亂黨四出以殺人爲事雖秦漢隋唐之間未

有也拿破崙出歐洲動干戈數十年志卒不得遂吾有感焉中國君主之治也西國若法美民主之治也在今日則然矣然二者雖異而其爲民情之所喜則同故漢高祖唐太宗華盛頓拿破崙其功業雖異而其爲民則同漢高祖唐太宗之起也爲君主而有異者漢高祖得爲皇帝甚自喜唐太宗喜行仁政與民同甘苦華盛頓拿破崙均爲民主而起也而有異者華盛頓功成不居與民休息拿破崙則志在臣妾天下覈而論之唐太宗華盛頓皆有讓天下之志而漢高祖拿破崙乃有爭天下之心其同焉者也唐太宗至與兄弟搆兵而華盛頓長揖去位漢高祖有蕭何曹參爲政其法一變而爲清靜而拿破崙手定邁當之制編法典至今爲西人宗仰此其異焉者也若夫華盛頓之寬裕大量拿破崙之雄才大略其餘所不及也而秦隋之後法國革命之前英頡利未有若此大無道者則爲華盛頓易而其他較難而三君之時天下皆安且治獨拿破崙在位歐洲被兵數十年不解則爲拿破崙之民之不幸不若爲三君之民幸矣雖然四君者皆不能於天下無所取者也有所取則皆爲爭爭亦爭讓亦爭爭位亦爭爭名亦爭爭權勢亦爭爭而無所得亦爭拿破崙死於荒島爭而得之而旋失之者也華盛頓爭而不欲得之者也漢高祖唐太宗爭而得之終其身享之者也是皆重視天下之過

也夫天下於我何物哉冕旒爲王者何如短褐草屩耕釣之所爲哉聞許由伯夷叔齊莊周嚴光之風可以起矣

陳義既高熟於操縱離合之法而筆端更有奇氣繚繞其間可稱奇才可稱傑士

漢高祖唐太宗拿破崙華盛頓合論

朱寶綬

帝王之治世也服人以力不若服人以法服人以法不若服人以仁服人以力者力有所窮則敗服人以法者法有所困則敝惟服人以仁者力有所不必加法有所不必泥不必用力而力自足以勝天下不必用法而法自足以治天下威藏而不用刑措而不施而正本清源之道不外乎是彼夫用力而敗於力用法而敝於法者其力與法未嘗不赫然而有餘秩然而各足而卒不能無弊者不知正本清源之道也且力也者可用而不可恃者也法也者可守而不可泥者也恃力者必亡於力泥法者必困於法此不易之理也是故善用力者不恃夫力亦不廢夫力時而可用用則天下畏時而可藏藏則天下服居柔以制剛執弱以敵強勝而善藏其鋒敗而不屈其勢此漢高祖之所以勝項籍而唐太宗所以能移開創之功而爲守成之治也至如華盛頓離英獨立血戰八年而卒能布共和之治訂憲法之章惟其力有未盡故其治克底於成彼夫拿破崙

僨全法之衆逞無窮之欲北攻強俄南侵埃及兵困而不恤民窮而不知卒至一敗再敗竄死荒島蓋用力而不知用力之道則必至恃力恃力而不已未有不僨者也至於法能者用之則治不能者泥之則僨蓋法也者可簡而不可煩者也可寬而不可苛者也是以高祖入關約法三章而秦民悅服太宗錄囚赦死三百而及期來歸能簡而不煩寬而不苛者也彼拿破崙宰割歐洲創立法制而強人以必從華盛頓聯合北美訂立憲法而不免誹謗之交集者無他困於法之中而不能超於法之外也是故力有所窮法有所困窮則必敗困則必僨惟博施而濟衆寬厚而愛人以之用力則仁居力先而力不可窮以之用法則仁施法外而法不可僨此中國王道之大端而高祖太宗之治所以非拿與華所能及也吾故曰帝王之治世服人以力不若服人以法服人以法不若服人以仁

文如鷹隼摩空縱恣盤旋無不如志

李廣程不識合論

李家譽

古者治兵必有法而後世之兵則無法以無法之兵而所與相遇者其兵亦無法則兩相野戰而勇者勝不足以見無法之弊然苟遂以爲名將當如是而曰兵不必有法則

謬矣太史公之傳李廣也盛稱其將略謂匈奴畏廣之略士卒亦多樂從廣而苦程不識吾謂廣與不識俱未能知兵法也善用兵者使士卒樂從吾法而不以吾法爲苦以吾法爲苦者是不能神明於法也然又不可使士卒樂吾之無法樂吾無法者是以兵嘗試敵也故曰廣與不識俱不能知兵法雖然不識之兵束縛於法之中無大勝亦無大敗雖不足以稱大將尚不失爲名將廣與匈奴大小數百戰幸其所當者匈奴耳匈奴之兵無法故廣得與匈奴敵假令一旦驅其節制之師以邀擊廣則廣殆矣是故廣之不侯廣之將略限之也非數奇也其屢與匈奴戰而不爲所敗則亦屬有天幸而非盡將略之優長也且匈奴以其控弦引弓之民侵擾漢邊來如飄風去如逐電當此之時誠有如古之大將太公穰苴之流用其以正守國以奇治兵之道使匈奴見吾兵之肅然有紀律而不敢犯卽欲犯我而吾以其素所豫習之兵敵彼漫無統御之兵吾知彼必深受重創而不敢再至矣又奚胡虜之足畏哉惜乎廣與不識未足語此也廣之治兵失在寬而不識之治兵又失在嚴合二人之所長而去其短以用之則庶可爲大將矣然則二人既不得稱大將其於兵法孰近曰不識爲近不識之治兵頗能不詭於法特未化耳廣未足以及之太史公深惜李陵之降匈奴其於廣傳推崇甚至並左不

識而右廣眞所謂儒生談兵不知統要者矣易曰師出以律師既有律豈得謂兵可無法哉

筆意廉悍局陣縱橫極妥帖排奡之致

諸葛武侯郭子儀俾斯麥伊藤博文合論

朱寶綬

嗟乎嗟乎成敗之說烏足以論英雄哉天賦英雄以可成之才天予英雄以可成之勢而天不許英雄以必成之功此英雄之無可如何於天者也是故英雄而成非其才與勢之有加天所以玉成之者至也英雄而敗非其才與勢之不足天之玉成之者未至其過不得不歸咎於天知此而後可與論英雄夫武侯之振興蜀漢子儀之恢復衰唐俾公之強大普邦伊藤之再造日本皆懷尊王之義抱命世之才而建中興之策此其才之同者也武侯之時則有吳魏之敵子儀之時則有安史之亂俾公則弱奧而挫法伊藤則覆幕而尊王皆秉軍之謀主鐵血之義而定戡亂之功此其勢之同者也然而衰唐之局得以中興普日之勢日以強盛而蜀漢偏安之局終不能久存五丈原頭大星先隕出師未捷流涕沾襟此可爲長歎息者也夫以武侯之忠忱悱惻慷慨激昂使與子儀輩相較衡未見其優於彼而絀於此也然而成敗異宜功業相反者何哉非其

才之不足而勢之不可用也此其中蓋有天焉天而旣厭漢德矣其如天何是以南定邊疆北伐中原鞠躬盡瘁死而後已其成敗利鈍之機未嘗不預知而逆睹之也知其必不能成者天也知其不能成而猶兢兢以幾於成者人也此人定勝天之說也是故郭畢伊藤之成以人定勝天而勝天者也武侯之敗以人定勝天而不能勝天者也其能勝天英雄之幸也其不能勝天英雄之不幸而無可如何者也猶可執成敗之見以辨其優劣哉

注重武侯之敗淋漓嗚咽情韻識度兼而有之藏之名山蓋不患傳之不得其人矣

漢孔僅桑宏羊唐劉晏合論

胡端行

天下之財聚於上則壅蓄於下則滯權壅與滯而變通之時其盈虛酌其消息衡其輕重而後益上而下不損富國而民不困此爲深得理財之道精通法外之意也否則不揣其本而齊其末徒知富國之策不顧恤民之政以掊克爲心以聚斂爲計卒至上未足而下已空國未富而民已貧豈計之得耶漢之桑孔唐之劉晏皆以理財用事然一則掊克聚斂卒無補於漢帝之國用一則通財有無猶得濟唐宗之軍需豈唐之民力厚於漢耶抑桑孔之聚斂不及晏之精耶嗚呼吾可得而知之矣桑孔理財專在聚斂

不恤民艱彼見武帝時之海內虛耗公私匱乏施其急切之策爲邀榮之計故其權鐵鹽置均輸利盡錙銖敲骨吸髓遂至怨聲載道民不聊生矣劉晏雖爲利國亦爲便民通上下之財達輕重之權非不榷鹽也而利是大非不置均輸也而民是足理財雖同而收效迥異何也蓋桑孔之志在專天下之利聚之於上劉晏之志在均天下之利通之於國此其理財之宗旨不同也不特此也桑孔理財委任吏役征貸不時舞弊尤甚敲詐之習有害於民中飽之弊無益於國劉晏則用士而不用吏蓋深悉乎吏奸而士正吏貪而士廉絕敲詐之門杜中飽之弊涓滴歸公利國莫甚桑孔以理財之權委於吏劉晏以理財之權委其士此理財之用人之不同也嗚呼宗旨既乖措施是失用人不當法度是壞安望其財之聚國之富耶烹身之慘雖曰漢家刑律之嚴謂非桑孔有以自取之耶其不逮劉晏之理財之善有霄淵者矣今夫富國之道古來自有食貨之典前朝不廢泉府之制元公以之治周安石以之亂宋鹽鐵之利管仲以之富齊桑孔以之病漢是以知理財之策非爲聚財便民卽所以利國也前朝之法非可墨守通今卽所以法古也桑孔徒知理財爲富國不知理財亦欲便民徒知因循前法不知神化其用劉晏知之嗚呼此桑孔所以劣而劉晏之所以優也乃論者猶譏晏剝民以奉君

損下而益上其亦不審當時之時局不諒晏之苦衷者矣噫

胸羅史事筆有鑪錘天姿已妙而又加以功夫純熟自足制勝

圯上老人淮陰少年合論

顧時俊

於戲嘗試之道其孟子所謂增益其不能之道乎有相遇于草野之間猝然命以臧獲之役有相遇于市井之地岸然加以猥瑣之事是豈出于榆次之叱拉脅之辱哉俾以血氣之勇睥睨之習斂之又斂克之又克忍其一身之事以忍天下之事而天下之事斯可以定耳繇斯言之圯上老人之命張良納履淮陰少年之命韓信出胯固欲挫其風稜泯其圭角鋤其荊卿聶政之氣蔚爲伊尹太公之才而非挾其睚眦之怨持其鮮腆之心始置良信於人情所不能受不能爲之地也明矣彼市人之笑固不知少年之用意卽老人之踞傲無禮良尙有愕然之色尤非常人得窺其底蘊殆皆秦之隱君子歟非然者則張良歸隱之計何以黃石是從韓信功成之後何以少年是封非悟其用意之深有合於孟氏動心忍性之義爲之感激而涕零者乎是以良之運籌帷幄決勝千里不基於躡足之時而基於遇老人之時信之登壇拜將一軍皆驚不基於月夜之候而基於遇少年之候他日者良過穀城而奉老人以葆祠信至楚國而擢少年爲中

尉觀良與信之所以報者亦可知老父少年之皆非常人也是故良敬老父如神明信則呼少年爲壯士良信固一代之偉人然而二人者亦足千古矣

以老父少年爲有心世道者獨得兩人眞相超超元箸不落恆蹊

漢伏生叔孫通合論

張宏祥

極天地之容有盡量擴人心之藏有極端陰陽之氣相消長也良欲之存有操舍也一消一長一操一舍進退之間其機甚微其差甚遠一陽之消卽一陰之長也一邪之操卽一正之亡也溯自禹湯文武伊周之教雜亂於春秋夷溺於戰國而淪胥於暴秦未及數百年之間而風教之壞禮俗之衰不可復問矣道可棄理可滅天意不足畏人言不足惜聖人之教不足取而三王之政不足法也較之孔子之所憂孟氏之所嘆其慘暗之狀十百倍而未已也豈其驟然而至是哉其漸久矣老莊起而天下之仁義亡楊墨繼而天下之賊亂入秦末漢初之間天下之所崇奉而爲教爲學爲政者幾皆黃老之術也其源蓋出於秦秦始焚書坑儒以肆其虐六經燼而明儒戮此正正道明禮掃地之時也推消長之道念存亡之理必有乘其機者商鞅誅矣漸導始皇於求仙封禪者非黃老之教而何雖非盡黃老而爲黃老之遺可決也彼蓋以爲竊國者侯竊鉤者

誅跖非聖人之道不能而誤以仁義爲國之利器不可示人於是焚之坑之不知公之而欲私之自私之而不能於是乃禁人之私其所謂博士得藏書吏得授敎蓋陽令陰禁自欺欺人之技而在當時之博士之賤而非貴亦可見矣不然秦博士亦夥矣何漢之興秦博士之見於史者獨伏生叔孫通二人哉而六經之求又何其艱生之所壁藏者不過尙書其所治亦不過尙書通之所習亦不過禮之一書吾於是知秦之博士皆賤者以其不重於世所得書不多而爲學淺也若生者其遺傳之今文尙書言多可疑而通之朝禮名曰采古禮實襲秦制徒使漢高知帝之貴而不知帝之艱故吾嘗謂伏生與叔孫通二人者秦以欺人而置之而卽以之欺人也若史載通之與諸生語皆利祿之言而無仁義之志當黃老盛倡之時鼎漢興改革之秋秉仁義之志承聖賢之教聖人死而教在六經六經傳而教在諸儒諸儒坑而責在博士民書焚而書在博士爲博士者於振聖賢之教革禮俗之非宜如何哉正之興在邪之滅王道之立由異端之亡孟子之時仁義未至如是之掃地猶闢楊墨如是其力韓愈孤處於旣敗之後猶距佛如是其勤則二子之於黃老又當何如哉而顧默然無聞者何耶或曰漢崇黃老重儒乃其名卽其求而應之如是也亦宜雖然達而在上立法以行其意窮而在下箸言

以明吾道漢非秦之酷而道有秦之裂安在二子之不能有爲耶吾故曰二子非眞儒者也雖然如二子之處亂世不得深治聖人之道固亦可悲也以諸儒之殘而留博士以博士之表見如二子者又僅如是吾又不能不爲異端之亂聖教者悲也

詞意堅卓發揮允當

霍光張居正合論

解鼎臣

威者怨之府福者禍之階故威福之權高則怨禍之積厚一旦從高而蹶嚮者之所積羣起而攻之擊之鍛鍊而中傷之非人情之變幻蓋其漸積而勢使之然也洪範曰惟辟作福惟辟作威惟辟玉食臣無有作福作威玉食臣之有作福作威玉食其害於而家凶於而國蓋自古以來威福之權已爲人主所獨操非臣下所能干預況乎叔季之世君臣之分際愈嚴禮制之防閑愈密居臣下之位而僭威福之權已爲非分矧逞一己之欲而濫施也哉讀史至漢之霍光明之張居正以蓋世之功而不免身後之禍不禁重有感焉夫光列仕三朝居正身事二帝二人之際遇同也一則受武帝之遺命輔翼昭帝迎立宣帝一則奉穆后之温諭師保神宗佐治明室二人之相業同也以事功而論光以外臣而蒙顧命毅然以伊周自任廢庸君而立賢主開漢室中興之基居正

以宰輔而兼師保儼然以舜禹自居佐幼主而整紀綱振明室衰敝固無不同以權勢而論霍氏之子弟布滿要津張氏之私人盡居顯宦亦無不同乃身死未幾而國法旋加昔日之勳不贖後日之罪二人之不獲令終亦小異而大同國家之報施功臣固如是其刻薄少恩哉抑亦有以自取之也何以言之功高則震主權重則招尤古之論臣道詳且盡矣善處之者戰兢惕勵謙恭自持猶懼禍至之無日若夫挾震主之威處招尤之地不自斂抑而復假威福以自矜是恐人主之猜忌不深羣下之怨讟不厚而增益之也其爲禍豈可勝言哉使光與居正而能功成身退固爲盡善即不然而能持滿戒盈亦不愧爲明哲自保又不然而能公忠自矢不以愛憎爲黜陟不以官職市私恩亦不至陷於禍敗乃光既挾驂乘之威使人主畏之若芒刺居正既正色勃之讀使人主聞之而驚悚君臣之間已多猜忌而光復多置私黨居正復招權納賄使人主蓄憤於上吏民積怨於下切齒側目待時而發故身死而禍即隨之謂非威福之權太盛有以使之然乎吾故曰威者怨之府福者禍之階也

詞旨雄渾勁氣直達是文之有夏聲者後路激昂慷慨尤有筆歌墨舞之樂

王孫賈母樂羊子妻聶政姊北宮氏女合論

金雲

孝友慈愛人倫之常道天地之正氣雖時勢有不同此則必不變者也時至戰國人心淪亡天下紊亂詎知沸亂之時尙有孝友慈愛之婦女乎夫自古以來婦女之孝友慈愛者多在於承平之時若乃烈烈轟轟耐勞忍苦獨得天地之正氣曾有幾人夫母之愛子無過於倚門而望然閔王有難賈不能從其母斥之豈愛之望其歸惡之欲其死耶蓋敎子以正道愛子之至者也樂羊子廢學來歸其妻斷機而歎然羊子之就學豈一擊之功蓋其妻義愛之氣以足感羊子而有餘矣彼有媚譽其夫聽夫失學者對此能無愧乎嫈之哭弟不哭其死而哭其名沒於後世愛其生不過數十年之愛耳愛其名經數百數千年而至於無窮也爲聶政者固應削面而報之矣北宮之女至老不嫁以事父母非敎世人不嫁爲善也撤其環瑱因其孝親過切有以致之此眞率民出於孝情者也嗚呼觀此四女母其母妻其妻姊其姊女其女各盡其道各致其能發揚天地之正氣闡明人倫之大道堂堂男子反不如之可爲浩嘆也已且今父子有平等無所謂慈孝矣兄弟有獨立無所謂友愛矣夫婦可合可分無所謂禮敎矣在彼四女之時尙有異於禽獸幾希之歎而今則益加甚矣不知所底止矣識者至不敢侈口復譚女學人心淪亡吾末如之何也已矣

言之有理持之有故是禆益世道之文

論類

堯讓天下於許由論

楊貽誠

自來高人畸士蟄伏於窮山絕壑之中老死而不樂聞天下事豈得已哉蓋必有不得已之感發而爲避世之舉避世者卽所以爲世也夫豈誠偸安苟且博高尙之美名而自逃於評論之外也耶許由不受天下論者每以高蹈目之高蹈豈由之本志哉夫政體莫病於貴族國柄莫患於下移世家執政天下之大不幸也唐虞之世貴族之權蓋達於極點矣摯之位誰廢之貴族廢之也堯之立誰主之貴族主之也夫堯固聖矣而摯之惡果於何見之而遽廢也夫豈史臣諱之歟堯之嗣位也天下事皆問之四岳四岳可則可之否則否之鯀之惡天下皆知四岳曰可而卒用之然而放命圮族堯固早已知之矣舜之所居一年成聚二年成邑三年成都民情之歸向何如然猶不敢猝舉而用之何哉四岳未報可堯固未敢獨斷而自行也嗚呼行政之權操之命官之權操之甚且廢置之權亦無不操之貴族之專橫若是治道之難蓋可見矣堯之讓許由也蓋亦以國政之多肘掣欲讓能者以代之治也然而當貴族執政時代階級之限制極

嚴。以平民而登帝位。能不招貴族之忌而免其害者蓋鮮。許由受之。吾恐貴族之權勢未削。而貴族之氣燄且日張。天下事尚可爲乎。堯亦貴族也。以貴族君天下。尚患不足以有爲。而謂平民反足以制貴族而安天下乎。此由之所以不受也。迨舜總百揆。四門穆穆。而後嗣堯而有天下。蓋舜之才智足以融階級之見。而使四岳不忌。於是貴族之勢漸集於中央政府。而天下方得安於無事。設非先總百揆。吾恐舜亦不願受也。然則當時之貴族。其權勢爲何如哉。許由與舜道似不同。夫孰知由之志卽舜之志乎。嗚呼。士君子生多事之秋。値萬難之會。不奮身國事。爲天下當大難。而顧引退山野。沒世不見。冀竊高尚之美名。而苟且偸生者。其眞許由之罪人也乎。

堯時爲貴族時代此語甚碻行文亦氣倍詞前章妥句適能手也

齊太公勸女功極技巧通魚鹽而國富強論

朱寶綬

傳曰。石田千里。不如無田。愚民百萬。不如無民。誠以國大民衆之不足恃。惟國大而富。民衆而強。乃足恃。此非研究乎工商實業。不足以語於斯矣。昔齊太公之封於營邱也。地不過百里。位不過侯服。斥澤之地。不足以云肥沃。海岱之民。不足以云智巧。而太公用之。卒以富強著天下。後世桓公因之。管仲修之。猶足以霸諸侯。是遵何道哉。太史公稱其勸女功極技巧通魚鹽而國富強海岱之間皆聯袂來朝此可以知工商之效足以戰勝於二千年前不自今日始也齊地濱居渤海壤土潟澤不宜於耕稼使一孔之士處之不幾瞩目而驚束手而無策哉太公則不然方周之初去古未遠游牧之期變爲耕稼民知耕稼而已矣蠶桑之利未盛也太公知耕稼之不可恃乃專力於蠶桑知一民之不可廢則兼用乎女功此其工業之一也奇技淫巧懸爲厲禁不知社會以趨而漸華工業即由簡而之雜太公審時會之遷流察民性之好惡去技巧之大戒獎製造之精奇此又其工業之一也江海之地勢便乎交通利溢乎魚鹽古者誠樸之民未之知也太公知大利之所在竭全力而爲之取水產爲食品煮海水以爲鹽以其所羨通乎各國渤海之利於今稱焉此尤其工商業之大者也於是地無遺利國無遺民而齊國富強之基立矣史曰發憤其所有爲安在無土不王如齊太公者可謂盡有土之責者矣間嘗論之富強之術衆矣愚者昧之智者取而用焉蠻民倮族富有千里之地而貧困拮据不足以資生文明之民以十倍之衆處之而裕如智者盡其利而愚者昧於勢也方今西印之遺土南澳之羣島一經西人之布置其工商諸業莫不駸駸然駕乎歐亞之上而中國藩屬如西藏青海遼東蒙古一任其終古窮荒而不之闢縱使外

人不垂涎其能免於石田愚民之譏乎則益令人神往於齊太公而不能置矣

思沈力厚舉重若輕

管子天下才論

鄭維藩

管仲何人也而可當天下才乎齊桓之賢佐也齊桓何人也而可當五霸之盛乎桓之爲人也聲不絕乎耳味不足乎口內寵既多奸邪並進而卒能定霸中原爲五霸之冠者管仲之力也管仲創尊王攘夷之說作內政寄軍令輔桓公以合諸侯諸侯翕從兵戈以息天下以安管子誠天下才耶嗚呼謂仲爲天下才者魯施伯之言也當仲之奔魯也齊桓聽鮑叔言陽爲修怨求仲於魯遂以爲相施伯早知其然而云其以仲有治天下之才耶抑當時天下之才悉無有出仲之右者耶仲不過一霸佐非有伊周之才也仲之輔桓也不過使爲三王之罪人耳非有博施濟衆之大也慨自周室東遷降及春秋干戈雲擾爭城奪地血肉塗野骨骸山積聖王不起乃有霸主管仲出而桓公顯桓公顯而五霸始孔子所謂桓公九合諸侯不以兵車管仲之力也如其仁然而仲之仁祇足以及此仲之才祇足以輔霸而不足以治天下葵邱一會遺不務德而勤遠略之譏迨仲死而桓公之霸業衰桓公薨而三子起亂禍起蕭牆齊幾不國才不足以平

內於未危又安能治外以久安哉衣裳之會周仁於兵車然而東聚西會人民疲於奔命非王者之爲也且仲之相齊也智不足以去三子及其死也又不能舉賢以自代身死而成業遽隳非伊周之志也夫如是者而謂爲天下才則凡當時天下之所謂才者可見矣孟子謂五霸爲三王之罪人蓋以掊克聚歛摟諸侯專已欲也霸始於桓桓成於仲繼桓而霸者於是爭諸侯奪城地民而生之禍愈亟推其原則起於仲之才也若此者而以爲天下才則凡當時之所謂天下才者又可歎矣孟子不言管晏其以此乎雖然春秋民生倒懸及仲起而稍解所謂霸者之民驩虞如也且仲倡尊王攘夷之旨周室藉以存種爭遂以息孔子謂微管仲吾其被髮左衽矣仲誠當時傑出之才哉雖非王佐而功自不可湮沒繼桓而霸者蓋稍有悖於仲之本旨矣

處處設爲疑詞筆致飄忽震蕩雷霆精銳冰雪聰明二語足以移贈

晏子脫驂爲越石父贖罪論

鮑啓元

晏子一狐裘三十年豚肩不掩豆澣衣濯冠以朝是晏子之過於儉也就晏子之儉而推論之人將謂晏子爲鄙吝矣吾觀於脫驂以贖越石父罪吾不禁服晏子之賢而更歎晏子之儉而有禮也夫越石父賢者也賢者而幽囚受辱爲君子所悲傷亦千古所

共恨晏子遭之途而肯爲之贖罪而肯脫驂以爲之贖罪於是以見晏子惻隱之心於是以見晏子義俠之風於是以知晏子爲常人所弗及也嗚呼吾觀晏子更論千古余心傷矣黃鐘毀棄瓦釜雷鳴讒人高張賢士無名小人之含沙射影爲鬼爲蜮固不足道亦不足責士君子之潔身自好者或尸位素餐視同秦越或箝口結舌甘作寒蟬見義而不肯爲一舉手一投足之勞者固不可勝數欲求如晏子之疏財仗義蓋戛戛乎其難矣雖然吾爲晏子賢吾亦不得不爲晏子咎晏子爲越石父贖罪是知石父賢也成人之美君子許焉晏子而知石父賢則力薦於君與共天位與食天祿與治天職可也何竟以免之於厄而遂以自滿吾以爲晏子雖不比臧文仲之竊位而究不若鮑叔進管仲於桓公之克盡臣職也雖其後延爲上客君子之過如日月之食吾終不能無憾於晏子焉漢李陵降匈奴實迫於不得已主上亮察其苦衷史公爲之剖白史公之好義也意不得達於主而受宮刑下蠶室家貧既不能自贖左右親近復不爲一言史公之所悲傷也於晏子爲石父脫驂贖罪而特稱之殆有深意焉

褒貶得中詞意穩愜

越王句踐臥薪嘗膽卒以報吳論

楊貽誠

抗天下有勢勝天下有機勢者因敵而異者也機者因時而異者也齊桓公用兵於楚疆師及於郢楚國之危何如也而荊尸之威卒及於上國脫非方城漢水齊之霸業未必不及於南方馬基頓受軛於希臘而希臘諸國卒滅於馬基頓雅典司巴達昔日之威何在乎諸邦紛爭兵傷力弱忽於所近略於所緩時機之來豈偶然哉夫檇李之役闔廬隕命立人於庭而朝夕聽其詆詈夫差豈一日而忘越哉何獨於臥薪嘗膽而不預爲之備此其故蓋可深長思焉戰國之世機械變詐目動言甘比比皆是句踐能親而好施一旦受挫甘居人下其用心蓋有不可測者焉吳王豈明於爲己而昧於知人哉楚人伐鄭而卒不縣鄭鄭伯肉袒莊王猶見而憐之況保會稽而求稱臣乎是故子胥之請亡越霸者之業而吳王之卒不亡越則又霸者之度也夫豈不知越王之必不忘吳故曰臥薪嘗膽越之報吳也而又非越之所以報吳於越帶山襟海南控甌閩西扼震澤之口北有天塹之阻甲冑五千保於會稽蓋或有所恃焉且夫四戰之地利於進取險阻之鄉利於保守僻處東陲湖山間隔吳人雖強鞭長莫及而越乃得覘其隙而求全焉不然生聚教訓束甲利兵而吳猶且以臣妾視之則又何見之疏也雖然有鎡基不如待時有可爲之勢而不得用勢之道又非所以爲國也齊吳不睦北方用兵

非吳勝齊卽齊併吳晉楚諸國無論矣夫差之不能舍北而圖南蓋有不可以已者在焉黃池之會伐齊之師雖曰圖霸要非好大喜功者比也夫豈知越卽議其後乎嗚呼有可爲之勢乘可動之機智者不能用其謀勇者不能用其力巧者不能用其才一舉而天下莫與之抗衡臥薪嘗膽之效其若是哉是故吳之亡非亡於和越而越之亡吳亦非成於事吳臥薪嘗膽據勢以待時句踐之得志其天之所以玉成之者至也然而吳越紛爭兵力彫敝楚人挾江淮之勢以制浙東之命霸業未就而亂亡隨之時勢所趨雖大力莫之能逆前之所以亡吳卽後之所以亡於楚也悲夫

熟於形勢家言東楚西秦目光四射如讀隆中對如聽捫蝨談淺人固不知也

伯樂學相馬所見無非馬庖丁好解牛所見無非牛論　何榮曾

夫學重乎實而心貴乎專學不實則不能致用心不專則無以告成昔伯樂學相馬所見無非馬庖丁好解牛所見無非牛者何哉以其心之專而用之實也苟執路人而使之相馬使之解牛必駭然而返走否則目瞪口呆無所施其術誠以相馬解牛固非易事也而伯樂庖丁不以爲難者豈非其胸中先有卓見順其自然從容不迫者歟而猶未至也相千馬解百牛而無一誤焉此其所以勝於人而人不及也專心一致如是其

成功也亦宜哉而人輒謂伯樂生而善相馬庖丁生而善解牛不亦謬哉專心一致所以能精其術取之左右逢其源苟有別物攙於其心目之間則其技卽不能精矣以此道移之學理亦猶是也專一如伯樂庖丁則成不然則廢故曰學者讀書所見無非書則可矣所謂取於心而注於手也汩汩然來矣豈非與批大卻導大窾同一意味耶棄之如伯樂之於駑馬取之如伯樂之於千里駒修焉如庖丁之提刀四顧藏焉如庖丁之善刀而藏若是則技焉而進乎道矣否則外物亂其心內欲喪其志幾乎其不爲伯樂庖丁所笑耶

氣足神完語無泛設

伯樂學相馬所見無非馬庖丁好解牛所見無非牛論　費家官

人各有志志各不同志不同則其見亦不同見不同則其目所視耳所聞亦各異矣所視所聞各不同則各是其所是各從其心之所向見所見而志所志矣昔者伯樂學相馬所見無非馬庖丁好解牛所見無非牛嗚呼此何以稱焉夫天之所覆地之所載日月之所照其爲物多其種類繁若曰無非牛馬豈不過哉然非過也呂氏春秋所以記此者蓋以勉學者之專一也夫人各有見有見則有志有志則其心觸焉觸則其心目

中形而成象心專志一由是所聞所視惟其志之所欲聞所欲視者而已矣其志所不達之處若無物焉非無物也志不在也故其舉止行動無非爲馬爲牛喜怒哀樂亦無非爲馬爲牛所談所論亦唯馬牛是在雖長姣美人置於目前鐘鼓之聲置於耳側彼見之聞之未嘗不以爲馬爲牛也何也彼從其心之所向見所見而志所志也其心一其志一其所見亦無二伯樂專心於馬故能善相馬唯善相馬故騏驥遇之於是俛而噴仰而鳴何也彼見伯樂之知已也唯庖丁之能解牛也故其所執之刀十九年所解之牛數千頭而刀刃若新發於硎何也彼志一則進乎技矣技神則入乎道矣夫以相馬解牛爲業其業至細矣然能從其心之所向見之所見而致其志所見無非馬牛可稱能矣今之士大夫學道而恥惡衣惡食爲政而貪利祿語以伯樂庖丁彼罔茫然不知其何謂然則其道烏得而成其政烏得而美乎緣木求魚是可惜也

剝繭抽蕉愈入愈妙文之佳處似之

齊騶衍稱中國外如赤縣神州者九論

童維善

世界學術之先進其惟我中華乎世界學術之不進亦其惟我中華乎奚以明其然也曰讀騶衍之說而知先進爲非誇觀繼衍之無人而嘆不進爲可痛衍之言曰中國外

如赤縣神州者九中國乃八分一耳。嗚呼。孰謂馬基倫之所倖成哥倫布之所新創彼西人三百年來始得之論我先哲已逑之三千禩之上吁何其盛也顧自是厥後衍之說不行戰國變爲秦更歷漢唐宋明未睹嗣響而輓近西船東來反目我龐然不知大勢又何衰也嗚呼先進非可喜縱有衍必得有衍繼之而後學術乃有進而無退世無人以繼衍至於學術久亡國之存者幸也然先進之功烏可沒哉嗚呼今豈非古我亦猶人履霜堅冰由來者漸粤稽戰國百家競出諸子蜂興上以是倡下以是應儒墨陰陽九流爭競非僅孟荀之守經蘇張之逞智已也故能璀璨光明言中國學術者莫能尙焉騶子會逢其適左圖右史耳濡之而目染之發而中節豈無據歟何圖秦承戰國政出焚書百家之編云亡騶子之說俱去顧秦宮猶有藏也至咸陽瓦解蕭傑棄而不收關中旣入楚人炬而助虐而後中華學術之精孑遺靡有矣赤縣之說其獨能存乎嗚呼仲尼之教六經之澤其入人也深而終漢之世破壁尋室僅蓰於二三老儒得之神州之論又誰能道乎雖龍門之識周覽名山大川其於地學可謂至矣而傳騶衍之說仍以閎大不經視之久矣夫圖書之亡而衍說之不存於古也嗚呼東航路通四洲若合新大陸見兩球比鄰試蹈歐美之域一覘銅象之巍彼稚子亦慕馬哥之業慕其人也尊其學術也利其學術之爲天下益也顧兹三百年事耳我有騶子導其先我無人焉垂其後始焉而亡繼焉而昧夜郎自大妄謂我中國者天下之中夷狄之所懼也庸詎知世之危我中國者卽此夷狄嗟夫騶子有知寧不哀我後人學術之先進如彼不進如此徒令人歎騶子之說不行嗚呼騶子之說不行寧獨可爲騶子惘哉

俯仰夷猶寄慨良深

齊騶衍稱中國外如赤縣神州者九論

楊嘉桷

學術昌盛莫若戰國之興其時未經秦火典籍猶有可徵非如後世之拘於傳聞妄事臆測或有意爲迂怪之談者可比也騶衍之談海瀛其言似荒誕不經然名顯諸侯爲萬乘師其見重於當時如此夫處學術開明之世天下方紛於戰功而能卓樹一說以動人主豈大言所可能騶子其必有道矣惜乎秦火而後典籍無存騶子之言無可取徵史公之傳荀孟似深有不足於衍者以爲其說閎大不經且引牛鼎之言相擬漢去古未遠遷之言已若是後之學者以騶子爲誕曷足怪乎然騶子之說果足憑乎請列論之其言曰中國外如赤縣神州者九裨海環之海外若此洲者九更有大瀛海環其外天地之際也考中國居亞洲一部此外如歐美斐等大可相埒其間希臘羅馬埃及

印度巴比倫諸國皆所謂文明之祖開化不在我後文物亦不在我下騶子稱海外九神州當東極太平洋西極大西洋南北界冰洋殆所謂大瀛海際天地者是也美洲則古無遠航時未發現或不在內他如歐亞間之黑海亞斐間之紅海斐歐間之地中海弱水可渡當在裨海之列由斯以觀衍之言確有可證固非誕也彰彰矣況其論赤縣神州之意本欲戒有國者之淫侈期其整德於身施及黎庶不沾沾於功利戰守之術其說非不可採而舉世指摘目爲大言致人君不知自惕夜郎自大狃井蛙之見蠻觸之爭以爲夷戎蠻狄卑不足數陋儒從而和之以肆其愚不知遠法海外取人之長補己之短洎今日始悟衍說之是而赤縣之內已嗟文化墮落方欲灌輸外來之智識吁可悲已嗚呼秦焚海內之書而未絕天下之學後之陋儒不知究心海外之學若騶子所說天下之大勢乃至夢夢而日形退步讀史遷孟荀列傳不禁爲之慨然有感焉

證古有識徑路絕而風雲通

齊騶衍稱中國外如赤縣神州者九論

沈良驊

文化以交通便而昌學理以傳布速而驗吾國開化最早而進化反遲論者謂由國人性善保守不善進取之故竊以爲非中流阻隔不若是之遲也溯自科學初明地圓之

說議起歐西始時。歐人未嘗不以爲怪。及馬其倫環行全球。而時人恍然大悟。然彼馬氏之勇於此行者。得指南針之力也。夫指南針早行吾國。黃帝用以伐蚩尤。歷數千年而不能昌明一事。且地圓之說。大戴禮曾子問已言之矣。而無人能發明者。余甚惑焉。昔齊騶衍稱中國外如赤縣神州者九。而司馬子長謂之洪大不經。遂使騶子理想之言不能證實。亦可歎也。嘗讀泰西理學。觀其一事一物之發明。莫不由博學者爲之先。實驗者爲之後。彼先發者。非無所持而爲。有所得而言者也。騶衍殆其人乎。有指南針現於中國。則必有一二勇者放行大洋。歷大洲。經大水。而知中國之廣不過全地數分之一。特彼舟子水師。知而不能言。而文人學士能言而不敢言。此其說所以不能行於中國也。古之時圖史並重。故有左圖右史之稱。騶子遠驗地圖。近證傳說。而大言之。蓋有所持者也。秦焚天下詩書傳記。圖書因之汨沒。子長以無所考證。稱謂不經。此其失也。嗚呼。此非吾國文化衰微之所由歟。由是言之。騶氏之說不信於時人者。以交通不便。不能證之實事故也。不行之於後人者。以圖書盡焚。莫由考核故也。及今交通日便。世界一室。莫不知中國爲全球小分。嘗考地圖。中國實居全亞四分之三。而全球如亞者六。則中國爲全球八分之一。雖與騶氏之說軒輕。要其理未嘗相背也。

了然於心脫然於口一結尤爲精碻

趙武靈王胡服習騎射論

傅煥光

天下皆是而獨非則是者勝天下皆非而獨是則非者勝是而遇是則是者不足恃矣非而遇非則非者亦不足恃矣非是非之不足以勝理實理之不足以勝勢也夫理不足以制勢是不足以制非一人不足以制天下則天下之難驟發而不可遏智者晏於成習強者沮於羣議勇者制於長上懦者泥於禮法因循苟且宴安耽逸畏舉手之勞而忘千載之患身死國滅爲天下笑蓋嘗聞之英雄之士挾過人之智負蓋世之才懷百折不撓之性抱卓異獨到之見其志堅其氣壯其樹大其功偉人皆是而獨非衆不足易我之寡也人皆非而獨是勢不足壓我之理也是我之是非人之非我實見以爲是則毀譽所不顧也人言所不避也百人勸之不加勸千人謗之不加沮觀大勢拂輿情功樹名立而後德且著也嗚乎趙武靈王其英雄之士乎哉方其變法易服之初天下笑之狂夫怨之愚者爲之戚智者爲之諱上不行下不效貴不服賤不從逆之以公子成諫之以趙文趙造而靈王之剛銳如長風之出谷如江河之決堤如大鵬之上擊如驥騏駿馬之奔馳是者引之非者駁之深折其迂闊陳腐之談力指其泥古不通之

論守舊之心胸漸悟靈王之豪氣尤勁四方之笑謗叢集騎射之大功乃樹繼簡襄之業復圍鄗之役近以備上黨之形遠以報中山之怨一舉而寧葭內屬再舉而中山請降三舉而兼有東胡當此之時強國請服弱國入朝韓燕震膽齊楚駭心以秦之強且大不敢忽焉嗚乎壯哉然則靈王遂無訾爾乎靈王之志止於中山而已靈王之業止於簡襄而已烏志於天下烏志於萬世哉夫戰國大勢不在胡地中山也而在韓魏之野萬世之業不在河薄洛之水也而在關中四塞之內胡服騎射之功不用之以制秦而用之以報怨不用之以建業而用之以逞威此靈王之失也使靈王以騎射之力合以制秦內盟韓燕外連齊楚無內顧之足憂以其舉寧葭之力易之以舉函谷以降中山胡地之衆易之以併強秦然後引河爲池天險爲固子孫帝王萬世不拔之業也轉而東擊韓燕折服齊楚天下指揮而定矣何胡地中山之足芥蒂吾心哉醫者視疾不急治其腹心而治其外表豈足爲良醫哉今秦猶腹心之疾也而中山則其外表也不致力以伐秦而唯以胡地中山爲汲汲豈計之得哉嗚乎以靈王之才智卓識壯氣熱誠用之不當使強秦得行其暴於六國施其毒於後世而趙卒爲秦所滅我爲靈王所深惜者也雖然此不足以罪靈王也秦趙方睦中山故仇啓釁未必勝而復仇事之宜

也使先用其鋒於強秦不幸而敗非特不足以報中山之怨是違先王之志也英雄之作爲其同於暴虎馮河哉且靈王非無志於秦也從雲中九原以南襲楚秦身爲使者詐入秦庭自略地形且觀秦王之爲人來去之蹤揵於脫兔亞力山大之先有此冒險覘國之舉雖不得志而沒其氣固未嘗衰也天假之年秦其沼乎嗚乎趙武靈王其英雄士大有爲之主乎以一人之身制天下之命以一己之見沮天下之議不顧人之是非卓然有所樹立千載後猶想見其爲人夫天下有終古不易之理無終古不易之法易曰窮變通久損益盈虛忠質文三代既然況乎後世哉唯恃人主變之得其當耳魏孝文以變而亡武靈以變而強豈變之有異同時之當與不當耳我觀歐美之更始也一人主之百人阻之有力爭者矣有竊議者矣有駁詰者矣有狂笑者矣卒之爭者息議者罷駁詰心服狂笑樂從其故何哉小民習於偸安晏於成俗少一更動則心駭目瞬羣起而攻之矣當此之時唯恃主之者不爲勢所壓不爲衆所屈洞察是非不顧毀譽觀大勢之所趨順輿情之向背而變易之變易之而不足以強國不足以治安者我不信也日本可鑒矣法儆而不知變猶能與大國抗衡富強永久者我不信也印波可鑒矣世欲雪恥自強恢復神州志淸大陸執歐美之牛耳者趙武靈王可鑒矣

勢如長江大河一瀉千里而前後呼應波瀾瀠洄亦復井然秩然吾郡如弇州天如後文章稍稍替矣東海成連倘傳遺響企予望之

田單以火牛破燕師論

戴成垣

用兵之道千經萬緯不外乎正奇而已矣正常少功奇易制勝然豈奇之果易制勝哉兵非正合則兵難用戰不作氣則戰必敗夫克敵恃兵而所以振兵者恃氣軍非不精也糧非不足也用兵非不奇也然敵不破功不立百戰之勢不能得尺寸之地者何也兵非正合氣餒不振故耳是故將能作氣士不畏死則雖介子寡助得斬樓蘭之首定遠乏軍足擣西域之穴因是而知良將用兵以守爲戰以正爲奇知彼知己循環無端非徒恃奇兵也世多謂田單破燕藉火牛之力不知非也燕乘屢勝之威率十萬之師長驅直下勢莫敢當城不破者僅莒與卽墨耳齊以數千之卒勢不能禦敵且單向爲臨淄市掾威不足脅衆統疲敝之師攖方張之敵軍無紀律兵不作氣徒賴千餘火牛龍文其衣兵刃其角灌脂束葦燒其尾端遂能破敵存國天下無是理也單知樂毅良將非己能敵用計以離間之使燕師忿而灰心又令民祭祖於庭飛鳥翔舞城中使燕師見而奇駭激之燒墓掘冢以作軍氣令富豪奉金詐降以懈燕師知己兵之可用敵

軍之廢弛故借火牛以壯聲威寒敵膽已則躬冒矢石率壯士突攻之此兵法所謂出其不意攻其無備一鼓作戰再鼓作氣單之破燕師以兵氣也非以火牛也正奇並用非徒奇也不然昆陽之戰王莽驅虎豹犀象之獸雄師百萬何終見敗於三千之漢卒耶用兵之道作氣爲要不其然乎

精心結撰陵厲無前文亦有如火如荼之勢

田單以火牛破燕師論

吳鍾偉

善用兵者正奇相濟不相離也奇險而易勝正安而難克兩者不可偏廢亦不可偏用偏用非制勝之道也故奇正還相生如環之無端昔田單以火牛破燕師用奇兵也夫火牛之策豈足以破燕師哉燕衆而強又乘戰勝之餘勇其勢殘卽墨而有餘使樂毅不見疑於惠王仍將燕軍則田單火牛之兵安有不爲樂毅所敗哉單之以火牛破燕者乘燕有可勝之機非用火牛之功也夫樂毅燕之名將也得士卒心士卒服從樂與共死生單畏而間之使惠王疑樂毅而以騎刼代之將騎刼無將才非毅比也且不能得士卒心士卒怨忿敗亡之兆伏於此矣此其所以勝燕軍也至田單遣使佯降於燕燕軍不知其詐懈怠不備夫兵驕必敗在齊軍有決死之心故燕軍有必敗之道況單

又以神愚人每出約束必稱神師是以士卒不敢違命燕軍劓所得齊卒置之前行與齊戰齊之士卒振怒旣仇惡燕師燕軍復掘齊壟墓燒死人皆受田單之愚以激勵卽墨之人卽墨之人皆欲出死戰有可勝之機故田單假火牛以助之一戰而捷卒以復七十餘城火牛之能破燕軍在田單善用之耳使非田單將卽墨則人心不附民氣不張樂毅不能去雖用火牛之策奚足有功哉兵固貴奇而奇亦足以致禍惟善將兵者可用以取勝焉吾故一言以蔽之曰軍之勝敗在乎將之良否而不在於兵之奇正也嗚呼若田單者可謂善將兵者矣

精心結撰神不外散一結尤具卓見

孫武子斬吳王美人頭以正軍灋論

鮑啓元

春秋戰國之際仁義充塞功利是尙君以功利使其臣臣以功利事其君鄙王道爲迂闊以仁義爲陳腐三代寬仁忠厚之風固蕩然掃地矣平原君斬美人頭以謝躄者爲功利也吳起殺其妻以求將軍爲功利也穰苴斬莊賈以徇軍灋爲功利也卽孫武子斬吳王美人頭以正軍法亦何莫非爲功利哉不顧人道但求功名余觀春秋戰國之史余心傷矣請以孫武子而申論之夫軍法尊嚴之至人所難守者也久練之卒百戰

之師尚不能竟如其法以從事美姬何人深居閨內既未問陳且不知法一旦試之以兵擊鼓布陣固若輩見所未見聞所未聞者左右大笑或疑爲優人之戲亦婦人女子之常情而乃以莊嚴軍法加之亦過矣王道不外人情仁義又安在乎使吳王殺武以洩其憤武以渺渺一身而抗王命非以螳臂而當車乎嗚呼武亦危矣雖然武固自知其過而料王之莫予毒也春秋之君好大喜功不問天理弗顧人情吳王見美人之殺雖不無一時悲傷然其寵愛二姬之情不敵希望稱霸之願故雖哀二姬於先而卒用孫武於後孫子亦知王好爭功利也其殺二姬非不知悖天理拂人情也所以示一己之軍威而并爲一己之名譽計耳孫武不殺二姬不足以要結吳王而耀威於天下吳王而不用孫武亦不足以稱霸諸侯而開拓其疆宇吾所謂君以功利使其臣臣以功利事其君者是也然則謂二姬之殺不殺於大笑而殺於功利可也其後破郢入楚北威齊晉威震天下名顯諸侯良好結果謂因於二姬之殺亦可也雖然闔廬孫武固亦人傑也哉

以功利立論深得壓題之法用筆亦慘淡經營非率爾操觚者可比

戰國四公子論

鍾震

先王之教衰而後奸民起人主之志昏而後權臣進二者皆非國家之福也周自東遷以後王室卑弱諸侯放恣教化不行爭奪日甚有道之士不合於時忠直之臣反見放逐於是奸猾之徒乘間而起以取重於當世世主不察遂爲所愚陵夷至乎戰國士氣更壞此風於是乎日長而莫之能改矣當是時齊有孟嘗趙有平原楚有春申魏有信陵此四君者皆襲父兄之遺業恃國家之厚祿日務招致賓客收納下士以相傾奪以相炫耀遂以爲天下之士悉入吾彀中矣後之學者不究當時之本末利害遂謂四子能招納賢士恭儉下人故能功名顯於當世聲聞洽乎來茲也嗚呼四子果眞能得天下之士乎哉如使四子所得之士而得謂之士則士之不足貴也可知矣不觀先王之致士乎夫先王之致士也於黨有庠於遂有序於國有學以爲養賢致士之地其教之也亦莫不先後有序本末兼備然致其時之士尙有秀異平常不肖之分不得悉供國家之用夫以先王興盛之世教化周洽之時而士尙難得若此則士之不可舉手而得坐而致之也昭昭矣四子生擾亂之世非有學校庠序以爲養士之地非有仁義忠信以爲敎士之資徒欲於居處飲食之間客舍枕席之上網羅天下之士收納當世之英自非天下之至愚不肖者又孰能狂妄至於若是其甚耶是無怪其門下之士盡屬於

鷄鳴狗盜斗筲狐兎之倫才適足以令其輕上慢君策適足以使其竊命盜符故孟堅以爲六國罪人介甫以爲士不至其門者信不誣也且夫養賢納士乃一國之公務而非一二公卿可得而私也四子以公子之身行國君之事就令其所納之士爲當世之賢豪猶不免於輕上慢君之罪又況爲鷄鳴狗盜斗筲狐兎之輩也哉然而齊楚趙魏之君不罪四子而反用之者何哉鍾子曰六國之滅有由來矣夫執一國之柄不能養賢致士爲國用者賢君之所恥也國有奸蠹而莫之能去者是其所以亡也爲四子計者自宜引其君法先王養賢致士之道立庠序學校於國中以爲士講道習藝之地則士之致自可期矣又何必區區與彼奸民賤士競逐於亂世之間爲哉其計乃不及此嗚呼此其所以爲游俠之祖歟

深穩不佻持論允當

燕太子丹送荊卿於易水上論　陸松蔭

丹不忍小憤違鞠武而用荊軻求逞其大欲於一擊卒至覆宗絕祀爲天下笑世多以此譏之以爲秦承遺烈其強非始皇力雖殺之猶未足以挫秦進取之志也死始皇於事且罔濟矧欲生刼之而索返侵地乎其計蓋亦左矣陸松蔭曰嗚呼此未足以罪燕

丹也泯泯棼棼而幸存不如轟轟烈烈而速亡之為愈也生民以來天下無不亡之國惟國亡而民不可與之俱亡民不亡則國雖亡猶之未嘗亡也民之所以能不亡者必於將亡之際其在位者之悲憤抑鬱忠義激烈之氣足以感發其性刺激其心漸漬於人人之腦中歷千百世而不變民氣千百年不變國亦千百年不亡燕丹其知之矣以為俯首聽命以暫延一綫之祀不若悲歌慷慨以振兆民之氣故毅然遣之而不悔豈以一時利害計哉觀其壯士一去不復還之句丹軻蚤自知其必無幸矣夫徼幸以求成功者我聞之矣知其必敗而毅然不稍顧者千古以來一人而已謂非欲以一擊振民之氣其可得乎故必去國遠送以聳兆民之觀聽不然行刺危事也易水遠地也世豈有以行刺之危事不以祕密出之而必遠送之郊高歌白衣以自示於衆者耶嗚呼丹之心苦矣丹之志非常人所能知也觀其歌可悲繹其意可敬風蕭水寒之句千百載後令人涕泣不可仰況親炙之燕人乎燕趙多悲歌慷慨之士義俠冠全國丹之遺烈也歟閒嘗北遊京畿道出易水上想其為人徘徊終日不能去云至若世俗之見則非特不諒丹之心蓋亦未知丹之意也何者燕丹之時大事已不可為事秦亡不事秦亦亡結外援遭秦之忌固亡修內政緩不濟急亦亡同是亡何如春雷驚蟄一振兆民

之氣以延無形之國家於千百年乎孟子曰君子之澤五世而斬丹之澤百世不斬矣洪範六極弱居其一而亡不與焉與其弱無寧亡弱者國雖存而民氣頹靡已不可爲亡者國雖滅而民心不死必將復振我儕讀易水之歌其知所處矣

警透絶倫

燕太子丹送荊卿於易水上論

孫寶鏞

風蕭蕭兮易水寒壯士一去兮不復還嗚呼此非荊卿臨別之言乎於斯時也太子有必報之心荊軻存必死之志太子將燕之社稷生命盡付於荊卿之一身而荊卿亦受此重任而不辭其將功成而返萬衆歡迎報太子之知遇安燕國之社稷乎則於此行也謹先祝之矣其將事機失敗身戮名喪而遺國家以大禍乎則於此行也固已先弔之矣故此行也關係燕之大局者也其成也全國之福其敗也全國之禍然而其成其敗固不可知其死其生更屬難言家國之悲知己之感時縈心懷茫茫前途對此杯酒不覺掬此一副傷心之淚盡情一洒拔劍張弩則易水爲之嗚咽慷慨悲歌則從者亦爲雪涕寄君國於一擊憶壯士於夢寐古今國運顛厄之秋其傷心有如此者君子於燕丹易水之舉不能不深悲其志也抑又聞之作事貴乎謹愼軍情尤賴嚴密況行刺

之事何事乎而乃道上設祖白衣送行明目張膽無所於祕安知當時無屬垣之人有以露其謀而洩其祕乎謀之不臧君子觀於易水之行又未嘗不爲太子汗下浹背也然圖窮之時環柱以行狼狽之情固知此隱謀之未洩者而乃一擊不中竟使易水之歌早成讖語燕國社稷竟隨以亡此太子易水餞行之時所預料耶所不預料耶徒令後之讀史者增無窮之感耳

機局警動詞意沈酣

秦始皇令烏氏倮比封君爲巴寡婦築懷清臺論

張有彬

孔子言政稱既庶而富孟子言王道在使民有恆產自古治國舍先富其民其道無由秦自孝公用商鞅廢井田開阡陌務耕織日益富強至於始皇遂併天下百有餘年嘗以一州之衆抗中原合縱之師今歲攻韓明年襲魏爭地爭城兵無虛歲然民不聞饑寒之憂國無有乏匱之虞者則以秦世世知富國之道故取於民雖厚而民不覺其重耗於政雖奢而國用常足也向嘗以爲秦重農之國也其致富之道必以農爲務今觀始皇之令烏氏倮比封君爲巴寡婦築懷清臺而知秦之富國非專在於務農也周書曰農不出則乏其食工不出則乏其事商不出則三寶絕虞不出則財匱少此四者蓋

富國之基而民生日用之所需不可偏廢而亦不可偏重者也夫倮牧畜野人清丹穴主婦而始皇乃如此尊顯之者蓋所以獎進畜牧鼓勵採礦使民各自奮發不待政教發徵期會山澤自闢民財自裕民富而國用充矣夫秦務富強爲世詬病然知先富其民而國因以強較之後世之言富國者徒知歛財於上以招民怨不知散財於下以聚其民崇本抑末不遺餘力摧剝有餘振興不足以致山澤不闢貨財棄地卒以亂天下而亡國家其得失寧可以道里計哉今者世界文明日趨極軌富國之道言之綦詳然亦不外夫獎進農業發達工商闢山澤之利散財於民皆不出乎秦法之外然既富而教治國之旨秦人徒務富強而不知教養其民此秦之所以爲秦也歟

持論允當後更警策

秦散萬金求晉鄙客使間信陵君論

童維善

鸞鳳有六翮之資而鷹隼嫉其飛驊騮有迅足之勢而駑馬忌其能國有英豪敵必欲間之而甘心理也亦勢也夫士君子懷抱偉器戮力王家不幸而有人焉以讒間之出師未捷身遭鼎鑊此天下之至可痛也夫千乘之君忠奸倒置賢否不辨輕信讒言而誅壯士小人近賢人遠人之云亡邦國殄瘁此又天下之尤可痛也天生英豪以輔翊

其國家天又生不肖之君棄英豪而殄滅其國卒使敵人施其離間之計遂其蠶食之謀而我坐滅亡之禍謂天之播弄人是耶非耶謂天之不仁然耶否耶嗚呼此吾於秦之散金求客以間信陵君一事所以不責秦人之貪暴而獨歎息痛恨於信陵之不幸魏王之涽泯也慨自孔子沒而王道絕春秋爲戰國秦人席其數世之餘烈據高屋建瓴之勢而諸侯不敢叩關爲六國計者固宜招致英豪搜羅人才以與彼天府之雄國抗奈之何激張儀溺范睢效鸇獺之所爲而盡驅雀魚於秦也雖然此猶可言也獨是信陵君者魏王之弟名冠諸公子邯鄲救趙抵魏關抑秦天下方慶魏之得人而秦人驚心喪膽蓋已屈挫矣然則以理論之魏有信陵秦卽坐受信陵之禍信陵去則秦無禍必矣以勢論之信陵不去臥榻鼾睡秦其能高枕無憂乎蓋信陵一日秉魏政則秦一日不得安枕秦必皇皇焉亟思所以離間其君臣骨肉理也亦勢也嗚呼散萬金求晉鄙客於秦乎何責信陵秉英豪之資禮賢下士竊符救趙爲趙實爲魏也爲婚姻亦爲王也其跡則非其心可諒人獨求君之跡而誅其心我則略君之跡而原其心厥後晉鄙客來風波驀地信陵竊竊然懼斧鉞之及而無以見先王於九京之下乃以酒色自誤此又明哲保身之道也嗚呼不死於刀斧之下卽絕於酒色之中英雄淚枯大賢

腸斷信陵之不幸也彼魏王不識賢否輕信讒言忍棄一代之大賢自壞其長城自絕其手足王氏之兵來大梁之城墟吾不知九原之下何以對信陵何以對魏先王并何以對己也嗚呼秦之散萬金求晉鄙客其狡詐無論矣信陵忠而被謗信而見疑不得善終爲可痛也魏王絕信陵而國祚墟秦得蠶食諸侯故戰國爲秦此尤可痛也嗟乎信陵之事怪怪奇奇信陵之人磊磊落落而天既生之於魏奈何縱秦間之使魏王絕之而死於酒色信陵之死天耶魏王之昏天耶晉鄙客之間天耶秦之成帝業天耶

興往情來極悲壯蒼涼之致幾欲使千古英雄同聲一哭

秦散萬金求晉鄙客使間信陵君論

張有彬

物必先腐也而後蟲生之人必先疑也而後讒間之從古人君信讒大抵先有疾賢忌功之心而浸潤之譖始入蓋人主之於功臣當其功成之日則百方箝制恐其將代吾位而夷吾宗讒人窺其隱而知其微於是造作語言以聳主上聽聞而堅其疑忌此自古功臣之所以難保其首領以沒而有鳥盡弓藏之歎也信陵君以魏國公子兩破秦軍而存趙魏當是時秦人不敢出關而圖中原士不敢彎弓而報怨是信陵君不但有關於趙魏之存亡而亦六國安危之所係也乃魏王信秦間而使將代公子遂使其荒

於酒色以終而秦人無忌六國陵夷以亡推原禍始未嘗不歎息痛恨於魏王之信讒而遠賢也雖然禍之作不作於作之日必先有所由自讒之入不入於入之日必先有所由召魏王之遠忌信陵非因秦間而始疑之也蓋已伏於信陵知趙王田獵之時史稱魏王於是畏公子之賢而不與以政事其疾賢畏逼之心早已流露秦人窺之已審而知客言之足以成功也嗚呼讒人高張正士灰心人君處此稍一不愼動得亡國破家之禍昔樂羊攻中山文侯不信謗而卒以拓其疆甘茂圍宜陽秦王不聽讒而卒以成其功成王不聽管蔡之流言而周公卒致成康之治漢昭能察燕王之奸而霍光卒成中興之業此人君遠讒而致興邦之大著者也若樂毅下齊而出奔而燕功不成李牧破秦而身死而趙社以墟姜維因讒而屯田沓中鍾鄧遂成收川之功岳飛因讒而受寃身死金人遂得竊據中夏此人君信讒而遭喪亡之大著者也可不懼哉雖然彼庸昏之君乏知人之明因疑忌而召讒因讒言而黜賢良固無論矣而彼正人君子時亦有所自取而失處世之道也信陵君以魏宗室親公子蓄死士於私門而不薦之於公室令名傾主上而不知所損抑一戰而破秦軍於邯鄲再戰而抑秦軍於函谷一出將而五國聽命是時七國亦祗聞一魏公子不聞魏王矣其勢足以王其力足以王其

恩惠與賢名莫不足使之成王況復以私親之故臥內之兵符可竊國家之宿將可殺十萬之師不待命而可自將浸假至於弒君篡位亦何不可爲斯時雖無秦間魏王早已疑忌之而欲使之去位矣使公子破秦救魏之後而請罪於王治其矯命之罪並撫恤晉鄙遺族而追榮之信陵則解兵柄而居公子之位斯則生命可保而魏亦不致失其長城矣然信陵賢公子也破趙能力自謙抑而不居功則或已行其策而史不書歟抑雖自抑損而不足感魏王以釋其疑忌歟此吾所以不能不歎息痛恨於魏王也

意義周密波瀾壯闊具此識力可與論史

南洋公學新國文卷二終

靈鶼閣叢書

此書爲吳縣江建霞先生標所輯新舊彙采中多不經見之本凡經學地理金石彝器以及出使日記遊歷風土等記靡不備載德淸俞蔭甫先生極贊賞之爲序以行世全書都爲六集計五十六種分訂四十八册連史價洋十二元竹紙八元

江刻書目三種

書目之學爲藏書家所紀載攷古家所依據亦當世文學家所當參閱者也是刻三種亦爲江建霞所刊海內藏書目之總匯也鈔寫之工爲晚近叢刻所不經見（一）常熟瞿氏藏宋元本書目係長沙王先生運長手鈔（二）豐順丁氏（日昌）持靜齋書目係長沙曹先生篤光手鈔（三）聊城楊氏（紹和）海源閣書目係江先生標自鈔字體挺秀結構古雅不可以尋常書目視之分訂四册價洋三元

唐人小集

本集爲南宋書棚本世間流行甚少江建霞先生影刻於湘中凡五十家首列盛唐四傑（王勃楊炯盧照鄰駱賓王）專集而殿以張司業中如盧同曹鄴李丞相權德輿諸名家搜羅宏富蓋唐集中之鉅觀也印刻之精尤其餘事爲研究三唐者不可不讀之書分訂十六册價洋八元

藏書紀事詩

是書爲吳縣葉昌熾所撰以藏書歷史編爲詩歌詳加注釋上自五代下迄明淸搜羅宏富海內藏書家一大掌故也江建霞（係其受業）得其手鈔精本刊於湘中刻本精審攷古家宜家置一編藉識古今藏書之源流云每部十二本價洋五元

南洋公學新國文

唐文治題簽

卷三

◉ 金聖歎批選 唐才子詩集廣告

聖嘆先生吳門才子也其所作文無智與愚俱喜讀之本書係先生手抄選擇精當解釋周詳語語引人入勝可爲學詩者開無數法門其論律詩處尤爲探驪得珠娓娓長言讀者唯恐其盡以才人之識之筆評才人之詩信乎其珠聯合璧也首冠尺牘一卷更覺可貴全書八冊定價大洋一元二角所存無多速購爲幸

蘇州觀西振新書社啓

◉ 精印清儀閣題跋廣告

張廷濟先生叔未雅好古金石文字爲儀徵阮文達公元所稱許是編皆其解古器物之題跋蓋零星條錄或他人請質隨記者其間有資於小學考古地理史傳之研究者不鮮世有博古君子幸速購置連史紙六冊定價一元二角上海各書坊均有經售

蘇州觀西振新書社啓

南洋公學新國文卷三

論類

周如羊秦如狼六國如狗策士如狐狸論

何榮曾

楊子雲曰周如羊秦如狠六國如狗策士如狐狸今欲論其喩之確否請先引伸其義昔有一羊羣狗見而欲嚙之然各狗皆欲獨享此羊乃互相鬬噬而羊得久延殘喘未幾一狠來衆狗皆懼舍羊合而拒狠狠知衆寡之不敵召狐狸而告之曰女能嗾羣狗使相鬬我因而制狗與羊之命其肉任汝食狐貪遂往說狗狗以爲狠不食我我可趁此時以得羊羣狗遂紛紛相鬬未既血流偃地一狗死焉而終不悟至二三狗死焉餘狗亦垂斃於斯時也雖欲覺悟勢已不及於是狠不費絲毫之力坐有衆狗一羊最後乃幷狐狸而食之狠得暢食未數日飽甚而死周秦六國與策士之勢豈不然耶則楊子之言信矣蓋周自平王東遷而後王室寖衰春秋之世問鼎請隧已公然爲之無忌迄於戰國諸侯益放恣尙目有天子哉非羊而何秦則穆公創霸於前孝公垂統於後至范睢用秦主遠交近攻之策離間諸侯而取其利非狠而何六國眞羣狗也嗾之則

鬭誘之則搖尾而求食擊之卽欲噬人過後力竭則仍自斃策士狐狸也態度善媚巧言如簧一縱一橫論者莫當爲秦游說以滅六國亡兩周未幾秦有天下無所用策士遂肇坑儒之慘劇爲狐狸者亦未嘗得計焉然秦二世卽亡挾狠貪之心者詎可長存人世哉嗟乎當今之世亦一戰國也吾願爲羊狗狠與狐狸者知所懼也

匣劍帷鐙神不外散文心敏妙之至

周如羊秦如狼六國如狗策士如狐狸論

康時達

戰國之世強吞弱肉競爭之劇可爲極矣當是時周室衰微六國紛爭秦挾席捲宇內之勢策士逞其雄辯弄其巧思處間反復以獵取卿相之尊金玉之寶子雲從而喻之曰周如羊秦如狠六國如狗策士如狐狸善哉是喻也有羊之懦而後狗逐之有狠之貪而後可以制狗有狐狸之譎詐而後可以作策士取富貴於狠狗之間吾謂周之弱過於羊秦之貪甚於狠六國之爭逐烈於狗策士之變詐甚於狐狸蓋周命垂旦夕不知所以自處秦貪慾無厭不達其目的不止六國戰爭無已不知死亡之亦將至至於策士喪失仁義信道無有以彼之詐適身敗名裂耳是故周弱矣而分爲東西周則更弱六國可以敵秦六國苟不一心則非特不足以敵秦且將爲秦所制約從之說既敗

連橫之議乃興而於是策士得展其材矣爭端既肇其勢自不容止攻城奪地之事無月不有相守以兵相尙以智得士者昌失士者亡狐羣狗黨此仆彼起言兵事者言地理者言刑法者言富術者雄辯者探險者暗殺者林立叢生戰國之前無此盛矣爭益劇智益出智尤出爭尤烈爭而無厭同至於亡而後止其爭也乃其所以速亡也夫周之衰六國之亡秦之滅策士之坑指顧間事耳漢興如獵者楚項如虎虎既食狼獵者卽射虎於是戰局閉矣狗亡狼死無與之爭矣今者吾國其猶羊乎狼狗圜視執國政者狐疑無方未知若何結局也

文翻空而易奇此作後段可爲得其祕要

周如羊秦如狼六國如狗策士如狐狸論

王元漢

吾嘗讀戰國策而歎當時列強戰爭之烈及一日者出而游深山之上見夫百獸之奔走呼號而有以察其性焉獸之最無能力者莫若羊嘗爲他獸所欺性之最貪暴者莫若狼其力可以滅百獸胸無定志視他獸爲轉移無自制力者莫若狗是三物者性不同類不同狼最強狗次之羊又次之然奸險詭詐莫如狐狸者時而與羊羣俄又與狗羣時而與狗羣俄又與狼羣要之羊與狗之存亡皆懸於狐狸之手狐狸出而狗遂併

羊狼亦滅狗方其與羊羣也栩栩然一羊也羊失矣而走之狗其與狗羣也栩栩然又一狗也狗失矣而又之狼羣又栩栩然一狼也隨機而已矣然狗與羊能容狐狸而謂狼亦能容狐狸乎嗚呼此狐狸之所以卒自斃也因思戰國之世周道既衰強吞弱大凌小七國分立周擁虛王之名其權果安在哉非羊而何秦據殽函之固擁雍州之地以窺周室以禦六國六國亦各據其險思以抵秦於是合縱連橫之說起各國之士如蘇秦張儀甯越徐尚商鞅田忌之徒何可勝數各鬬其志各恃其能求卿相之貴位以利其身其爲六國謀非徒爲六國謀也卽自謀也各創其說以說當世之君六國不知抵秦策士僅知自利其身不明天下大勢搆起戰端不知所止由是觀之與狐狸何異羣狗入其彀中互相鬬噬欲免於亡得乎周室亡於先六國亦以次倂於秦是皆策士之罪也雖然秦負狼貪之心其欲誠遂矣乃亦二世而亡不修德而力爭經營者果可恃乎至楚漢起而秦又爲鹿矣吁可歎哉

倜儻權奇卓爾不羣

秦廢封建論

張宏祥

一法必有立法之意一法亦必有行法之制意之是非定於立法之先制之善惡見於

行法之後一意一制一先一後千載以上不能度千載以下之時之勢而立其制卽千載以下不能因千載以上之時之勢而行其制則秦之廢封建安可非哉民之滋生愈久而愈繁也地之建據愈促而愈貴也民衆地貴其能免於爭哉且封建之制諸侯得以世襲也世襲之久能無昏昧乎封建之法所以勸勵功也地有盡而功無盡前有賞而後無賞豈得謂平是以封建興於周而卒以亂周周末之際天下大亂蓋諸侯既以封邑而自私羣下誰不以私視封邑一封邑如斯諸侯之亂所由兆也春秋之中弑君三十六亡國五十二國衆則亂亡從而衆君多則篡弑從而多是亦何足怪哉秦起自諸侯而卒以諸侯滅六國幷二周其棄封建而就郡縣固又何可非哉雖然余之所欲非秦者廢封建之意而非廢封建之制也不然武王殺人而爲仁盜跖殺人而爲暴漢代戮功臣忌異姓封建之制固亦可私子孫帝王萬世之業矣亦胡爲乎嚚嚚然置辯於封建制度之虛文哉吾之所欲論者固非封建之制而封建之意也封建所以立之意聖人所以與天下以至公也天未嘗以聖賢豪傑靳人卽未嘗以爵位土地靳人也聖人設封建之心一堯讓舜舜讓禹之心也讓天下之制能行於堯舜之時而不能行於禹湯文武之時禹湯文武於是推讓天下之意而立爲封建之制廢讓天下之制亦

曷嘗爲禹湯文武累哉封建之制宜於禹湯文武之時而不宜於秦之時廢封建之制固無可非安在其不能效禹湯文武之所爲推封建之意而行之耶顧秦則不然戮士庶焚詩書法箝天下口刑掩天下目是非舉封建之意而盡棄之耶亦何曾一毫而爲公天下之心耶而後世迂儒徒欲復封建之制反置其意於不顧而不知時勢之迴異雖復封建而置其所私忌與公賢安在其不助桀爲虐耶嗚呼吾之罪暴秦者以廢其意吾之非泥古者以襲其制世之欲更政而因成法者其念吾言而深思哉柳柳州曰封建非聖人意余以爲非聖人意而實聖人意也聖人無所示天下以至公不得已而出此也聖人於不得已而尙得以制公天下世之藉口於不得示其心於至公者其又可以愧矣

精警透闢雄渾絕倫

陳平說漢王出巨金行反間以疑楚君臣論

吳福同

鄰國之賢臣敵國之仇讎也故當兩國並峙之時一國用賢則彼國必多方以離間之使其國君臣互相疑忌而賢智之士因以引退而後已此雖外交家最陰險之計畫而實不能斥爲非者以其所爲固有利於國家也今夫兩強不並立非甲滅乙則乙必滅

甲故乙國之治甲國所深懼也乙國任賢則乙國必治而甲國有滅亡之虞故必設法以破壞之使不得成功縱反間以疑敵國之君臣此實古今中外大外交家之大手術也而欲行反間必以財色爲之先驅財色者最足感人之物也以此二者爲前驅則敵國之人靡不入我彀中矣昔者魯用孔子國以大治齊人饋女樂以間之而孔子遂行此用色爲前驅以離間敵國之君臣者也魏任信陵國以強盛秦王患之使人以巨金求晉鄙客行反間而信陵遂不得安於其位此以金錢爲前驅而離間敵國之君臣者也觀於此而知破壞敵國之謀行使反間之道固有在矣昔者陳平仕漢卽說漢王出巨金行反間以疑楚君臣智哉陳平得外交之要道矣夫賢臣者國之寶也國無賢人則國必亡去其賢人而敵斯不足畏矣漢與楚不兩立非漢滅楚則楚必滅漢楚用賢臣智士此漢之所深懼也則必思所以去之賢人智士之既去則楚自不難滅矣而楚之所任者惟一范增范增者智謀之士項王所信任而漢王所深懼者也欲滅楚必先去范增增不去項羽不亡也欲去范增則必行反間之計而欲行反間之計以離間其君臣則必出巨金以賂其左右使日進言於項王之前以起其疑而後得成功也夫人日受左右親信之言則未有不動疑者以成王之聖周公之親而猶不能無疑則其他

之人蓋可知矣項王其獨能免乎蘇子瞻謂雖善間者不能間無疑之主此非本乎情理之言也故以散布金錢爲行使反間之先驅者實外交家最陰險最奸惡之計劃也以色間人顯而以財間人隱顯則人能禦隱則不及防其功效之大小行使之難易有不可以同年而語者矣陳平以此策說漢王漢王用之而增遂以死楚遂以亡智哉陳平漢室之功臣而項王之仇讐也吾愛其才吾惡其心之險

敷暢處風發泉流刻畫處細鍼密縷一結尤見筆仗

蒯通以言激韓信使擊齊論

鮑啓元

抱一己之見掉三寸之舌但求言論足以中聽而不問其他者其游說之士乎雖然游說之士有幸有不幸焉幸而成則紆靑拖紫朱丹其轂而爲儀秦不幸而不成則舌敝脣焦佯狂避世而爲蒯通此余讀淮陰侯傳而不得不爲蒯通惜者也夫蒯通說韓信有日矣說使擊齊爲蒯通說韓信之始實說以背漢之先兆也其言曰勇略震主者身危功蓋天下者不賞夫韓信震主之功不在井陘而在擊齊擊齊之役非信之本心實蒯通激而成之前則激之後則悚之非蒯通矛盾也蓋有深意焉不然齊已下矣以口舌而免干戈不流血而成偉業寧非善策酈生與信同爲漢臣以游說而下齊與以武

力而下齊寧有異與爲國之旨既同勞逸之勢且殊韓信欲止而通必激而成之者豈不明夫大勢歟蓋不如是則信無收齊破楚之功龍且不斬假王不請其功不高不足以促之使反而通之說無以售耳嗚呼其用心亦深遠矣雖然不可與言而與之言失言說信擊齊而成功通之智也說信反漢而不中一再雄辯終致佯狂爲巫亦通之失言也嗚呼是固通之不幸蓋其中亦有天焉

運曲折之思揮明練之筆此詣正非易造

漢高祖還沛作歌思得猛士守四方論

費仁基

韓信之族彭越之夷漢高其終有悔心矣乎漢高以馬上得天下而龍興於沛方其時也秦失其政陳涉首難海內分裂豪傑蠭起所在爲敵國者何可勝數漢高竟能以區區之沛崛起爲雄破秦滅楚平定海內卒踐帝祚五年而得天下韓彭黥布諸將與有力焉迨其晚年韓彭則菹醢矣黥布則叛滅矣往日舊將族夷泰半四顧無人誰與守邦而今則擊布還宮之際也大軍凱旋樂也融融過沛作歌感慨悲壯大風之詞雄心未已沈吟之餘而因以思得猛士守四方豈非樂極思憂盛極思衰而悔昔日韓彭之死乎夫韓彭不死則黥布不反而漢廷多將才緩急足以相恃而無恐蓋三子固天下

之猛士而漢高得之以取天下者也勇略冠軍國士無雙徵信則漢高不能定三秦以與楚爭衡當楚漢洶洶之際三子與楚則楚勝與漢則漢強漢高滎陽之厄成皋之困履瀕於危幾爲楚擒者數矣非韓信擁齊趙燕魏之衆以爲聲援則項氏不懾非彭越之數反梁地助漢擊楚則項氏不疲非黥布之爲漢游擊燒楚積聚則項王不困允若茲則漢弱而楚強楚勝而漢敗漢高將不能保身家且不能保區區之沛更何有於天下今何幸而得三子之助諸將之功聚羣策羣力起於沛以有天下南面而爲天子黃屋左纛帝制自爲焜燿兆民之望甚烜赫也人欲爲帝孰不如我保無有崛起草澤以立錐之地如沛者得猛士而爲之黨翼以爲吾患乎保無有身膺重寄據要害之境大於沛者得猛士而爲之驅馳以奪吾位乎爲子孫帝王萬世之計不得不爲居安思危思患預防之心矧其時冒頓倔強乎漢北趙粤雄據於嶺南衞氏擁朝鮮之版圖西域爲匈奴之右臂夜郎滇夷陸梁於西南閩甌兩粤怙固乎海隅漢高不得不思將才以弭後患者又時勢爲之也漢文帝拊髀太息而思頗牧魏主羨旣族崔浩而復悔惜以痛惜之心而念勳舊之功以前途之局而深保國之思漢高此心與二主將毋同

韓彭葅醢非漢高初心大風一謌情見乎詞此獨能曲曲傳出漢高心事情文斐亹

允推合作

霍去病在塞外卒乏糧或不能自振而身尙穿域蹋鞠論　火炳彬

自來功臣名將率三軍之衆入異域之鄉斬將搴旗追奔逐北滅跡掃塵流血漂櫓一戰而蠻夷懾再戰而強敵摧立大功於殊俗弭外患於百年者未有不與士卒同甘苦以得軍心者也是故李廣之將軍也飢渴起居與卒共之卒懾匈奴豈不以與士卒同甘苦則軍皆服我一旦臨陣甘疲精勞神奮然殺敵者乎然則能立大功者能與士卒同甘苦者也孰謂霍去病在塞外卒乏糧或不能自振已尙穿域蹋鞠而能殺敵破虜滅跡掃塵一戮而血滿長城之窟再屠而屍塡戈壁之野率師遠出屢敗匈奴立大功於塞外弭外患於百年者乎雖然此可見去病之大也李廣飛將軍也惟與士卒同甘苦始得懾匈奴乃去病不與之而士卒不怨且爲之疲精勞神奮然殺敵者必其將軍之善也魄力之大也平日之有教也驅使之有方也推其意豈不以自奉優者我之常也而習慣不可改也亦不必改也惟使我而不扣軍糧以飽私囊則我於士卒何負之有亦何不忍之有況卒乏糧則不得不勇往直前奪敵人之糧而食焉然我身既任征伐之責勞不可不習也我不習之奚責士卒故去病之不顧士卒乏糧非忍也利導之

斬將搴旗追奔逐北滅跡掃塵殺敵破虜以奪人之糧而食也去病之穿域蹋鞠非不顧士卒之苦而獨樂也乃習勞也勵士卒也此士卒之所以終不怨也此士卒之所以甘殺敵也此去病之所以屢出立功也此去病之所以大也是故韓信背水行軍卒敗山東之諸侯陶侃朝暮運甓終破跋扈之蘇峻去病既不顧士卒乏糧而導之殺敵又蹋鞠習勞以勵士卒是兼韓陶二人之智而集之於身也不然使去病而果不顧士卒之乏糧甚至或不能自振而身尙獨樂則士卒早不服從肯爲之殺敵哉殊俗之大功安得立百年之外患何由弭故後世之以去病爲不與士卒同甘苦而詆之者是未知去病之意未量去病之心而妄論英雄之甚者也我敬去病我崇拜去病

撇去常解筆能達其所見中間大氣盤旋可喜可喜

賈捐之奏罷珠厓論

張孝友

五嶺以南地濱大海瘴水嵐山民輕動好功古稱難治佗竊帝制文服以德武元之間累騷動師久無功恃險阻而遠中都也民勞財竭誠如捐之言征而無利不征則民安得而不縣得則徒勞膏木血草夫石子山人道乖天心傷矣雖然猶有說夫王者之用兵也豈特徵貢賦耀武功而已哉必將威畏而德懷可化者同化之不足以競存者去

之奉天演之公例行王道之一統非旦夕效非三二人功夫臥榻之側他人酣睡猶可忍也臥榻之具他人委之甚者取而有之不可忍也珠厓之於中原豈異是乎故珠厓可罷而珠厓之民不可棄也珠犀瑇瑁可棄而珠厓之統治權不可棄也南服之不可舍也亦猶關東之不可舍也無名之指屈而不申不惜歷長途曠日費財以醫之斷無因其不申而割之珠厓指也叛亂屈也不惜勞師遠征者求其伸也嘗考關東之亂饑民而已飢民易治也珠厓之叛頑民者也頑民者不可以道理喻不可以爵賞勸能伏其膽而懾其氣者惟在兵力抑珠厓所以敢於叛亂者恃瘴癘之域北軍非有戰鬬之力可以抗拒大國也人主偷安旦夕遂以驕其心頑民不可使驕也愈驕愈頑力愈厚制愈難病不藥斯成膏肓矣虎不斃斯害人矣不能謂指掌之病不能死人不能謂遠郊之虎不能殺人不能謂邊鄙之亂不能搖動大局故爲元帝計不如遣使服南越如文帝然不能則以全力征之征之而服懷之以威孔明服孟獲是也猶是不服草薙禽獮之雖殃民不得已也若曰關東之亂討伐爲先南中地苦先宜息民可也若專顧關東而棄珠厓不可也方今北虜未寧俄助其虐庫倫之寒苦非猶是珠厓之暑燥乎黃沙白雪非猶是霧露氣溼乎吾懼乎捐之流毒於今日也吾懼乎卑鄙齷齪者流藉捐

之之說以惑世誣民也吾不敢不伸捐之之說以闢之也西彥曰惟鐵與血天演公例也及今過南海之濱溯珠江跨獅嶺南望瓊崖東顧潮惠合浦珠還猶是珠厓之珠也而所謂同川而浴相習鼻飲者已無有矣船舶雲連萬方輻輳而水土之害已無有矣豈天演之公例乎抑進化之階級與是所由梯鎮海之樓而徘徊不能去也空教白日隨風去祇賸蒼生逐水流捐之愛民之心亦猶是吾之心乎未可知矣

氣沈而幽語遒而肆入後慨當以慷俯仰古今尤覺情文兼到

馮奉世矯制發諸國兵擊破莎車論

孫多蓁

世必有非常之人然後有非常之事有非常之事然後有非常之功自古通權達變除敵剿寇而要功萬里之外者舍非常之人莫屬焉吾於漢宣帝時得一人焉緊何人馮奉世是也當莎車王弟呼屠徵歃血叛漢之時險象環生間不容髮奉世知時不容緩機不容失擅法罪微滅敵功深遂矯制發諸國兵殺其王而拔其城用一時之機得萬世之利嗚呼偉哉奉世之功能也非善於通權達變之英雄曷克出此倘爲奉世者乃一拘法守制之使臣時雖危而不敢舉勢雖急而不敢動一舉一動必聽命於宣帝焉則邊地遙遠往返必遲時遲則機失莎車鞏固諸國兵疲雖興師則莎車未必可破呼

屠徵未必自殺則平胡之功烏可成而安邊之福烏可致哉胡不得平邊不得安則所失者非巨且大乎故事有大小罪有輕重剿敵之事大矯制之罪輕凡能審乎輕重大小而行事者可謂通權達變矣善於通權達變者乃不世出之英雄也馮奉世有以當之矣嗟乎蒙藏風雲波詭雲譎漠北殺氣咄咄逼人斯時何時非千鈞一髮之時乎斯境何境非萬不容緩之境乎然當道默然置之軍人淡然視之直若蒙事乃無關緊要者竊恐時機一失永不可返後日之痛豈堪深言惟願有若馮奉世其人者出興師北征直搗庫侖將蒙寇一舉而滅之庶民國之福更無量矣

文筆高潔氣息穩健

東方朔依隱玩世論

陸承禧

吾聞有潔其身以遺世獨立者矣許由伯夷是也吾聞有終其身以營求富貴者矣蘇秦張儀是也吾聞有竭其智盡其才以爲天下者矣周公孔子是也吾聞有損天下以利己者矣桀紂是也其道殊其志異其趨向不同其爲名也其爲利也其爲一身也其爲天下也自達者觀之其足取乎其皆不足以取也夫春往而夏來天地無不變之時也事窮而必變千古無不易之則也所貴乎君子者在能應時而變之必背時而與世

較遺俗而與人違其有濟乎其無濟也故有苦其心焦其形困乏其身以行厥志忘其身之非金石誤其生之爲無涯其逆其通其遂其不遂終殉厥身要非所謂達者也達者維何因時處身隨波揚抑可以進則進可以止則止要足以善養其生而已世不可以無言也而我不可以與言則言而勿招忌朝不可以不處也顯而遭人猜則仕而處下位世濁而不可居也則與之浮沉而勿失其清智不可以顯則藏之才不可以露則隱之其來其去或進或不進要所以善養其生嗚呼若東方先生者非其人乎非所謂達者耶非所謂善養其生者耶肥遯而居貞退而不終否有許由伯夷之概而未嘗苦其心涅而無滓既濁能清似蘇秦張儀之求世而未嘗濁其身正諫明節以爲天下有周公孔子救天下之心而未嘗勞其身優游取位樂身是務而未嘗如桀紂之害天下也其利天下也而不害其身其利身也而不害於天下與世無害而與人無爭也於世有裨而於吾無損也能如是其將何求此乃所謂達者也乃或苦身勵志窮居誠意而必曰如是如是乃足以爲人反以東方朔之徒爲滑稽不足取嗚呼其亦不察天地生人之意不識達者處世之方固不足與言達矣

明辨以晰用筆甚潔

東方朔依隱玩世論

徐受深

何事非君何使非民昔孟軻嘗以此贊柳下惠矣而吾於柳下之後得一人焉曰東方朔夫當火德漸微元氣日頹御圓者好大而喜功執方者逢惡而阿諛邊多烽火之警下有無聊之民小人道長君子道消例以古聖無道則隱之訓則獨善尙矣故接輿行歌夫子嘆其賢子陵垂釣仲淹贊其高而朔迺濯足逆流執戟殿陛危邦不入亂邦不居朔豈不知之審耶蓋染跡朝隱先生固別有懷抱也女無美惡入宮見妒士無賢不肖入朝見嫉故衆醉而我醒屈原以之見放人枉而我直柳下因而三黜而朔獨正諫明節因勢利導德脩毀至道高謗來朔豈不察之明耶蓋和而不同先生固自有卓識也夫肥遯居貞固可謂獨善其身矣然亦知民吾同胞物吾同與天下己任商阿衡之偉謨視民如傷周文王之仁策故拯水火而登衽席正天與賢者撥亂反正之機耶今迺徜徉山水逍遙河上理亂不知黜陟不聞於己之身固得矣其亦何以對萬民之塗炭乎且賢者而悉以肥遯自甘則宵小盈朝豺狼當道匡救之責固伊誰其賴耶況洪飆扇海二溟揚波山阿雖僻吾恐亦未易作樂郊之視則所謂獨善其身者固又何如耶然犯顏事君正色立朝廷諍面折龍逢因而飲劍羞伍絳灌賈生以之傳梁矯矯自

異獨行不顧是則又矯枉過正而不善處亂世者矣朔知其然也故薄游以取位頡頏以傲世正諫以明節詼諧以取容涅而無滓濁而能清善其身而兼善天下得其君而并得其臣雄端邁倫高氣蓋世洵乎夏侯湛之所謂拔乎其萃游方之外者已嗚呼、可以風矣

理實氣空筆勢排宕

東方朔依隱玩世論

陳其鹿

士君子負濟世之才雲雷經綸以屯被伏遂超然高舉遯世而隱者其高風亮節有足多者矣古之隱者多矣或隱於詩或隱於酒或隱於浮屠或隱於衡門泌水是皆厭塵世之囂囂知錚錚之無益洗濯汚泥之中皭然而不滓人方以謂是殆枯槁寂寞之士而無兼善天下之心而不知其別抱傷心之淚其志其意與孔孟正同若東方朔非其人乎讀東方生答客難一篇可以知其志矣東方生當武帝之世武帝雖知好儒雅而實則不用儒術好用武威雖以董江都之純懿猶賦士不遇故東方生不以儒術干武帝實則東方生之儒術豈遜江都彼固懷而待賈者也蓋東方朔達人也欲效江都之誇人主則不屑欲效公孫宏之諂諛更不屑欲效長卿之以靡麗迎人主更不屑遂依

隱玩世以自韜晦一洗悼屈諍賈之概其心雄萬夫其志高靑雲其滑稽善笑而不虐董江都公孫宏司馬長卿豈能及其萬一哉假如而生於周時柳下惠蓋不足多也

翛然塵壒之外文品最優

馬援於光武前聚米爲山谷指畫形勢開示衆軍所從道徑論

譚鋕肩

三分之局豫決於隆中一統之勢早成於借箸蓋際天下紛擾雌雄未定欲圖成敗須賴宏謀故瑰奇閎偉之士挾其捭闔縱橫之術以周說羣雄而豪賢明智者則蘊其經世之學以待時王也予讀漢書馬伏波傳益喟然讚嘆不置矣夫援奉書洛陽光武袒幘坐迎笑談之下歡若平生而援遂隱然心許以其同符高祖漢家復興也後以隗囂不可有爲乃慨然入洛及東方既定車駕西征羣臣阻議甚於斷剕而援知天下一統全在西征因說以隗囂土崩可破猶恐無以堅光武之信破羣僚之議遂聚米以指示隴西險要之區用兵出入之道於是光武一舉而破囂也且夫用兵之術形勢爲最知其險阻方可以攻人之國晉楚爭鄭數世不決卒以鄭存而晉楚之雌雄不決韓猶鄭也秦滅之而東以滅五國成臯卽韓鄭之故址也漢高據之遂以滅楚是知形勝爲得

失之道矣趙武靈王變服而探咸陽之險吳王闔閭用子胥以入荆楚之都李陵以亡道而敗降趙括以窮途而喪軍是知險要爲勝負之機矣若援者則馳騁於天水之野嘯吟於隴西之坻若者爲進若者爲退若者爲守若者爲攻已察之熟而歷之素故於帷幄几筵之間能象以山谷隆高隘狹縱横指示非徒紙繪略似空談懸辯已也今世之探險竊圖以謀人國視爲驚駭之術者豈援於數千載以上而竟若是之神乎或者以援固爲奇偉之士惜棄囂走漢而又圖之爲失君臣之義耳是不然天下滔滔莫知誰鹿君於未有何以言臣此管夷吾不以從子糾而喪節張子房不以仕楚而隳譽觀援對光武之言曰君擇臣臣亦擇君光明磊落可燿千古茍隴不下則蜀不可望蜀不可望則囂述合勢天下紛紛民生之禍將未已也嗟夫世風闒茸人心喪泯富貴利祿之徒或上書而加九錫或獻頌而美新朝或視故君之青衣而不恥或聽舊主之私歎而反譖甚以窮君於異域鐫石於懸崖以爲榮者且藉援而護其敗名不亦大可哀耶嗚呼援事已矣邊患方熾朔漢西陲正若漢家之天水隴西也誰能聚米以指畫形勢而開示中原之健卒以勒石燕山絕跡王庭者乎撫今視昔能無慨然

議論沈着氣體高華佳構也

治亂民猶治亂繩不可急也唯緩之然後可治論

張孝友

治盜賊之法其果在於撫乎曰未善也其果在於勦乎曰亦未善也然則如之何而可曰察其時督盜心而已賊而逼於飢寒者也則宜撫之以回其心賊而敢於叛亂者也則宜勦之以挫其氣賊之初起也則宜撫之以生其遷善之心賊之既盛也則宜勦之以絕其覬覦之念苟撫勦不得其宜則天下擾亂而不可收拾龔遂陳治渤海之計曰治亂民猶治亂繩不可急也唯緩之然後可治若龔遂者可謂善於察時督心矣夫渤海之賊非輟耕太息者可比也非正名立後者可比也逼於飢寒而已衣食者黎民之天也固窮者君子之操也天下不多君子而多凡民故天下不多固窮之人而多斯濫之衆及其逼於飢寒而流爲賊其迹雖有可誅其心非無可恕也爲民父母者將哀矜教誨之不暇而何忍遽加誅戮乎況飢民之流而爲賊實親民者賊之也天災流行何處蔑有事前既不爲飢饉之備災至又無荒政之頒一誤再誤怨天尤人徒恃刑戮之威刀兵之力吾恐勦之愈甚而從賊者愈多威壓之力愈強而民之抗拒愈甚其不激爲大亂者吾不信也故仁人之治亂民也不以力而以仁不以威而以惠不咎既往而責善將來斯何術也卽龔遂所謂緩之之術也雖然緩者非遷延需弱之謂也不急切

之謂也治亂民猶治亂繩也治亂繩不可急急則棼治亂民不可急急則敗然亦不可遷延不決遷延不決則其亂愈甚俟其羽毛既豐則高飛矣俟其基礎既固則難摧矣俟其養精蓄銳則勇不可當矣蓋緩者不急切也非遷延也既不急切又非遷延則其間荒政之措施可想見矣後之治亂民者不然不究其時不察其心而昧昧然曰此亂民不可赦也此飢民不可誅也因循延誤於一時而禍機滿布於天下明之流寇可鑑矣流寇之興逼於飢寒其初亦猶渤海之寇也治之者撫勦失宜而毆及天下車箱峽未出之前不必勦也不必勦而勦徒傷民心車箱峽既出之後不可撫也不可撫而撫反養賊銳故流寇滿天下而明社以亡此則誤於撫勦之機宜而未明乎治亂繩之義也苟有以龔遂治渤海之策治之則流寇之覆也如反掌耳何至糜爛天下至於此極也治盜賊者夫亦可以知所貴矣

持論剴切詳明用筆縱橫馳驟其詮發緩字尤爲得解非養癰貽患者可得藉口足徵胸有經緯

楊震不受暮夜金鄧攸不取送迎錢論

凌鴻勛

風俗之貪廉奚自乎視乎一二士心之所趨向而已士有廉潔之操守則風俗皆化於

廉士有貪汚之行止則風俗皆化於貪士心者風俗之代表也國家存亡之所繫也是故廉恥道喪一人存之天下大亂一人挽之蓋以士大夫有正風俗強國家之責卽一人足以挽天下而有餘矣昔楊震卻暮夜之金鄧攸卻送迎之錢千古稱之然金之至也以暮夜錢之來也敬送迎何難取而受之卽受之亦人情也而二子所以毅然不爲者蓋以此身爲維持風俗之身廉恥之節重斯金錢之念輕耳夫廉恥者士大夫立身之大節也可以取可以無取取之傷乎廉可以受可以不受受之近無恥士大夫能以身爲維持風俗之身則行事自不敢無廉恥矣況乎暮夜金送迎錢之來其眞表其愛慕而致敬乎抑假此以爲夤緣之道乎其以此試吾之清濁乎抑藉此而爲陷阱以誘吾乎誠不得而知之也使稍有不愼以爲無傷乎大德而不知失足卽在其中利我者無多而害我者必倍能以義衡之則取予之間自有絲毫不可苟者是故於二子之卻金而不受知二子持身之端而所見之大其於下爲不貪求則於上爲不妄賂可知矣嗟乎習俗移人賢者不免昔顧亭林曰自神宗以來黷貨之風日甚一日四維不張而人心大壞矣此不廉之禍也晚近民心日壞而士節日卑邊事之日棘國權之盡喪鮮不由士大夫之貪求者欲民之良國之固難矣吾願有卿大夫之責者務以楊震鄧攸

爲法則國家或可幾而理歟

推勘盡致名論不磨

班超投筆封侯論

張宏祥

時勢待英雄而定英雄乘時勢而起非特英雄有天下之時勢也英雄亦有己之時勢也可以進則進可以退則退此天下之時勢也亦英雄之時勢也其進也非英雄進之也時勢促之也天下之時勢當不得不有英雄則英雄之時勢亦當可以出而任天下此英雄之所奮袂而起而不自知者也其所知則有之知天下之不可無英雄知己之才之學足以當天下之時之勢而已苟自信矣則舍其學而起非舍其學也起而用其學也則其初之蟄伏而學者乃所以爲其用也其用可見也其學難見也斯其所以爲英雄也漢班超慕傅介子張騫之立功異域投筆輟書卒以封侯何其易也夫班超以傭書之士一旦投筆從事戎武卒平西域此其必有由矣吾嘗以爲班超之功顯於投筆之後而班超之學必始於握筆傭書之時何也彼目覩匈奴之橫暴西域之擾亂介子死矣張騫不復生苟有雄心能不奮然起乎其所以傭書給養碌碌如常而終於奮然投筆輟書蓋其素積而畜忍之者至是不期而自發矣其初之所以不發者蓋念己

之才之學不足當當時之時之勢也而卒於投筆輟書者其必自信深而有所恃也此英雄之於己之時勢之謂也已之時勢已至而後可以出而定天下時勢也班超有此願而可以出也諸葛亮有此而不願出而卒於出也王猛有此願出而不得時也嗚呼毋徒謂班超立功之易而亦宜知其所難哉

英思灝氣相輔而行一縱一橫論者莫當洵不愧文壇飛將

班超使甘英至大秦抵條支臨大海爲安息西邊舟人所紿而還論

吳清序

夫以黃帝子孫之莊嚴神洲華冑之貴顯歷數千年之歷史而無一傑出之士乘長風破萬里浪爲祖國闢疆界爲後世啓文明可羞孰甚焉雖然彼坐井觀天之徒祇知有中國固不知有今日之五大洲也祇知有中國之文明固不知有今日泰西之文明也若而人者吾無責焉然有知中國之外有羅馬之文明者是何人是何人非堂堂漢使奉命至大秦之甘英乎當其奉超命而前也宜如何奮其精神遠其志慮堅其毅力航海以求羅馬之文明爲中華歷史生色是誠中西交通之關鍵也惜乎英之爲人旣無遠志又無定力乃爲區區舟子所紿以致中西交通開而復閉徒遺我漢族羞耳吾聞

夫哥侖布之航海矣。憑空前之理想。以求新大陸。非若明知有羅馬也。大西洋之廣闊。非小於地中海也。前見棄於各國。後見迫於同行。非若英之自由也。而哥侖布處危難之中。雖大西洋之惡濤。不足以奪其志。卒獲新大陸者。有志竟成也。今英不過以舟子數語。卽不前進。聞哥侖布得無愧死乎。且舟子之言。風遲須二年始達。然則二年後固能至羅馬也。又航海而死者十之八。然則十之二固不死也。英果懷航海之志。則死生已置度外。家鄉之念。又何生。死亡。又何懼哉。彼舟人慮華人之奪其利。而發是言。然而聽之與否。實英主之。雖然以班超之雄。不免老而懷鄉。讀但願生入玉門關數語。其去兒女子之悲泣幾何哉。彼甘英者又何責焉。

文筆高曠不落恆蹊

班超遣甘英使大秦至條支臨大海不渡而還論

鄒恩潤

哥崙布以窮困之匹夫。而奏開闢新陸之功。甘英以一國之大使。而從安息邊人之紿。是何也。蓋行事之勇。如大川之潰決。莫之能禦者。必其所知有素。而所信甚堅也。不然若稚子夜見其影。而驚惶失措。未有不裹足不前。欲進而怯者也。哥崙布深信昔賢地圓之學說。且見海中常浮流器物。益信地球之上。必有所謂新大陸者。乃以渺焉窮困之匹夫不憚口焦舌敝說其國人說其國王棄安樂之土而漂蕩於汪洋大海其卒也不爲失望之所移同行之所懼奮身攘臂直登彼岸者固其志之堅氣之勇而亦未始非其所知有素所信甚堅有以使之然也而甘英則大功將成於一簣乃以行百里而半九十者殆以未素知而未堅信之故乎雖然哥崙布一窮困匹夫耳其力不如一國使也大西洋之狂瀾不如地中海之易渡也倡地圓之說言天地間又有大陸國人譏之誚之政府亦視之爲狂厥後乃姑濟之以舟以費皆以爲如付東流不望其有功也而哥崙布竟悍然不顧爲所欲爲豈非不受全國人之欺不受政府之欺而成其功乎今甘英所受欺者僅安息之邊人耳何信之若是之堅耶且卽信其欺言矣而安息邊人所言非如哥崙布之國人以爲大洋無邊而未嘗有陸也不過謂路甚遙耳備三年之糧耳備三年之糧行甚遙之路固可達也當是時漢廷銳意闢疆以甘英國使之任備六年之糧猶易如反掌況三年乎固不必如哥崙布之口焦舌敝呼號以說其國人也乃以有所顧慮膽怯不前嗚呼東海豈不應有闢地偉人也耶今也地中海岸線爲列強富國之爭點夫人知之矣而當時羅馬之文明法制議院固已萌芽有日矣使吾國而早通何至夜郎自大數千年以爲橫宇宙之間莫吾若高枕而臥日卽其退而至

今始大覺耶甘英臨大海不渡而還豈啻爲甘英一人惜爲漢廷一朝惜哉乃不禁爲吾東亞族人喟然浩歎已

筆力堅凝語有根據合作也

班超使鄯善以吏人三十六人攻殺匈奴使者論

王濟熾

持矰施繳一發而不復顧者弋之善也利刃正鐝霍如遊虛操刀之絕技也是故臨機勿失成事之本試鎡基於寒冬則望其遇矣奮鈍犂於春發則背其時矣夫應機而疑禍及其身伺隙不乘終爲人制探驪珠而不溺者乘其寐也乘鷸蚌而並獲者伺其隙也故萬事之成皆在乎機機懸於虛發於瞬息巧於遇而失於疑非有爲者不能決故大事又非善決機者不能辨也人之須機也至矣而機尤爲寄軍令者之需也昔曹劌乘氣竭而破齊田單乘驕怠而襲燕甘寧以百騎駭魏營謝玄用北府亡苻氏何者得其機也陳餘失井陘宋襄敗泓水何者昧其機也今夫班超以投筆有爲之志馳軺絕域之外奪匈奴之臂融夷漢之情漢之所以羅匈奴之患者有西域爲之制西域之所以通於漢者鄯善爲之嚆矢而鄯善之行爲班超功名之基礎而班超之終以平西域成名於天下者則三十六人攻胡之決心也觀其縩異而知變是審於機者矣脅夷奴

以明其事是巧於探者矣入虎穴以取虎子是勇於決者矣辟郭恂而獨行是能知人者矣故虜使授首鄯善懾其神明鴻韜一施酋醜服其聲威使漢令播於外疆夏化被乎異域白首凱旋使玉門關一增聲色非其少年有志勇決其機者有以成之乎嗚呼使超而如三十六人者惛焉而不知夷之貳於己卽其知之矣而不探之於奴以悉胡使之來探之矣而不決之決之而謀之於郭使郭怯也則事撓而失機使郭忌也則爭功而洩謀是豈失機已哉且致殺身禍國之害也何者夫鄯善之初親於超也知有漢也及胡使來而疏超者知胡之強於漢也脅於胡則其志貳畏於胡則其謀邪方竊竊焉思立功以媚胡故始疏超而終且害之矣害超則絕漢超死則漢終不能平西域而匈奴且伸其右臂以俯探華夏則鄯善其腕也疏勒車師其手掌也莎車于闐溫宿諸國則其指節也協以謀我白龍堆之警且與馬邑之烽而並舉而漢之邊境不得甯矣故沈機一發響震寰區成敗之機危如鈞髮新史籍之紀聞開炎漢之鴻圖超眞不可及者歟今者虬髯俄兒韜行蒙域碧睛英使節駐藏城王懷慶尹昌衡之流其能爲班定遠繼響於二千年後乎

造語古勁持論精闢是極意經營之作

孔明不如子房之從容子房不如孔明之正大論

顧懋勛

宋儒李侗曰孔明不如子房之從容子房不如孔明之正大旨哉言乎然余以爲子房不如孔明之正大則有之若謂孔明不如子房之從容余竊有疑焉夫辦天下之大事決天下之大計而能不動聲色者必其胸中有辦大事決大計之素故大事當前而能從容不爲亂者其素所養然也是故辦大事決大計而不能持之以從容鎭定之氣則憧憧擾擾適足以僨事而已安在其能辦大事而決大計哉故未有所辦之事大於人而其從容鎭定之氣反出人下者勢使然也若夫孔明者非所謂造時勢之俊傑歟何則漢室既壞中原鼎沸曹操則奄有兗冀思逞於北孫氏則負嵎江東擁踞於南眞一極不可爲之時也於此時也以劉備之忠厚白手子身無尺寸之土而欲頡頏魏吳希圖恢復其將焉能則天下之勢蓋不入魏卽入吳矣而孔明佐之取西蜀以與魏吳相鼎立轉兼幷而爲三分之勢若非以辦天下事自養而以從容鎭定之氣出之蓋不能矣而況創業未半卽受託孤之重內輔幼主有汲汲求治之責外修武備有攘除姦凶興復漢室之託一身二任而能使政治修明行伍和睦提其領而挈其綱者則其人爲何如人而謂從容不如子房可乎若以食少盡瘁一語卽謂其從容不如子房則又非

矣何也孔明之食少盡瘁由於積勞勤而然耳於從容與不從容何有哉安得以此少之且孔明在隆中時以管樂自比常爲梁父唫觀其風流蘊藉弄月吟風之致卽可知其從容鎭定之概矣使子房而處孔明之地吾恐子房亦未必不如孔明之食少盡瘁也吾故曰子房不如孔明之正大則有之孔明不如子房之從容則有未盡然焉

單刀直入辟易千人○學養事功兩義賅備尤非他卷所可及

諸葛武侯自比管樂論

李定彝

蓋必有非常之奇才然後克有非常之抱負有非常之抱負然後敢任非常之大事非非常之才之難也抱負不凡之爲難也非抱負不凡之難也才能副其所抱負而躬行實踐之爲難也夫非抱負不凡則雖有非常之才而其志彌小無以用其才非躬行實踐則雖有其抱負而徒託之空言不見之事實終其身與草木禽獸同歸於澌盡泯滅而已然而抱負不凡非易言也使無其才者而傲然自詡非爲浮囂卽爲狂妄躬行實踐尤非易言也使其才而不能副其抱負貿然出身任天下之大事則傀儡登場其短立見是故敢任非常之大事者必先有非常之抱負又必先有非常之奇才漢丞相諸葛武侯天下奇才也受任於敗軍之際奉命於危難之間曹氏據有中原人才濟濟十

倍於蜀孫氏分割江東長江天險進退咸宜而武侯猶能與之鼎峙數十年之殘局謂非天下奇才乎方其高臥南陽也自比管樂時人咸竊笑之而莫之許也洎乎茅廬三顧隆中問答君也得臣臣也得君昭烈任之無貳武侯受之不疑始得使其所抱負者見之於行事而天下人信其自比古人之抱負非偶然也是則武侯之自比於管樂誰曰不宜且夫管仲雖有霸齊之功然不能匡扶王室戡定無道故仲之爲仲僅霸者之佐而已耳樂毅雖有強燕之功然大業未就中道出奔雖曰主之不同量要知忠臣謀國百折不回苟其事之當然而勢之必然者生死以之可也又何逃焉故毅之爲毅亦僅此而已耳若武侯之才則王者之佐也豈管樂所可及哉而陳氏謂其長於治戎短於奇謀殆斥鷃之見乎讀隆中之對見其談論時勢洞若觀火知爲千古奇才誦出師之表見其忠忱悱惻纏綿痛切不禁聲淚俱下才如武侯而天竟不假之以期頤與之成功何其靳耶語曰天道無親常與善人又曰民之所欲天必從之豈天道有時而不信人欲有時而不從耶不然胡令坎坷抑塞至如是耶雖然伐魏除暴鞠躬盡瘁而謀事在人成事在天彼武侯者三代後一人而已豈管樂所可及哉而其自比管樂者良以知其抱負之不凡也吾故曰敢任非常之大事者必先有非常之抱負尤必先有非

常之奇才

首段精心結撰警鍊非常前中亦多精當之論後路比較三人功業雖非題中正文頗爲激昂慷慨一結尤見筆力

諸葛武侯謂吾心如秤論

周賢頌

毓天地之秀鍾山川之英元黃搏擊二氣氤氳爰作有斯人夫天地至公也山川至靈也是故日月晦明河嶽升沉萬古不能改千聖無以更渺渺冥冥循大道以行夫造物法宇宙以爲人先王效天地而制秤是故人有是非之心秤有輕重之明是非輕重之不可淆易亦猶晦明升沉之不能改更也嗚呼吾見有明輕重之秤矣而未聞有心是非之人也有之漢武侯諸葛孔明一人焉耳武侯守彈丸之蜀相童騃之主兵不滿萬乘餉常匱千里然而知王業不偏安漢賊不兩立六出祁山北伐中原鞠躬盡瘁死而無悔李嚴老臣一言而放馬謖良將軍挫被誅觀其執法如山鑑人若水抱義不屈臨難不變可謂無愧天地矣然其律身守己不過吾心如秤一言信乎大公之爲用也是故蜀民剽悍治之若子弟南人反覆馴之爲臣服荊襄賢俊稱之猶龍司馬奸雄畏之如虎蓋公必信大信孚而人來歸矣公必誠至誠格而蠻夷化矣公必明道義明而學

者師矣公必正旂鼓正則敵不犯矣是故孤師一旅轉戰萬里一戰而破郭淮再戰而度陳倉張郃授首僞相閉關用兵十年不遇大挫武侯一南陽布衣耳何所恃哉何所恃哉嗚呼是非混淆黑白顛倒直道於今掃地矣駔儈稗販執尺五之秤出入市井錙銖必較毫釐不爽獨於公私之間輕若鴻毛彼固無責焉耳乃秉國鈞者有假特赦之權以狥情面之好有借鋤亂之名而雪私心之怨或者司法大吏上下其手或者審計胥佐予奪任意珥筆之士初登青雲先推求於一飯睚眦之間輿論之紙甫展素箋莫非爲雌黃阿頌之章輕重任人是非逞臆孟子所謂不知本也哀哉

評語有靈氣筆亦超脫佳構也

諸葛武侯謂我心如秤論

鄒恩潤

五尺之童天性誠篤無所謂私其心可謂至公矣以之爲政可乎魯蠢之夫不聰不明不知所私其心可謂至公矣以之爲政可乎是必不可有周公之才而具指鹿爲馬之心可以爲政乎有伊尹之才而具高下在我之念可以爲政乎是亦不可庸懦之人雖有至公之心而無才以濟之才智之士雖負王佐之才而無公以成之其事雖殊而敗則一也諸葛武侯謂我心如秤夫秤有形者也心無形者也今見君子則敬之見鄉愿

則鄙之見賢智則愛之見奸愚則惡之人之情也是心安得同於秤哉夫武侯法正可恕馬謖可斬是其心爲人作輕重無疑矣謂爲如秤可乎是無足怪蓋秤知輕重者也而心知賢愚者也言乎秤則輕者不能求秤爲之作重重者不能求秤爲之作輕言乎心則賢者心賢之愚者心愚之是心之於賢愚何以異於秤之於輕重哉知物之輕重在秤而輕重則仍在物知人之賢愚在心而賢愚則仍在人以遇賢愚之異而咎其心之私則以物輕重而咎其秤之私可乎哉法正之恕有可恕者在焉則恕之設其無可恕而妄恕之是物之輕而秤妄爲作重也馬謖之斬有可斬者在焉則斬之設其無可斬而妄斬之是物之重而秤妄爲作輕也故寧坐視優容而法正不可不恕寧揮淚號哭而馬謖不可不斬雖然秤之輕重至公無私固也而人力得詐爲之心之賢愚至公無私固也而物誘得以蔽之是則同而秤之輕重凡秤皆如是也而心之賢愚失其公者十之八九是則異故嘗試論之有武侯之才而後足以濟其公有武侯之德而後足以成其公夫有其公無其才而足以爲政也是五尺之童魯蠢之夫足以任大政矣有其公無其德而足爲政也是指鹿爲馬高下在我亦足以任大政矣蓋其所謂賢者不賢而所謂愚者不愚也李德裕張居正之意氣用事紛擾唐明以至弱亡非無治國之

才而失其公焉王安石司馬光之新舊爭持毁傷宋室以至弱亡非無治國之才而失其公焉分門列戶互相水火苟其黨也雖愚而賢之苟非其黨也雖賢而愚之公私旣失而小人得乘間以起而國事不可問矣是無他其心爲人作輕重而不能如秤已耳使武侯如此則馬謖可恕而法正可去矣安能成其如秤之心哉於是乎知武侯之誠足以感人雖身沒之後而受其貶責者至流涕痛哭焉豈偶然哉

心明如鏡筆快如刀具此識力加以讀書之功便當前無古人

孔融薦禰衡論

勵平

孔北海之薦禰正平於獻帝也非欲以制曹孟德乎顧是時也孟德跋扈之勢已成用人之權不在帝而在丞相衡固操之所忌者也其不得志於朝也固宜然融亦操之所畏也終融之世操僅得挾天子以令諸侯至於甘冒不韙之舉則猶有所憚而不敢爲則知融之大有造於漢也其薦衡以制操也爲獻帝也亦爲漢也使操任獻帝之用衡而不有以阻之則是舍融而外操又多一敵矣此乃漢之利而操之不利也故以操之權去衡而有餘其後被辱於衡卒致之於劉表以遠其人復假黃祖之手以死衡此操之所以爲一世之奸雄也於是乎北海制操之計卒不得遂而操乃爲所欲爲矣嗚呼、

孟德固一世之奸雄也若正平者求售之心太急不能善自韜晦以待時而後作卒以是自殺其身則有英雄之才而無英雄之量者也孔北海知正平之才足以幾於英雄故爲之薦於朝蓋欲藉英雄以制奸雄而不知正平之不能善用其量而卒爲奸雄所制也悲夫夫有英雄之才而又有英雄之量則庶乎其能制奸雄也吾求之於漢末三國之際而僅得孔明其人焉若正平者較之孔明蓋不及多多矣此其所由不能制孟德歟然正平固幾於英雄者也夫惟英雄能識英雄亦惟奸雄而後忌英雄故北海英雄也知正平之幾於英雄而欲以制孟德之爲奸雄孟德奸雄也忌正平之幾於英雄而反制之且因以制北海之爲英雄嗚呼孟德誠一世之奸雄也若北海與正平者亦不可謂非英雄矣惜夫其猶有不能及孔明者也君子觀融之薦衡而知操之所以爲奸雄矣

雄才勁氣論鋒四射足與宋之何博士抗衡

孔融薦禰衡論

童維善

悲夫悲夫士之不幸居亂世而與姦雄遇君子之大憾事也當天地閉賢人隱上成猿鶴下及水火自維渺焉一身安忍梟獍騰驤亦將哀此下民奚堪王室板蕩投袂而起

引賢相佐忠君忠國原無二致而卒道消莫挽魔張難祛魯陽徒揮返日之戈精衛空負塡海之志嗟我生之不辰哀芸芸兮奈何此冏傑士莫展抱負相與淪胥之憾事而古今來賢者仁人所爲同聲長太息者也悲夫悲夫北海之有文舉非天所以生斯良佐而使興漢室歟平原之有正平非又天所以生斯奇才而使成文舉之美歟天既生之天宜有以玉成之天奈何又生曹操具之狠心鍚之姦謀而使與文舉正平敵而後文舉之志阻而後正平之數奇而後漢室且亡於曹氏之手悲夫悲夫詎天之倒施逆行而天道之未可知歟抑漢之不德其祚云終天欲亡之而因以困文舉正平歟悲夫悲夫文舉不生於明章臨雍之世優遊以廣其先人之教而與漢季相終始文舉之不幸也正平不得果就文舉之薦以展其懷而偏爲姦雄所忌又正平之不幸也吾觀薦衡一表藹然仁者之言睠懷宗邦繫心社稷千百世下猶可想見其爲人推文舉當日之心詎不謂操賊有竊國之謀舉朝皆阿賊之輩以此視漢漢其殆矣忠直不睹予老寡助思得如正平者奇才自足強禦不畏以之立朝誠足寒賊臣之膽而我王足福漢之天祿其或永終矣嗚呼自古及今忠國者不幸而處國魂衰替之際思欲鞠瘁乃躬冀挽倒瀾其設心處慮孰不如文舉者而卒莫能如其志者時勢爲之而一二賢者實

未足以對付彼所謂巨奸大猾也故文舉之薦正平於漢獻適足以增曹氏之嫉忌事格不行於國莫裨而空負此一腔盛心吾殊爲文舉悲之且操賊之姦天下莫敵縱漢獻能用正平恐非一正平而遂足以制操賊也乃正平才而不斂後之見害黃祖淒涼夏口之市恐前日文舉亦所不料嗚呼吾更爲正平劇憐而深惜之矣雖然士之處世非一身得失之是慮而一生得失之可念也故曰貪夫殉財烈士殉名君子疾沒世而名不稱焉則吾觀夫文舉雖不得志於當日固有以見諒於後世若正平之爲雖君子稱其才而怪其行然而可風焉以視彼一世之雄而今安在者更非可同日而語矣嗚呼若是乎天之果有以玉成二子也顧使當日者文舉之薦得中正平之才得展操賊之得除而漢室終得以光復則非僅文舉正平之所幸亦天下後世所樂觀而終俾正士顛沛巨姦稱意哀此中國胥被其毒者吾又不解天之報施善人爲何如也悲夫悲夫吾故曰士之不幸居亂世而與奸雄遇君子之大憾事也

眞能將文舉心事款款寫出意境脫胎於史公伯夷傳悲壯蒼涼唾壺擊碎古之傷心人別有懷袌作者何憂之深耶爲悒然者久之

東晉桓溫圍長安未能滅秦魏太武帝屯兵瓜步未能滅宋論

胡寘錄

竊嘗謂東晉之不能滅秦者非時勢不可也地利使之也北魏之不能滅宋者非地利不可也時勢爲之也何也夫世當割據之際必有一金湯天府之區爲英雄用武之地若地利既失雖有良平之智孟賁之勇亦無所施其術矣雖然地利既得而無可乘之機可爲之時亦萬不能逞其破竹之勢如行無人之境也是地利也時勢也在兵家所不可缺乏也明矣彼温進圍長安而不能滅秦太武帝屯兵瓜步而不能滅宋者無惑也何以言其然也竊嘗以當日之大勢論之晉雖偏安江左據金陵以爲固然秦得關中形勝之地以箝制天下其地利之不若秦者可知矣且是時襄陽之門戶盱眙之險要皆已入秦秦既据關中以自固復守襄陽以爲衛天下大勢皆在秦掌握中矣晉於此時能與秦並立爭衡亦幸中之幸也尙何望削平之功哉又況關中之地利其勢足以奪天下之險其威足以制天下之命漢得之而滅楚唐得之而成業秦據之未必見滅於晉也故曰温之不能滅秦者地利使然也◎若魏虎踞平城並峙南朝稱雄天下長淮以北悉爲所有其地利不可謂不得矣然南朝自宋武崛起北平廣固南靖番禺西定巴蜀疆域漸廣地利漸得復又得文帝勵精圖治誅謝晦等以復兄仇平趙廣輩以

靖內亂兩次北伐功雖不成而恢復之志深入於人心者要自不可解彼魏雖強既滅北涼復伐吐谷渾軍書旁午無時或息士卒之勞困者可知加以久經殺伐之兵越數千里伐人國家而與以逸待勞之師角勝於疆場之間其不見敗北者亦幸矣又安望其成統一之功哉故又曰太武帝之不能滅宋者時勢爲之也不然以溫用兵之奇姚襄既破袁瑾復滅何獨不利於秦以太武帝武功之盛西夏已平諸強又服何獨不利於宋大抵地利所限時勢所爲智者無所用其謀勇者無所用其力矣然則地利時勢之益人國家者豈淺鮮哉

扼題之要侃侃而談

魏之患天下爲三晉宋之患天下爲南北論

張宏祥

簒弑攘奪非帝制之足以亂天下帝制之奢侈足以毒天下而有餘也自醇古之風日以衰宗教禮制不足以縛帝王之欲帝王乃不爲天下之至憂爲天下之至樂生殺予奪一任所爲紀綱禮制可蹈而滅帝位王室不爲天下尊而爲天下羨攝緘固扃惟恐不密而天下亦意其所藏長其窺覦之涎自是而盜竊僭簒割據擾攘天下乃治亂分合勢然不知所竟若是者其僭簒以爲亂割據以爲分非特禍人民於塗炭而華夷之

消長於是存焉六國之紛爭秦之所由帝也楚漢之逐鹿匈奴之所由猖獗也三國之鼎峙加以晉八王之攘奪其戰爭最盛而貽禍亦最烈終晉宋之世半壁河山長淪陷於五胡胡笳鐵騎蹂躪中原自古及今未有禍憂蕭牆而能禦侮於四境之外者彼漢武帝北伐唐太宗遠征豈非以統一之故哉中國之形勢北河而南江西崤函而東淮泗非統一不能收其效即非統一不能無爭而江河險阻遂爲千古爭帝位之資界劃疆分屹然並立終曹魏不得吞吳蜀終晉宋不得混南北若是者何也天下之分方均而形勢適足以限之也故魏之患天下爲三晉宋之患天下爲南北然則天下之形勢可合而不可分可分而不可均均則竊據者得挈之以爲爭帝位之資人民不勝其荼毒元氣不勝其斲伐卒胥淪於夷狄而已矣吾不知帝王果何所戀而忍糜人民之血肉不惜饋其河山拱手以讓夷狄也吾誠不忍讀此痛史而不謂後之人復有不惜鬩牆之爭執甘蹈覆轍遺漁人以利也嗚呼哀哉吾故曰帝制非足以禍天下而帝制之奢侈足害天下而有餘吾敢曰凡天下之懷利釣名貪勢憑權不顧人之是非不計國之利害者皆千古盜竊篡恣之徒同爲後世詬貶者也悲夫天下皆知非其所不善而莫知非其所已善禍患之來安知其在此而不在彼茫茫天下安所知其終極哉

雄識偉論重句如山

蘇綽謂爲國之道當愛人如慈父訓人如嚴師論

吳洪輿

法律愈繁姦盜愈衆禁令愈密內亂愈速為刑所以絕姦盜也而爲刑後姦盜愈盛豈刑足以召姦盜耶抑民性與至德之世異耶刑不足以召姦盜不教而刑此姦盜之所以盛也性何嘗異教化不同此所以異於至德之世也是故齊之以刑不若化之以德私民以愛不若保以教育何則化之以德不必用之以刑此成康之所以刑措也保以教育不必私民以愛此歷代之所以雖行大赦無補於國家也善哉蘇綽之言曰爲國之道當愛人如慈父訓人如嚴師人情莫不愛其子然而任其所意從其所欲不爲之謀教育者不得謂之眞愛何則徒知愛其子而不知所以愛其子故愛其子者莫如慈父爲師莫不嚴訓其子弟然而平時不牖之以道德之言一旦犯規施之以夏楚者不得謂之嚴何則嚴其所不當嚴不嚴其所當嚴故嚴訓其子弟者莫如嚴師由是觀之能以慈父之愛其子者愛民嚴師之訓其子弟者訓民法律可付諸秦火禁令可等諸空文至德之世何難不顯之於今刑措之治亦何至讓美於古耶且慈父之對於子至誠惻怛嚴師之對於子弟纖無機械若爲國者亦如慈父嚴師之對於子弟者對民則

上下何至猜防民生何至塗炭國家更何至遭不幸然則奸盜之所以衆多內亂之所以時起生民之所以塗炭國家之所以不幸皆由於不知以德化民以誠相待故也以德化民以誠相待如何愛人如慈父訓人如嚴師而已嗚呼元魏之後風化陵夷已至其極民不見德刑不止盜上下相猜國家不寧蘇氏之言其亦有感而發者乎然古今中外治亂興亡之機已繫於此矣孰料千載之後更有過於元魏之時蘇氏對此更不知若何欷歔慨歎矣嗚呼箕子覩象箸而流泣尼父聞偶葬而永嘆尋微知著原始見終竊恐長此以往千丈之堤卽潰於一蟻穴矣然則爲國者可不奉蘇氏之言以爲法耶。

文氣雋永題蘊畢宣

蘇綽謂爲國之道當愛人如慈父訓人如嚴師論

顧懋勳

提攜鞠育涵煦撫字慈父愛子之心也訓之以方正納之於軌物嚴師誨人之道也人多愛其父也人多敬其師也愛人以仁教人以德使人愛亦使人畏使人悅亦使人敬是故養教兼施慈嚴並用則治國之道備矣蘇綽謂爲國之道當愛人如慈父訓人如嚴師旨哉言乎夫國之壞也由於上暴而下怨上狎而下嬉也盜賊蠭起而不知治細

吏苛刻而不知究生靈之疾苦不知顧又復酷刑罰重賦斂上之視下如奴隸則下之怨上如寇仇時日害喪之歎蓋由此乎至若爲上者荒於酒色耽於嬉戲國教不脩禮樂廢弛治國者嬉戲於上爲民者相習於下則國之敗亡可立而待書有五子之歌蓋垂戒歟繇是而言則爲國之道莫急於愛人如慈父訓人如嚴師矣蓋上慈則下愛上修教則下知敬也是故先王之治國也其所以愛民者無微不至也解衣而衣人推食而食人其視生民之飢寒蓋甚於一己之飢且寒也樂不敢獨有而必與民同也置之恆產使其足以事父母而畜妻子也省刑罰以減其慘毒也薄稅斂以輕其負荷也嗚呼、其所以愛民者若此而民不之愛者未之有也先王又恐民之飽食煖衣之易入於邪也故立學校置庠序申之以孝弟忠信之道以絕其放僻邪侈之心規模宏遠教誨諄諄而不稍懈其所以教民者又若彼其森且嚴也夫若是而民不知修身敬上者亦未之有也噫、蘇綽之言洵治國之長策歟

規矩從心鑪錘在手章妥句適煞有工夫

唐太宗遣使詣高麗葬隋戰士論

李家譽

嗚呼、唐太宗未嘗一日忘用兵也史傳貞觀五年遣使詣高麗祭隋戰士以爲太宗生

長兵間親見用兵之苦故於刪平禍亂之初澤及枯骨示天下以不復用兵較之隋帝遠征勞師海外其仁暴不可同日語矣蒙謂非也隋征高麗之苦天下之民怨之太宗豈不憫之憫之而瘞其戰士以爲仁術是誠仁術也而世不許其仁者以其外示煦煦之仁而實用兵家之譎謀也何以言之兵所尙者氣也隋征高麗之兵屢敗於高麗當此之時寇賊並起軍旅數發父戰死於前子鬬傷於後女子乘亭鄣孤兒號於道老母寡婦飲泣巷哭遙設虛祭想魂乎萬里之外自古戰征之苦未有甚於此者夫兵氣一敗不可復振於此而欲決戰於高麗雖太宗不爲功太宗於是籌之已熟得其所以鼓天下之氣之術以爲天下所畏者征遼也而遼不可不征今先加恩於隋征遼之民則天下庶不見吾征遼之苦觀於十九年帝自將征高麗而後太宗之用心稍習兵機者皆知之謂是非有愛於隋民也欲鼓其氣以爲吾之用耳卒之前後三年功竟不成戰士死者幾三千人戰馬死者什六七勞師襲遠與隋帝如出一轍迴憶向之遺使遼城加恩枯骨亦復無辭於天下之人之心而儒者不察誤以此稱太宗之仁抑亦謬矣嗟乎、鴨綠江邊纔詠國殤之什平壤城畔又載新鬼之車太宗誠能始終取鑒於隋則憫戰士之苦不敢輕啓兵端又何至征遼無功而悔魏徵不在哉從此京觀壘壘傷心慘

目隋之戰士有太宗以葬之而太宗之戰士遂長棄於絕域而爲狐狸所吞噬矣孰謂有仁心仁聞之君者顧如此哉

胎息淵雅音節蒼涼如讀遐叔弔古戰場文洵佳構也

唐高崇文討劉闢軍士有食於旅舍折人七箸者卽斬以徇論

鄒恩潤

國以民立民以兵護昔孟子以民爲重而社稷次之然則國以民立固可曰民爲重社稷次之而民以兵護則亦曰兵爲重人民次之殆無不可也惟其重也則望之愈殷而責之愈切若夫見路人之持刀殺人也則道路以目漠然置之見其兄而持刀殺人也則必攘臂奮身毅然禁之彼豈有所善於路人而縱其所欲有所忌於其兄而禁其所爲哉蓋亦望之愈殷而責之愈切已耳唐方憲宗之時藩鎭跋扈暴恣橫厲而高崇文討劉闢軍士有食於旅舍僅折人七箸者卽斬以徇議者以爲人民折人七箸猶無殺身之罪而兵者護民者也方其枕戈待旦激戰血場甚者裹尸馬革身首異處所爲者果何人耶其有功於民雖泰岱無以形其高而河海無以形其深矣人民卽以七箸供其折或所當然也卽不以爲當然而兵亦民也律以吾民應得之罪未嘗不可何至以

此區區而遂以斬其身乎崇文無乃草菅人民而博御軍之美名哉余謂不然望殷責切防微杜漸國以民立故國小不足爲患而民愚始足爲患民以兵護故民而違法固可憂兵而違法則其害尤不可勝言也彼一旅舍固微也而推其極可以搶掠一城彼一七箸固小也而推其極可以任意殺民人見一旅舍之被辱一七箸之被折不以爲異及見其搶掠一城也任意殺民也則色然而驚泫然而悲豈知彼滔滔狂瀾未始非此細川滴水而釀成之也況兵也者固以治違法之民也欲先治人必先自治國以民而成民能自治則自治國出焉矣而兵治不能自治之民者也兵而不能自治則其國非自治之國明矣國而不能自治則必受治於他國其亦殆矣其關係顧不大哉況乎自治之道能容其任意辱人卽可容其任意殺人然則辱一旅舍折一七箸豈其微哉豈其微哉嗚呼後之縱兵殃民者聞崇文之風其亦廢然思返矣

文氣疏宕詞義精闢少年得此的是雋才

陸贄請罷瓊林大盈二庫論

錢德新

國家之興興於儉人君之敗敗於貪古之人賤貨而貴德遠利而尊讓豈無故哉大禹菲飲食成湯不殖貨利文王散財發粟三代之儉三代之所以興也玉杯象箸酒池肉

林桀紂之貪桀紂之所以敗也燕王之待賢士齊主之辭七寶漢帝之郤良馬晉君之焚雉裘實有鑒於三代之興與夫桀紂之敗也唐太宗知其然也服經三澣德宗知於始而闇於後也卽位之初郤生日之貢獻代租賦以絹匹及建中四年薄犒賞於涇原兵致有奉天之幸乃出居行宮猶欲以諸道之貢獻置瓊林大盈二庫金玉錦繡是寶衣服車馬是好廟堂七鬯已僾焉不可終日况乎民心離叛軍士恣怨苟無陸贄之請罷其不爲桀紂之敗亡者幾希矣吾由是嘆陸贄之精忠厚德明於大義可爲善諫之臣德宗亦善能納諫而悔過也唐之不亡於興元而亡於天祐者寧非贄之功乎夫天子之富富有四海必使率土之濱莫非王臣斯眞爲天子之富若專事聚歛以爲富此匹夫之富也辱萬乘以傚匹夫則財聚民散吾徒見其貧耳况當大亂未平乘輿未返天衢尙梗師旅方殷正君臣臥薪嘗膽之秋士卒瘡痍之日凍餒其民死傷其兵諸道之貢珍將散之不暇而又何私焉爲德宗者誠宜出賜有功賞給兵士洵乎散小儲而成大儲損小寶而固大寶也吾三復贄之狀有以知其用心之深矣始之以天子不畜私財而明其致富之理繼之以開元時二庫之弊而原其創始之由警之以大難之未平危之以軍情之離怨然後請其改過散財明之以已然危之以將然迫之以不得不

然雖德宗不欲罷二庫而亦有所不能矣是帝之納諫悔過卽命去其榜者實贄之善諫使然吾是以嘉其言而曰唐之不亡於興元而亡於天祐者贄之功也勸下詔赦罪也諫草詔求內人也阻代李楚琳也諍用兵淮西也能嘗使其君言聽而計從者舍陸宣公其誰能之知裴延齡之方蒙寵任而猶譏之劾之雖貶不怨者微公又誰能之以胡致堂先生論人之苛刻而猶稱之曰可爲人臣式嗚呼贄亦可以揚眉於地下矣

紆餘爲妍卓犖爲傑文境髣髴似之

以公共爲心者人必樂而從之以私奉爲心者人必咈而叛之論

淩鴻勛

國家者百姓之公器而非一人之所能私府庫者萬民之公財而非一人之所能有用民之公器必以公共爲心而不敢有一事之偏用民之公財亦必以公共爲心而不敢有一毫之濫明乎此可以語治國家矣陸宣公奏疏謂公共人必樂從私奉人必咈叛亦見國家府庫之爲公而非一人所能專利者也昔文王之囿方七十里不爲小矣然芻蕘者往焉雉兔者往焉則民猶以爲小何也公共則民樂從而尙欲其大矣齊宣之囿方四十里不爲大矣然殺其麋鹿者如殺人之罪則民猶以爲大何也私奉則民咈

叛而尙欲其小也燕昭王築黃金之臺而民未聞怨其爲侈何也禮賢修政爲國爲民一臺猶以爲未足也桀紂作瑤瓊之室而民卽怒其爲奢何也鹿臺聚財鉅橋積粟卽象箸玉杯猶以爲奢也人君不可以國家府庫爲私於此可見矣且人民之所以願戴國君者謂其能解我於危而置我於安則我之受其統治者卽我之自爲保衛也順民情從民欲奠國家如苞桑之固置百姓於衽席之安治之以公則民安得不樂而從之耶人民之所以輸賦於國家者謂其能導我之利源而開我之知識則我之樂助國家者正我之能自立於世間也開道路之未通闢利源之未盡振興庠序之教善處游食之民用之以公則民又安能不樂而從之耶苟不出於此以國家爲一人之物以府庫爲私有之財宴安極樂而不理國計民生極欲窮奢而不知開通民利以萬民之脂血而供一己之歡娛國之壓制愈力則民之怨望愈深用之以私則民必不甘心此所以必咈而叛也公共樂從私奉咈叛豈無因耶明君有鑒於此故貴爲天子不敢以天下爲私刑罰不敢獨斷而必採諸民情恩賞不敢妄施亦必採諸輿論富有天下不敢以府庫爲私飲食不敢過奢憫民生之辛苦衣服不敢過厚知民力之維艱堯之茅茨不剪樸桷不雕而憂洪水之橫流湯之自責宮室過侈用度過奢而憂雲霓之不見衞文

布衣帛冠而通商惠工大禹卑宮室而致力乎溝洫其庶幾足以語此矣自秦始皇厲行專制然後天子始以國家爲己物府庫爲己財故民之咈而叛之者愈衆唐自安史之亂藩鎭乘之乘輿播遷幾危宗社其始豈非由於元宗厚於私奉不以天下爲公所致耶及乎大亂初平而大盈瓊林二庫用以剝收郡邑貢賦者尚在非宣公之抗疏爭罷吾恐中原土地終非唐家之天下矣抑又聞之治國之公私固不繫乎其見於實事否也有公共之心足以致治而有餘民必樂而從之矣有私奉之心足以喪邦而有餘人必咈而叛之矣是則有國家者不特不可有私奉之事並須無私奉之心旣有公共之心而進求公共之事如此而國不治者幾希矣子曰財聚則民散財散則民聚又曰貨悖而入者亦悖而出天理循環理固然也若推公共之心則獨樂不如與人樂少樂不如與衆樂好貨與百姓同之好色與百姓同之孟子謂於王何有豈虛語哉

推波助瀾暢所欲言而又能運以深細之思出以穩愜之筆足徵伏案功深

第五琦請督租庸自漢水達洋州以輸於扶風劉晏因之輦東南以供西北而東南之民始病論

朱寶綬

地不愛寶人不愛力自養生之術不必藉工作以力求而人力始靳人力旣靳地利斯

塞昧者就已然之勢而觀之。鮮不謂地勢有肥瘠。人工有巧拙。不知瘠者可肥。拙者可巧。而況其未必果瘠且拙也。信是則竭東南以供西北。抑又何解西北之版圖戶口無一不與東南等。以一倍土地所出之數。卽甚充羨。抑不足供兩倍人民之銷耗。嗚呼。東南之民奈之何不與西北同敝哉。夷攷禹貢揚州之賦在雍冀之下。漢以前稱關中爲膏腴之地。後世中原多故。西北一隅每遭兵燹。然生聚教養不十年而依然沃土矣。自第五琦請督租庸自漢水達洋州以輸於扶風。乃舉西北東南數百兆生靈胥受靡窮之害。劉晏因之。推波助瀾而毒遂中於人心。當時兵釁方熾。財賦不齊。嗷嗷戰士。勢不能不仰給於江淮。故琦晏之說以救一時之急。未始非善策。獨奈何後世之遽中其毒也。推而言之。其爲害於東南者猶淺。而爲害於西北者實深。自東南與西北交受其困。而國勢愈以疲敝。其關係蓋尤巨也。江浙膏壤。素稱肥沃。然農佃於畝。女織於機。終歲孜孜。或以供西北之求而不足。東南之民勤手足親耒耜而出之。西北之民安坐而食之。東南之民卜晴雨勤力作以獲之。西北之民糞土焉視之。樂歲則自食其餘。凶年則轉於溝壑。此其爲厲於東南者也。至於西北不勞而得食則民惰。民惰而不事則俗壞。東南有災則與之同困。南北啓釁則漕運不通。推其害直將使西北之民世治則無事世亂則從賊豐歲則仰口以待哺凶年則作奸以度日較之東南其害彌烈明季有議濬西北水利者而其事終格不行蓋久已成習矣合是二害舉西北之民以待食於東南而東南之力困分東南之食以挹注於西北而西北之民廢民廢而力困國奚恃而不敝哉嗚呼星星之火可以燎原涓涓不絕將成江河一時權宜之計而竟貽後世莫大之患豈琦與晏所及料哉近世殖民之業罔不以闢地利盡人力爲左券然後歎梁王移粟移民之策沾沾焉自以爲仁術誠無當於惠民之政適足以致巨患而東南西北之說更千百年而不變是則更足悲也已

東南力困西北民廢言之憮然水利之說至今未見實行願持此議以質當塗諸君子

吳越王俶以其地歸宋論

薛桂輪

事有成於不得不然者未必其意之所固存心之所自願也而有利於郡國民生則行之如是者賢明然則吳越王俶當宋受天命兼并四海之際以累世稱王之地一旦舉以歸宋貢獻稱臣其民卒以喁喁歌樂境內不見積骸醲血之慘其身不攖覆宗亡國之禍視夫憑恃險阻抗宋而卒歸剗削消磨者雖號稱克知天命彼固非所願也出於

不得已也然爲之利國利民不誠賢且明矣哉曰是不然當俶入朝而太宗留之也懼及見陳洪進獻漳泉二州也益懼而其先率妻子朝太祖時也亦已懼懼者何懼身家性命之或將不保也宮室臺榭珠簾華棟之不可復居也飲食娛遊之樂之將盡失也彼其心初何嘗卹生民之塗炭百姓之毒害哉迫於求己之安樂免己之患難而爲之耳是故人所賢者賢其以地歸宋之迹而予所否者否其以地歸宋之心雖然以視僭亂卒歸陵夷荼毒延及無辜罔有孑遺者固足多矣俶蓋明於勢者哉

論俶之歸地褒貶俱非文不將俶說好亦不將俶說壞論斷抑揚曲中情事允推合作

宋曹彬克金陵不戮一人史稱爲良將第一論　周賢頌

橫刀躍馬叱咤喑啞入萬軍中馘上將首如探囊取物如拉枯摧朽殺人百千流血標杵此猛將也挾大蝥弧超百丈渠立馬吳峯呼吸雷動無城不頹無野不赤頑虜神搖強梁肌栗此勇將也之二者千古艷稱百代崇尊豪人俠士莫不奮拳攘臂願得之以自名雖然皆偏裨材也君子無取焉夫所謂王師者誅不義之徒解無辜之懸兵不妄加鏃不妄發故其出也如春風化雨秋毫無犯及其戰也如泰山華嶽撼之實難蓋千

人一心萬目一的所注而專者不義敵耳暇整以待敵人感泣而民之望之若大旱雲霓筐篚來迎故一動而天下懼一戰而天下服成湯文武莫不如斯降及後世人道淪亡一二野心之主逞其私圖嗾其鷹犬噬民自肥然而天下無百年之安禍亂相尋易朝如碁無他民心失耳有宋一代自建虜入寇中原淪陷大河以北坤宇腥羶所謂燕趙慷慨秦晉游俠莫不拜倒穹幕稽首胡庭名義掃地矣氣骨無存矣獨江淮男兒揭竿制梃洗數百年頹靡之習延十二紀南朝之命厥後輾轉閩粵厓山先烈南州遺老故國餘民數十年後猶有揮涕掩淚對斜陽芳草而傷神者抑何故耶讀曹彬之傳吾知南人心服之有由來也史稱彬奉太祖勿妄殺之命南討李煜及下金陵終不戮一人嗚呼太祖以聖武之資宜乎無微不及獨彬一介武士乃能要束三軍不殺無辜謂非千古良將可歟孟子曰殺一不辜而得天下者君子不爲也曹彬有焉兵法曰攻心爲上攻城次之心戰爲上兵戰爲下曹彬得焉以聖賢之心行良將之能曹彬誠非常人也否則如王全斌之攻蜀有威無德致平而再亂邊鎬之下楚有德無威致得而復失惟彬能威德兼濟故王師一出石頭失其堅南民懷服鐵甕無其固遺澤在人終收後日之果信乎人心不可失也天下治兵者可以知矣謂予不信則更以近世例之二

十世紀開幕。有大戰爭焉。日俄之役是也。俄國以百倍之地。十倍之衆。而敗於蕞爾之日本。無他。日人待降虜優耳。今日之歐西。有大戰爭焉。巴爾幹之役是也。土耳其爲陸軍第一之國。卒挫傷於彈丸之三數小國。先事殺希臘教徒故耳。厥後同盟內訌。盟主布加利亞。不能勝諸隸屬。則亦害希塞良民故也。嗚呼。天理人事。古今一轍。借彼殷鑒。爲我師法。我可敬可愛之中華民國軍隊乎。往事無論矣。害羣之馬。不可恕也。關西塞北。方且多事。揚大漢之天聲。宣黃胄之威靈。我神聖嚴潔之將校尉卒。其幸人人爲曹彬。而不爲俄土布國也可。

筆情恣肆。用意亦沈充。此魄力便成作家

宋太祖解諸將兵權論

周增奎

有宋一代之大患。莫如夷狄。余觀太祖解諸將兵權。而深嘆靖康之難。爲有由也。何則。內外貴乎均平。輕重期於適中。使內外足以相維。上下足以互守。蓋內重則倉卒有變。呼吸難通。外重則根本日搖。尾大不掉。太祖鑒於唐藩鎭之禍。而解諸將兵權。又鑑於己之得爲天子。由於諸將之擁戴。故釋諸將軍符。以節度使之虛名羈縻之。躬掌禁兵。以免變生肘腋。當是時。雖有姦賊。敢睥睨其間哉。不知天子之位。固由是而固。而其亡天下亦基於是矣秦皇銷鋒鏑而失國晉武弛武備而亡天下其意無他弱民而已矣其法無他內重外輕而已矣奈何以太祖之明見不及此其亦明於近憂而忽於遠患乎雖然此自古而已然吾何獨怪夫太祖也秦鑒周之封建內輕而外重故改設郡縣重內而輕外趙高得以擅權於內漢察秦之失故大封同姓諸侯王反秦之道而行之七國之變以起七國之難平遂大削諸侯王而王莽篡竊之禍作是故內外有畸輕畸重之弊者斷無不生災害者也雖然此禍之小焉者特關於一姓一家之存亡無與於一國一種之存亡也若太祖解諸將兵權而躬掌之內重而外輕莫此爲甚故不數年而遼侵夏叛雖以范韓之賢一籌不能展徽欽之被虜亦宜也所悲者中國卽一蹶不振遭數百年夷狄之禍陵夷至於南宋卒爲元滅而亡天下此非太祖解諸將兵權之賜而受誰之賜歟故太祖之解諸將兵權其弊害所及非徒其一家子孫受其害也全中國蒙其禍焉論者以太祖杯酒釋兵權嘆爲奇謀神計以余觀之直小智小術耳何足道哉

持論中的用筆亦穩

宋立四門學歲一校藝論

陳其鹿

將欲興學養才。化民成俗。教思无窮。保民无疆。柔懷遠人。匡之來之。選賢舉能。天下爲公。其必以學校乎。吾國周時。國有大學。國學。小學之等。鄉有黨庠。州序。里塾之分。詩曰。周王壽考。遐不作人。言文王於人才。作而致之。非賴自然生而有之也。故兎罝野人。可爲干城腹心。介冑武夫。能說詩書禮樂。濟濟多士。而文王以寧。國命延洪。後世不立學校。但設科舉。是徒因其生而有之。非有以作而致之。故人才鮮少。不周於用也。君子讀史。至宋立四門學。而嘆堯舜文武周公之憲章。蓋猶未絕也。書頌舜之德曰。賓於四門。四門穆穆。言舜治化之隆。振於遐表。四海歸心。內外嚮風。而四門無凶人也。夫百姓安康。閭閻樂業。居民不飢不寒。五十者可以食肉。此特小康耳。選賢舉能。天下爲公。納於百揆。百揆時序。賓於四門。四門穆穆。柔懷遠人。重譯來王。斯乃大同之極軌耳。宋立四門學。歲一校藝。其深得先王之遺意也。夫秦漢以還。四夷爲患。雖有長城。不可閉關。故應對之使。才不辱君命之行人。尤所亟焉。然養人才。猶蒔樹也。築室。可不月而就。蒔樹。非數年不陰。故四門學。及一歲而始一校藝也。其意善矣。良以人才不可以一日致也。予嘗嘆後世廢四門學之制。其所相尚者。義理。考據。掌故。詞章。金石。諸學。而問以異國之國土政教藝俗。則茫然無睹。瞪目撟舌。若罔聞知。猝以投之大地交通萬國之世。以當各國之新法新學新器安有不敗者哉孫子曰知彼知己百戰百勝其言是矣今歐美學堂有外交學國際法諸專校其與宋之四門學不相謀而相感者乎嗚呼世方多事彊鄰日偪吾觀於外交人才之銷歇外交學校之未設既不足以法古又不能以倣今坐令日蹙國百里而不問不聞者豈僅予之私痛也哉

切定四門發議詞氣大雅不羣

范文正公勸張橫渠先生讀中庸論

樊巽權

嗟乎人第知橫渠先生爲有宋一代理學之宗其亦知先生之爲學乎先生固精通易理者也然而易理神妙孔子之聖韋編且三絕也得其全者固可爲純儒一或不當不免流入於左道然則范文正公勸先生讀中庸其道蓋可知矣夫不偏之謂中不易之謂庸聖人之道非高深而不可及也合乎中庸而已矣以中庸之道治天下而天下固已治矣中庸之道何道乎正心誠意推而至於治國平天下之道也經之有九也達道之有五也其實不外乎治平之道也猶易之有乾坤屯蒙推而至於六十有四卦其爲爻也三百八十有四其實皆所以言陰陽消長之道也范文正公名臣也亦名儒也其爲學也務實踐而不入於空虛務中正而不流於奇異深懼學者之流入於偏而不忍

其終入於偏也慨然以中庸之道濟其偏使其道純而學粹達而在上上足以致君堯舜下足以加惠元元即窮而在下著爲書立爲說救斯世之偏爲名教之防然則文正公之勸橫渠先生讀中庸其有造於先生爲如何其有功於世道人心爲如何夫古帝王之治天下也曰允執厥中中庸之道也後世反之亂乃大作揚雄深於易者也著書頌莽身爲亂臣王安石深於易者也惟其拘守經義不讀中庸以濟其偏泥古而不通病國而害民太史公謂爲君臣父子者而不知春秋之義則失其君臣父子之道愚謂人秉天地之氣以生而不知中庸之道不得爲天地間之完人噫文正公之勸橫渠先生讀中庸豈勸先生一人而已耶凡爲聖賢之學求聖賢之道者當以文正公勸橫渠先生者而自勸也

持論明通摛詞英偉的是雋才

宋仁宗以陳執中爲相諫官力爭不從論

薛桂輪

嗚呼世之所謂賢者吾不知其爲賢不肖者吾不知其爲不肖矣衆人之論不如一人之言也萬民之心不如一人之意也天下之好惡爲不足信而臣下百官之是非非是非也謀及卿士謀及庶人卿士從庶人從是之謂大同箕子之洪範不必演矣爵人於

朝與士共之刑人於市與衆棄之王制之說其糟粕矣臣作朕股肱耳目今予其敷心腹腎腸尚書之訓可以删矣古昔聖王之大經大法俱迂闊不切事情矣或者其疑吾言乎彼宋仁宗毅然以陳執中爲相何爲者哉天下莫不以執中爲無才也仁宗以爲有才天下無如仁宗何也公論莫不以執中爲不足相也仁宗獨相之公論無如仁宗何也是豈非衆人之論不如一人之言萬民之心不如一人之意也哉又非以人主之所謂賢者乃誠賢而臣庶之所謂不肖者非誠不肖哉嗚呼後世權貴大奸統攬朝柄鬻權樹黨結社憑城恣行肆心誤國殃民下箝國民之口上蔽人主之目國勢危急我固安也民生困苦我固樂也見民權之將興也則盡力剷奪之觀民氣之將起也則殫心摧殘之若是者非不爲天下人人所詆議人人所非笑然彼踞要津而不動行素行而不畏者彼固有所恃矣何則天下人人所詆議不若一人之不詆議也天下人人所非笑不敵一人之不非笑也嗚呼自來亡國破家之禍其根莫不由此於此時也雖欲行洪範王制之所言尚書之所載古昔聖王之大經大法而不可得矣或曰此非下愚之君不至此嗚呼仁宗非所謂宋之賢君乎賢猶如是不賢而下愚者又當何如哉

倒戟而入所向披靡

宋仁宗以陳執中爲相諫官力爭不從論

包澄

嗚呼天下之患最不可爲者其惟大臣之不負責任乎。天下之禍中之至深不至亡社稷斬國祚不止者其惟大臣之優游尸位無所建白乎。天下之大臣禍甚於女色閹宦巨奸逆賊之竊權賣國者其惟阿諛委蛇終身無大是無大非作伴食宰相之大臣乎。嗚呼女色閹宦權奸逆賊其爲則禍國者所爲也其行則亂國者所行也雖亡國之君亦能知而遠之若阿諛之臣其言則聖人嘗言之其行則聖人嘗行之然聖人爲甲而言者今則言於乙矣聖人爲乙而行者今則行於丙矣非之無可非刺之無可刺其圓熟柔忍如環之無端。其持祿保位如稚子之見慈母。人曰此可言也彼曰此聖人所言也嘗於何言之人曰此可行也彼曰此聖人所行也嘗爲何行之若此者人主親之儕輩信之不期而移國祚於無形無聲冥冥之中雖奮發有爲之主有時亦顚倒於其術中無不悟嗚呼國家設諫官原爲人主一人之言行有時不足爲天下公衆之言行人主一人之是非有時不足爲天下公衆之是非於是選民之秀者而與之官以爲全國輿論之機而爲人主所與同天下民視民聽好好惡惡之具也名其官曰諫官官誠不可以不諫主亦不敢違民之好惡而不從是故一二諫官之言或數十諫官之言雖似爲天下少數人之私而既爲多數人之心之口之所付託卽可以爲天下之公如此而猶不從更何用此諫官爲嗚呼歷史之中有行其事者宋仁宗之不從臺諫罷陳執中爲相是也夫陳執中者非卽所謂大臣之不負責任圓熟柔忍持祿保位阿諛爲敬委蛇爲虛終身無大過亦無大功非無可非刺無可刺作伴食宰相之大臣乎在仁宗之心以爲國事承平之日固可安居休養數十年未必爲天下患孰知天下事不進則退未有守成而能守者而阿諛不負責任之臣其禍更烈於女色閹宦權奸逆賊不至亡社稷斬國祚不止也嗚呼百世之後阿諛不負責任之臣有百倍於陳執中者輿論範圍之大而親出於吾民之口者更千百倍於專制時之所謂諫官者時勢之迫外禍之亟更千萬倍於所謂國事承平之日者顧人主視之仍淡然漠然反加以束縛者何哉嗚呼吾不忍言矣

滿腔熱血正如潮湧遇此等題傾筐倒囷而出之我愛其心之忠而尤佩其言之直

王荊公與遼人議界事論

吳光漢

天下事不愼於先而思苟安之策未有不敗者也宋眞宗不用寇準計受盟於契丹輸幣議和希一時之安由此啟縱寇生致契丹復有遣使議界之舉而荊公猶不知鑒前

代之失乃特欲取姑與之議棄新界地七百里嗚乎茫茫禹域開闢維艱後之人力旣不足以進取亦當思所以保之而顧甘心忍棄委之異族漠然不動於心以神宗一時之奮發有爲竟爲其言所惑至是啓金夏之野心而徽欽二帝蒙塵亦伏機於此且足以開後世之外交退讓皆以此言爲藉口荆公之議抑何不愼若此耶吾意荆公斯時議行新法以爲邊境外患無足憂不如暫從遼請待吾內政修備再圖恢復則所失諸地猶置外府焉抑知敵心無厭見我許和益肆然無所畏忌且使他敵效尤更甚而至於不可收拾中原腥羶千古同慨雖然宋事已矣前轍之覆足爲後車之鑒今者英據吾片馬俄逼吾伊犂敵燄方張楚歌四起以視宋之邊界受患殆有過之一舉失策列強皆來吾望吾政府愼勿效荆公之往事也可

通體明暢中間亦有吃緊語

文信國請分域中爲四鎭以禦蒙古論

胡奐錄

有恢復之志氣而無恢復之設施雖秣馬厲兵日講戰鬭恢復之心愈厲而敗弱之象日形寖削寖微而國亦坐是以至滅亡而不可救從古以此失天下者不可勝數而宋之受禍爲尤烈也想宋自南渡以來金人雖滅蒙古復熾延綿於恭帝之世中原土地

糜爛不堪當此之時所謂主戰鬬而言恢復者要不乏人然而無補於用而適以見弱何哉有恢復之志氣而無恢復之設施故耳何以知其然也蓋嘗以當日大勢論之蒙人雖高步海內蠶食諸州然所以得之者盡西北散關以外淮水以北之地在昔金人所据之疆而已至於江西湖南江東淮東四路未遑經略者所謂長江天塹未易跨越故也且四路者東南之屏蔽六朝之所以保有江左者以強兵巨鎮盡置四路之間故以魏武之雄苻堅石勒之衆宇文拓拔之強一飲江水即倒戈回師賴以此也今宋室雖危而長江之險如故誠用信國之策以廣西之兵益湖南廣東之兵益江西福建之兵益江東淮西之兵益淮東掃八路之兵分爲四鎮各建閫於雄勝之區節制軍聲以爲藩籬之固上下連接首尾掉應蒙古雖強豈敢輕犯哉又況分域中爲四鎮本三代封建之良法唐室藩鎮之遺意也蓋藩鎮有連師禦寇之職有各固土宇之責勢均力敵可喪蒙人之膽地險兵強可褫蒙人之魄縱蒙人強暴敢於一逞而興師伐此則彼鎮可以乘蒙人之虛以襲其後動衆攻彼則此鎮可以乘蒙人之勢以復其疆如此前羈後絡左牽右繫縱有投鞭斷流之衆蒙人又將奈宋何且宋自秦檜主和議而後其間權臣禦寇之策靡不祖賊檜之法以和爲形以戰爲應也是以蒙人入寇鋒刃未交

而貢使已至蘇明允六國論所謂秦人貢獻之所得與戰勝之所得者其實不啻百倍竊於宋元之際亦以爲然也今四鎭一置各有出師禦敵之權失土割地之責矣其恢復舊物之志而當不至爲權奸專主和議以誤國事也尤不止此也自太祖以文臣知州事以來凡所以領州事縣事者皆文墨士吏而不知軍旅兵法又何怪蒙人掃境相角到一州則一州破至一縣則一縣殘哉使當日從信國之策建藩鎭於四路內必修整器械不至動作掣肘之虞外必振明軍威不至敵人欺侮之患有一以當百之風無文臣坐觀之慠蒙人縱橫諒不敢越雷池一步矣又何能乘其迎刃之機破竹之勢如行無人之境哉以此推之四鎭之設誠當日之急務也苟從而行之則少康興夏之功可期田單復齊之績可續何至偷安江左坐視滅亡哉奈何徒有嘉謀棄而不用日削月割兵窮地盡而宋亦坐是以澌滅也可不哀歟

議論崢嶸是學蘇文之有得者

高麗謂契丹猶足爲中國捍邊女眞不可交宜早爲之備論

楊貽誠

用兵之道有勢有機機者因敵而異者也勢者因時而異者也得機則勝失機則敗得

機而乘勢則勝得機而失勢則雖勝亦敗虞公合晉以滅虢虢亡而虞隨之虞有滅虢之機而無抗晉之勢也趙襄子合韓魏以分智氏智氏亡而趙自若也蓋智伯之暴足以招韓魏之兵而韓魏之勢猶未足以禍趙也是故講外交不可不論內政論制人不可不言兵力理固然矣宋人約金以攻遼遼滅而宋亦幾亡夫豈金之誠不可交而遼之誠不可攻哉有制勝之策而無制勝之具固非所以論用兵也夫燕雲諸州北門之管也石晉以十六州賂契丹而契丹卒挾十六州之險以制石晉之命宋初之兵力盛矣以太祖之雄足以滅諸國而不足以制契丹無他燕雲之勢居高負險乘勢而窺中原猶如高屋建瓴水也然則宋安可一日而忘遼宋又安可一日而不圖遼且夫遠交近攻秦之所以併六國也女眞契丹皆足以患宋而女眞居關外浮海而不得達固不如契丹之能朝發而夕至也是故契丹而強其爲禍更烈於女眞歲輸金繒數十萬宋豈樂爲哉契丹之勢固足以懾宋而有餘也今者契丹弱矣不乘其弱而攻之蔓難圖也然而宋攻契丹宋卒敗於攻契丹者則又何也有國勢而後有邦交宋之勢不足以敵女眞則女眞之聯宋非僅爲契丹計矣屈遼以利金非宋人福也使當此之時固其疆圉厚其兵力奪燕雲諸州以待金兵之至金其如宋何嗚呼論玉帛不講干戈有聯

人之策而無制人之道宋之敗於女眞始終以議和誤之也非契丹之誠不可滅也然則高麗謂女眞不可交何也曰高麗居女眞之東契丹扼女眞之西契丹強則女眞弱而高麗安契丹滅則高麗當女眞之衝而女眞之勢未必不足以禍高麗是故高麗之爲是言未必爲中國計也不然女眞固不可交矣而契丹世讎也而謂足以捍邊哉嗚呼蜀人合吳以圖魏而魏卒以併吳蜀況女眞之勢不啻曹魏而宋遼兵力弱於吳蜀即契丹不亡宋其能免於禍乎嗟乎奸邪用事國是不修元氣已傷一蹶難振約金滅遼宋之禍也即約遼圖金亦豈宋之福乎六國之敗於函谷其已事矣吾故曰宋之敗不滅於約金而滅遼有滅遼之機而無抗金之勢無勢復安能用兵哉

氣勁以抗詞縝以密取材必古隸事必精至其剴切敷陳言皆有物尤非能手不辦

明四鎮交鬨論

譚鐵肩

論者謂明之亡亡於三桂之請兵吾謂明之亡亡於四鎮之交鬨何者胡虜入關闖賊西竄燕薊雖淪南朝已建使有刺背血書之忠臣中流擊楫之義士同仇奮袂荷戈長驅焉知不直抵黃龍而痛飲盡滅匈奴而朝食哉迺蕭牆起釁私憤是逞彼以淮揚之綺麗而豔羨此以資望之崇高而相傾跋扈之氣既揚督師之命無效淮上戰雲黯然

悽慘秣陵王氣倏焉消泯史公雖痛哭垂導三鎭暫焉解戈至坦然忘懷奈高氏之驕何哉黃得功素以忠勇聞於江右頗有君國之念若能繕守滁廬進兵河西則三晉可復足以拊燕薊之背劉澤淸講武淮海牧馬齊魯可以扼燕薊之衝高氏撫馴而用命奮師北上夾淮並進足以握燕京之喉劉良佐由鳳壽而西出入潼關以復秦隴可爲黃之後盾四鎭用命史公制臨冏大足以有爲且以左氏擁兵武漢障禦長江雖謂偏安比宋晉之地而甚廣縱未遽恢復中原亦固守江淮而有餘矣嗟夫四鎭智不及此惟私是逞未聞與胡兵交一刀接一矢而高氏亡沒二劉亦降黃氏雖血濺於蕪城祇博奮勇之名耳自此史公困處揚城窮途痛哭偏安之局有若冰山者矣況南中士夫水火難融馬阮比奸黨禍熾焰君臣醉沈於燕子詞箋若忘國家之將傾志士雖悲歌於草野是亦屈子之離憂及胡馬笳鳴南風遂不競矣若夫閩漳擁立黃鄭不和廣肇分王交兵尤烈朱氏子裔遂以斯爲終古嗚呼明之亡非淸亡之自亡之也後人不鑑復蹈晚明之故轍不知碧眼胡兒眈眈環伺彼意氣黨私以自快者不亦大可哀耶

隸事選言有魏晉之風韵

美國開通巴拿馬運河在舊金山舉行太平洋萬國賽會論

鮑啓元

地球立而後人類成。人類衍而後種族分。種族分而後競爭起。競爭烈而後文明興。二十世紀爲文明荼錦之時。亦競爭劇烈之秋也。競爭則日進於文明。不競爭則日趨於退化。優者勝。劣者敗。勝則強。敗則亡。天演公例。固如是爾。美人竭全國力而開通巴拿馬運河者。欲便利交通。與東半球諸國爭大陸商權。而促進文明於極軌爾。運河告成。而有舊金山太平洋萬國賽會之舉。以爲記念。是舉也。謂爲起萬國競爭之觀念也可。謂爲促萬國文明之先兆。亦無不可。美國雄踞西球。左大西洋。右太平洋。以云乎海權。固世界巨擘也。然山川隔閡。交通障蔽。以之與東半球交際。亦殊多不便。巴拿馬河者。哥侖比亞水道著名者也。地當中美海腰最窄之處。東西相距僅百餘里。鑿通之後。則東西洋連爲一水。航海者可二閱月環行地球一週。其利益之廣。不更甚於蘇彝士河乎。他日美國商權發達。兵權發達。固可翹足而待矣。雖然巴拿馬河開通。爲世界放一大光明。將來形勢異殊。不待地理家而知之。則巴拿馬河之開通。不亦世界上一大記念乎。舊金山賽會之舉。記念會也。競爭會也。亦卽謀文明發達之會也。夫閉關自守。無所爭奪。政治簡陋。不自知也。羣雄並列。而後互相角逐。勝敗者。角逐之結果也。優者勝。

則劣者必不甘自處於敗。臥薪嘗膽。舍舊謀新。擇其善者而從之。其不善者而改之。竭盡智能。堅忍求勝。政治競爭文學競爭製造競爭軍學競爭相角相奮相勝相師。舊者除。新者乘。巧者起。拙者蹶。二十世紀以後之文明其有賴於是會乎。豈不懿歟。

思筆明暢持論亦見切合

美國開通巴拿馬運河在舊金山舉行太平洋萬國賽會論

俞心存

吾嘗謂古來成大功。立大業。非可期之朝暮間也。必也具堅忍不拔之心百折不回之志。且又寬之以歲月。饒之以金帛。然後業可立。功可成也。昔法人雷塞布斯之開鑿蘇伊士運河也。人人難之。以爲此莫大之工築。安能達其目的。而雷塞布斯竟不顧人言。勇往直前。不數十年。運河告竣。至今猶崇其人。獨怪其以開河之老手鑿巴拿馬運河。識者必以爲尅日成功。庸詎知興工二十餘年。而卒無效。以致中輟。良才見絀。他人目之爲畏途矣。獨美人於雷塞布斯中輟之後。卽購取其土地權。以傾國之力經營之。迄今十餘年。竟赴其目的而後已。向使美人無堅忍不拔百折不回之心。又不寬以歲月。饒以金帛。曷克臻此。此河一通。太平洋大西洋之水合爲一流。以商務言之。東西兩大陸航路較近。則往來之運費必減。運費減則貨物必廉。雖歐貨充斥於東方。終必爲美貨所奪矣。以軍務言之。兩洋兵艦可聯一氣。美可雄霸太平洋大西洋之海岸權。而償其平日之大欲。彼大興土木爲人之所不敢爲。費數百兆之金錢。歛數十萬人之工築者。將以奪蘇伊士運河交通權。而歸於合衆國之掌握者也。今也大功告竣。在舊金山將舉行萬國賽會矣。夫舊金山在太平洋之濱。雖爲美之巨埠。而商務則不盛。蓋美之商務最盛者。莫如紐約。而紐約在大西洋之濱。與舊金山東西相隔數萬里。今設賽會於其地者。實欲整頓太平洋濱之商務也。蓋歐人挾其商品航大西洋而西。經巴拿馬運河北至舊金山。而美人以萬國之商品。較其本國之商品。去其所短。取人之長。則西方之商務。由是而必盛。美人所以設賽會於舊金山而不設他處也。嗚呼。自蘇伊士運河成後。而亞歐之交通便。故歐人之爲商於我國者。實繁有徒。而美人猶居少數焉。今巴拿馬運河開通後。而亞美之交通便。美人必挾其商品。西渡太平洋。以輸入我國。將來必與歐人等。由此觀之。全世界商務之中心點。其在我國乎。凡我爲商者。乘美人將來未來之時。亟宜整頓其一切。聯絡歐美之商情。豈非亦一美事耶。商人乎。商人乎。振興商務。此其時乎。

形勢熟悉筆尤敷暢

論人羣進化之由

康時敏

世之論人羣進化者莫不曰優勝劣敗也曰物競天擇也是固人羣進化之由矣然嘗求其理考其原證諸實而後知所謂優勝劣敗物競天擇者是普通之表解而非分析剖解之言也歐美之人羣進化而我亞之人羣獨不進化何也歸之於優勝劣敗物競天擇是豈探本溯原之至論哉今夫人羣何由而進化哉亦由於政治之進化宗教之進化物質之進化文學之進化種族之進化耳由政治宗教物質文學種族之進化而人羣以進化矣是故欲論人羣之進化而不可不先論政治宗教物質文學種族之進化也嗚呼余嘗讀歐亞之往史而知歐洲政治宗教物質文學種族之進化而至於人羣進化中國政治宗教物質文學種族之不進化而至於人羣不進化者所由來矣嗚呼吾中國之歷史一部革命之歷史也朝姓代更兵革相仍蓋自一朝之衰也於是草莽野夫崛起以代之民以安兵以息然及此朝之衰也而兵戈又起是故數百年必有革命起然試問於政治有一線之進化乎無有也蓋人民有除暴之心而無所以防暴之心此政治不進化之大原因也歐洲人民之對待其君也則不然其見君之暴也則

羣起而攻之。及君而至於無力之地位。於是設爲種種之要求。以限制君權。而保障人權。如大憲章之於英王約翰。權利法典之於郤立司第一。無不如是也。及至憲章立法典。成而君猶蔑視之。於是人民始起除之。如克林威爾之戮郤立司第一。是也。他如法國之革命。荷蘭之獨立。無不如是也。是歐洲人民。秉有除暴防暴之心。此其政治之卒至於進化者也。是故政治之進化。在不獨有革命之心。而更當有革新之心。吾國之宗教。儒釋道三教爲最有勢力耳。然此三教者。自其倡立以至於今也。無甚改革之處。豈此三教者立於絕對不偶之地位。而毫無可以致進者乎。則吾不信也。儒教之於今日也。亦有改新之地步。釋道無論矣。然吾未聞有所改革也。蓋人民信守名教之心甚。而稍有改革。卽以爲侮聖。陽明之受攻。其以此哉。於是宗教之眞理。不出而無由進化。坐使耶教之勢力日漲。而我國教反以日衰。良可哀也。此人民有因循心。而無改革心。此中國宗教之所以不進化也。歐洲人民之於宗教則不然。當十六世紀時代。歐之天主教腐敗甚矣。羅德起而景教以興。舉往日之缺點。一一改革之。方其起也。固受太半之攻擊。然而藉其毅力。卒以竟其志。雖釀起百年之宗教戰爭。而不辭。此足見歐洲人民改革宗教之毅力矣。蓋非此不足以得宗教之眞理。非此不能求宗教之進化也。苟能使宗教而進化也則雖蹈湯投火鐵血頭顱亦何所辭哉耶教勢力之所以得有今日改革之效也是故宗教之進化在除篤守之心而貴有改革之心今夫歐美何由而成莊嚴燦爛之世界哉豈非其物質文明之所由致乎然此物質文明何獨發之於歐洲而不產之於吾國哉蓋吾國之人民有知足心而無進取心是故有舟車而不思求有輪船火車矣有輪船火車而不思求有飛艇電車矣有知能而無思能是故一物之在前也但知其名而已或奇其精巧而已而不思求其製造之法結構之理有見能而無察能是故其處於宇宙之間也但知蒼蒼之大萬物之衆而不察萬物之理宇宙之象凡此種種皆吾國物質之所由不進化者也歐洲之人民則不然有進取心而無知足心有舟車矣而以爲不便也於是有輪舟汽車之發明有輪舟汽車而以爲不便也於是有飛艇電車之發明此其無厭之求所以物質進化也有知能而更具思能是故滑脫卒爲汽機之祖其他之發明家不勝枚舉蓋歐人之於事物也必探求其理此其深思之能所以物質進化也有見能而並具察能是故牛端見果落地而悟地心吸力富蘭克令放紙鳶而知雷電之同物蓋歐人之於宇宙萬物也必察其象而溯其理此其觀察之能所以物質進化也由此觀之物質之進化在有進取心有思能與有察能也

夫文教之進化在羣說之蔚起耳然而我國人民之習於一說也則泥之而牢不可破其對於他說則思所以敗之於是養成一種泥古之心而無倡特說之心此學理之所以不進化也轉而觀之歐洲則古有文學之中興及至近世則達爾文之進化說赫胥連之天演論相繼而起此其學理之所以日致於進而文學之所由進化也是故文學之進化在去泥古心而貴在倡特見之說吾國之種族固不可謂非不進化也然吾國之種族弱而歐洲之種族強何也此又不可不探其本矣白種人民如諾盟族條頓族無不善去其短而效人之長諾盟人種其初刼掠之海盜耳及其戰勝法國也於是吸取法人精銳活潑之氣而仍存其勇武之本色條頓人種之所以爲今日之強族者亦無不如是此歐洲種族之所以日致於進化也吾漢族之所以不如條頓諸族之強者則自大心之遺習所致耳其稱己也曰華族其稱人也曰蠻族存自大之心於是侮視他種族之心起有侮視之心而以他種種族爲不足效法此我國種族不甚進化之一大原因也是故種族之進化在於善守善變也綜以上而觀之而知政治宗教物質文學種族進化之所由來矣知政治宗教物質文學種族進化之由來而知人羣進化之由來矣雖然上所歷說惟言政治宗教物質文學種族進化之所由來耳然人民何以

而有革新之心而使政治進化何以而有改革之心而使宗教進化何以而有進取心有思能察能而使物質進化何以而能倡特見之說而使學說進化何以能善守善變而使種族進化此亦一問題之當研究者也則吾敢一言以蔽之曰自由而已歐洲之民樂自由之民也以暴君專制之不利於人民之自由也於是有革新政治之心以舊教腐敗之有害於人民之自由也於是有改革宗教之心以太古器具之不便於自由之樂也於是有深思力察而有進取發明之心有言論之自由而學說羣起矣有意念之自由而能善變善守矣是故大倡自由之說而政治進化矣宗教進化矣物質進化矣文學進化矣種族進化矣是故我敢倡言之曰人羣進化之由自由而已矣

將人羣進化之由逐層分疏洋洋灑灑暢所欲言

論人羣進化之由

唐曜

物競天擇適者生存此非天演之公理乎而人羣之進化實亦由乎斯道焉謂余不信請得而論之夫上古之俗噩噩渾渾榛榛狉狉固人自為衣人自爲食而無有乎羣聚者也亦卽無需乎進化者也然而卒至於進化者則摯禽猛獸爲之患而人不得不與之爭生存也夫以個人之能力與摯禽猛獸爭既不能勝之以爪牙又不能制之以捷

足其不爲禽獸食者幾希於是乃不得不捐人自爲謀之計而圖羣聚共殲之功是故人與禽獸爭而人羣立人羣之立所以爭生存而求天擇也非即所謂進化之初級乎迨人與人爭而是非之斷不可闕乃不得不推一人以爲之長總攬一羣之事權而君道生矣是爲進化之第二級迨羣與羣爭而高等之裁判更不可闕乃更不得不推一人以爲酋長之長總攬各羣之事權而帝道生矣是爲進化之第三級迨國與國爭而平和易破乃不得不倡勢力平衡之說各固其國力而各謀其不可勝於是而民政也軍政也財政也外交也無不力求完美共底文明是爲進化之第四級迨暴君肆虐民貴旨消於是不得不申民權自由之主義變專制而立憲而共和是爲進化之第五級然而人羣之進化猶未已也人羣之進化固將何底歟曰胥環瀛而大同其庶幾乎然而大同非競爭不爲功蓋愈競爭則愈進化愈進化則愈大同不競爭則不進化不進化則優勝劣敗之勢存而難以語大同矣是故競爭於製造而后工業可大同競爭於科學而后學問可大同競爭於政事文明而后種族邦家無往而不可以大同嗚呼競爭非進化大同之原由乎非然者一高一下一粗一精一淺一深一強一弱其進化之相去直不可以道里計吾恐視爲奴隸之不暇遑論大同耶是故欲求人羣之生存與

大同當先求人羣進化之平等求人羣進化之平等當先知人羣進化之原理原理者何即天演公理之物競天擇適者生存是也吾苟盡吾物競之心之力任彼蒼之擇之存如是而不克生存不底大同者吾勿敢知也

詞義井然入後尤勝

論人羣進化之由

傅煥光

上下古今縱橫大宇無物不變無時不競由淺而深由簡而繁由粗而精由道德而進於物質遞嬗遞遷棄故即新馴至今日經濟競爭之局何爲乎來哉徼物競劣者不汰徼天擇優者不存競爭者爭存也進化者競爭之果實也人物也物亦物也物與物無所高下於其間惟人之靈勝物物乃爲人所制五穀可食也棉麻可衣也六畜可馴也猛獸可誅也然物未嘗不處於優勝之地位雷擊火焚水沒之三者人之大敵也及夫戰勝之後以之駛舟以之運車以之傳信無所施而不可人與物競而人能利用物力此人羣進化之一大原因也避勞趨逸人之情也慾壑難塡亦人之情也人情趨於斯二者人與人相爭競矣優者勝劣者敗優者生存劣者淘汰優者與優者相爭較劣者敗後起者又起而勝之思想發達言論自由前者仆後者起競爭不已進化不已使政

治無競爭則君主之後無復有立憲共和軍事無競爭則帆舟之後無復有鐵艦飛艇科學無競爭則汽力之後無復有電力重力而不然者何也物窮則變不變則不足爭存此人與人相競而人羣進化之一大原因也天地之間人爲主一身之內思想爲主言論者思想之樞紐也方其有得於心如泉之始達發爲言論則浩浩瀚瀚深入於人人之心然思想與言論爲同體而思想言論之與事實常鑿枘不相容也思想是言論是而大悖於事實者往往然也共和民主之政創於希臘羅馬而實行之者輓近百年耳非其制之不善勢不可行也烏托邦無政府之說闡揚於五百年前今世之人猶痛詆而力斥之豈其說之不可行哉時未至也來世之民人人自治何用藉外力以治我哉今有人述電機之微與飛艇之構造在數百年之前人必以爲妄誕不可信而今之民安之若素烏托邦無政府之於今日猶譚電機飛艇於數百年之前也曷足怪哉有思想然後有言論有言論然後有事實故思想自由尤爲人羣進化之母也余執物競天擇之義驗夫歐美近世之進化益信斯說之不謬而余怵然戒懼於我族之競中古以還長夜漫漫共和告成人心未改非急起直追舍舊圖新以競爭爲爭存之地以道德爲維持進化之機則將處於淘汰之列悲夫

元氣渾淪雅與題稱

雅典梭倫以詩歌激發國人遂勝曼提尼亞論

江樹森

誦黍離而懷亡國之痛讀南陔而生孝親之情甚哉詩歌之足以移人性情變人志氣也有尊敬莊嚴之詩歌而民起道德之感念有纏綿悱惻之詩歌而民動友愛之性情至欲鞏固國基捍禦外侮使人人有愛國保種之心同仇敵愾之概則尤不可不藉詩歌以感動之激發之喚起而提醒之耳烏呼此所以雅典與曼提尼亞戰梭倫以詩歌激發國人也奮民志於無形之中策羣力於俄頃之際卒能戰勝曼提尼亞雪雅典前敗之恥而所爭之島亦不致落於他人之手嗚虖偉矣詩歌之足以感發人心裨益於國竟若是之深且鉅也後世國歌之作非卽濫觴於此耶然則梭倫者其爲今日歐美詩歌家之導師歟嗟乎人非木石孰能無情苟有痛快淋漓慷慨悲壯之詩歌以作其忠勇之思想愛國之熱忱則安有不拔劍而興投袂以起乎彼梭倫者知其微矣不然何一誦其平日所作之詩歌而雅典人民皆卽願與曼提尼亞戰歟今日我中國外則強鄰環伺內則民心渙散較之雅典之敗於曼提尼亞時其勢尤爲危迫又安得有梭倫其人者以詩歌而激發民心使其有同仇敵愾之氣安內攘外之志乎

清空一氣了無滯機

論中古意大利共和市

楊耀麟

國之富強在乎商業商之發達在乎海權英吉利之興也在乎大西洋美利堅之興也在乎太平洋而意大利之興也在乎地中海天豈爲之數國之富強抑豈爲之數國之商業而特設此地中海大西洋太平洋哉亦惟之數國者不失時不失勢製造之巧貿易之才航駛之力均能無負此天假之地位故能爲世界商業之中心則甚矣競爭之不可緩而機會之不可失也意大利共和市商業之興也蓋在十一世紀方斯時也歐洲之文化未盛東亞之草昧初開而意大利地濱海峽人習航海之術故能東至印度南至埃及取其財寶西北以售於歐洲輔之以工業益之以銀行駸駸乎遂爲中古世商業之冠矣且意大利之商業共和之商業也一時如佛連色腓尼斯眞歐阿諸市皆具有獨立之性質不受領土之約束故能互相角逐各出其全力以臻於極點也然及其衰也城市之權既無統屬競爭之劇盛於域中相欺相併以至於敗有識者統觀於此曰商業之興在乎海權在乎工藝在乎銀行在乎自由在乎無嫉妬

文筆秀潔

西國自活版興而人羣之進化以速論

鄒恩潤

昔人謂霍光不學無術卒以致禍夫不學無術豈僅一人之禍福而已哉蓋一人不學則一人受無術之害也一家不學則一家受無術之害也一鄉不學則一鄉受無術之害也推之一國不學則一國受無術之害也人羣異於禽獸者學而已文明異於野蠻者學而已強國異於弱國者學而已夫學也者非伏案咿唔無補於世之謂也有法律之學焉有工商之學焉有農桑之學焉有軍事之學焉人羣有學則文化進而國勢興人羣多數有學則文化速進而國勢愈興然好逸而惡勞人之情也而往往有學者彌寡若不欲進化之速也者何哉學安自出出自書書安自成成自版有學者衆則書亦多書多則版亦多版之刻也難則緩版之刻也緩則書之成也遲書之成也遲則書之出也寡書之出也寡而學者乃不得不寡學者寡而人羣之進化滯矣且夫天下之物愈難則資愈厚愈易則資愈薄版之難刻也如是則書資之厚也可知於是書雖多而資非中人所能任雖攘臂抵掌矢志奮心以求學者亦惟有望洋而歎耳而人羣進化之機乃滯於無形矣於是乎知活版之興育與俄吞堡之惠我後人也厚矣哉說者謂西國自活版興人羣文化之進步雖速然而異說朋興卮言日出亦此活版之易所致

也。嗚呼。豈其是歟。夫活版興。則版之成也易而速。而書之成也亦易而速。書多而資薄。於是學者衆。學者衆而所學者精。於是法律之書備。而法治國賴焉。工商農之書備。而人羣富焉。軍事之書備。而競爭優勝焉。若是而文化之進也。雖欲不速得乎。

筆意清超。能見其大。起處尤爲得手

華盛頓退位後隱居別墅野服蕭閒與樵漁爲伍論　吳洪興

嘗讀史。見許由之不受堯禪。伯夷叔齊之互讓其國。未嘗不竊歎其敝屣天下之甚也。及觀華氏功成身退。隱居別墅。野服蕭閒。與樵漁爲伍。然後知彼聖人之志。固在利天下。而無所取也。故自思不能利天下者。寧讓賢者任之。賢者任後。還之衆人。大公無私。廓然無我。何有於位。何有於天下。夫至視天下於我無物。宜其視冕旒爲王者之與樵漁無異也。雖然。華氏豈徒敝屣天下而已哉。華氏之志。固在於隱。特以目覩專制。慨然思利天下。於是出任其事。及夫事已成矣。志已遂矣。尙何有於天下爲哉。抑又有進者。成天下之大事者。取信於天下者也。能取信於天下者。必能致信天下者也。是故伊尹放君。後世不以爲非。武侯總政。當時不以爲專。蓋二子之德誠有足以致信天下者在焉。孟子曰。伊尹耕於有莘之野。非其道也。非其義也。雖祿之天下。弗顧也。武侯躬耕南陽無意於世徒以先帝三顧之知許爲馳驅一則天下不足以動其心一則天下不足以當其意此二子之所以能取信天下而成大事也不然一爲驚世駭俗之舉其能免夫衆人之疑耶華氏之功誠足光耀後世華氏之隱誠足媲美先聖而華氏之尤足令人可敬者受任之初先有超然之志爲人所信仰夫惟先有超然之志故其視天下於我無與夫惟先有超然之志爲人所信仰故成功亦易而退位乃安由是觀之華氏之功不足奇也彼固自以爲盡其責以利天下也華氏之隱不足異也彼固自以爲如初願以償也而華氏之所以能成功者亦惟受任之初先有此超然不與之心也嗚呼范蠡用計之日早有泛舟五湖之心張良畫策之時先存從遊赤松之志古之能成大事者未有不先棄天下而後能成者也嗚呼華盛頓特其尤大者耳

中間能曲曲寫出偉人心事俯仰夷猶弦外有聲

俄主大彼得嘗著布衣與廠工船主爲伍論

張孝友

自古英雄衆矣國亡兵敗忍辱事讎臥薪嘗膽以圖恢復如越王句踐者不多覯也求之吾國歷史所不多得者推之外域如法之拿破侖亦足稱焉君子曰以此二人與俄主大彼得較彼得蓋多賢矣彼得蓋嘗自謂一世之雄視馭天下若眇然不足爲者也

彼得以前無政治無文化俄部而已不足稱國彼得以其半化之民窳敗之器欲霸西亞陵東歐出波羅的海以與世界抗爭雄心勃勃不可控制卒與瑞戰廣漠之野兩雄遇焉遂以大敗雖無屋社火廟之慘而西出之咽喉已梗睢盱者已聞風而膽落矣當是時敵以水師勝而俄之船不堅也敵以火器勝而俄之砲不利也駕駛之術不如人雖堅船無用也測量之術不如人雖利砲無用也費多數之財以置少數之船與砲而船與砲未見其堅且利也就見其堅且利而用之不敷計非善也財流於外民窮於內削骨伐肌庸能久乎彼得於是抑其席卷囊括之心深思而熟籌之患無可任之人也且卽有可任之人而任人不如任己也何也人之受恨不如己之深人之復仇不如己之切也於是易其帝王之服而服布衣降其帝王之尊而爲工隸變其名下其氣學砲於克虜伯克虜伯者天下著名砲廠也又於荷學造船駕駛之術與廠工船主爲伍卒傳其術以復國仇雖壯志未酬不無飲恨然威震寰宇至於今不衰忍辱復仇句踐不足多也眎拿破侖一手一足之烈彼固瞠乎後矣及今泛舟波羅的克海之濱遙望其所謂聖彼得羅堡者猶凜凜有生氣婦人孺子皆津津焉樂爲之稱道且各相約刻苦耐勞以彼得爲法觀夫西比利亞之鐵路橫絕朔漠亦猶是彼得雄長世界之心也嗚

呼彼得往矣夫孰知其燦爛莊嚴之銅像出自苦工磨鍊中哉

切實發揮語語精碻較之堆砌成文者有上下牀之別

俄主大彼得嘗著布衣與廠工船主爲伍論

翟聰

歐洲當十七十八世紀之時代一海權競爭之時代也海權之勝莫勝於英而莫弱於俄俄人欲出而窺西方當以擴充波羅的海勢力爲第一要義波羅的海位於俄之西北境西與瑞典那威相接壤俄人所恃以爲西方之咽喉者也苟一旦失其海權俄人幾不可西越一步若夫海權擴張西北可圖那瑞西南可扼法英牽一髮而全身動搖吾知歐洲勢力不入於俄莫與入也此大彼得所以有至荷求學之舉也歟水師之學以荷蘭爲最巧造船一藝亦以荷蘭爲最工大彼得不學德之陸軍不學英之商業而惟學於荷之水師從可知有過人之智者斯有過人之學有過人之學斯能成過人之功工廠之中初無等級帝王船主不分貴賤嗚呼觀於此而知英雄自有眞也吾考西史覽瀛圖溯自俄瑞交爭彼得失敗海疆震動岌岌乎有蠶食之虞假令彼得而非英雄也將一蹶不可復振國土雖廣適啓外人之分剖人民雖衆適供強大之奴役耳由是言之國家不患挫折而患發奮性質之消亡彼得之敗天其或者借此以激勵其志

氣增長其學問歟嗟夫使無彼得之志波羅的海之存亡未可知也卽俄國之存亡亦未可知也彼得爲爭海權計爲救國計不惜犧牲一己之尊貴以等於船手水夫猶之勾踐臥薪嘗胆以報國維廉誓告國人以禦敵其立志之堅用心之苦一也吁彼得眞英雄也哉眞英雄也哉

詞源倒流筆陣橫掃具此才力可以推倒一時豪傑

俄主大彼得嘗著布衣與廠工船主爲伍論

尹延平

抱絕大之欲勵無前之氣立偉功定大業拓疆土於萬里樹國基於後世者吾於俄史得有一人焉曰大彼得夫成吉斯汗之西侵也首滅俄國彼斯拉夫人受制於元者數百年至宜萬四世始脫元人而獨立迨彼得大帝立敗瑞典王查爾斯十二逐芬蘭海灣之瑞典人遂棄莫斯科而遷都聖彼得堡欲爭海上之權故也當是時英女皇以利沙伯敗西班牙握有海上之權俄人蟄居歐洲之東北部自逐瑞人後始有波羅的海東岸之地故欲與英人爭海權非有海軍不可否則不但不能與英人爭海權卽波羅的海東岸之地亦不能保也故發憤爲雄微服遊各國棄皇帝之尊而與廠工船主爲伍豈自輕哉特雄圖未償又不甘蟄居歐東受制列強故有是舉耳厥後分波蘭敗瑞

典得有波羅的海之霸權再敗土耳其干涉其內政得黑海之克力米半島及哥速夫海灣黑海之艦隊成東踰烏拉山侵入西伯利亞建海參威與中國定尼布楚之條約其遺言謂建海參威艦隊與各國爭太平洋上之海權再滅土耳其遷都君士但丁堡以黑海艦隊與各國爭地中海上之權觀其遺言則當日與船主爲伍之用心可知矣不但是也夫俄寒地之國西北利亞之地固大而皆冰天雪窖之地不宜農業林業亦難發達烏拉山大山也而有童烏拉金烏拉之分故俄地雖大除南部小俄外概無肥沃之土所謂小俄者窩爾葛河及波河之下流黑海北岸之地也該地當時尙未歸俄其實業狀況之蕭條可想而知故俄主彼得之意欲侵略中小亞西亞及黑海沿岸之沃土以爲殖民之地壯矣哉彼得洵乎有席卷天下囊括四海之雄心矣然柏林會議之結局俄艦北不能出波羅的海南不能踰黑海西之馬摩拉海峽日俄戰終太平洋之海權亦失彼得英風盡歸泡影惟其巍峨矗立之銅像尙足稱雄一世焉吁可傳已

熟精史事左宜右有文筆亦極酣暢淋漓之致

南洋公學新國文卷三終

◎改良游戲益智圖廣告

游戲之事名目繁多如樗蒱葉子等事勞神傷財爲人詬病卽如擊球賽走跳繩諸端不過爲活潑精神起見偶一失足則顚蹶堪虞至於手談一局雖屬清高然合二人之智謀寓角逐之思想或有失敗嫉心隨之惟七巧板器具不多而應變無方無體裨益人智也不淺故以益智名是圖別創一格器具至十有五方之多圖樣有二百十餘種之繁合之則成方形散之則爲尖斜運用之法曲直凹凸諸體無不悉備較坊間流行本別出心裁圖中所堆山水人物皆摘錄詩句及故事爲題相題立局鬥角鉤心實屬天衣無縫當夫花陰晝靜繡榻夜闌茶熟香温擁爐剪燭展斯圖而尋繹之覺千變萬化皆由此出噫神乎其技矣較之三五成羣攘臂奮呼者其損益爲何如乎本社爲海內諸君增長游戲智識起見特精印連史紙裝訂兩册加以楠木夾板並附錫器全副不獨學校散課家庭燕居可以步武後塵卽茶歇酒闌亦可以啓悟機巧洵游戲中最有益之良品也定價一元二角本社藏板各省及上海各書局均有經售

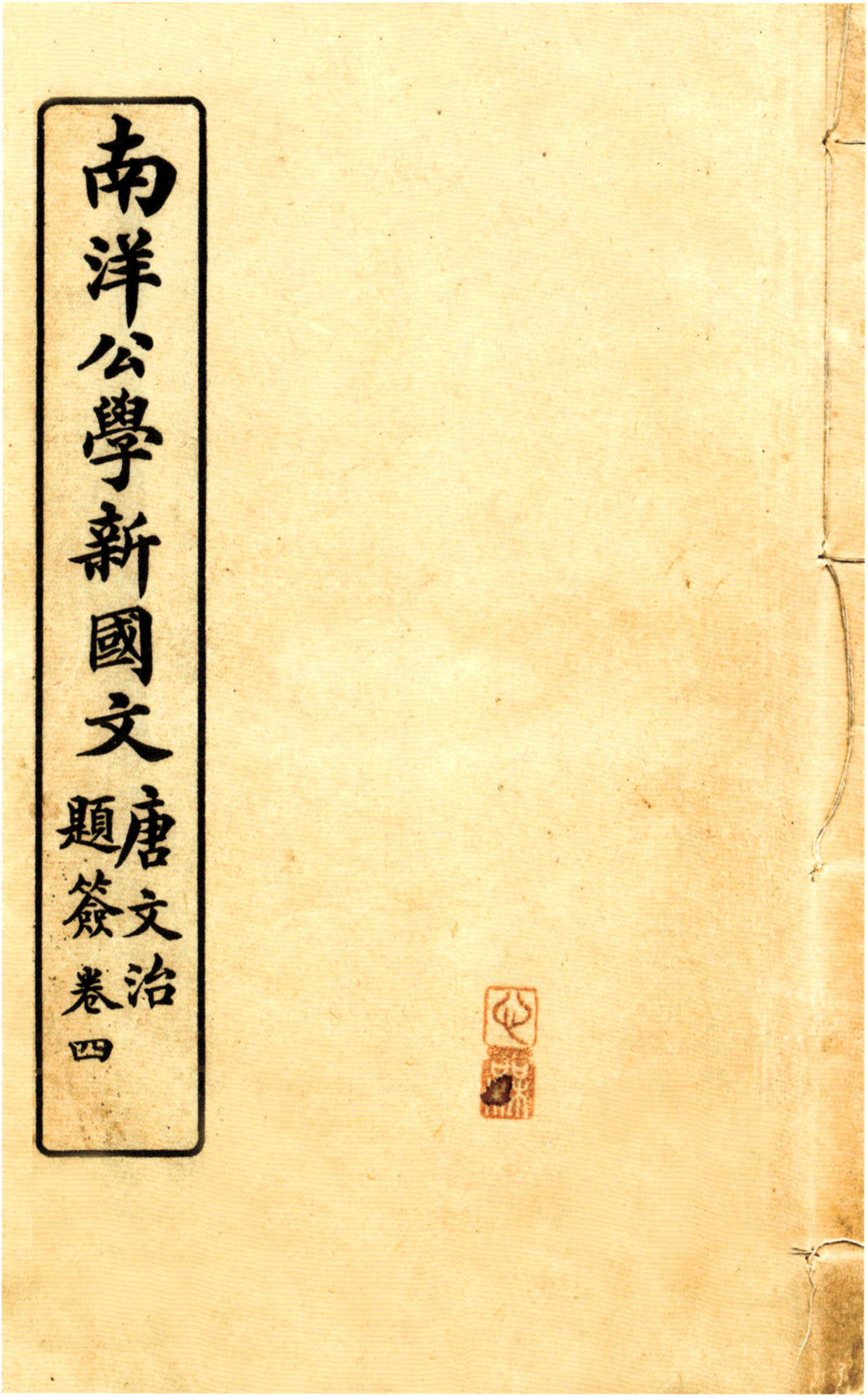

南洋公學新國文

唐文治題簽

卷四

南洋公學新國文卷四

問類

問孝經口無擇言身無擇行何以能言滿天下行滿天下詩經在彼無惡在此無射何以能以永終譽試詳申其誼

曹麗明

轉移天下之氣運莫疾乎風俗陶鑄一世之人心莫大乎言行風俗者治國之樞機而言行者又風俗之所由權輿也七尺之軀挺立宙合之內其才力無幾也而踐形復性開物成務之業於以立其不肖也則賊仁濟惡傷風敗俗之事亦常覯是故善善相感則賢者既日進矣而愚者亦有所觀摩而不敢獨行其惡欲風俗之不美庸可得乎惡惡相引則柔者既萎苶矣而強者亦無所激發而毅然強爲其仁求人心之不壞有是理乎故聖人知風俗之厚薄本乎人而人心之美惡繫乎身是以立教必基於身心行道必根於言行舉凡天下之事功德業禮樂法度而皆出於閒居慎獨戒慎恐懼之中故不擇而言而過咎自遠不擇而行而怨惡自寡進退可度令名永終非所謂以一心而感天下之人心以一身而移萬世之氣運者乎君子觀於茲而歎乾坤之所以不息

者皆賢士大夫務本崇德之功為之也孝經曰口無擇言身無擇行詩曰在彼無惡在此無射此何人也古之君子不輕言事功而致功德業不妄干榮譽而崇上篤實怐愗之士或駭其詭俗而不同於衆或笑其迂疏而不切於用庸詎知流水無本雖溝澮皆盈不崇朝而涸矣巨木無荄縱枝葉蓊藹不轉瞬而傾矣物皆有本人亦宜然昔子張問行孔子告之以言忠信行篤敬夫忠信篤敬豈遂可以行蠻貊而聖人必三致意而諄諄誥誡者蓋有道焉人心易放而難求唯謹言可以永葆其幾希之天志氣易散而難凝惟愼行可以常存其固有之善故言不妄發惟法是遵行不苟且惟道是循視聽言動合乎禮而喜怒哀樂得其中人心私欲潛消而上下與天地同流人但見我之言滿而不知我之口過但見我之行滿而莫或致其怨惡愚者聞之而自智柔者親之而自強道德名譽盈天下而不自以為功修身立行蓋乎世而不自知其有嗚呼非至德之君子其孰能與於斯自道微世衰天下之士莫不驤首以弋名獲利為兢兢自謂超越庸流矣然試問晦明風雨之中有以盡性立命之學為天下倡者乎有以轉移風俗陶鑄人心之責為己任者乎以弋名為急而不以擇言為先是無本之學也惟獲利是志而視擇行為迂拘則鄙夫之業也以無本之學而終身行鄙夫之行無惑乎躬行不

先而學術遂爲天下裂也嗚呼此古之君子吾見亦罕而風俗氣運所以日卽於不振也夫

鴻鈞鼓鑄一氣轉旋積理既深臻兹粹詣

先儒言格物學西人言物理學其體用虛實本末精粗試分析之

曹麗明

天下之事至賾也而萬事之一源則皆吾心之微妙統之大地之物至繁也而衆物之功用則皆一理之變化賅之事不可窮而有可推者在物不可盡而有可約者在要在明其體用辨其本末而有以盡其虛實之致察其精粗之微而已是以先儒詳言格物首辨心術西人博究羣物先明公理蓋雖不求其體用而體用自有序不別其本末而本末自分明非如是則且紛紜錯亂背道而馳惡在其爲學乎然而先儒與西人之言學其體用本末似又有大不侔者在焉西人言物理學因一物而求其理理明而遂可以致用先儒言格物學卽物而窮理明於庶物察於人倫性有所未盡則格物之功有未至故立志必用其極而事物一以貫之存心必務其大而萬彙無不咸賅由是而言西人之言物理主之於物而不離乎原質攷之於理而恆恃乎械器其用廣矣其利溥

矣而要不外乎形質之學可以定例以範圍之似精而實粗者也先儒之言格物本之於心而心實具衆理施之於事而事泛應曲當其微不可窺而所過者化外虛而內實者也惟其似精而實粗故植本不深而成效較速此泰西格致之學所以日新而未有已也惟其外虛而內實故深造不易而自得者寡此吾國窮理之學所以及今而愈否塞也嗚呼自大學格物之傳亡而後學遂墮於空虛自周禮考工記不載而聖學無由尋其緒猶幸孔子之教散見於五經王者之政備載於春秋民之行也則盡著於孝經有志格物學而欲服膺往聖之訓者其不由此道而將誰適耶

心術公理之說一矢中的虛實精粗之辨要言不煩傑作也

問唐悉怛謀之誅論者謂爲黨爭所致而宋司馬光獨以李德裕之納降爲非計試詳論之

譚鐵肩

烏乎奸佞在朝而將帥得志於外者自古未之聞也故雖有雄才大略之豪傑鐵血忠膽之志士百戰不屈於疆場屯田鎮壓於邊要鞠躬盡瘁務措國家於磐石之安卒之一腔熱血灑於何地百鍊忠丹徒付東風有拔幟而反師漢關者有赭衣而鐵枷爲囚者有仰天長歎而自剄者此忠臣烈士每奮袂不平者也及予讀李衛公傳益痛恨於

奸佞之嫉功誤國。致有唐不復貞觀之隆。長使藩鎭吐蕃之禍。遂未有艾。夫自太宗揚武西陲。威服衆虜。稱華夷而一家。及肅宗以夷力復故國。夷之侈心乃大。雖郭李之雄。亦無以弭其變。迺天特降一大英雄。李衞公者。才足以濟變。學足以經世。術足以制虜。而懷忠貞以報國。以爲得相文宗。大可有爲。庸詎知牛黨譖間。出守西蜀乎。然忠賢事君。不怨貶斥。遠略宏謀。正可籌邊。於是因維州之降。卽爲嘉納。據守阨險。可直搗虜之腹心。維州雖小。關係甚要。則與定遠之通西域。斷匈奴右臂者。奚殊。以爲有唐邊禍。從此廓掃。庸詎知僧孺鼓舌。降使送還。漢邊河上。頸血順民。旣失險阻要隘。復啓夷虜輕心。此忠臣所憤氣塡胸。無可奈何。睠顧君國。繫心生民。固守邊壘。幸右一悟者也。及相武宗。君臣如魚水。收復幽燕。平定回鶻。克復河湟。征討昭義。貞觀、開元、何多讓焉。庸詎知明主崩殂。嶺南遠貶。雄心未遂。竟歿竄地乎。當其追論維州之降。謂可減八處鎭兵。坐收千里舊地。此眞莫大之利。實爲恢復之基。其深謀爲何如哉。乃僧孺以修盟守信沮之。夫狼子野心。祇知利欲之是尚。安知信義之可守。而與之言信。是直與虎狼言慈耳。況漢魏以來之受虜患者。大抵多失於守信之弊。僧孺以此惑文宗。陷衞公不知其所以喪國體也。司馬温公際王荆公盛倡籌邊之策。而泥於不可妄開邊釁之詞。遂以此非衛公甚矣論史之難也其時王藩治邊亦一時之利温公以政見不洽而非荆公遂及衛公抑亦朋黨之毒與文宗曰去河北賊易去朝中黨難於是黨禍遂與專制政體相終始矣嗚呼今何時乎而亦言黨禍者吾不忍言之矣

文氣疎宕說温公獨具隻眼

希臘安得臣之什匿克派德謨頡利圖之詭辯派芝諾之斯多噶派伊壁鳩魯之樂生派與周秦諸子何家學術相近試條證之

方仁裕

泰西學術之源肇於希臘中國學說之盛隆於周秦然學派之分中西古今異途趨者往往同途歸讀史者按其時究其說蓋得求其本焉倡詭辯之學者希臘學人則有德謨頡利圖然戰國之世言縱橫者有蘇張談天衍炙轂髡爲堅白異同之說者公孫龍其又何殊焉爲樂生及遺世之說者希臘有安得臣伊壁鳩魯然周秦之際楊老之爲我清淨莊列之養生縱欲固無所異也若夫輕生死重然諾絕委靡文弱之風以振發尙武之概則芝諾之斯多噶派爲希臘學說之一焉以論周秦則墨家兼愛固正宗也禽滑釐愼到之徒各傳其說於齊魯宋衛間其亦無多讓焉

然其間不無異焉。西國學說之興皆由於學人一己之覃精研思其得於外者蓋寡故其爲說也深而其病也僻若中國則漆園柱下之儔皆宗周故吏皆能畢參舊聞貫以新理故其爲說也博而其病也虛不特此也凡希臘學派每由異而至同而周秦學派每由同而至異凡希臘學派後者每勝於前而周秦學派前者每過於後蓋嘗深思而得其故矣

一由於地勢使然者希臘山嶺紛歧部落分裂百里之內往往老死不相往來凡學人立說皆本其及身聞見以獨樹一幟故爲言狹而遠至中國春秋之際朝聘往來交通已號利便益以戰國諸侯徵訪客卿賢士大夫聞見廣洽故其立言皆有大同之概非局促狹小者比蓋交通之難易可以徵學說之廣狹也近者各國律法最爲修明而其源乃導於羅馬希臘無聞焉而戰國時申韓已能自張其說商君則以之霸秦焉此以見地勢之爲係於學說至重也

一由於門戶使然者中國周秦學派自儒家外厥維老墨乃號鉅子莊列諸子或逃於儒而入於老或逃於老而入於楊然其立說之初各有所自特由同至異遂自成一家言耳若希臘諸學人則其初未嘗有所師承其終亦未嘗互相排擊後之學者皆研求

其精以補苴前人之不逮此其說所以往往勝於前人而周秦學派之後乃不及是耳夫就近日以論前古則希臘諸賢周秦諸子其學說悉多未備然格致學之源發於希臘其功爲不可誣也獨周秦諸子秦火而後散佚者多致後之學者苦難稽考此中國學說所以獨稱戰國爲最盛耳

推演中西學術如數家珍稱心而出非讀書多積理深那能辦到

問歐洲立國衆多自普法之役後西強諸國何以各自休養乏同洲之戰爭試言之

朱鼎元

歐洲立國二十地勢犬牙相錯蓋與中國戰國之時略同其所異者戰國諸侯爲同種之競爭而無世界之觀念歐人自普法一役而後其在同洲各守分疆不相侵伐而擴張其勢力於他洲嗚呼歐人虎視鷹瞵狠吞蠶食雖撒哈拉之沙漠尚所必爭其在歐洲所以得相安於無事者豈眞以同洲同種之義而不忍相圖耶蓋勢使然耳列強鼎峙勢均力敵地醜德齊各修兵備無隙可乘雖懷幷吞之心而莫敢先發此其故一也各國各懷疑忌之心不容他一國獨得志以擅歐洲之治安故俄欲滅土而英人等起而阻之此其故二也機械昌明戰爭之禍至慘且烈各國皆深懼而莫敢啓兵端此其

故三也。工藝發達。日新月異。各國皆出其全力。戰勝於工商。兵戰之禍。暫以不作。此其故四也。故歐洲列強近世所以各休養無同洲之戰爭者。非相愛也。實大勢有以維持之也。本洲既無可相圖。而其勢乃趨而至於他洲。獎勵航海業。推廣殖民地。而世界六大洲。其五已入白人掌握中矣。僅留東亞一隅。爲黃人託足之所。而近日列強競爭之點。又羣集於亞洲。當其衝者。可不急思所以禦之者耶。

持論剴切語有本原所述四故一律精當

問歐洲立國衆多自普法之役後西強諸國何以各自休養之同洲之戰爭試言之

張蔭熙

爭大勢者。不競於脣齒之間。抱遠志者。不戰於門戶之內。歐洲列強之政策。類如是也。夫脣齒之間。非不足競也。門戶之內。非不得戰也。彼必舍其近而圖其遠者何哉。蓋強與強競。不能望其必勝。強與弱爭。可以求其必成。是以力敵者。必不爲兩虎之鬭。勢均者。必不操同室之戈。始不至俱傷而兩敗。此歐洲列邦。雖星羅棋布之衆。虎視狠眈之強。主靜而不主動。爭外而不爭內。藏其干戈。息其兵甲。不爲同洲戰爭之因也。竊嘗考歐洲之大勢。則以俄之大。不足吞意奧。以英之強。不得并法德。法德意奧之衆。亦不能滅英俄小如荷比弱如葡西亦足以自保其封疆而免大國強邦之蹂躪其勢如是然則雖欲競於脣齒之間戰於門戶之內其可得乎況若英德俄法意奥之國莫不欲爭大勢於全球伸遠志於他洲又何暇爲兩虎之鬬操同室之戈以強攻強至俱傷兩敗之地哉我戰國時代強莫如秦猶必避韓魏之鋒而先攻西蜀之地以阜其民以富其國然則英俄諸邦豈不知相避其鋒哉且夫爭於同洲不若競於異域競於異域則可吞弱國取小邦得其土地足以廣其版圖也斂其賦稅足以贍其國用也領其疆域足以殖其民人也掌其政權足以擴其勢力也然則強與強爭其弊如彼強與弱競其利如此豈有舍此就彼而爲同洲之戰爭乎歐人白世界之志存之於內必發之於外發之於外必聯絡同種盟合同洲以爭大勢於全球以伸遠志於他洲方將戮力同心共張白人之勢力何可棄大務小以逞他種之發達哉故自普法戰爭以來迄無同洲戰爭其將有大欲也必矣寧不汲汲乎險哉

熟悉歐洲時事故能淋漓寫出讀之令人心胸曠達

問歐洲立國衆多自普法之役後西強諸國何以各自休養乏同洲之戰爭試言之

陳維嵩

蓋嘗論天下之大勢分合而已分合之起訖戰爭而已分合者所以生天下之變戰爭者所以定分合之局分合之局定而天下之趨勢又轉而他向則他處分合之變又生焉戰爭又起焉遞嬗循環端倪靡常此其理無古今中外一也歐西諸國天下莫強焉西盡南北美東幷非澳暨亞洲之泰半無不隸晳種天驕之版圖圜球隸通彼族實綱維之溯其遂克臻此之故淺學膚見未能略具萬一姑盡其說可得而言焉歐洲十八稘以還純爲君與民交訌國與國互爭之時而與他洲交涉之事少迨十九稘普法一役之後則對外之事殷而對內之事簡同洲諸國敦槃相親不以干戈而以玉帛卽德法世仇亦相持莫敢發難此其故何歟蓋諸國勢均力敵地醜德齊各不相下一有釁端勝負利鈍難可逆覩必至兩敗俱傷小國則經數次紛爭弱者幷於隣國強者奮起獨立或有國雖小弱而介於兩大之間事齊事楚兩有不甘以均勢之結果公認爲永遠中立之國於是強大與強大固無可圖利卽強大與弱小亦無可染指況近世學者盛倡民族之義黃禍之說兄弟鬩牆外侮其禦釋嫌交懽相與休養生息於封內而戮力闢土於境外殖民之地徧於各洲貿易之利敷於薄海歸輸祖國以厚鞏其本根而祖國則盛簡軍實創保商之策以獎進其藩封故其國民始則麕集於二美中則蜂屯

於非澳終則歐風美雨澎湃奔赴於亞東以中國爲尾閭之洩竭其國力以對外而保境內之和平間有因殖民地之權利而幾於決裂者卒經排解而言歸於好深恐兩虎相鬭必有一傷兵連禍結而不可解故持重而不先發英法德俄之已事莫不皆然近更協以謀我協約之訂時有所聞可以知其用意之所在矣是以分合之局定而戰爭之禍息共相提攜以對外此歐洲之福非我之利也戰國范睢之策六國主近攻而遠交歐洲諸強則近交而遠攻天下之趨勢則然而民族主義之說映於其國民之腦故不謀而合其對內也共出於和平之一途其意深遠矣夫諸國以種族之故不惜釋小忿而就大謀乃有同文同種相隔一衣帶水之國顧昧於此而貪目前之利忘脣亡齒寒輔車相依之義竟甘爲戎首以促我之亡嗚呼歐亞民族度量之相越其優劣於此不尤可見耶

深明歐人均勢之策故議論切實文亦低昂反覆感慨淋漓非讀書有得者不辦

趙武靈王以易胡服而強魏孝文帝以慕華風而弱試言其故

吳長城

國於地球之上人民苟無特性徒知趨仰他人者雖強必弱已弱必亡蓋一國之特性

猶個人之精神也精神無恙身強而百事無畏不然病死焉耳一國之特性亦猶是也故自戕其特性未有能存者若夫取人之長補我之短則有之矣我嘗聞趙武靈王之在位也憫國之文弱見欺於人於是胡服騎射以教國民不數年國土日拓號稱強盛魏孝文帝之治魏也疾國之蠻悍自陋其政於是衣冠文物悉慕華風未幾載國勢日衰底於滅亡我讀史至此不能無疑於胸中也子輿氏曰用夏變夷我聞之矣用夷變夏未之聞也良以中華爲文明之邦四夷都野蠻之屬自野蠻而進文明理所當然由文明而入野蠻有此理乎然趙武靈用夷變夏卒底於強魏孝文用夏變夷不免於亡是誠何故哉豈文明之裔不敵野蠻之族歟抑禮俗教化有遜於豢禽牧獸歟曰非也趙武靈取長補短魏孝文自戕其特性也蓋武靈之施此令也所以作國民尚武之心使之嫻於攻伐習於戰鬬得胡人之長處未嘗自損其國俗也孝文慕華之文雅竊取糟粕精華未得而原有之國粹已拋棄於烏有矣夫日馳千里負甲從戎固拓跋氏之特性即武靈所得於胡人之長處抑亦強國之本也不觀夫孝文之先祖乎崛興河間雄視一世而國基由以定今不事前業徒尙華侈宜其亡也嗚呼使孝文南遷之後保其特性益以中華之文明未始不可蕩平南齊統一天下豈特如趙武靈之收服中山

梢拓疆土而已耶乃慕華不休竟喪其邦較之武靈不可同日語矣

詞意凝鍊綽有功夫

趙武靈王以易胡服而強魏孝文以慕華風而弱豈華風禮樂之果足以弱國歟試言其故

鄒恩潤

武備者非僅尚武而遂足爲武備也有禮樂之意存焉不然非眞武備也非眞武備不足以爲國禮樂者非僅尚文而遂足爲禮樂也有尚武之意存焉不然非眞禮樂也非眞禮樂亦不足以爲國僅如徐偃王之尚文同日趨於亡而不自知僅如孟獲之徒以尚武自豪亦僅足以促其速亡而已矣知乎此乃可與論趙所以強而魏所以弱之道焉乃可與論華風禮樂匪特不以弱國且有強國之道焉論者以爲趙武靈變胡服習騎射雖足以雄視一時而探鷇以死爲天下笑魏孝文慕華風與禮樂而國勢委靡遂以不振是趙猶得以胡服騎射強盛一時而魏竟以華風禮樂弱國華風禮樂之爲禍固不在洪水猛獸下矣嗟乎是何辱吾華風禮樂之甚也夫天下之事不求其本而訊其末及見其害也嗟咨怨憤視之不啻猛獸蛇蝎避之若不及且從而侮辱焉是何不智之甚也一國之有武備殆所以弭外患一國之有禮樂殆所以弭內亂能弭內亂則

外患不足懼。能弭外患。必其先能弭內亂。其勢若輔車之相依。脣亡而齒寒者也。故徒修禮樂而遺武備。則國內雖安居樂業。而四鄰交侵狡焉思啓矣。徒修武備而遺禮樂。則國外雖莫敢予侮。而四維不張。國乃滅亡矣。故欲以武備爲國者。當求武備之本。毋求武備之末。武備之本者何。亦有禮樂之意存焉者也。欲以禮樂爲國者。當求禮樂之本。毋求禮樂之末。禮樂之本者何。亦有尚武之意存焉者也。出此二者。而咎華風禮樂之足以弱國。何其傎也。且夫魏孝文所慕之華風禮樂。豈果爲吾三代之華風禮樂哉。若以宋齊之華風禮樂而論吾華風禮樂之得失。是猶南轅而北轍。欲其得也亦僅矣。吾國文化大盛於黃帝。則吾華風禮樂之道。卽本於黃帝。黃帝之時。固禮樂大盛之時也。而蚩尤無道。黃帝一戎衣而天下定。夫蚩尤亦豈弱者。而不足稍阻義師之鋒者。以黃帝之禮樂。眞禮樂也。眞禮樂者。豈僅尚文而已哉。後世迂儒。以委靡不振爲禮樂之歸宿。誣吾華風。孰甚。魏孝文惟不明乎此。乃盡棄其尚武之國俗。而以慕吾華風禮樂也。其以此而弱者。豈眞吾華風禮樂弱之哉。抑彼反以煦煦之仁。孑孑之義。而侮吾華風禮樂之神聖。其至於弱亦何足疑。至於趙武靈以雄才大略。有爲之主。而身死於亂臣之手。則咎在取尚武之末。而遺吾黃帝之眞禮樂所由至也。今者歐風美雨。洶洶而來國人每蔑視祖國之善俗而徒竊他人之皮毛滔滔狂瀾不知所屆怵大陸之將傾憫國人之不悟心所憤激因推趙魏強弱之因且辨吾華風禮樂之自有眞神聖者在焉

刋落膚詞獨標眞諦是文之極有心得者

元初武功之盛足冠東亞全史然混一中原不百年而敗亡者何耶試綜論其始末

張宏祥

元以蠻貊之族崛起北狄之間創自鐵木眞之雄圖濟以四子之勇武而成之以忽必烈之英鷙地跨歐亞威耀二洲舉秦始皇之侈欲拿破倫之蕩志而歸之掌握中其爲子孫帝王萬世之業者可謂至矣然而數十年間亂不絕書亡亦旋踵蓋遺子孫以所有而不教以守之之方不規以保之之制亦猶富家翁以累世汗血之積遺其後裔以爲是足以保家之萬全而不知適所以敗之也是以歷代帝王之興一朝之初必創一朝之制懲前鑒之禍造來軫之福改弦更張革故起新使雖後世無救弊之主而吾法之弊自足亘數世而後窮而元初之隆則無創制立法者其創業垂統又無言行之足傳其足傳者創業之跡而非垂統之教也征伐之勞而非保守之要也故元之亡不亡

於元之末而亡於元之初不敗於元之衰而敗於元之盛也且卽元立國以來之政蹟言之元固有必亡之理而無久存之道也何哉國之所以立者三土地、人民、法律、是也而專制政體則於三者之外非有君統之正傳宗教之籠絡不可土地者非謂取之之可貴也取之而足以守之之可貴也守之而能用之之可貴也人民者非謂服之之可貴也服之而能養之之可貴也養之而能使悅之之可貴也法律者非謂有之之可貴也有之而能行之之可貴也行之而能一之之可貴也元之於土地知取之而不知用之也於是窮兵黷武務廣其地取之先不度後之能守與否取之後不知用之何若以有用之財養食於人之兵以食於人之兵取不能用之地得不償失而取諸民竭澤而漁則挺而走險勝廣之形成矣吾故嘗謂不能行殖民之政策於其地則拓疆不足以生未闢之利而足以耗已有之財漢武隋煬其明證而元尤其著者也得中原而棄東西向之用以擊東西則又惟中原是取中原之不亂其奚待乎其於人民也以少數之民馭多數之族盡其柔懷以德綏之猶恐不及況區其階級示以尊卑尊者驕而卑者怨以多數之怨抗少數之尊此勢之必克者且中原禮義之邦勢屈而服寧肯久居色目之下處夷狄之末哉謙之不暇而況驕之惠之不遑而況怨之其不敗亡又奚待哉

法一而公而後人服雜而曲則亦何用法公則法立曲則法敗法敗而國鮮不隨之者且家天下之世帝王之貴在正儲相繼猶且患爭奪之禍而況無儲位之定乎酋長推賢以之任蠻貊征服之勢則或可無爭而冒頓且有鳴鏑之弒況以享中原廟堂之尊榮能免桓公蟲尸之轍乎下未叛而上已亂外無禍而內先爭其能久制天下乎而猶復崇喇嘛之教上未足以教民而足以賊民下不足以愚民而足以惑民其何足以輔國家政體之不足君主權力之所不及哉吾故曰元固無久存之理而有必亡之勢也豈非然哉雖有武功之鼎盛於前曾亦何足補其毫末哉

論古有識筆氣渾雄

問南洋各島西人競拓爲殖民地現今何國最占優勢 黃理中

間嘗披攬環瀛稽考輿圖見南洋各島星羅碁布不下數千所據者以英美和蘭三國爲最多而占優勝之地位尤以英國爲最

夫占一島固拓一殖民地也據一嶼固增一子國也然而殖民之所據子國之所在固足以利其利人其人地其地而與母國之相去往往隔重洋數萬里苟無兵力以保護之海軍以聯絡之一朝有患必致鞭長莫及渙散而不可收欲連海權也則不得不先

占要隘據門戶而後可以屯煤可以泊船浸假而有事也汽笛一聲可由母國直達而來島雖分歧而勢力已貫重洋雖間而鐵艦相連夫然後殖民政策乃可恃也

英人能以殖民政策導其先海軍政策步其後始以工商握其利繼以鐵艦聯其權故其占南洋羣島也先擇其門戶要隘而後據之必使人之勢力盡籠於我我之海權相貫於一如下紅海出亞丁過錫蘭英有巫來由半島爲其入東亞之門戶由此島之南新加坡一埠而直達香港卽可以攬我珠江揚子江之權利最南有澳大利及新西蘭諸大島由此東北入太平洋可以握太平洋之海權在巫來由之東據婆羅洲北部以防和人之北上再東有刀立海峽在澳洲巴布亞之間兩岸均屬於英足以止和人之東漸況其東來之大路又有亞丁好望角以攬其綱和蘭雖有蘇門答臘對於巫來由然東來之大路已絕亦徒成贅疣矣爪哇以及婆羅南部雖亦屬於和然東不能出刀立峽北不能至中國南不能經澳洲而及南洋適成尾大之勢而已此皆名爲殖民名爲子國而實則和人之勢力早已籠於英人之範圍四面楚歌恐難突出重圍況美之據斐律賓猶其初涉乎南洋將來之奢望正未可限量自是以後和人其有立足地乎由是以觀英國以二三孤島懸於西北其所屬之島嶼不下數千相隔之遠或千里或

萬里而卒不聞有尾大不掉之勢亦以其所占之要隘有海軍以連絡之耳門戶得要隘塞海權一殖民出此必然之勢也

揚之高華按之沈實有書有筆不蔓不支

減政裁兵爲今日濟困之策試言其利害若何

吳洪興

天下無無害之利亦無無利之害利之中有害伏焉害之中有利存焉故人不能必無害之利亦不能必無利之害惟在權其利害擇其輕重而已諺云兩利相權取其重兩害相權取其輕其是之謂乎夫我國今日財政之狀況幾有岌岌不可終日之勢舍減政裁兵更有何策足以濟困然天下事往往利害相乘不熟審其利害而詳論之又何足以爲法哉

(一)減政之利

(甲)廣義　政愈繁國治愈失故三代淸簡國強民庶降及後世官制漸繁國漸不治然猶止六部也淸末改爲十部而國更不治矣辛亥以來較前淸尤繁而未有如今日之甚者也一省焉有都督有省長有鎭守使有宣撫使有招討使民之生不加官之增無限哀我小民安有力以養此輩耶況官者所以治民也民未見治而民之脂膏已入

於官之私囊。卽曰財政不困。經濟不窮。猶當減之。矧今日之民貧國困耶。則減政之利。非惟及於財政一部。亦及於國民矣。

(乙)狹義　我聞之官愈衆者國愈貧。故美國第一流人物。皆不願投身政界。良以官者分利者也。非生利者也。論語曰。生財有大道。生之者衆。食之者寡。則財恆足矣。今我國無處非官。無地非分財。財又安能生。故誠能減政。不獨國家之政費減少。卽後起者亦將以官爲不足恃。而投身實業界。從事於生利矣。豈不善哉。況此輩專以利爲目的。又不顧國家之財政者耶。

(二)減政之害

(甲)廣義　側聞熊總理減政政策。有將海軍部歸併陸軍部之說。此大不可也。所謂因噎廢食也。何則。我國海軍方在萌芽。正宜栽培之。灌漑之。又安可摧殘之。況二十世紀之世界。斷未有無海軍而可以立國者。何不思之甚耶。且領土僑民。在在須海軍保護。試觀南京之役。我國軍隊僅傷日人三名。卽鐵艦橫江以示威。反之荷屬華僑之被虐於荷人。卒不敢向彼政府聲言者。無海軍也。有海軍之利如彼。無海軍之害如此。又安可不汲汲哉。抑不獨海軍爲然也。其他政治亦必因之不靈。其害爲何如耶。

(乙)狹義　一部之人必數百計其他各行政機關亦必有數十人之多至於下屬更無論矣試問此數萬人一旦失其生計將何以爲生耶天無雨米之事民乏點金之術其不肯轉於溝壑也明矣或爲抵抗計或爲勾結計或爲聯合背叛擾亂治安計推其無公德佔私利之心則必至於此則減政之事利國未見爲害先現可不慮哉

(三)裁兵之利

(甲)廣義　我國之兵以之禦外患則不足以之殘同胞害國民則有餘此人人所公認者也夫我民所以出膏血養兵者欲以之禦外患衞國民今我民之望如此兵隊之所爲如彼我民又何貴有此兵隊又何必以膏血養殘民之賊哉且財政窮困以之投於生產之地尚不足安能投之於不生產之地況內政須賴諸外債則軍隊亦不能免以外債養軍隊國之所大患者也皮之不存毛將焉附雖有軍隊安所用之是裁兵一舉國與民兩受其利也可不急哉

(乙)狹義　兵隊之宜急裁既如上述矣而自預算表觀之軍費幾佔其半雖歐美各國之軍費較我國多數倍然國之貧富相去不可以道里計國民之負擔力亦相去遠甚不可相提並論則爲今日計實有不可不裁之勢矧專務軍隊不事內政亦何益於

國所謂不務其本而齊其末也又豈計之得乎然則裁兵之於民窮國困之中國其可緩耶

(四)裁兵之害

(甲)廣義　兵可百年不用不可一日無備處於二十世紀武裝平和之世界尤不可無備試觀各國之兢兢於軍備可知矣而我國顧乃裁兵各國日進我國日退長此以往其謂能存立於武裝平和之世界耶是減有限之軍費而致國於不能存立也豈計之得乎

(乙)狹義　裁兵誠爲今日濟困要策然所裁之兵試問將何以爲生耶其能者或持別業固無論矣其庸弱者勢必轉於溝壑其黠者遂流於盜賊於是民無寧日矣而政府又無良法以處置之是驅無數之民於盜賊更將從而擒戮之豈仁者之心耶是則裁兵之害又不忍言矣

(五)利害兩較　由右觀之利固不少害亦不鮮然則將何所取乎曰辨其輕重而已減政之害如併海軍等事非可必於今日者也官員之生計不能與國家並論也而經濟之困絀實有今日不能不減政之勢則事當急其近者捨其遠者裁兵之害爲立國

計誠無取乎消極主義然非急於今日者也兵流爲匪誠可慮然處置得宜可以免禍也而行政之預算實有不可不裁之理則事亦當急其近者捨其遠者雖然以減政裁兵爲今日救急之計則可以減政裁兵爲立國政策則不可何則行政政策聞有取積極主義者矣未聞取消極者也故他日財政既理民生既庶海陸軍之添設終不可緩也世人其不河漢斯言歟

議論戛戛獨造於利害兩端各疏實義國家大勢羅羅如晰掌上螺紋合作也

問日本近年教育宗旨於地理一科注重於南美一區其用意何在

張蔭熙

龍以雲而神魚以水而生國以民而成民以土而居有土斯有民有民斯有國猶雲之於龍水之於魚也是故欲封殖其民者必先擴張其地求擴張其地者必先審察其勢選擇其土然後定其目的行其政策不察其勢則羣虎所爭不足食其餘國力未足且將蒙其殃此勢之所以不可不察也不擇其地則不毛之土不足以養民難闢之地非所以阜財此地所以不可不擇也故曰求擴張其地者必先審察其勢選擇其地然後定其目的行其政策豈非然哉日本近年教育地理注重南美蓋深知勢之當審地之

宜擇而蓄志懷慮處心積意寓之教育之中布之國民之腦則可爲我國畏友者也夫日本於東亞南澳地多豐肥國則鄰封未嘗不可以殖民而經營滿洲雖不遺餘力嚮望南洋不欲染指何哉蓋不敢敵英法者知勢之未足以敵英法也不欲吞吳越者知勢之未足以吞吳越也既營滿洲又求南美者得隴望蜀也知得隴而復可以望蜀者亦勢也故吾於日本注重南美留意殖民知其審勢之用意焉既審其勢乃爲擇地此又用意之一者也夫今鑛產滋多寶藏興焉者非南美乎物產豐富百物生焉者非南美乎河流廣大交通賴焉者非南美乎日本欲封殖其民於此地者詎非擇地之意哉嘗攷南美現狀則又有足使日本覬覦者則政治紊亂風俗敗壞有共和之名而無共和之實是也夫人之弱天所以資我鄰之亂天所以與敵幸災樂禍雖背於王道因時成事亦切於世道故曰南美現狀又足使日本覬覦也日本既審其勢又擇其地既擇其地又得其時或將有伸驥足之日乎

語語驚人與空泛者不同審勢擇地實日本經營南美洲唯一之政策作者能見及此尤覺可喜

問聖賢爲豪傑之師豪傑爲義俠之師而義俠之弊則爲狂誕今欲

使狂誕者進於義俠義俠者進於豪傑豪傑進於聖賢其道何由

陳柱

今有人於此或語之曰若殆狂誕之徒也則其人必色然怒何者天下之人苟非喪心病狂未有不務高尚而惡卑汙者此心理之所同然也是故有志之士聞聖賢之風而說之者蓋有之矣而得聖賢之一偏權一時之利害出處行藏雖不盡準於聖賢而要其大節無虧存心大局則亦足以措一國於治安盪一代之毒螯此所謂豪傑之士也天下之士聞其風而說之得豪傑之一偏疾人世之不平憤豪強之驕恣有豪傑之胸懷無豪傑之政略遂潛身市井之間快意於一劍之末雖曰以武犯禁而急人之急死人之難不矜其能不伐其德義俠之道蓋亦有足多者天下之士聞其風而說之得義俠之一偏奮其犯禁之行矜爲自由肆其攻訐之舉詡爲平等道德法律蕩然無存恣睢悖戾自鳴得意而天下之大患生矣夫道德所以陶鑄心性使之不肯爲惡法律所以維持道德使之不敢爲惡表裏先後缺一弗可而狂誕之徒乃竟視同懸疣棄如敝屣近且有以孝弟忠信禮義廉恥爲腐敗者邪說淫辭何其盛與狂誕之害眞有甚於洪水猛獸者矣痛乎悲哉揚子雲有言周之人多行秦之人多病聖賢之道盡美矣又

盡善也而豪傑得之已不能無病然利尚多於病也豪傑之道盡美矣未盡善也而義俠得之遂利病相半矣義俠之道尚有善也流於狂誕則遂有病而無利矣人之好善誰不同然彼其初心或亦以聖賢自許而其弊乃竟流於狂誕而不自知聞人之言已爲狂誕反色然而怒亦可哀哉扁鵲者良醫也人問其術曰吾閱病雖多而必先知其病之所由來而后可以施吾術今吾欲使狂誕進於義俠義俠者進於豪傑豪傑者進於聖賢則吾不得不先知其病之由來由吾以上之說觀之則其病蓋在乎偏而不全豪傑得聖賢之一偏義俠得豪傑之一偏狂誕者又得義俠之一偏此其病原也既知病之由來則救病之道乃可得而言矣其道維何曰在中庸夫不偏之謂中不易之謂庸狂誕者得中庸則無義俠之一偏而得義俠之全則狂誕者可以進於義俠矣義俠者得中庸則無豪傑之一偏而得豪傑之全則義俠者可以進而爲豪傑矣豪傑得中庸則無聖賢之一偏而得聖賢之全則豪傑可進爲聖賢矣且取法必得乎上吾徒今日當以聖賢爲止歸則尚不失爲豪傑若徒以義俠自待則取法已非上誠不免流爲狂誕矣然欲以聖賢爲止歸必如何而後可亦曰中庸而已中庸者匹夫匹婦之所能知及其至也雖聖人亦有所不能眞天下之大經也諸子百家未嘗不有所長然而終

不能無病者失中庸也豪傑義俠未嘗不無可取而終不能無病者失中庸也得中庸則人品之高下可以由階而升失中庸則人品之高下必每況而愈下此則人品進退之公理也雖然中庸之道難言之矣孔子曰爵祿可辭也白刃可蹈也中庸不可能也不可能者非終不可能言不易能也吾願天下之士先平心靜氣以論世先平心靜氣以處事先平心靜氣以求道先平心靜氣以讀書

氣宏大而筆雄直拈出中庸二字爲學聖賢之方尤爲顛撲不破

問羅念菴先生登第時慨然歎曰丈夫事業更有須大在此等三年遞一人奚足爲大事也後先生卒踐所志爲陽明入室弟子近世士風澆薄學者多沾沾以一畢業自封何古今相去之遠耶吾黨不乏遠到之士曷各暢言所志

笪弘

明代士氣之盛上掩東京而念菴並世如康齋白沙諸先生其爲學皆精實博通不規規於性命道德之空言元季空疏之風爲之一變而念菴之思遠益深慮氣節之不振與學術之日頹殷殷焉提倡實學力戒虛浮觀其登第時感慨之言可以知其用意之深矣蓋念菴目見當時士氣雖盛而不免買櫝還珠之弊以是引爲不足爲暮鼓晨鐘

喚醒一輩求虛名而不務實學者嗚呼其用心誠苦矣念菴發起於前梨洲亭林提倡於後卒使樸學昌明嗚呼念菴之志願償矣

論學術而至晚清之季茶矣然而却掃潛居游心經籍以溝通古今中外之郵者世猶不乏其人行爲儒宗言爲士表海內猶相與師表而崇拜之至於今則蕩然無有存焉者矣立國伊始卽舉二千年來久定一尊之孔教裂冠毀冕拔本塞原摧棄不遺餘力漢學攷據之說既嫌其繁博而靡涯宋儒道義之談又病其迂謹而多滯國學荒蕪之已極乃並求一廣聞見工文詞者而亦如景星卿雲之不可得矧其高遠者乎夫國學既被鄙夷矣則宜於所傾向崇奉之遠西新術鑽究而講求焉雖溫故之功已荒而知新之效則甚鉅其有裨於政術生計者固非不宏且溥也獨奈何一販仰之新學亦無非買櫝而還珠甚者且郢書而燕說乎十年以來求學於海外者幾於如鱗如鯽然而晢族極深研幾之科學所以增進文明爲今日貧強根底者莫不病其委曲繁賾無一人肯悉心探索而舉世所依歸奉爲干祿求名之敲門磚者獨偏於政治一方面所謂政治專門者亦未能升堂入室而盡得其精蘊也不過剿襲一二名詞術語與夫購得一張畢業文憑足供演說之資料稗販而遺殖焉以欺世盜名而已學校之內據皋比

而宣講鐸者悉為此輩所專利謬種流傳末流愈廣嗟乎人羣所恃以立國者政教而已今學校如是官府如是政教已成空名夫天下有無政無教而可以為國者耶。不學無術之害。吾不知其所屆矣。使念菴而生於今日目擊夫士風夸毗之形學術淩夷之狀其為歎息痛恨抑又何如也耶。

余謂學子莘莘所求者祇學問其宗旨不過欲資以為將來效忠於社會國家者也。學者苟知斯旨則習一科必探賾索隱鈎深致遠否則學亦徒然。且為吾學界之玷耳。學者須知畢業證書之功用。不過證明個人之學術已也。苟徒尚虛名而不務實學。試問一紙畢業證書將何所證乎。欲為欺世盜名之計。又何必於學界求之歟。至若滿腹經綸博學奇才之士雖無證書以證其學術而學者自有學。於彼奚傷。虛名實學。孰重孰輕。學者撫懷三思當可了悟。又何必得一畢業文憑則暖暖姝姝而私自說也。生也不敏願守是旨且也今日士氣之頹如此學術之敝又如此則所以救治而挽回之者豈徒肉食者之責而已耶。吾願吾黨先知先覺之士。心念菴之心。行念菴之術。大演宗風。砥柱末俗。慎勿存厭世之思想。謂天下興亡無與於己事也。

博大昌明於先儒學術獨能體認眞切合作也

問信守名教之心何以於眞理無毫末之增益

吳福同

孟子曰無是非之心非人也若是乎鑒別是非之能力固人之所同具也然而我之所謂是者未必人之所謂是也我之所謂非者未必人之所謂非也是非之心固人所同具而我之所謂是非不必盡同乎人之所謂是非也我是之人非之不知我所謂是者之果是耶人之非之者之果不是耶是非聖人莫之能決也我非之人是之不知我所非者之果非耶人之是之者之果不是耶是非聖人莫之能決也然則我之所是者其可以禁人之不言其非耶我之所非者其可禁人之不言其是耶人各有口人各能言人各自有其意見我固不能強人之必同乎我也然則自是其說而禁人不得發異已之論者不且悖逆人道而爲自由之賊乎且我見其於眞理亦未必果有毫末之增益也何者眞理以辯難而愈明不加攻擊辯難則眞理亦不能自顯其果爲眞理也然則禁人發異己之論者是窒滅眞理而非所以自昌明其說也今夫我之所持者未必其皆是也人之所持者亦未必其皆非也執我之所以爲是者而強人之必同乎我此必不可能者也且天下事固亦有相反而適相成者彼之說固異乎我而我之說或待彼說而得自完則是異說也而我且得其益矣而以其異己而禁之可乎且卽使我之所

持而皆是。人之所持爲皆非。我之所持爲眞理。而人之所持爲僞理。則人之攻我。固仍無害於我也。何也。眞理固未有畏人之攻擊者也。是猶良玉也。攻之火之。而玉之良愈彰焉。是猶利器也。逢盤根遇錯節。而器之利愈顯焉。然則異己之說。正所以顯我說之正我理之爲眞理者也。而又何異焉。且使我說。而果是也。我所持之理。而果爲眞理也。不則人未必有非我者也。其非我者。必我說有可非者也。不然、則必人之誤解我說也。不然、則必我之說有未能盡明於人者也。我苟因其非難攻擊。而自審焉。而精進焉。而解釋焉。而發揮焉。而擴充焉。而緝熙光明而張大之焉。使天下之人。皆見我說之果是。皆知我說之果爲眞理。雖欲非之。而無可非。雖欲攻之。而無可攻。因而靡然從我。如水之就下。則我之眞理。不且因人之非難攻擊而愈顯乎。我所持之說。不且因人之非難攻擊而愈得大行乎。然則所謂異端者。正所以促正教之行者也。而又何禁焉。而又何誅焉。若必固守其說。而禁人之異議焉。則獨立自尊而無比較之觀念。我說雖行。而終不能有所增進也。人雖從我。而終不能使之心悅而誠服也。是求保守。而非所以圖進取也。是窒滅眞理。而非所以昌明而光大之也。我未見其於眞理有毫末之益也。然則堅守其說。而禁人發異己之論者。不且爲大愚乎。往者一宗教之興也。他教從而攻擊之。

非難之阻遏之而至其終則信從者日益衆而其教遂得巋然立於世界之上此其故可思也彼其所持者爲眞理則雖多方壓制而其理終不可滅非難攻擊者愈衆則其所持之眞理亦因之而愈顯也迨至異己者去惟我獨尊則比較之念失緝熙光大之志亡而浸衰浸微以至於不復振故當其興也則非之者衆攻之者力禦侮衛道之心日益切發揮光大之功日有加而所持眞理亦遂日以顯浸假而其說大行爲一時人所崇拜則謗譏疑毀降而愈稀禦侮衛道之爭從以益熄而緝熙光大之功遂泯焉不可見矣然則堅守一說而不欲人有異己之說者豈特於眞理無補而已實將使眞理窒滅而令其教日趨於衰也豈不愚哉然而世之信守名教者堅執一說而禁他人言其非苟有非議之者則怒而斥之曰是名教之罪人也是其罪在不赦者也迹其所爲於眞理無一毫之裨益而其人顧自詡以爲能衛道嗚呼是焉得不謂之大愚哉夫以天下之廣也人類之衆也而謂天下之眞理盡在我捨我說以外無眞理此其人非喪心則必病狂者也然則執我說而遂不許人之有異說焉可耶夫名教我固知其不可廢也然謂天下眞理盡在於是而不許天下人之有異說則不可也愛名教者就其說而發揮之光大之以日與他說相競可也固執其說而遂謂捨此以外天下無眞理則

不可也是豈獨於眞理無補而已比較競爭之觀念失緝熙光大之志亡則有使其教日卽於衰而已此我於信守名教者所以謂其無益於眞理而謚之以大愚也嗚呼世有欲昌明眞理者乎請無禁人之非己焉可也

眞實之理運以浩瀚之氣長江秋注千里一放允稱鉅觀

問信守名教之心何以於眞理無毫末之增益

楊嘉楠

萬事萬物皆有眞理萬事萬物之眞理惟一伊古及今聖哲賢豪與夫科學諸家其日與辨難者無非求合於眞理一途第眞理深蘊人智有窮欲得理之眞須先定一說以此歷試於萬事萬物統過去現在未來之三界與此說相容而眞理出焉然欲以有限之智據過去現在二時以定眞理此又不能之事也於此無可如何之中乃有比較眞理一法取各家學說之中擇其通事最廣於義稍切者定爲一時之眞理此所謂眞理者不必與已往之事實悉符更不必期後世之與此無違將以此遺後世使後人難辨擴充以達於眞正之途而已凡名教國典以及科學諸說皆如是也後來之人當就原有諸說徵諸事實或引申俾其道愈明或駁擊以正其誤則去眞理之途愈近而往古眞說更昌人羣進化胥由是耳乃今之信守名教者則不然震於所受之重不敢進而

究其是非以爲是說也乃古代聖人之所立歷百世而不刊窮天下而莫敢議必無可非卽有可非亦非當論嗚呼是自錮其心靈甘奴於莫審是非之說而已是陷立說之聖賢於錮人心靈阻礙羣生進化之罪而已或且附會牽引彌縫舊說或憑藉權勢壓遏新言是以信守名教之故而使已明之理日闇欲發之理不伸也不知立說者之意在期後者有以辨難有以申明使其說大昌爲羣生之指導若此拘墟之徒借立言者以箝制天下使無所議當亦古聖賢所大惡而彼且詡詡自居於衞道之功不其謬哉無論一國名教之說僅憑一世一時而定後來受而安之不必盡洽於天下萬世之公言果使相洽矣從而論之無損其毫末更使其眞日顯而已蓋是非愈辨愈明不知相非者之所以非則其是難見引而申之不如反以辨之之功故與其篤守名教何如深探其非而應以是是則名教之所以重者蓋非此不足以詔匹夫匹婦與夫中人之資也然而名教之必爲是者至難言矣觀此歐西歷史種代名教之爭達於其極至日以白刃烈焰相爲刼制惟一代所尊爲名教者往往爲他代唾棄所不道近證我國列聖相傳人倫大典至今日而視昔日君臣之義以抗死爲忠者至與現說至難盡合然此不足爲聖人病所謂世勢不同後代之事不可預料聖人立此爲一代之眞理而後來

之事則付諸後世論其是非不必期其說無往而不普而與天地同盡者也嗟夫、五帝三王之教得尼山而集大成至今垂二千年吾儒徒惑於信守之說雖或已亦有疑不惜旁穿附會以求彌補而他家之說則斥爲異端致令聖道日入歧途不能平心討究應於時勢普納諸說探其利害二千年來陳陳相因致令孔門治民理財整兵諸道闇而無聞而他種學術摧殘至絕此可爲痛心疾首者也苟使吾人早知思想自由之眞義不以陳說制其心靈日思以國家之言施及於庶政之方疑者辨之缺者商之以我國政府社會對於學說之放任不加干涉則不僅孔道可彰卽戰國諸家之說亦久已致用復何事今日唾拾他國陳言日爲效顰之計哉至於近日更有醉心新化之流以爲孔教不適於今日而得廢止說者此其心先爲情慾所束縛而失其自由彼固未能深審孔道是非之所在故其所言殆無價值之可與辨也

以眞知灼見發精理名言題蘊畢宣推闡曲盡

問信守名教之心何以於眞理無毫末之增益

陳其鹿

曖曖昧昧惴惴縵縵目盲五洲心窒四海抱一先生之言莫知其端莫窮其理服膺而勿失盲從而耳食隨聲而是非挾疾恐見破之私意無從善服義之公心排斥異端不

攷情僞以自誇其爲名教之功臣是其爲人也亦有益於名教者乎答曰否否夫可與樂成難與慮始可與服從難與草創者此眞鄉愿拘儒之所爲豈所望於宏達之士哉浸假鄉愿拘儒塞於天下則名教之眞理將闇而不明鬱而不發豈特於名教無毫末之增益抑恐有害而已世有疑吾言者乎則請引英儒彌勒之言以實吾說其言曰人有信守名教之心震於所受而不敢自用其靈明則雖拳拳服膺而所守者爲是於眞理無毫末之增益也嗚呼、彌勒之論可謂抉眞理之原者矣夫眞理至難言也英儒斯邁爾之言曰眞理難言有昨日以謂非而今日以謂是者有畢生求之而不得者如今是而昨非則正不妨今日之我與昨日之吾相戰爲學能如是則其得眞理之日爲不遠矣奈端爲格致家之祖其爲學博大精粗無不畢舉廣包九埏細入無間其言尙曰吾所得之眞理眞滄海之一塵學海茫茫其廣博無涯涘嗚呼、眞理之難以探索也如此學問之廣博也如彼從善如流誠意以求猶恐勿及而況拘守一隅者乎吾生也有涯吾知也無涯而更欲執一先生之言以自束者不亦病乎蓋名教可以知其眞理而信守然不可因此而屛絕異端也世更有疑吾言者乎吾請更申中國古昔大儒之談以解其惑朱晦庵之言曰莫謂孔子終無過讀其書要求其是處此言可謂精義入神之論矣夫辨生於末俗窮鄉多異曲學多辯不知而不疑異於己而不非公於求善者也莊生之言曰六合之外聖人存而不論六合之內聖人論而不議春秋經世先王之志聖人議而不辯誰毀誰譽知吾罪吾大道之在斯世是非之在人心後世自有知者彼叫囂訾議詬病異端何爲者楊子爲吾聖人內治之學也墨子兼愛聖人仁民之旨也曾史屈莊狂狷之流亞也彼其立意皆有一長者也彼倡言闢楊墨而自居仲尼之徒又何爲者儒者一師而禮異道者同歸而異途一致而百慮是故儒分爲七墨離爲三彼矯然獨是而作非十二子篇又何爲者凡若是之類皆但知信守名教而於眞理毫無增益者也孔子問禮於老聃可謂誠意以求眞理者矣夫名教而固爲有眞理則其他之異端猶爝火之爭光日月蜉蝣之撼大樹而益形其絀名教之眞理且日以明也不亦善乎明儒張滄水之言曰秦皇焚經而經存漢儒窮經而經亡言異端之存不足以損名教而經生小儒之信守名教排斥異端者適足爲害而毫無增益也余讀西史至馬丁路德改新景教悍然毅然獨行其是百年之後新教大昌文明日進由宗教之改革進而爲政治之改革至今而國治日臻隆盛者蓋未始不皆食路德之賜也吾中國則不然後世稱爲儒率皆束縛其心思非孔孟之書不讀其尤下者乃至以習儒

非難之阻遏之而至其終則信從者日益衆而其教遂得巋然立於世界之上此其故可思也彼其所持者爲眞理則雖多方壓制而其理終不可滅非難攻擊者愈衆則其所持之眞理亦因之而愈顯也迨至異己者去惟我獨尊則比較之念失緝熙光大之志亡而浸衰浸微以至於不復振故當其興也則非之者衆攻之者力禦侮衛道之心日益切發揮光大之功日有加而所持眞理亦遂日以顯浸假而其說大行爲一時人所崇拜則謗譏疑毀降而愈稀禦侮衛道之爭從以益熄而緝熙光大之功遂泯焉不可見矣然則堅守一說而不欲人有異己之說者豈特於眞理無補而已實將使眞理窒滅而令其教日趨於衰也豈不愚哉然而世之信守名教者堅執一說而禁他人言其非苟有非議之者則怒而斥之曰是名教之罪人也是其罪在不赦者也迹其所爲於眞理無一毫之裨益而其人顧自詡以爲能衛道嗚呼是焉得不謂之大愚哉夫以天下之廣也人類之衆也而謂天下之眞理盡在我捨我說以外無眞理此其人非喪心則必病狂者也然則執我說而遂不許人之有異說焉可耶夫名教我固知其不可廢也然謂天下眞理盡在於是而不許天下人之有異說則不可也愛名教者就其說而發揮之光大之以日與他說相競可也固執其說而遂謂捨此以外天下無眞理則

注：原刊如此，页码“二十”被误排为“十七”。

不可也是豈獨於眞理無補而已比較競爭之觀念失緝熙光大之志亡則有使其教日卽於衰而已此我於信守名教者所以謂其無益於眞理而謚之以大愚也嗚呼世有欲昌明眞理者乎請無禁人之非己焉可也

眞實之理運以浩瀚之氣長江秋注千里一放允稱鉅觀

問信守名教之心何以於眞理無毫末之增益

楊嘉楠

萬事萬物皆有眞理萬事萬物之眞理惟一伊古及今聖哲賢豪與夫科學諸家其日與辨難者無非求合於眞理一途第眞理深蘊人智有窮欲得理之眞須先定一說以此歷試於萬事萬物統過去現在未來之三界與此說相容而眞理出焉然欲以有限之智據過去現在二時以定眞理此又不能之事也於此無可如何之中乃有比較眞理一法取各家學說之中擇其通事最廣於義稍切者定爲一時之眞理此所謂眞理者不必與已往之事實悉符更不必期後世之與此無違將以此遺後世使後人難辨擴充以達於眞正之途而已凡名教國典以及科學諸說皆如是也後來之人當就原有諸說徵諸事實或引申俾其道愈明或駁擊以正其誤則去眞理之途愈近而往古眞說更昌人羣進化胥由是耳乃今之信守名教者則不然震於所受之重不敢進而

信守名教之徒必其去泰去甚庶不致失其思想之自繇而於眞理轉無毫末之增益倘以吾之所言爲違名教或更從而斥之爲邪說爲異端則亦徒見其適中吾之所言耳英之穆勒固嘗爲吾先言之矣穆氏固哲學家而又深究名學者也惜其證辯推籀之能猶未能道及眞理之果何所在以穆氏之明寧不知此或彼故留此以待世之崇尙思想自由者爲之闡明於來日耳然穆氏固嘗謂信守名教之心於眞理無毫末之增益矣吾聞東方學者多以名教爲不二之信仰此其所蔽與歐洲中世紀之信仰宗教者正同名教與宗教究其極同爲一種之思想信仰而已吾更有所欲言者則思想自繇完全達到之日必至名教與宗教俱絕迹於世界字典中屆時而言眞理之所在不煩證辯推籀而自大白矣但今日者尙非其時恐彼信守名教之狂熱者徒目之爲邪說異端而不之悟耳然則吾亦惟有如穆氏之所言謂信守名教之心於眞理無毫末之增益而已其他則非所論焉嗚呼

剖析精當闡發入微一洗繁蕪獨標眞諦

問信守名教之心何以於眞理無毫末之增益　伍淵

蒼蒼者非天也耶芸芸者非人也耶鴻濛初闢天地以分天下皆渾於智識庸中傑者

以其較智之知出其獨覺之能爲衆謀衣食居住以遂其生於是智識萌芽而義理生焉其後哲者本此理而擴張之故后稷教民稼穡契爲司徒敬敷五教衣食足而禮義興綱常之名立而名教於以流傳而不悖及乎民智日開智識日進哲人賢士遂各抒其所見發爲文章於是競爭之心盛而眞理出矣此進化之階級本於世運之升降自由言論如波濤洶湧固不可遏之以勢使之不流也夫名教固未嘗非眞理也顧信守之心深則如膠柱鼓瑟至死不變一切欲發之言論悉爲束縛限制於無形欲發而不敢發欲言而不能言窮其極必有世界日進化文明日退化之勢殊有背於天演進化之公例也何也以其可經而不可權可常而不可變也墨子之倡兼愛也蓋以民吾同胞物吾同與欲進世界於大同也楊子之倡爲我也謂人當以身作則潔躬自好毋自害害羣蓋卽大學正心修身之意也兩者均有所偏救其偏者當兼容幷包折衷而行不可謂爲異端邪說遂定爲信讞以誣人誣道也夫無父無君之說豈楊墨倡言立論之本意哉吾知其必不然矣是後人誤會妄揣之過也夫天演競爭世界文明天賦自由從我所好道日講而大道日明理益辨而眞理益出振衣高岡沛然長往孰能侵我孰能止我若斷斷然以名教爲立言之標準則凡立一新說發一奇論輒曰是有背於

名教也是名教之罪人也種種顧忌遂使高言妙論消滅於無形心欲發而不敢發嗚呼、尙得謂之言論自由乎苟不除此惡習眞理尙有闡發世界尙有進化之日乎春秋戰國之世我國學術最昌明之時代也藉使後人以各家之學說各以其力闡發而昌大之其有功於後世者豈淺鮮哉而乃拘拘於名教之說遂使中國固有之學術一誤於漢之訓詁再誤於宋之理學三誤於明之八股而不能昌發而今轉汲汲然求學外人名教與眞理之闡發殆與如水火冰炭之不能相入也而今則貧富不均閭閻大困私人道德墮地盡矣使楊墨之說早倡陳相許行之言亦闡發而昌大之與法儒盧梭民約之說相較其影響於法會豈有異哉是學說之有益於國家社會至重且大也雖然、名教者亦維持世道人心之天經地義也特不可泥而不變耳折而衷之是所望於善學者

詞氣昌明確有闡發

問姚廣孝囑燕王謂孝孺必不降不可殺之殺之天下讀書種子絕矣假令燕王聽廣孝之言正學先生果隱忍不死乎試推先生維持名教之苦心以闢廣孝佞邪之謬說

薛紹清

甚矣姚廣孝之佞邪也觀其囑燕王謂孝孺必不降不可殺之殺之天下讀書種子絕矣嗚呼是廣孝之奸言也先生死則天下讀書種子可不絕生則於是絕矣何以言之天下有讀書而爲名節者亦有讀書而爲利祿者爲名節之種子其收效也如先生之於有明爲利祿之種子其結果也如馮道之於五代故必去利祿而存名節而後讀書種子乃可以言不絕蓋名節道之藩籬藩籬不守其中未有能存者也先生以維持名教爲心殉死完節正以保守藩籬藩籬守則名教不墜讀書之種子不絕忠義之氣鬱而益奮種子實而根本固根本固而枝葉茂吾觀有明一代儒士之後先輝映者指不勝屈推其所由則先生之殉節有以致之十族何妨之言可以泣鬼神而感天地使天下後世肅然知名節之重則先生之死正所以啓淑來祺奮乎百世之上百世之下聞者莫不興起誰謂先生一死讀書種子與之俱絕乎且卽讀書種子與之俱絕而先生爲名節計亦不可不死假令先生不死覥然偷生自撤藩籬後之讀書者且以先生爲口實譬五穀不熟不如荑稗種子一壞將荃蕙化而爲茅蘭芷變而不芳有平津之曲學阿世而漢季乃多仕莽之臣有魏徵之反顏事讐而梁初曾無忠唐之士乾坤之正氣既亡恐人類亦將澌滅尚何讀書種子之可言哉彼廣孝非不知此義也顧乃爲斯

言者直以身爲罪魁必欲破壞他人之名節以爲得計且藉此以籠絡一世之人心吁、其心亦險矣哉然元之君臣不能屈文文山謝疊山以不死而廣孝顧欲使燕王屈先生以不死乎嗟乎金川失守陽九是逢正先生表見所學之日隱忍不死有是理乎況是時適承元末風俗偸薄禮教蕩然士夫不知名節爲何事先生方心焉憫之鋭意爲學思一正偸風於末俗既以自勉且以勉人當世仰之如泰斗重先生者莫不願先生之速死如謝皐羽之生祭文山焉及至先生殉節南都而後先生之心之志上與日月爭光粹然爲一代之完人廉頑立懦後學有所規範彼從亡諸臣身依故主歷關山涉津梁飄流絕域而終不渝其初志者其心猶先生之心也明士尚氣節先生啓之而先生之氣節一死成之死則可以對建文及從亡諸臣而亦有以見太祖於地下非特維持名教足以見先生之苦心也嗚呼是乃先生之所以爲正學而廣孝之所以爲佞臣也

說理明顯措辭英挺有造才也勉之

問王陽明先生不動聲色而擒宸濠功業冠乎有明一代論者謂其生平學問之得力在於龍場貶謫之後其說如何　鄒恩潤

天下之事不誠無物為聖賢者非徒詡然自謂曰吾聖賢吾聖賢而遂得為聖賢也必有其所以為聖賢者在焉為豪傑者非徒詡然自謂曰吾豪傑吾豪傑而遂得為豪傑也必有其所以為豪傑者在焉功業得力於學問學問得力於修養偽聖賢不能成聖賢之功業既為聖賢矣則功業乃其末事也偽豪傑不能成豪傑之功業既為豪傑矣則功業乃其末事也是猶獸之走壙水之趨下勢之所必至理之所必然放之四海而不惑俟諸百世而皆準故有志之士欲求為聖賢者當求其所以為聖賢之道焉勿徒慕其功業之足以震眩千古也欲求為豪傑者當求其所以為豪傑之道焉勿徒仰其功業之足以流芳百世也蓋人徒見其功業之足以震眩千古流芳百世也而不知其所以致此者則在乎學問其所以成此學問者則在乎修養吳康齋先生為明儒泰斗而其學問乃刻苦奮勵多從五更枕上汗流淚下得來於是乎知修養之功非悠悠蕩蕩而望其有所成也吾觀王陽明先生不動聲色而擒宸濠推其所以致此之道不禁於晚近世風有深感焉夫一家之中必家長子弟視一家之事不啻一身之事而後家之興也勃焉一國之內必上下國民視一國之事不啻一家之事而後國之興也勃焉時先生方奉敕勘處福建叛軍宸濠之反先生固不任其責乃一聞濠反返古安破南

昌遇之樵舍三戰俘濠措國家如磐石之安定大亂於瞬息之際以視後世之視國事如秦人視越人之肥瘠者其勝負可以知矣然使他人處此或袖手旁觀或驚惶失措遑問乎勝敗哉先生之所以定此大亂而不動聲色者固有道焉其道維何則得力於學問而其平生學問之得力則在龍場遷謫之後居夷處困動心忍性因默坐澄心之理悟格物致知之道道德文章優入聖域宸濠之平思田之服乃先生學問之表露固其末事也嗚呼晚近世風如江河日下莫知所屆處積薪之上而嬉笑自若游熱釜之中而以爲溫泉有志之士憤怨不平而攘攘而來熙熙而往無一不以救國志士自處而國事乃愈非蓋昔者之僞道學以酒氣財色不礙菩提路而今號爲救國志士者則幾以非酒色財氣不足爲聖賢豪傑天下之喪心病狂有過是耶彼且詡然自得沾沾自喜若以爲功業可以坐得而學問不足道也者言以講學之風修養之功在惕勵奮勉彼且充耳而走而譏誚唾鄙接踵至矣若是而欲興國國其有瘳乎有志之士聞陽明先生之不動聲色而成震天霹地之功居夷處困而悟聖賢致知之學盍興乎來

庖丁解牛如土委地所謂技進於道也向見作者聽講端容默坐異於常人閱此文知其修養有得喜極喜極

問五族能否同化試究言之

陸以漢

聞之天得一以清地得一以寧萬物得一以生王侯得一以爲天下貞若是乎一之爲貴也今乃於一國之中而有五族之分言語衣服不同風俗嗜欲各異情意由是而隔閡心志以之而渙散蕭牆隱患有同室操戈之憂滿盤散沙無敵愾同仇之概內訌不已外患將滋此五族同化之所以不可緩也獨是習熟故常人之恆性改絃易轍世所難能況漢滿蒙回藏五民族者歷世戰爭相讎已久一旦欲其去舊恨遵新猷舍向來之風俗習慣以趨於同化夫豈易事雖然、所謂五族者不過今日通用之名詞非五族之先眞有鴻溝之判也滿洲之先爲金蒙古之先爲元皆嘗入主中夏當時士夫改姓名從之以致通顯者所在多有漢世與匈奴和親唐代與回鶻吐蕃和親中行說李陵衞律韓延壽輩並以漢人遠徙塞外子姓遞衍遂爲異族是則滿蒙回藏四族之中皆含有漢族分子也元魏孝文改鮮卑從漢姓若長孫歐陽等子息繁衍其始固莫可究也五代後唐後晉後漢皆以沙陀用漢姓元室既亡蒙古人之散處諸州者概從漢姓其後亦未嘗改也回族入居華夏與民雜居雖宗教不無特別之儀文而習慣初無異常之風俗藏人如氐羌等族昔嘗用苻姚諸姓久處中原遂失其舊是則漢族中亦含有滿蒙回藏之分子也由是以觀五族之先固嘗有同化者矣特默化潛移變遷於不覺耳夫五洲競立列國爭雄固種與種相爭之時非族與族相爭之時也彼白人方合以謀我而我黃人乃棄昆弟之好尋手足之嫌自相猜疑自相分立自相啓衅是則鷸蚌相持使漁人坐收其利者也且今日之所謂同化者非使四族棄其本來以合於漢族也特於典章文物擇其較優而適於生存競爭者以圖富強耳是故禮服之制一爲西式一爲滿裝職官之制概仿西法一切練軍教育行政之端固采萬國之良法而非我漢族之所獨有者也四族人士何難同化於玆哉或疑昔日漢人倡民族主義者有人倡排滿主義者有人而近日滿人則有宗社黨之成立蒙人則有庫倫活佛之獨立藏人則有番軍之襲擊漢軍離析分崩惡兆迭見以爲五族不能同化之證不知民族主義排滿主義云者胥以達政治革命之手段非漢族之志也今自共和以來滿漢交歡猜嫌悉泯特少數頑錮王公倡宗社黨之名以爲外人奴隸耳外蒙獨立命等蜉蝣徒以爲俄人所刼持不得來歸一旦命將出師蒙人之來同可預計也藏介兩大之間受英俄之惑故有驅逐長官之舉使漢族以誠相見當不難解舊嫌而聯新好也雖然、五族之同化不難而漢族之分崩可慮蜩螗沸羹紛擾旣遍於全國焦頭爛額大禍將布於九州同是炎黃之遺冑忍存畛域之偏心坐使外邦承認延期四海之蒼生塗炭一族之中尚不能就統一之規模更何望五族之同化耶此則有心人所以爲悽愴傷懷者也

淹貫賅洽才氣恢張搖嶽淩滄方斯勝槩傾倒之至

問五族能否同化試究言之

林若履

五族同化近人吳氏貫因論之詳矣（見庸言第七八九期）林子曰其能乎其不能乎夫五胡之奪晉金元之奪宋滿清之奪明謂其爲能也何以卒見逐於神州李克用劉智遠安祿山輩之冒用漢姓是人同化於我趙武靈之胡服騎射隋士夫之學習胡語是我同化於人謂其不能也何以見稱於史策林子曰噫豈有天然界限於其間哉人而善之能其不能人而非之不能其能孔子之作春秋諸侯用夷禮則夷之夷而進於中國則中國之夫昔日之所謂中國所謂漢人者以教化言也舜爲東夷之人而見聖於諸夏文王爲西夷之人而推重於當時季札聘魯聖人進之四凶不馴聖人流之是所謂夷夏者豈分種族而言之哉亦以教化爲標準耳春秋之楚吳越固擯於諸夏今豈能目蘇浙湖爲夷人乎兩漢之粵滇黔固未置郡今豈能目廣雲貴爲夷人乎種族不分文化是

賴則安知他日之滿蒙回藏非今日之蘇浙湖廣雲貴也吳貫因有言曰滿蒙回藏以地言以教言非以族言也如粵人吳人閩人湘人既不能謂之爲異族安能以滿蒙回藏爲異族乎如道教釋教儒教既不能謂之爲異族安能以滿蒙回藏之教爲異族乎漢族既混化於四族四族亦混化於漢族（吳氏篇中言之甚詳）是五族之名詞不能成立也於同化何有哉林子曰凡物不平等級立見虐政愈甚民忌愈深春秋之嚴夷夏以其擾亂民生也五胡入據民不安枕元主中夏南人不能爲官清據神州旗人安坐而食噫此其嫉忌愈深而不能同化之故歟林子曰嗚呼今何時乎今何世乎強鄰眈眈中原鼎沸豈如昔日之爭睚眦辨內外乎豈如專制時代之沒平等立階級乎無漢無滿無蒙無回無藏同列於共和政體之下無所謂階級也同施以普及之教育無所謂此文彼野也同導以國語文字無所謂言語不通也同通以鐵道電線無所謂風俗不同也蒙藏邊急移內地之民以實之滿回植鑛移內地之民以開之聯婚姻使雜處吾恐不百年後而滿蒙回藏之名直等於春秋之楚吳越矣或曰活沸獨立達賴不馴是子欲同化於人而人不同化於子將奈之何林子曰余固言之人而善之能其不能人而非之不能其能使吾共和政府立於強固之地位實內力而建外功則活佛達賴夫何能爲

是固無礙於我之同化也若置國家於不顧而徒尚黨爭則南北官民已等於滿蒙回藏矣自化不能遑論化人哉

周帀詳明識解通達文筆亦回翔容與跌宕多姿是眞潛心伏案之士

雜文類

擬莊子秋水篇

張宏祥

蠕蠕者蠶飽桑熯絲破繭而爲蛾嫋嫋者蛾潤羽舞翼委蛻而成蝶自以爲變化無常幻眞不辨而入乎仙域矣一日見雞而道其所變洋洋乎若萬物皆不已若也雞曰吾生而渾渾無翼無足無口無目是名曰卵一旦破殼啼之成聲行趨有足然而行之濡濡也嗚之嗚嗚也徧體柔毛不有堅羽是謂之雛晝戲夜眠時而久之毛羽豐而飛高音聲宏而驚曉此吾之化變不亦愈於子乎吾常自以爲無極而子匹之不亦惑乎蒼蒼乎浮雲聞其語而下與之言曰吁乎子盍來以觀吾變蝶雞相與仰首而觀則見乎蓬蓬者茫茫者凝積者流動者如山如水如羽如鱗如猛獸之舞爪如蛟龍之潛淵其變如是而已乎猶未也煥乎照爛攙兮成章白者如雪之散黃者如金之相渥然爲赭昭然如月之未央其變如是而猶未也騰之成雨蕩之成風散之爲霧閃之爲電蝶雞

之目眩而雲變猶未已也雲乃謂之曰子等亦足乎此乎然而僅一旦一夕之變耳苟天地無窮日天地將無窮變苟我智無窮期我智將無窮變化有爲無化無爲有地有水而阻行創舟以制水有舟而無水矣水有浪以盪舟舟無而水有矣舟變輪機而破浪有輪而無浪矣故舟興而水滅車舉而陸近電綫設而萬里一室電燈作而無燭夜明汽機發明而釽摫兼呈製造繁盛而器用以給是以仁義不衰而人類不死禮節不喪而國家不亡變以存其不變而不變卒於變血輪循環之變所以成人生存之不變血輪凝滯不變所以成人死亡之變故變處於必然而無窮是變不足奇也變足奇是變有窮也變何有窮乎默默乎子惡知變之道哉

閎大俶詭瓌琦儵忽此之謂擬莊之文

擬莊子天運篇

童維善

粤自睢盱萌芽元黃剖判大造言其造化工施其工循環無端剛植其體運行不息強要諸恆孰主宰是孰綱維是其有大道厥爲天運時遇聖賢天運之道以明故民吾胞也物吾與也其所志其所以合天合天卽所以明天運之道時遇豪傑天運之用以著故撥其亂也反其正也其所施其所以順天順天卽所以著天運之用故天運者天運

也其有物也其無物也是有陽剛之象是寓乾健之意人之於天運也則何如審其所審察其所察在善乘天運而不委天運者非命也天運者非數也是惟無端之妙是爲不息之功嗚呼聖賢知之豪傑能之自聖賢既去豪傑云亡微言之絕吾道乃乖以天運爲天數等天運於天命其意若曰盛衰存亡之理天數也天運也故不操諸人而操諸天死生禍福之故天命也天運也故不聽於人而聽於天非但認虛無不知於天數且以日用常理爲天數不僅視妖祥莫測於天命且以家國大事爲天命夫以天運爲天數視萬事皆數也故事有所不舉以天運爲天命視萬物皆命也故政有所不問是皆迷信天運者也迷信天運之極其害豈止亡國敗家其禍不僅洪水猛獸嗚呼不有剛正之操何以爲天運不有自強之功何以爲天運夫惟聖賢豪傑之知其然也講禮明義而不言數有爲有守而不及命是蓋善審乎天運也然聖賢豪傑不言數而有時言之不及命而有時及之尼父聖人也胡爲而嘆斯文屈子忠臣也胡爲而問彼蒼項羽蓋世之雄曷爲亦有亡我之吁不知是非眞所以言數及命也是非聖賢豪傑之本意也蓋人窮則反本疾痛慘怛則呼父母勞苦倦極則呼天此有生之大情也雖在聖賢豪傑有時而亦假以鳴鳴者鳴其一時不平之意非鳴其講道立身之初心也故尼

父之嘆屈子之問項羽之吁皆不得已也固非所以言天數及天命也不然使孔孟而委身於命數之中則老死鄒魯之間足矣胡爲乎席不暇煖周遊齊梁遑遑欲何之耶夫聖賢豪傑之於天運蓋能知其道明其用也故天數之事不言言之必以道天命之說不及及之必以道蚩蚩之民不知禮義爲何物而有以用吾天數之言泯泯之君不知仁義爲正務而有以用吾天命之說是又不得已之苦心也嗚呼聖賢豪傑之善乘天運是豈與迷信天運者同乎哉嗟乎天地之悠悠久久天運爲之也萬物之孜孜息息天運爲之也故曰無端之妙不息之功人惟能剛能正自強不息乘天運而不迷善用天運而不爲天運所用夫然後聖賢之志也豪傑之事也循環無端運行不息而存乎陽剛乾健之道此乃天之所以爲運也作天運篇

樸實說理深得易義

擬戰國策中期對秦王語

孟憲承

秦王閒居中期侍坐王曰寡人有天下臣億兆之衆羣臣慴服子畏我乎中期對曰王匹夫耳何畏王勃然怒中期又曰王勿怒也臣請得申其說普天之下莫非王土率土之濱莫非王臣雖然天下之土不能自致於王也王必有以鎭撫之天下之臣不能自

歸於王也王必有以綏來之王不觀夫桀與紂乎貴爲天子下而輕於獨夫威足以加四海而不能保其土力足以懾羣臣而不能和其民王又不見夫少康與武王乎田一成衆一旅以復大業亂臣十人而天下治今王食夫稻衣夫錦而不知民生之不易禍至之無日戒懼之不可以怠也山藪藏疾瑾瑜匿瑕日中則昃月之滿也必缺思我王度式如玉式如金刑民之力而無醉飽之心王其戒之哉王滋不悅曰然則子不畏我乎我將矐爾目刖爾足以觀爾之畏中期亦怒曰臣得釁大王之鼓無所恨王誠能瞽臣目而不能盡瞽天下之目也王能刖臣足而不能盡刖天下之足也人盡瞽其目刖其足顧王之目可以獨明王之足可以獨行乎王益怒勃然變色顧左右曰殺之左右縶中期蒙以被載而過朝應侯趨而過見其首問其故患之叱左右曰王無詔不得擅殺汝矯王命者族矣操劍室以示之左右莫敢動具以告王王使召應侯而讓之應侯曰臣固知非大王之命也明主不掩人之義忠臣不愛死以成名中期固悻悻而王豈爲是斗筲者哉國無法不立令無法不行請斬左右之矯命者以徇王無已笑而謝曰寡人有過非左右之罪也召中期而釋之

無中生有酷肖戰國人口吻繪影繪聲神乎技矣

擬燕將答魯仲連書

陳仁愔

仲連先生几下辱書教以所不及僕實感之雖然僕不能無疑焉僕聞之賢者不背國而利己勇者不畏死而下人背國而利己則國何貴有此人臣畏死而下人則身雖苟活垂惡名於萬世雖不才如僕亦自知其不可爲也足下向抱不羈之才慨然往趙止六國之帝秦忠義之氣充塞天地天下之人莫不景仰足下衆口同聲以足下爲當今之正人君子而來書所以教僕者皆非僕意之所及亦非足下之所應言也意者齊人託足下之名說僕乎抑足下變其常態爲齊人說僕乎來書謂罷兵歸燕可立功名東事齊國可以分封又謂不效小節不惡小恥可成榮名立大功管仲曹沫可爲前鑒嗚呼亦何不思之甚也爲大臣者不能守此一聊城而乃引兵歸國思保全燕夫燕王既疑僕矣僕不得君命安能棄城北歸乎東事齊被天下惡名非僕所知雖曰不效小節不惡小恥如管仲曹沫僥倖成功亦足爲法僕誠不敏不願步管仲後塵恐蹈亂臣賊子之名亦不敢爲曹沫敗軍之將爲世所譏望足下勿徒以威脅僕以利誘僕僕身可死不可降夫聊城一地關係齊燕甚大僕若引去齊雖大利而燕則有大害矣僕又何以自飾於天下耶僕有死而已他非所知也僕之將兵有年矣雖無墨翟之善守孫吳

之善將然自信深得士卒之心加以聊地形勢甚佳而內之倉廩府庫一時猶不至匱乏敬待齊之一決勝負可也然有一說者僕被讒於燕隻身孤守此城士卒死喪無數倘久相持不下是皆僕一人之過也與其生靈塗炭不如一死以保全城百姓耳望足下亦告齊師速退毋徒苦此城之黎庶爲也僕雖死瞑目矣某某謹頓首上言

後路力據上遊議論風發餘亦淸動

擬燕將答魯仲連書

戴成垣

某白辱書承示利害告以禍福敢不問命雖然公爲齊計固忠矣爲生民計亦善矣然爲僕計則未也僕聞良將不逆時而行事烈士不屈節而徼名士食君祿踐君土出而爲國宣威爲民求安雖歷至苦至艱之境困苦顚倒不折不撓不見利而忘義願殺身以成仁若富貴能動貧賤能移威武能屈豈大丈夫之所爲哉燕齊之隙深矣僕爲燕將自當爲燕效忠公爲齊民亦不妨爲齊宣力士各爲其主耳若以今日戰爭之禍歸咎於僕此公未設身處地爲僕謀故也甘言相誑效釣者之餌魚冀僕中計遂公之功嗚呼公之待人不忠矣亦知僕固不爲公惑哉且公非不知燕之疑僕也所以不見殺者無罪可加無隙可乘耳假令聽公之言棄聊城而歸國燕主加僕以私通之罪後世

以叛臣目僕則僕將何以自白耶至若公以列地定封富比陶衛世世稱孤者誘僕尤爲悠謬僕非貪功名忘廉恥者也今聊城之兵尙有十萬倉廩足支十年齊若仍欲以武力從事則僕以十萬橫磨劍相待彼齊敢越我聊城一步乎齊雖欲獲尺寸之功亦未可得然則僕之堅守力固優爲之耳倘聽足下之言至招殺身之禍爲後世所唾罵僕雖愚必不出此下策也謹覆

文氣勁健逼近燕將口吻是讀國策而有心得者

擬廉頗致藺相如書

鄭明

相如足下頗鄙陋昧於大勢竊不自量欲以罷駑之材加諸驥騏之上開罪左右蓋亦甚矣而足下不以此爲病明於大體顧兩雄並傷之義先國家之急而忍私怨卑禮避人使頗益自恧顏既感足下之高義又私幸足下之不成頗罪向者頗妄以足下爲庸人今乃知足下爲天下士也頗不肖一趙國之武夫耳搴旗斬將之功無足稱者乃惑於一時之見羞居足下下頗過矣過矣方今天下之勢若倒懸貪秦眈伺彊鄰四窺一動之機不愼卽足以啓敵而頗昧此爭功競寵忘國家輕朝廷頗之罪不可勝誅矣雖然爲人子者衛其家爲人臣者保其國珠槃玉敦折衝彊鄰頗不如足下攻城野戰爲

國禦侮足下不如頗頗不自量欲與足下言歸於好戮力同心以圖國家之安全擬肉袒負荆請釋前嫌結刎頸交同輔弱趙以禦彊秦幸足下其垂察焉頗謹上

言簡意賅筆法遒勁

擬廉頗致藺相如書

王永禮

相如足下自頃乖違久睽大教言念公私無任惶愧頗一介武夫不諳禮讓言多不檢疚負良深乃又辱蒙不遺顧念大體曲予恕宥不責我罪清夜自思感與媿并頗世食趙祿許身於國足下亦爲趙名臣豁達大度惟我二人初本未有參商在足下深明國體完璧歸趙面責秦王澠池之會頗爲趙王居守足下慷慨前行屈辱雄主頗誠不肖與足下同肝膽一志節所行未嘗異所操未嘗歧也昔者失言罪不容誅及今思之有餘悔矣竊思先哲有言人非聖賢誰能無過故夏禹拜昌言子路喜聞過彼聖賢獨不能免於過況下走之鹵莽者乎且今日秦患亟矣國家多故邊圉不靖戰爭頻仍民不安息朝廷方以外侮爲憂幸足下抱大才負奇謀運籌帷幄決勝千里先公後私不以頗前言爲隙耳頗誠何心能不愧悔假令足下當日以頗之故互生嫌怨貽社稷憂則不佞之罪將浮於二間不佞之肉豈足食乎今足下既感我以義教我以公頗亦自知

過誤痛悔前者失言之罪自今而後不敢意氣用事從足下矢志爲國共圖國家之難三光在上斯志靡他臨穎依依不勝觳觫之至

文有奇氣矩矱秩如

擬高漸離自秦致燕太子丹書

王永禮

太子足下易水辭別白衣送行離與荆卿且歌且舞固願爲足下効力亡秦也風凄水寒跋涉山川茹荼若薺憤氣塡胸南望函谷忽焉在前軻乃提三寸之匕首藏之督亢圖中佐以樊將軍首函一介使者履險如夷長往不返始入秦境法令苛嚴無由得進乃厚賂秦王幸者蒙嘉爲之先容卿與武陽始得奉命以進孰料事變之來不可逆測豎子武陽敗國家事猶憶二子之將進見也臣送至咸陽宮前徘徊左右思得以探聞消息乃無幾何有自內出者言頃內廷有變燕使二人一授圖一獻首歷階而升甫及陛而年少者卽色變若有不軌之謀也者皇怪命其退下傳年長者並取地圖以獻忽聞驚呼一聲匕首出現殿下諸臣惶驚失度無尺寸兵莫知所措當是時年少者在殿下不能同逐皇皇聽左右言拔劍斷燕客左股燕客欲生刼皇皇復斬之燕客中八創死其年少者亦卽於殿下腰斬之臣聞之狂駭正欲再探問秦皇傷否而忽又聞秦皇

下密詔逋荆軻客至急自燕來者悉處死不加訊問一律斬磔臣得此信急反身逃不敢回逆旅變姓名匿宋子家爲庸保然臣竊聞秦皇至好樂臣思復假擊筑以刺之慰荆卿之靈報太子之志第此事較難恐非一時能得機會也容徐圖之耳古人有言曰死或重於泰山或輕於鴻毛臣所以不卽死者誠以徒死無益於燕故呑聲屏氣匿迹隱名日夜思維求得一當而死惟是強秦之暴亟矣關東諸國朝不保暮燕小國也獨力不足以支大國今荆卿一刼未成秦怒燕之心必甚於五國易水之旁無寧日矣未雨綢繆是望足下兵法云先發者制人後發者制於人燕既得罪於秦發亡不發亦亡與其不發而待亡無寧發而以求不亡昨聞秦國內大起兵云將併伐趙之兵以滅燕望足下與鞠武早圖之臣旦夕思圖刺以死期與荆卿相見於九原不能復侍左右矣嗟嗟眷念故國不勝杞憂

語重情長娓娓動人

擬高漸離自秦致燕太子丹書

李熙謀

太子足下遠絕萬里豈忍忘情天佑強秦俾我心惻荆卿承太子之命思燕秦不兩立慨然身許以圖大事報田先生之義決命辭行挾一匕首入不測之強秦易水祖別長

河漫空朔風撲面劍氣眩人筑聲一震悲歌四和風怒水嘯天愁地慘無何聾築一聲四圍響寂車輪轆轉關山無極易水之水渺於千里北望燕雲長懷曷已咸陽既邇函谷郊迎入秦之後荆卿以賂見秦王舞陽奉圖以隨秦庭法仗森嚴郎中侍立士衛夾道舞陽色變不知所措賴卿神氣自若顧笑舞陽以謝秦王覺而檢圖果現匕首當此之時劍光閃爍銳氣侵人寒風淅淅秦庭寂靜伸目吐舌萬口皆噔荆卿則瞋目以視怒髮上指左手執袖右揕匕首俠氣飛揚精烈迸越秦政色變陛上聲震宰輔不知措侍衛不及召有若白虹貫日蒼鷹擊殿奈天不佑燕刺事不就荆卿被創猶復倚柱笑罵擲刃以擊卒罹秦禍當是時秦捕荆卿客急客皆散走漸離亦變名姓爲人傭僕然士當爲知己死秦之爲暴天下之人莫不痛心勇士不忘喪其元志士不忘在溝壑忠臣義士誠不惜一死以安天下況漸離與卿當易濱帳飲時早決必死之心乎荆卿已矣漸離敢不自奮秦王好樂思假擊筑之小技夤緣以進得間而圖之萬一事成則田先生之高義荆卿之奇節太子之壯情皆酬漸離萬死無恨矣嗟嗟白衣送別洗爵勸飲長風寥寥水天無色壯思奮發固視秦王若俎上肉也近聞秦將大舉擾燕惟太子其速圖之無貽後悔

詞多慷慨文有節奏

擬高漸離自秦致燕太子丹書

戴成垣

漸離謹白太子足下別來無恙幸甚幸甚足下憤暴秦之羈束臥薪嘗膽倒屣迎賢知燕秦不兩立與其坐以待斃不若一擊之爲快是以遣荊卿至秦懷匕首武陽爲副以刺秦王方其奉於期之首獻督亢之圖秦廷君臣嗜利忘害手舞足蹈以相慶荊卿又慷慨激亢神色不變故人莫之疑豈知武陽臨秦殿而色變見秦王而戰慄引盈廷之驚疑事幾破露賴荊卿從容陳謝得畢命以出迨至匕首虛擲未能命中以蓋世英雄反傷於侍醫藥囊之一擲悲哉易水之歌聲猶在耳士爲國家捐軀雖死猶生爲知己殉難雖沒猶榮軻雖死矣然忠肝義膽固足令秦政魂魄喪失也今者秦將益發兵攻燕臣以爲刺秦王亦亡不刺亦亡刺而成可以保燕刺而不成亦足以使秦王膽落離之愚計誓不欲生思有以繼荊卿未竟之志幸而事成秦必內亂燕得緩其禍臣所以變名姓甘爲庸保託宋子之介紹借擊筑以近秦王爲足下計亦宜速行鞠武之策遣使西約三晉北結匈奴籌軍餉練精兵以備他日背城之一戰臨穎淚枯不盡欲言

獨得雄直氣發爲大文章較他卷殊爲優勝

擬高漸離自秦致燕太子丹書

吳應谷

太子足下漸離自與荊卿至秦因中庶子蒙嘉進言秦王秦王喜燕之臣服信荊卿之來意朝服設九賓見荊卿於咸陽宮余竊喜天輔我燕致秦蔽於區區之利得成足下之謀以爲當此之時荊卿必左手把秦王之袖右手揕其胸如曹沫刼桓公故事還我侵地雪我國恥矣故余靜竊消息心至快喜奈當荊卿刼秦王時未及身秦王驚起以致不遂所欲荊卿乘憤恨之鋒持堅利之匕首逐之環柱者三穿庭者五秦王魂魄俱喪朝野震驚及秦王拔劍重傷荊卿荊卿乃投匕首以擊之復不中嗟夫荊卿之心苦矣假使舞陽豎子足以謀得共達於秦庭之上則秦王雖逃逸其能免於二人之截擊乎此事之敗雖曰天命而未嘗不由人事也且足下亦不能辭其咎荊卿之遲遲而發也將有所待與共也足下不諒再三請行以至不及所待而豎子又不足與謀故致如此雖然足下爲國之心切舞陽亦非不忠於足下者要之秦惡未極天殆將留之以俟後人刺之漸離不才是以思繼荊卿再刺秦王聞秦王好樂臣思以擊筑進今臣變姓名有宋子者已爲臣言擊筑之善於秦王矣倘秦王近臣此大好機會也嗟嗟寒風蕭瑟壯士不還荊卿之志不成祖國之淪亡在卽天若佑燕秦王或死臣之手中未可知

也區區之心足下知之漸離謹言

筆意廉悍卓然不羣

擬外黃小兒說項羽勿屠外黃書

吳鍾偉

項王麾下聞之得人者存失人者亡功業之得失視人心爲轉移昔周之興東征西怨南征北怨引領相望提筐相迎天下無敵無他以德服人也若夫以力服人者非心服也力不足也終必叛之今天下事未可知也大王而不欲爭天下則已矣必欲爭天下非改殘暴之心不可大王曩者阬襄城屠咸陽殺田榮降卒及擊阬秦卒二十餘萬人既忍且暴此天下所以不歸心大王也夫士卒之所以降者求免死也今大王阬降是使天下士卒不敢降大王也不降死降亦死死於已降之後不若死於未降之前矣是使天下士卒盡與大王死戰也自陳涉發難兵興以來大王所阬殺之人不下數萬所經之地血流成渠父戮死於前子殺傷於後老母涕泣寡婦唬號悲哀之氣盈溢閭巷見者痛心聞者酸鼻破家散業老幼相離無貴無賤一朝並命嗚呼痛哉誰非人子天下未有阬其父兄而不怨恨切齒者也今被大王所阬殺之卒數百萬其家子弟莫不欲噉大王之肉以洩胸中之怨恨也衆怨所在欲得天下難矣大王兵雖精將雖勇失

民心若此安能以得天下乎今與大王東面爭天下者沛公沛公仁慈與大王異大王不觀沛公乎入關財物無所取婦女無所幸關中父老上下歌德大王至咸陽燒秦宮室火三月不滅屠戮人民尸積遍野收其貨寶掠其婦女咸陽父老怨聲振天此諸侯之所以叛大王而三秦所以降漢也沛公勇悍仁強不如大王而沛公得民之心大王名雖爲霸實失天下心百姓不親附天下多怨特刼於威彊耳大王欲滅沛公須改殘殺之心而以恩德施人庶幾大事可成也夫彭越彊刼外黃外黃恐故且降以待大王大王至又皆阬之百姓豈有歸心從此以東梁地十餘城將不敢復降王也臣爲王計應赦外黃當阬者以示天下天下聞之必聞風爭降王也幸大王熟計之外黃兒上言

議論崇閎波瀾壯闊中段尤饒精采

擬外黃小兒說項羽勿屠外黃書

吳應谷

項王麾下昨聞大兵臨外黃外黃人民遐邇震動當時軍事旁午不能卽簞食壺漿以迎致觸麾下盛怒傳聞麾下將效長平故事欲阬外黃城中十五以上之男子以示威罰外黃之人誠知就死無日矣雖然麾下亦欲天下乎如欲就天下奈何出此曩者麾下破秦阬降卒屠咸陽已失天下之心人民怨毒痛入骨髓不敢叛麾下者刼於威耳

麾下曾不此覺暴虐益烈竊爲麾下慮之麾下誠欲就天下何樂爲毆爵之鸇毆魚之獺以益沛公乎哉沛公自入關以來約法三章秋毫無犯志在安民天下悅之麾下仗拔山蓋世之勇欲以威力刼天下以視沛公何如哉沛公勇武不如麾下而仁恕之心實過麾下今與麾下西嚮爭天下者沛公也沛公得民心而麾下日爲失民心之事今天下未定麾下有天下之半沛公亦有天下之半夫得天下有道得其民斯得天下矣麾下倘能以此爲務從此撫慰天下以得民心事尚可爲若必試屠阬之忍以對我外黃恐天下大事從此不可問矣外黃如此他城可知從此以東梁地數十城將皆深溝高壘厲兵秣馬以待麾下寧戰以求生不降以就死天下誰肯爲麾下用哉麾下及今悟悔下令赦外黃當阬者如此外黃之民悅服餘城聞之皆易下矣願麾下詳圖之外黃兒某啓

古茂似漢初文足徵進步可嘉也

擬孫會宗答楊惲書

童維善

宗白子幼足下曩者奉詞稍盡忠言乃蒙不察辱書自天而降縱琬琰滿目足下之言語妙天下然於僕之心則不諒已甚且處今之世爲今之人亦弗應爾爾也念僕總角

相知忝屬一日之長亦恐違孔氏善道之義故復略陳左右唯足下終察焉嗟夫子幼處世實難爲人尤不易文王翼翼姬公几几柳居汚而若浼顏簞瓢而安貧彼豈樂爲迂闊哉身不可以不修也故文周聖人也柳顏大賢也猶兢兢自克若是後之明哲宜何以加夫豈仁義之求獨在卿大夫乎然僕非敢望足下之進於此也第念足下處今世爲今人亦嘗佩卿大夫之綬服卿大夫之服矣修身之道漬之宜久今雖廢退尤當恐懼烏可荒淫無度而不自知僕前日之言誠預見足下今日之心與夫後日之禍也足下年少氣盛行未必不取怨於人當茲失勢之時又不知自節縱聖朝不諱保毋僉壬之乘其後乎僕愛足下所以痛心有詞何圖逆耳良藥非唯不入不食且振振然若憤僕之多談嗟夫僕誠不忍不多談矣足下自思南山之詩何詩也送終之語何語也富貴不須荒淫其可不諒僕心詎覩僕志一片怨憤文字尙復友道之足云僕於今亦審足下之不可告語矣雖然僕終不忍不言竊自怪前書之未盡意故聊復言之冀足下翻然一悟處世爲人之不易也嗟夫子幼念禍至之無日可不愼哉宗白

胎息古茂風骨高騫逼近西京文字

擬孫會宗答楊惲書　陸以漢

頃辱答書。憤怨之心。溢於言表。若望僕相知不深。隨俗見毀。僕雖固陋。亦嘗聞古人交友之風。何至若是。蓋聞智者不逆天以行事。明者不侈汰以取災。賢者不怙過以飾非。今吾子以語言之失。陷於悖逆。幸獲放歸。得保首領。乃復不自蓋藏。意氣用事。非智也。治產業。起第宅。縱財自恣。放縱無度。非明也。不受規勸。怙過不悛。又強爲之辭。非賢也。由子之志。無變子之行。災害之來。可指日而待。僕忝辱交游。不忍視子之取禍也。故敢復進其忠告。惟吾子察之。夫盛衰之理。有若循環。剝極則復。泰極則否。是以李斯尊相卒滅三族。不韋擅權。遂至遷蜀。子以宰相之子。少列九卿。一旦失爵去官。遂深怏怏。夫以子之逞欲陵人。結怨已衆。得全首領。爲幸已多。正宜閉門養晦。息影韜光。奈何時抱不平。心懷怨望。私殖貨財。交通賓客。詡詡然以豪俠自矜耶。曩者郭解。名震關東。不得其死。俠者之遭世忌。亦可見矣。吾子以卿相世家。一朝失職。廣事結納。縣官知之。其介介爲何如。又況吾子於酒酣耳熱之餘。時復怏怏不平。誹謗時君。譏議朝政。不勝憤憤之心。任情欲而不自克。一旦風聲上達。怨家入告。恐欲求保全門戶而不可得也。今上少長民間。耳目周達。任法治國。不假親故。霍子孟以建立元勳。後嗣謀邪。不免誅戮。蓋寬饒。韓延壽。小有過失。身首駢離。吾子自視與霍氏爲何如。與蓋司隸。韓馮翊爲何如

僕所以不憚辭煩數數瀆陳者亦爲吾子計也天幸不可屢邀大福不能再得善自愛護毋蹈危機書不能盡意謹再拜

筆勢盤礴澤古功深後段尤有卓見

擬孫會宗答楊惲書　陳其鹿

子幼足下蓋聞智者順時而動不逆理以取禍近辱賜答文過飾非似尚未喻鄙懷而以流俗之言來相責刺僕雖不敏請爲左右一陳之夫位極者宗危自守者身全高明之家鬼瞰其室世卿之子鮮克有終足下位在列卿爵爲通侯使能早自斂藏卑以下士本不至於取禍往者之失已不可追今主上知君之無辜出君縲紲幸已甚矣退而自省彈琴詠風以樂先聖之道而事不朽之業將衡門之下可以棲遲泌水洋洋可以樂飢山水自有清音何必趙婦燕姬陳靡曼美色於前而後快心哉且鼴鼠飲河不過滿腹鷦鷯巢林不過一枝又奚事廣田宅求貨利豪侈擬於君王授讒間者以口實哉凡行事無爲仇讎者所快而爲親愛者所痛吾子其念之哉方今用事之人皆習刑法令言足以納君於罪文足以置君於法君不唯明哲保身而徒驕侈以售禍背聖賢之道行賈豎之事僕誠不知其可也會宗德薄能鮮誠不能化民成俗然亦何至卑鄙若

此今足下用是相讓亦足見足下之不能自反也語云禍福無門惟人自召幸足下詳審之會宗白

後路胎息龍門前半亦淸言娓娓

擬孫會宗答楊惲書

徐世大

愚戇不曉事體冒昧上書心常惴惴竊恐見絕於君子不意足下遠辱還答文采斐然壯懷激烈僕雖不肖能不感喟子幼幸相之子位爲通侯宿衛近臣上所親任一旦見廢衆所同悼僕非不識此意者所恐足下以勁直之氣處亢危之位前有讒而不知後有賊而不見猶復一意肆行不易其初誠不忍見良友之窮故敢復陳其固陋唯垂察焉僕聞之多財者招盜賊也高位者來謗毀也盛名者致疾忌也刻直者積怨毒也士有此四者而欲不見疾於世難矣僕誠愚妄竊觀世變知其果然足下以構陷霍氏致身通顯高爵厚祿衆毀所歸橫被口語身非不幸也不自省愆猶復治產業通賓客足下方自爲得意不知人之已議其後也悲夫使足下能長爲農夫以沒世將爲大漢之良民又何至受胥小之毒第念足下世家子也習慣自然鮮克由禮歲時伏臘縱飲高歌婦女盈前奴婢隨後秦聲嗚嗚震盪耳目而足下復放浪形骸之外賦南山之詩以

寄其憤激之概竊恐禍不旋踵矣足下責僕謂隨流俗之毀譽有忿忿之意嗟乎足下豈知僕心哉僕不忍見足下以父母之遺體妄攖禍害言盡於此使足下而憬然悔悟俯察僕言庶幾不蹈大易過涉之愆克著休復之美如仍執迷僕安敢再以逆耳之言上塵清聽會宗再拜

文言斐亹

擬黃憲致戴良書

王濟熾

僕嘗爲家君負刀圭囊藥物過里下歷牛皂里下父老相與逆而言曰子亦嘗接叔鸞者乎才茂乎淵雲氣漫於宇宙嘗謂仲尼不足聖神禹不足大睥睨一世之賢豪而玩之股掌之上然其聞先生之名親先生之輝莫不愕然神爽悵惘而返嘗謂其母曰良不見叔度不自以爲不及既睹其人則瞻之在前忽焉在後固難得而測矣然則先生果何所致而然乎僕竦然而慚趨而對曰僕非能有異於人也亦非敢有擬仲尼也然以爲天地之大萬物羅焉江海之廣魚鱉藪焉充之不以爲隘空之不以爲曠浩乎無垠汩焉無止舉一切而懷之遂龐皇而不可及河伯不知海之大也望洋而歎鼴鼠不知河之深也飲止果腹今夫道者江海也氣者塞乎天地者也才如列星學如晨霧鑽

之不能盡其理攻之不能畢其數人身不過一粟人壽不過百年可優游乎道而不可據道以自足可學養於氣而不可恃氣以自傲可以才而美其質而不可以才而自眩越乎古未必不下乎今超乎今未必不卑於後道也才也氣也天下之公也廣求之則鬱而厚隘取之則薄而華性皆善也聖人之資人皆備也孔子之聖也溫良恭儉讓而已矣大禹之聖也納善而已矣惟能讓此其求乎道者厚惟能納此其洽乎道者深僕誠以道之不得詣其極學之不能悉其蘊惴惴焉以自懼忸怩焉以己之不如人也恍惚飄渺不知道之具於己也磅礴鴻灕不知氣之充於體也樸茂洋灑不知才之宗於心也而孰知仲舉謂祛鄙吝林宗喻諸千頃而叔鸞又以瞻前在後而謬比於仲尼僕誠無異於人也於是父老茫然而退瞠眙而立者有頃曰廣乎道之爲域也叔鸞守其末矣夫足下嘗居喪肉食越禮文而不喪其節達矣學驢鳴以娛母孝矣顧乃豪放而失心以爲天下之人莫我及也而不知叩盤之辯仲尼難焉蕘蒭之詞放勳求焉守一己之知而自足甚爲足下惜之誠能虛己以問世崇古而極追究乎道之深而學乎聖之粹則仲尼大禹又何必亟亟然自擬爲哉莫之致而至矣足下勉旃樗櫟愚生謬蒙奬識知有大禹之志故敢以芹曝爲獻有浼高明所不計也黃憲頓首

文筆有古勁之氣

擬致各校中文教員重編國文課本注重軍國民教育意見書

陳杜

某白道阻且修覿面末由感懷大局愴焉淚流伏惟諸公以教育爲己任抱愛國之熱誠憂鬱之情固與小子同也然頃復有所言者蓋見賊不討武穆所憤坐以待亡臣亮弗與自頃朝綱不振上下相賊四夷交侵殆無寧日亡國之慘近在頃刻吾輩既賴國家以生存當以國家爲計慮天下興亡匹夫有責救敗之策其可緩乎此小子所以日夜思惟籌之至熟以爲今日者吾輩既無官守窮而在下國家大計誠非草茅下士所得與聞然款款之誠終不能自已者竭吾力所能至者而盡心焉而已諸公身當教育之任而小子亦廁身學界之中力所能至莫如改良教育而改良教育則又莫急於寓武備於文字之中溯自太古以來神州立國罔弗以武史乘所載戰爭之事何可勝數天生五材誰能去兵民並用之國賴以立驕兵者敗玩兵者亡自衛之道匪武弗克故我字从禾从戈明人之急唯食與兵也武字从戈从止謂能敵人之戈則己之戈可無用也古人造字具有深意降及三代茲意猶明射御之科列於六藝士人所專雖有不

同而至於射則桑弧蓬矢爲男子之分內事故射字从身蓋於身有密切之關係也孔子集文學之大成猶曰君子無所爭必也射乎春秋之世先王之治雖已大壞而文武並重詩之六月車攻書之牧誓費誓悉於發揚蹈厲之中寓鼓吹休明之志推之春秋維世變而左傳備詳戰陣之方周禮論邦治而司馬實掌侵伐之事不獨師出以律專繫於易之師卦已也是故文武之事其用雖有分途而其實則可互相爲學故有文事者必有武備六書之義倒干爲士士不知兵豈足爲士哉秦漢以降先聖之道失於是武臣不讀書文臣不知兵文武之道相離而不相合而天下於以多故矣況武事既弛則文弱益甚好逸者多耐勞者少詞章訓詁之習風靡一時文士盛而武人黜嗚呼此中國之大所以受制於四夷也是懲漢武窮兵之耗財而不知南宋文弱之失國也皆因噎而廢食惡溺而自沈者也咏杜甫兵車之篇英雄爲之喪志讀李華戰場之賦壯士於焉寒心文章之士以武事爲畏途漸染已久深入人心而天下乃無一有用之人可爲之事矣今者時局日艱稍識時務者罔知以軍國民教育爲今日之急務而積習已久轉移匪易竊謂非重編國文課本注重尚武使學生士子朝夕誦習其道無由墨子曰絲染於蒼則蒼染於黃則黃所入者變其色亦變教育人材道宜如此昔者文章

之士以用武爲大戒一國之人士趨於文弱而不自知今一反之於文學之中注重武備安知天下士夫不聞風而起乎如是則又何憂乎亡國又何憂乎敵國外患小子不學何足以言然愛國之情切所望於諸公甚深是敢不自揣度妄有進於左右凡所稱道諸公所共知然而復有引者欲諸公之爲此者急故自忘其鄙陋耳臨書愴惻此意無窮伏惟爲國努力不宣某月某日某白

尋源溯流旁通曲暢其爲言也清而腴婉而多風具此見解始足與言教育不當以尋常文字目之

擬侯生朱亥傳

徐世大

侯生者魏人也家微年七十爲大梁夷門監者日所獲不足給饘粥雖困甚而侯生意泊如也當是時天下方務於利諸侯卿大夫爭養謀士齊有田文楚有黃歇趙公子勝魏公子無忌羅致食客顯名諸侯號爲四公子而魏公子獨致門下食客三千餘人天下士爭往歸魏侯生不善也意輕之不屑就魏人亦不悅侯生故侯生落落寡交游而獨善屠者朱亥

朱亥者隱於屠任俠好義喜急人之難然家貧魏人無與爲友者侯生知其賢傾心與

之交朱亥亦爲之盡兩人相得懽甚恨相知晚也當是時秦數舉兵犯魏魏王及公子患之公子思門下食客無可與語者心憂之聞侯生窮困而不求於人意以爲賢欲就而問計焉厚遺之財侯生不受曰臣雖貧乏終不以年老奪吾初志於是公子置酒大召賓客而自駕車騎虛左以迎侯生侯生故睥睨不讓欲以覘公子而公子恭甚方是時道旁觀者數千人皆竊笑公子侯生於是知公子之仁能下士也既罷酒侯生遂爲上客而天下士愈益附魏諸侯畏魏不敢加兵於魏十餘年侯生謂公子曰臣有客在市屠中此子烈士人莫識之於是公子數往過朱亥朱亥不謝公子賢之公子既得侯生朱亥以安魏國諸侯士莫敢與之比侯生朱亥於是名聞天下已却秦存趙救魏而公子再以毀廢食客稍稍去之侯生時年九十餘矣歎曰臣受公子恩老病不能報今公子以毀廢而天下士乃去公子公子英名掃地盡矣臣願自剄以謝公子使天下知公子能得士也侯生既自殺數年公子亦卒而朱亥不知所終

太史公曰士窮乃見節義魏公子盛時食客數千人可謂壯矣而其衰也爲之死者獨有一侯生彼侯生者豈異於人哉其所以守之養之者有素也雖然天下之可哀者豈特一魏公子哉

分段布局俱得史公胎息可謂能自得師者爲之狂喜無旣

擬侯生朱亥傳

沈良驊

侯生名嬴秦人也世爲秦門監聞齊孟嘗君好客而心慕之及孟嘗至秦而不得返嬴欲未旦啟門放之會孟嘗客有作雞鳴者嬴於是輕孟嘗而恥見天下之好客者以爲客皆卑鄙齷齪之流也嬴旣得罪於秦逃之魏爲夷門抱關其平居言語輒爲市曹所驚服或稱信陵君能禮士盡往歸之嬴曰天下昏昏者皆爲利也烏有所謂眞士與眞能知士者余豈敢以監門困故奔走利祿哉人聞之信陵君信陵親往就之嬴辭不見而信陵無怒色如是者再嬴乃知信陵爲人賢於孟嘗萬萬也乃見之信陵欲屈以爲客卒不可後賴嬴計得逐秦兵邯鄲之圍旣解嬴乃掀髯笑曰予願畢矣足以報知己矣遂自刎朱亥趙人也爲平原君家屠者一日忽自棄刀而歎曰余習屠已十年矣所殺已數千畜矣畜無罪也以不能故見殺彼賓客亦無能也畜無能尚足供人以食彼賓客無能乃坐享此甘脆肥醲之食而不知愧賓客眞畜之不若也而我乃爲之宰割乎亥見平原所畜客皆庸流不屑與伍去而至魏乞食於夷門遇侯生相得甚歡問以業曰屠者也嬴欲薦之於信陵亥笑而不言似有難於言者亥處魏仍隱於屠信陵聞

而親數存之亥乃知信陵之非平原比遂定交焉魏安釐王二十年秦伐趙趙求救於魏信陵從侯生計盜符奪晉鄙兵晉鄙有疑色亥從衆中以五十斤椎擊殺之諸客莫不服其勇平原君郊迎置酒爲信陵壽而公子之客皆從飲酒酣亥從容言曰汝等平昔嘗笑余爲屠者屠者果何如耶汝等食人之食而不能謀一事坐視公子在患難中不能獻策制敵以力報效何貴乎汝等客耶余不願與汝等爲伍也言已而走公子使客追之不及或曰已自剄焉或曰否秦滅大梁時猶見亥率市人持短刀與秦兵巷戰秦王欲購之千金而卒不可得也噫奇矣

沈生曰侯嬴非世所謂隱士乎方其監門也誰得而知之非遇信陵之能下士一尋常抱關者耳朱亥亦然而屠之業尤爲下賤焉嗚呼知己之難難矣二生之甘爲信陵死者有以哉惜乎魏王之不能用信陵使其醇酒婦人以死也

奇氣橫溢有磊落英多之概

擬田光樊於期秦武陽高漸離合傳

薛桂輪

田光者燕人也智深勇沉能謀善斷負不世才好隱逸不慕仕進怡然自樂也年老而血性不衰愛奇才有衞人荊軻者至燕愛狗屠嗜酒狂醉歌呼嗚嗚用抒其抑鬱侘傺

之蘊人目之曰病狂光獨善待之曰此天賜吾交也吾不以衆人之目爲目吾必將有賴焉後卒以燕太子之召而舉軻以刺秦王其見軻之言曰光聞丈夫不以有用之身消磨於無用之鄉秉七尺之軀處兩大之間能使吾名不朽亦天下之偉男子也今燕太子以強秦之侵迫欲加以國之大事光耄矣無能爲也竊不自外言足下於太子足下豈有意乎光之辭太子也太子約之曰所言國之大事也願先生勿泄也是太子疑光也光聞長者爲行不使人疑之疑之非義俠士也今疑矣足下其激急過太子言光已死明不泄也遂自刎死蓋以激其交使任大事而成大謀也荊軻之入秦也先斬樊於期之頭於燕自奉之而使秦武陽奉督亢之地圖樊於期者秦之亡將也之燕太子客之於期常思報仇而畏秦強暴無能爲力輒流涕沾襟仰天太息曰父母爲戮妻子鯨鯢宗族無辜小大淪亡生爲異域之隸沒葬他人之壑已矣無復言矣彼蒼者天曷其有極此身長絕矣命耶天耶胡爲乎有於期於此世耶至是秦購其頭金千斤邑萬家軻欲有所信於秦王而得行其謀也乃以告於期於期日夜切齒拊心聞軻言慷慨自刎以死秦武陽燕勇士也年十二殺人人莫敢逆視有大力常以氣自奮途之人有遇之者雖賁獲亦不敢近名聞燕宮太子以爲荊軻副然其人多勇而無智不知書以

故秦地圖匣入秦庭時震恐色變皇然若失或者謂軻謀不成燕以速亡者武陽有以致之也軻既就戮秦兼天下有高漸離者亦軻之交也善擊筑旋變姓名爲人庸保匿作於宋子藏筑匣中不復出繼而嘆曰吾累世所居之燕宗社傾矣吾最善之友荆軻得其所矣吾友之友田光先生以吾友死矣吾燕太子所客之秦亡將樊於期亦以吾友而死矣甚至區區以勇力著稱之秦武陽亦得隨吾友而聞名於秦庭矣彼人也余人也余將忱忱憒憒苟活求生以玷汚余之所累居之燕耶此身所以在世者將有爲也乃即出復擊筑名聞秦庭秦始皇召見人有識者曰高漸離也遂矐其目然猶得以鉛實筑中提秦皇不中而死燕仇未得報以盲人而使秦皇終身不復近諸侯之人其勇蓋有過人者其在燕也日與狗屠及軻飲市中軻歌而漸離以筑和之甚自得也當軻之渡易水而入秦也漸離亦擊筑荆軻和而歌曰風蕭蕭兮易水寒壯士一去兮不復還君子於是知筑與歌不復相合高漸離與荆軻自此一別而長絕也

融會原文顛倒錯落縱筆所之無不如志是之謂鎔鑄有法

擬愛國少年傳

陸以漢

愛國少年者貫姓不知其何許人以熱心公益名於時遇開會演説無不至滔滔雄辯

口若懸河所言多以愛國保種同心禦侮勗國人人見其貌以爲是眞能愛國者少年又非薄老成以爲暮氣已深不足與共大事所可以爲將來中國主人翁者惟我輩少年耳人聞其言以爲是眞新少年是眞奮發有爲之少年因以愛國少年呼之少年亦受之不疑云少年之言曰今人知愛身家而不知愛國我則反之有可利於國者摩頂放踵爲之父母妻子勿顧也然少年嘗發憤請征蒙旣得請矣旋以病不果去少年雖愛國然未嘗不愛名利公益集會每出入奔走其間以是得爲某某數會會長幹事一出門徽章之懸於衣襟者若若也遇水旱偏災無不發起籌賑者究之災民未得盡霑惠而少年衣服車馬於以奢侈矣少年嘗設學校招生徒而已爲校長請官款求補助歲數千金而教員多不學無術者久之諸生漸覺其腐敗稍稍去而校以停辦少年號於人曰非不欲盡心力不足也然少年房舍增華田連阡陌自是家以日富少年雖愛國然未嘗不愛身家嘗從軍武漢率一隊以臨陣見民軍勢挫反身以遁部下譁走北軍遂乘而大敗之少年家居通衢街道反狹不便車馬里人謀增廣之請少讓少年獨不肯曰侵我自主權利少年有老母病廢疾亟召少年歸時方從事演說以拒俄辭其母曰兒方盡瘁國事不得不棄私恩矣少年有同學友失業無以自存乞少贍卹少年

斥之曰人貴自立依賴者奴隸之性質也子不能自立而乞人吾非不欲助子奈長爾奴隸性質何竟坐視其潦倒人見少年之棄私親私友而日鼓吹愛國也尤敬其公正以爲是眞能捐棄一切而愛國者少年以愛國稱者十數年會外寇入犯破城邑得少年脅以降俾不死少年念身命之重而名譽之輕也慨然許之居渠帥部下爲規畫故友有遺書責以賣國者少年報之曰僕豈不能死念徒死無益欲得當以報國耳人尤信之以爲降志辱身事敵以謀助國此氣節之士所難能而少年獨優爲之是眞可謂愛國之士矣然少年終無所表見居敵軍鬱鬱不得志少年死

論曰余嘗過海上聞少年演說激昂慷慨聲淚俱幷未嘗不欽服而願與之游及陷敵之時復書故舊以報國自許人未有非之者今世愛國之士亦罕矣稍稍以愛國稱者又多如少年之流噫

酣嬉淋漓窮形盡相作者何感憤之深乎

擬愛國少年傳

蔡其標

惠泉名天下第二龍山稱江南獨一蓉湖瀠抱梁溪襟帶泰伯宣化梁鴻韜光人傑地靈之區物華天寶之鄉名哲代出文風尤卓然而綠窗白簡苦志十年紫衣青衫快意

一時無非詩文芻狗廊廟餼羊官無補於國才何益於時何足重哉當夫虜廷失政漢黎無告世風丕變英傑幸育國步維艱壯士投袂厥有一人有懷莫償吳市吹簫遇諸途奇其狀貌與語更奇之挾歸食王孫以漂母飯抵掌談竟悉其衷曲丐非丐箕子佯狂而丐也年少僅二十四其遭逢其作爲大可驚人咋舌丐世家子生而慧悟長更英爽十歲通六經讀百子衡文者奇賞之而丐不屑困場屋棄文習武十八究東西戰史之利鈍曉中外兵略之神化尤精擊刺術二十而作汗漫游嘗提三尺劍服綠林暴客嘗以一席話交海內奇士適其時歐化東漸攘夷義振丐乃集門下死士爲中興一旅待時而動復於足跡所經之地凡建學校興工業向之效將伯呼瀉囊傾助萬金不吝迨武漢起義以其江東子弟往作前鋒吞彈丸迎白刃數戰徒從盡沒己身創百竟不死上峯欲官以榮之不屑就遁去欲爲鼓腹田氓謳歌太平不意南都開府事同兒戲北燕建業更如劇場丐乃大悲欲遯世效靈均之去鴟夷之游會巨貲已罄乃作丐生涯自樂甚自由丐又言生平不喜女色故終身不娶以謂萬丈情絲千重孽障促壯士之天年消英雄之豪氣且最鄙蹈海殉國斷指誓衆何以爲國福安足激民心羽毛生命草芥肢體何足重言已長嘆曰實恥獨生惟猶望有爲耳余欲進而叩其所爲丐竟

飄然不返顧無何黨爭鼎沸暗殺如蓬時局日危余方欲訪丐以謂丐快人必有快語孰料丐已投春申澗死襟有題詞曰生平不好名哀國日枕戈清波濯塊壘妖氛待如何碧血忠魂化黃泉怨氣多壯士世豈乏急起莫蹉跎嗚呼丐也紓國毀家傷世輕生古云烈士殉名丐烈矣而不殉名與世之少年自稱愛國罔名欺世者較爲如何吾故以愛國少年傳之丐豈有媿耶然其姓氏不可沒丐蓋錫產崔其姓奇表其名

·英英露爽才氣無雙

擬愛國少年傳

唐曜

當世有愛國少年者出入秦隴優游燕趙呼朋江左結社西瀛然而入其社爲其朋者咸莫知其籍所係且莫知其所從來詢之僉曰不知何許人也亦莫詳其姓氏不啻五柳先生之流亞焉然其爲人也抱經世之才懷拯民之志齒雖稚少而其飛鳴心略愛國熱忱實非尸位廟堂擁坐臯比之徒所能希其萬一也是故爲其朋入其社者無以稱之稱之曰愛國少年卽婦人孺子一知半解者與夫閧其一事見其一行者莫不額手相慶曰信哉其爲愛國少年也於是每見少年出游輒羣聚而呼愛國少年少年亦因以自號焉居頃之愛國少年之名益噪適某權貴賣國某事起愛國少年怨且怒曰

吾儕以重任託之而彼乃忍於賣國其眞喪心病狂狗彘所不食者哉楊繼盛云鐵肩擔道義吾願以赤血黑鐵誓死而力爭之於是振肩一呼豪傑響應羣謀對付開會集思而命其會曰國脈維持會探愛國少年之說辭不外痛祖國之將底淪亡黃族之將陷奴隸而一以慷慨激昂摯心熱血出之於是羣爲之動羣爲之哭而羣呼愛國救國甚有呼愛國少年萬歲者事爲某權貴所聞於是電商所謂尸位廟堂擁坐皋比者發迅雷不及掩耳之計飭某軍隊攫愛國少年去而禁之於天牢於是南中士民東西僑子洶洶而起警電橫行勢復將羣起而宣告獨立矣當是之時有自命爲顧全大局保持和平者力任調融之責而某權貴亦自省非理恐滋大患於是乃釋愛國少年而消爲無事焉愛國少年既出仰天而慟曰吾生不辰遭茲末世而猶闒茸爭顯駑駘駕車已矣已矣中國不可爲矣一念瓜分之痛牛馬之慘吾其能復忍耶吾惟有蹈東海而死結知己於魯連耳自是之後愛國少年遂不知所終或曰竟死東海矣

論曰國運之盛衰視乎愛國少年之分子多寡是故東西列強之待愛國少年也重之如國士護之如至寶畏之曰民聲培之以全力嗚呼其致強也眞有以哉而中國偶得如余所傳之愛國少年人以爲其才足以造時勢者反窮迫而摧賊之不遺餘力其待

遇之禮既殊而故求與東西列強並駕齊驅惡乎可哉惡乎可哉雖然爲此愛國少年一身計名譽計道德計較勝於尸位廟堂擁坐皐比求權貴於目前而死反輕於鴻毛者奚止什百仟倍而已哉余書至此亦不禁頌愛國少年萬歲

神采發越工於寫生

本校戊申春季運動會記

朱寶綬

戊申之歲四月朔越五日本校開運動會於校場比較體育之成蹟而振尙武精神也時則陽光震爍淑氣彌綸國旗招展而迎風軍樂悠揚而動聽其規律嚴肅步伐整齊者兵式操也其精神發越技藝嫻熟者運動術也以及跳高者擲球者競走者莫不各盡其長演砲者乘馬者拾簽者莫不各極其趣其執事者則有發令員以司其號令評判員以判其優劣新聞員則記會場之事實招待員則司賓客之往來監察會場之規則者則有警察員管理會員之損傷者則有軍醫員莫不各勤其責各事其事以故會規整肅賓客雍容登其場者罔不目曠神怡嘖嘖稱羨歎實業學堂規律之嚴而程度之果不同也會既散主會太倉唐先生擇其尤優者而加之獎乃進諸生而詔之曰諸生固從事西文研究西學者也亦知西國之所以強乎英之強固由於製造之精乎抑

別有出於製造之外者乎美之強固由於財源之富乎抑別有出於財源之外者乎俄之強固由於土宇之廣乎抑別有出於土宇之外者乎以余觀之爭海陸之利權不如爭海陸之兵權有奈端之學術不可無威靈頓之將材有維廉之政法不可無俾斯麥之鐵血諸生其勉之今我中國製造非不精財源非不富土宇非不廣然而不強者何哉民氣之不揚而尚武精神之不振也今欲揚其氣而振作其精神非諸生莫屬而運動會其權輿也諸生其勉之無負余所望綬也欣逢盛會爰泚筆而爲之記

得煊染法筆勢亦頗開展

戊申五月大雨雹記

田毓祥

戊申五月二十一日午後卒然陰雲布天轟轟如雷突然而來者大雨雹也吁此雹也何爲乎來哉將天災流行水旱刀兵以後必有此肅殺之氣耶抑天有不測之風雲特降此不測之冰雹一洩其不平則鳴之意耶或謂以風鳴冬以雷鳴夏時之常也今當五月夏令之交非時之常而氣之正況所雨者爲雹明明非風非雷耶或謂日盈而昃月滿而虧天道忌盈將降此雹而示以狂風不終日急雨不終朝曉人以保泰持盈之道耶吁此雹也何爲乎來哉吾知之矣陰陽風雨晦明天之六氣也雹之爲象從包乃

包括六氣中陽剛者也當夏令陰盛之時忽降以陽剛之氣蓋有轉弱爲強之意寓於其間者矣慨自歐風亞雨凜冽逼人美浪非濤澎湃東渡國之元氣未充民之武氣不發外界之厲氣日近一日內界之正氣日蹙一日譬諸天時之但有陰柔之氣而無陽剛之氣久矣其何以競存於天演界中而處於優勝之地哉自雨此雹天或以剛道化我中國不欲以柔道處之也天或者使人人如雹之堅強而振起尙武之精神也天或令人人之志如雹之猛銳起而掃蕩戎氛也天或教人人之思想如雹之光明起而救國步之艱難也不然何以不雨雨而雨雹也且何以不雨雹於冬間而獨雨雹於五月間暑令將交之際也雖然致雹之爲物由液體而成爲固體者也水汽上騰於天空遇達於冰點之冷氣而水不及下降爰成晶體故雹亦物理變化之一端並非有怪怪奇奇之現象則此雹也謂足以殺萬物也則可謂爲我國之不祥也則不可謂氣候之不正也則可謂爲我民之受災也則不可謂雹爲振瞶發聾足以喚醒靈機打破人心之夢夢也則可謂雹爲關係奇異朝政不修紀綱不整陰陽潰亂之兆也則不可謂雹爲警人所不逮天將牖啓我中國去舊更新之象也則可謂雹爲乖天時悖天道倒行逆施大傷造物太和之氣覆幬之仁也則不可故爲之記以示天運將回於我國之意焉

心如水銀瀉地筆如剝繭抽蕉眞傑作也

本校小園記

張宏祥

天地一消長也萬物一循環也動極則靜靜極則動盈必衰衰盡必盛人亦然也日
倦則夜息夜息而日作方日事於勞心勞力而有所倦則必有時以爲遊閒亦必有地
以爲遊閒焉此本校小園之所以設也草木紛茂有幽雅者有挺拔者鳥雀以是棲止
爲蟲蟬以是巢居爲蜂蝶蜻蛉突來紛出舞飛爭妍以遊於紅白黃赤之麗以取芬甘
之英蟋蟀蛙蚓穴居水處爭鳴其不平蓋非是不足以成其園也霜露降焉日月臨焉
星辰耀焉時則甘霖下降以潤以明時則秋風四起以震以聲時而寒雪徧野時而霧
霾灑空時而雲霞蔚蒸蓋非是不足盛衰其物以爲景也嗽霜吸露喜雨忍雪受風之
暴受日之曬乾溼得其時陰陽適其宜瘠者使之枯腴者使之興蓋非是不足消長萬
物以爲觀也而後有以遊者有以觀者攜手同來履趾其地有感乎茂而樂者有憾於
枯而憂者有紛麗眩其外而不知憂樂之感於其中者蓋非是無以樹草木設亭榭爲
也嗚呼園無草木無以爲園草木無天地無以成其美美無人無以顯其美而獲賞而
人無斯美無以消其閒天地人物之相求而相用蓋如是者然亦有時焉天下固有大

美者仁義禮智信莫非天地之精莫非天地之英而人或莫之顧焉莫之省焉天地供其求而人不之求天地供其用而人不爲用豈不相求而不相用也哉非失其常也耶苟不失其常則雖天地之有消長萬物之有循環而其相求相用之大道固莫之或變也故天地不變道亦不變其變者則亦如四時之分寒暑草木之異形色地土之別乾溼人心之有憂樂焉耳何傷於相求相用之本意者哉

一片平原曠野一經點綴便添出無數幽深曲折來何其工於佈景也

本校小園記

蔡其標

凡物皆心之魔也有物物之心物卽存物存而心爲物役無物物之心物卽滅物滅而心與物化鑿沼豢魚樹花引蝶來好鳥迎清風飛觴瓊軒娛情雅玩有聲有色有形有景薈萃百物陳列萬象假天行之功賚人治之能以物役心以心殉物謂足以樂吾天君殊不知方寸靈臺已爲物所擣亂徬徨顚倒而不自覺嗟乎以天地之大而人藐焉中處其間一生一死如幻如夢覺者何人既覺而覺人者又何人此吾所以於本校小園而不免有無窮之感也閒嘗冥心以思之人苟心中有園目中卽亦有園心目中既有此園則物之在園中者無一不在心目中物既在心目中則此心此目與物俱爲魔

故一見夫花之香鳥之語月之白風之清而欣賞讚美之不置然而花之香心之香也鳥之語心之語也月之白風之清亦心白之心清之也豈花鳥風月之本性哉惟花鳥風月之物感吾心之所覺而覺之如是非心爲物役而何余嘗數游此園時而喜則凡花之吐蕚鳥之呢喃風之温煦月之光瑩皆足樂焉時而悲則花之凋零鳥之孤飛風之狂飆月之暈缺皆足悲焉然則心能造境物隨境遷卽心之悲喜而此心已爲物所役園中之物更乘間而施其魔力焉一瞬目而此心已如在園中矣吾又試葆天眞靜天君若有心若無心若有物若無物若在園若不在園則寂然無聞渺然無見當斯之時不知有吾身又何有乎小園方謂心與物化而靈臺一動諸物畢見可知物皆心造而物實心魔衡諸一校一校一園也衡諸天下天下一園也欲記不勝記矣倘吾必欲記此園中之亭如何欄如何花如何木如何無論所記未必能盡肖卽肖亦不過一時之魔境耳然則吾其將不記乎曰不可也吾不能逃於兩間之外卽今日不外乎此校不外乎此校卽不離乎此園不離乎此園卽不免乎爲此記故吾記之如是以徐待他日之悟也

超以象外得其環中莊子所謂道進乎技者吾於作者有厚望焉閱罷爲之欣快無

既

孤憤賦　集楚辭　陳柱

皇天之不純命兮。（哀郢）心踴躍其若湯。（悲回風）悲猶夷而冀進兮。（抽思）忽乎吾將行。（涉江）將運舟而下浮兮。（哀郢）迷不知吾所如。（涉江）欲橫奔而失路兮。（惜誦）遷逡次而勿驅。（思美人）世溷濁莫吾知兮。（懷沙）獨抑鬱其誰語。（遠遊）謂蕙若其不可佩兮。（惜往日）各興心而疾妬。（離騷）變白以為黑兮。（懷沙）孰知其故。（天問）諒聰明而蔽壅兮。（惜往日）夫為黨人之鄙固。（懷沙）吾不能變心以從俗兮。（涉江）獨隱伏而思慮。（悲回風）蘇世獨立兮。（橘頌）求正氣之所由。（遠遊）身服義而未沫兮。（招魂）羌衆人之所仇。（惜往日）亂曰、已矣哉、國無人兮。（離騷）衆莫知兮余所為。（大司命）何百姓之震愆兮。（哀郢）心低徊而顧懷。（東君）世溷濁而不清兮。（卜居）吾獨窮困乎此時也。（離騷）何不掘其泥而揚其波兮。（漁父）亦非余之所志也。（惜誦）

集屈子之文詞消自家之塊壘情多感慨文無牽強

抽思賦　集古　陳柱

大風起兮雲飛揚。（漢高祖大風歌）去鄉離家兮。（宋玉九辨第二首）心寃結而內傷。（屈原悲回風）望龍門而不見兮（屈原哀郢）愁悄悄之常悲（屈原悲回風）悲士生之不辰兮（司馬子長悲士不遇賦）遑惑不知何所之（後漢書光武紀）窮途千里兮（王勃春思賦序）藐是流離（庾子山哀江南賦序）惟佳人之信修兮（曹植洛神賦）何日夜而忘之（屈原哀郢）惟離居之可悲兮（魏文帝離居賦）思萬里之佳期（王勃春思賦）悟往者之不諫兮（陶淵明歸去來兮辭）來日大難（曹植來日大難行詩）人生如寄兮（魏文帝善哉行詩）何足控摶（賈誼鵩鳥賦）哀白日之不與吾謀兮（韓愈復志賦）恐美人之遲暮（屈原離騷）望所驩之攸居兮（曹植愍志賦）思不眠以至曙（屈原悲回風）魂營營其神交兮（班固遂志賦）邈而不可慕（屈原懷沙）懼脩名之或喪兮（王勃採蓮賦）徒志遠而心屈（王勃寒松賦）望夫人甚已遠兮（韓愈閔己賦）惟知心之難得（韓愈別知己賦）歌曰、凜凜風生寄此堂（曾鞏仁風廳詩）海天悠思正茫茫（柳宗元登柳州城樓詩）美人娟娟隔秋水（杜甫寄韓諫議詩）爾獨何辜限河梁（曹丕燕歌行）亂曰怨復怨兮長河湄（江淹別賦）悲莫悲兮生別離（屈原少司命）哀民今之方殆兮（陸機懷舊賦）勉遠遊而無狐疑（屈原離騷）舒中情之煩或兮（揚雄反離騷）與美人之抽思（屈原抽思）

言之甚切無集句痕迹非多讀古賦不辦

言志

張蔭熙

荀子曰無冥冥之志者無昭昭之明無惛惛之事者無赫赫之功德也者蘊於中者也名也者彰於外者也志也者蓄於內者也日出於流沙而光被乎窔窽濤發於廣陵而

聲震乎曲江德蘊於中而著於外名修於身而彰於世志蓄於內而施於天下詩曰鶴鳴於九皋聲聞於天又曰鼓鐘於宮聲聞於外名無微而不彰德無隱而不顯志無遠而不達騏驥屈於槽櫪終遇伯樂之知杞梓隱於巖谷必邀大匠之顧守之者有素操之者有具也志之於人尙矣哉木待繩而直金待礪而堅君子之志待養而固夫不涉瀛海不知地之廣也不登岱嶽不知山之峻也不歷方嶠圓壺之幻不足以起壯懷也不臨黃輿白阜之遙不足以寄遐思也觀天地之博大巍然其無極也覩日月之昭明煥乎其有耀也卓哉立聖賢之志則且與天地並壽與日月爭光矣大漠之地有民焉長於沙磧局於邊塞身非不宏也種非不稠也而其族也日衰則其識陋也平原之上有民焉體非不碩也類非不蕃也而其種也日卑則其智淺也東海之濱有民焉政非不舉也教非不化也而其國也日微則其民之志卑也是故太古之民渾渾爾無逸志也中古之民噩噩爾無淫志也至治之民熙熙爾無弱志也亂世之民擾擾爾無毅志也人之有志如魚之有水魚無水則死人無志則敗仁者以救人爲志故天下服其仁義者以匡世爲志故天下服其義非服其仁義也服其志也夫福莫大於自求志莫神於有恆泰山崩於前而色不變其心固也麋鹿興於左而目不瞬其神定也聲色不足

奪其眞貨賄不足亂其心名利不足羈其身詩曰淑人君子其儀一兮其儀一兮心如結兮此可以知君子之志矣吾嘗終朝而博思不如須臾之志於一也荀子曰生由乎是死由乎是夫是之謂德操德操者志也志者士之心也以之死生而不渝目不兩視而明耳不兩聽而聰志不兩跂而達忠正之氣可排九閽精誠之心足貫兩間鍥而不舍金石可鏤錘而弗輟精鋼爲柔言其志之堅且一也昔宣尼志述堯舜卒集大成邱明志誅亂賊終爲素臣建不朽之業者必具非常之志故由基發矢佝僂承蜩志之所集效無不著曲藝且然況學者乎由斯以談知乎愼獨可與爲學明乎養志可與適道辨乎榮辱之分可與言志山不厭其峻淵不厭其深君子之志不厭其專且一也

豪情邁古壯采切今英年媚學與古爲化欣賞無極邇來國學陵夷振興恢復吾黨之責吾於作者有深望也

警懦

李鳴龢

訓詁之學起於何時吾不得而知之矣附會歧異難以枚數其尤異者則訓儒爲懦是也夫忠信以爲甲冑禮義以爲干櫓秉陽九之德養浩然之氣謂吾儒爲懦吾儒不受也特世之一二懦者冒吾儒之名以儒學自託因而吾儒以懦弱爲世詬病而欺侮之

也有餘。嗟乎。宋明之末造何天下滔滔皆是也亂天下者誰乎老子也其言曰。堅強者死之徒。柔弱者生之徒。又曰天下莫善於水。而攻堅強者莫之能勝。陵夷至於今遂釀成柔懦之國民而不可救藥雖二三君子以死義爲天下倡尚不能動萬人之志弭無形之患過此以往惡睹其可安危之理斷可識矣又況乎饕大名以崇道家之說侮聖哲而背乾剛所誠者哉乃或者以此歸咎於吾儒吾儒誠百喙莫解不敏作是篇以警懦者亦猶是區區之意耳

今有三人於此。告以寇盜之來也。其剛強者。挺刃與之戰。殺其一賊。其稍弱者。逃而之他方。其最懦者。俯首就縛。葬身於刀俎下。夫質之明哲保身之道。剛強者尚矣而況天下事有大於此者耶。此之不爲。而顧彼之久行。入其朝。鼾睡如故也。行其野。醉夢如故也。吾欲效新亭之哭世人得無以清流名士居我乎居今之世懦亦亡不懦亦亡與其以懦弱亡曷若以堅強亡尚存希望於萬一且後世讀吾國史者吾猶不失爲偉大之國民也脫蘭勿今亡矣然數年血戰炳蔚人間何則。懦而亡者國土亡國魂隨之強而亡者國土亡國魂猶在奈何自夷我於朝鮮越南之列而心死也不知蓋聞善攝生者陸行不遇兕虎入軍不被甲兵兕無所投其角虎無所措其爪兵無所容其刃以其無

死故人既無死則按之生存競爭之例必得諸天者獨厚而自存匪特國際爲然也卽人與人之交際又何獨不然匪特社會爲然也卽修己正身之道亦視此矣吾之所以警懦者非欲其趨於剛愎暴戾鄰於匹夫匹婦之勇亦不過如吾夫子所云忠信以爲甲冑禮義以爲干櫓耳

醫之治病也。扼其源而治之。收效爲速。惟人情也亦然。我國民族之懦弱。原於風土者半。原於習尚者半。原於家庭者亦半。斯不得不溯其源而一一論之。以警當世之懦者。燕趙多慷慨悲歌之士而靡綺之習婉孌之態獨特出於東南嘗爲之極目深思上九天下九淵求其故而不得也今而知山川之爲厲矣終南秦觀少室王城鬱律丹巘崚嶒青嶂勢隨九疑氣吞衡湘豈非英雄豪傑植身之所乎山國之民其性剛澤國之民其性懦夫何怪卜土於東南者多蹈常守故而無豪強以立其基也不然何以同袍敵愾之詩譜之秦風而陌上桑間爲衛鄭柔靡之樂也然山川不足以限吾人日本島國也無崇山峻嶺而其民剛勁成風非律賓亦島國也其氣候溫煖過之而有獨立之精神奈何以偉大之山河視彼島國而有愧且今日燕趙之民其懦弱與居於東南者等又始恍然於其大者而不必盡在山川也吾民曷起而洩造化之精華乎懦者何爲也

藻扃黼帳歌堂舞閣之基瑽淵碧樹弋林釣渚之館其羈縻人之勁氣而陶鑄懦弱也有餘東南文采北地胭脂國魂澌亡有由來矣騷人文士懼吾民之不懦也爲之聲歌作之詞章以銷磨之僞儒懼吾民之不懦也號召淸談虛稱道學以縛束之六朝唐宋以來求戰國時游俠之風蓋無有矣以致江河日下今日積重難返如獲不治之疾然而移風易俗挽狂瀾於旣倒固猶易易也獨奈何謂他人父謂他人母而覥不知羞吾民曷振作軍國民之精神乎懦者何爲也

我國古時素守家族主義至以背鄉離井爲非常之事大丈夫生當斯世當死於邊疆以馬革裹尸還安能受兒女之囁嚅老死牖下哉嬌妻愛子最易銷人英氣虞兮虞兮之歌未終而已爲魚肉矣吾民曷起而步斯巴達之後塵乎懦者何爲也

以勁達之筆續蒼涼之思令我不忍卒讀又不忍不讀此生滿腔熱血後路茫茫不知向何處洒也吾無以益生願生蔚成國器拯吾國民

警懦

趙之驄

易曰。天行健君子以自強不息。傳曰。民生在勤。勤則不匱。蓋人必有事。事必有希望。故將欲決大計。定大疑。建非常之功。成百世之業而顧出於因循玩忽圖易苟安亙古以來未有聞也蓋人治者常與天行相搏爲不斷之競爭也天行之爲物常與人類相背與希望相倚希望愈遠其所遭拂逆之境愈多至失其希望而心蓋懦矣養其希望厥維毅力故氣不足恃志不足恃才不足恃維毅力乃足恃天不停機故能二氣相感萬物化生消長循環周而復始使日月不運行則人間一日無晝夜矣人亦猶是也使人一日墮於懦則百事廢矣夫人人對於人而有當盡之責任人人對於我而有當盡之責任對人而不盡責任謂之間接以懦人對我而不盡責任謂之直接以懦我對人而不盡責任譬之則殺人也對我而不盡責任譬之則自殺也一人自殺則羣中少一人舉一羣之人而皆自殺則不啻羣之自殺懦之害罔不大耶吾觀我祖國民性之缺點不下十百其最甚者莫如懦若一國中朝野上下皆有假日娛樂之心有遑恤我後之想翩翩年少弱不禁風皤皤老成尸居餘氣無三年能持續之國的無百人能固結之團體事變之來怵於外勢則爲一切苟且之計始也尚以爲權力之不足不得已而聽諸人其繼也習慣自然初無復有此思想志益萎氣益隳無所抗爭無所詰問直默認之而已有國如此尚忍言哉救之無他策第警之懦而已吾請言懦之種類而論所以除之之道

一曰勿爲古人所懦也古聖賢也古豪傑也皆嘗有大功於社會我愛之敬之宜也雖然古人自有古人之聖賢我自有我之聖賢彼古人之所以爲聖賢爲豪傑者豈不以其能自有我乎使不爾則有先聖無後聖有一傑無再傑譬諸孔子誦法堯舜我輩誦法孔子曾亦思孔子之所以能爲孔子者自有立於堯舜之外者也使孔子一法堯舜則百世亦無復孔子者存焉聞者駭吾言盍思乎世運者進而愈上人智者濬而愈瑩雖有大哲亦不過說法以匡一時之弊規當世之利而決不足以範圍千百萬年以後之人也故各具覺世覺民之任毋徒爲古人所懦

一曰勿爲世俗所懦也甚矣人性之弱也城中好高髻四方高一尺城中好廣袖四方全幅帛古人既已謠之矣然曰鄉愚無知猶可言也至所謂士君子者殆又甚焉當晚明時舉國言心學全學界皆野狐矣當乾嘉時舉國言考證全學界皆蠹魚矣一犬吠影百犬吠聲悲哉人秉清淑之氣以生夫能鑄造新時代者上也即不能而不爲舊時代所吞噬所汩沒抑其次也狂瀾滔滔一柱屹立醉鄉夢夢靈臺昭然丈夫之事也又何爲世俗所懦爲

一曰勿爲境遇所懦也人以一身立於物競界凡境遇之逆者皆與吾相爲鬬而未嘗

息者也故戰境遇而勝之者則立不戰而爲境遇所壓制者則亡此謂之天行之虐逞於一羣者有然逞於一人者亦有然謀國者而安於境遇則美利堅可無獨立之戰匈加利可無自治之師使謀身者而安於境遇也則西鄉隆盛當以患難易節瑪志尼當以竄謫灰心也至於非貧賤而移則富貴而淫其最上者遇威武而亦屈也一事之挫跌一時之潦倒前此磊落一世之概消磨殆盡咄此區區者果何物而顧使之操縱我心如轉蓬是非懦之爲殃耶

一日勿爲情慾所懦也夫情慾之毒人深哉古人有言心爲形役形而爲役猶可瘉也心而爲役將奈之何形無一日而不與心爲緣則將終其身趦趄瑟縮於六根六塵之下而志氣頹喪雖有所爲亦赴諸流水孔子曰克己復禮爲仁己者對於衆生之稱己亦對於本心而稱爲物者也所克者己而克之又一己以己克己謂之自勝尙何懦之畏哉於是作警懦篇

多透澈見底之言恨不持此論以質吾同胞之稍有知識者文筆尤雄快無比

任勞

周賢頌

爲一國之民享一國之利卽當任一國之勞嗟夫吾見圖私利者矣未聞任公勞者也

夫聚族成家聚家成國國即家家即國耳奈何圖其近而遺其遠謀其小而棄其大獨不見夫累石以爲牆構木而爲居乎累逾重則室逾宏構逾輕則堂逾隘不負萬鈞之重不成千載之構否則湫居陋室木石猶木石也輕愉過之山隅林陬木石亦猶木石也輕愉尤過之固何必美奐美輪華堂廈屋哉人爲萬物之靈躶蟲之長而其能力乃不若木石靈者長者果何在耶吾同胞吾國民盍亦披世界史而一讀之乎原人之初草昧未開交通不知黃亞紅美白歐黑非棕澳畫地以居帶水爲界塡塡其行顚顚其視鼓腹爲歌含哺而笑集父母兄弟鄉黨鄰里以生以死以起以滅於斯五色燦爛之大塊上無食肉之懼無服務之勞不亦樂哉曾幾何時而紅燼黑灰棕滅黃弱絢染全球而幾成一純粹之白色素世有見隆準高顴深瞳虬髯者且將爲奴爲隸爲牛爲馬俯首帖耳以聽其生殺一何以榮一何以辱任勞不任勞耳白浪滔天黑颶揭地則有一人焉放楫中流縱葦西逝非所謂哥崙布之航大西洋乎龍蛇四塞荊棘千里則有一人焉篳路藍縷闢野去塞非所謂美利哥之啓新大陸乎蠻荒夷陬煙絕人稀則有一人焉操一葉舟提三尺劍身死不怨伴滅不避非所謂麥志倫之鑿通地球乎其志黃蘖其功燦烈彼白人者有斯諸人能捐家室之好身體之逸奮臂挺身以爲千萬同

種圖幸福。任勞盡力。如一家一身事。胡怪乎不强。胡怪乎不勝。我黃紅黑棕有之乎。人種其大國家其小。莫不皆然。焉蓋逸生於勞。福起於力。逸福人所享。勞力人所出。享逸有人。任勞無人。則有等於無。福伏禍起矣。吾華自四千年來。困伏專制三百載中。隸屬胡虜。民生憔悴。文明摧折至矣極矣。幸得二三英雄。奮起勃發。任勞盡力。以舉革命。卒也專制覆共和立。胡虜摧民國出。合五族而爲國。并六合而成家。任勞之果也。然而破壞易建設難。來日大難。旋渦未脫。千鈞一髮。所謂危急存亡之秋也。勞而致之美法。不難逸而委之。埃印是鑒。爲之上下者。果宜若何振作。勉成大業。乃所謂元首各部者。見利則進。聞難而退。汙而下者。乘間圖利。潔而上者。抗志山林。嗟夫。猶太未必無財。印度未必無山。諸公以爲有財可免。有山可匿耶。則猶印亡國樂矣。卽吾國民亦以枕戈待旦之日。作紙醉金迷之事。以爲中國事大。難爲不若。暫圖目前之逸。放棄國是。有若秦越。嗚呼。哥崙布勞耶。奴隸種勞耶。麥志倫樂耶。牛馬走樂耶。先聖不云乎。天將加大任於是人也。必先苦其心志。勞其筋骨。餓其體膚。范文正亦有言曰。先天下之憂而憂。後天下之樂而樂。是故陶、荆州、典午重臣。而事運甓。格蘭斯登、不列顛元宰。而習伐木。吾輩不能追蹤先聖。獨不能繼武近賢耶。繼自今。望吾同胞吾國民。上下一心。南北合力。

不因難退不爲勞避人人以天下爲任則民國萬年共和萬年

古調獨彈冷然善也

惡僞

張蔭熙

聖人旣沒大道遂衰清流云亡大節不存靈均懷沙而後蹇修之辭靡聞文山授命以還正氣之歌不作世溷濁而不清士炫飾以邀名相如善文乃竊貲於卓氏子雲守元至受祿於新室外竊孔孟之名而行類乎鞅斯口誦夷惠之言而惡過乎桀跖修仁義以爲功名之階諷詩書以爲利祿之梯孳孳欺世沒其誠心卑汙之甚降爲作僞壞心術於冥冥之中亂天下於無形之際甚至此行彼效移風易俗被其毒而不知蒙其殃而不譏凡此之徒其所謂國家將亡必有妖孽者乎又所謂誤天下蒼生者必此人乎予甚惡焉爰論其弊談性理而計功言訓詁而要譽誠其貌不誠其意敬其外不敬其中憲章孔孟祖述程朱上欺其師下欺其友是曰學僞學僞者飾先儒之道愚當世之士旣不足與味道且將以害學炎炎其言空空其中矯翼厲翮若將升堂日就月累靡知所終世愚不識謂爲孟荀古學爲己今學爲人可惡者一也撫拾陳言以成章襞積僻字以爲古造作響典乃稱奇工巧摹誥槃自謂雅古效法卿雲擬跡韓柳未覩周鼎

遂實康瓠是曰文僞文僞者神思不運氣機不暢修辭不立其誠亡道曷以傳文觀其外迹迺金迺玉聲若鐘鼎華如桃李攷其內象非漢非魏東施效顰優孟衣冠自古於詞必己出降而不能乃剽賊可惡者二也規行矩步外方內圓非先王之法言不敢言非先王之法服不敢服行止必取則於先儒談笑將垂法於後賢出則足恭入則燕樂貌比顏曾心作鴟鴞言稱堯舜念則桀跖行既不誠言亦云僞聽之若是驗之則違衷情匪芳乃比蘭蕙欺人自欺蒙其天君世無巨源孰知衍惡然而言僞行僞王制所禁可惡孰甚焉綜而論之心術既壞誠意既沒四僞之所由生也世運既衰大道既亡四僞之所由衆也害於其政害於其事四僞之甚有以致之也方今自命通儒者詎能集中西之大成乎自謂志士者詎竟窺華夷之全豹乎蒙竊不能無疑焉意者將修其內美誠其中心乎

符采複隱鏤思刻覈此近世之汪容甫洪稚存也戒之勉之

惡僞

童維善

爰有怪物出自窅冥汎濫無極非飴非稷而甘美勝之非狼非虎而貪猛過之匹夫不察親之附之王侯不怒主之宗之可以喪邦可以亡身君子之所否小人之所敬夫是

之謂僞原夫天理之境清剛正中良知之域至誠惻怛迨人欲生而天理滅良知亡而怪物入僞之起其權輿於斯乎一心由之百事隨之一人倡之百人和之入者主之出者奴之入者附之出者汙之羣然而不以爲怪安然而不以爲恥羊蒙皐皮鷹戴鳳羽小人之相高以僞也弟佗其冠襌沖其辭君子之相尙以僞也嗚呼三代以下小人中無君子君子內有小人天下何其囂囂也何其好僞者之多也可以覿世變矣秦皇漢祖之有天下也以詐力相勝是猶善用其僞也而不免於僞後之帝王視此矣李斯張良等之得其主寵也相說以術是亦善用其僞也而不免於僞後之人臣視此矣至於王莽託言周公而折節下士當時信之則愈用而愈妙矣馮道自號長樂而歷事四朝其主不疑則愈出而愈奇矣嗚呼僞之生起於一心之微僞之用濫觴於三代之後政治之不良民生之不足有由然矣然爲物甚怪爲害甚烈人猶親之而不避甘之而不舍者豈眞以僞爲天理之本然良知之固有哉不察其利害則不知其爲物之所當惡故夫蛇蝎毒物也而僞之毒甚於蛇蝎獅豹戾物也而僞之戾甚於獅豹如鬼無形不見其妖如龍無蹤莫測其禍根於吾心而天理爲滅橫於吾胸而良知爲亡是其物也猶鴆酒也望之爲醇飲之必死是其物也猶漏脯也覿之爲肉食之必亡哀哉達者之

所走衆人蹈之而不返也蓋僞可以欺一己而不可以欺人可以欺一時而不可以欺萬世古之帝王以僞興者以僞敗古之人臣以僞進者以僞黜故王莽授首於漸臺馮道貽譏於千載非天數有適然也欲以欺人適以禍己欲欺一時適害一身抑非特禍己害身已也天下國家亦間接而被其毒庸詎知人欲不去怪物之來害我禍我而并以毒夫後世乎語曰生於其心害於其政蓋輾轉相害之理毫髮不爽嗟夫僞者爲人也自欺也仁之敵也義之賊也誠之反也發乎微而見乎著動於中而應於外其未生也當遠之棄之警之痛嫉之而澄淸之使不萌其蘖其已發也如洪波之決隄如山崖之俄裂如烈風之掃地非有大力莫之能逆是以君子愼其始養其心處天理之境造良知之域而後心術乃定心術之定去僞反誠之終軌也嗚呼世之憧憧然窅窅然以僞爲安以僞爲生胡怪乎不知其毒不察其害而喪邦亡身相屬也吾是以作惡僞

蓬蓬勃勃如釜上蒸筆歌墨舞極行文之樂事

惡僞

曹麗明

聖人之所爲惡夫鄉愿者非鄉愿之能害天下而天下之害所由生也聖賢之心純一無私廓然大公爲其所不得不爲而無所爲而爲順理之自然而爲而不容適莫以爲

故在父子則爲仁在夫婦則爲順在長幼則爲序在朋友則爲信本乎至誠之心原乎至正之德生知安行不待勉強不識不知無所容心此其所以爲盛德至善初未嘗以矯糅造作爲也乃好飾僞者務以爲人爲智而不辨義利之虛實務以求利爲心而不問心術之邪正爲人之甚必主利已求利之甚必至賊人利已與賊人之心合而後無僞不作非欺不行有一善則恐恐然惟患人之不已知也則暴而著之有一不善則皇皇焉惟恐人之或我察也則藏而掩之念慮之間無非售僞言動之際皆有所爲內以欺於心外以欺於人此其所以爲可惡也且夫誠僞之分不在於形色而在於精神不在容止而在於心術苟吾心而無所爲也則順理而行存誠以立其體愼獨以審其幾求其不愧不怍有以自安而已矣吾心而有所爲也則必逆理而行矯俗而爲故夫敝車羸馬不足爲儉蔬食布衣不足爲德修仁行義不得謂之賢令聞美譽不必有其實何也其心有所蔽則凡所以掩著於外者皆不免爲德之賊也是故作僞愈甚則欺世愈深而心術亦愈險以之處已則害其性以之理家則辱其親以之治民則生心害政顚亂是非而禍且及於國家社會此其漸皆起於一念之私而發於有所爲而爲斯所謂僞也孔子不取色仁行違之士者惡其僞之蘊於內將以賊夫邦家也孟子惡夫私

鑿之智者爲其僞之發乎外適以自害其性也是以鄉愿之賊德不如狂狷之得中巧言令色之務外不如剛毅木訥之近仁夫有爲己之心者行其所無事者也有爲人之心者逆理而強行者也故君子之心以其情順萬事而無情小人之心以其利接萬物而無利惟其以情而無情斯其所以爲君子之至誠也惟其以利而無利斯其所以成小人之至僞也故曰誠僞之分不在於形色容止而在於精神心術也抑更有進焉者三代以下是非不明於天下而天下之人遂淆亂是非之界以爲小人徇利而君子徇名不知決性命之情以饕富貴者固爲人也汲汲於沒世之名而求知當世者亦非爲己也其嗜利好名之心異而其有所爲而爲之心則一而已矣盜跖徇利而死王莽徇名而亡二人者事業不同名聲殊號其於飾僞之情一也奚必莽之尊而跖之卑乎是故所發不謹務求爲人則求名與求利之心同悖理而行以私爲心則爲名與爲利之僞等聖人知其然也故靜而有所存動而有所察內外交養敬義夾持此其所以能窮理盡性而致夫至誠之功也夫

抉摘靡遺發揮至當以斯策進德修業之功其庶幾乎

籌庫篇

譚鐵肩

天下之患每起於隱微之際多出於所防之外及其既發而後籌之亦已晚矣昔者未雨綢繆迺防微之漸歸馬華山豈忘兵之計賈生痛哭以陳書晁錯冒刃而削藩固千古之善謀人國者與予今於庫倫之變不禁大惑焉夫蒙者胡元之遺族也素以慓悍著於朔北曾蹂躪乎西歐惟乏文明之教化遂長處於草牧之場因邪教之浸淫致失乃祖驍勇之風而漸卽於弱暴俄乘民國多故陰結俄蒙之約庫人慕獨立之名斷送其全土而莫知夫自此約一見遂震動於世界梁氏無能挂冠潛遯士夫昂激咸出於戰政府逡巡尙主平議戰乎議乎固今籌庫之要圖也竊謂俄蒙之約非全蒙一致乃庫倫之小部耳庫之恃俄爲盾我之戰俄爲敵今俄使以請延之計爲籌戰之備我以平議之誤將懈出師之謀席前借箸莫善於戰何者俄方內地革黨潛伏頻思舉義巴耳幹之風雲方熾列強注視俄猶未嘗一息懈其念西比利亞之屯兵已移歸內地遠東侵略若輕於懷內多患而外多釁其亂國乎今出此者欲以虛聲恫中國而攫全蒙耳若揚師北征以秦隴三晉壯士爲前驅以燕趙河朔健兒爲附翼以江漢嶺南練卒爲後盾長驅漠北騁馳朔野則直搗王庭勒石燕然者又非其時耶說者方以戰釁一啟府庫莫籌借債未成無以爲命豈知中國危局一髮千鈞蒙古淪亡滿藏立陷德法

均勢又染指於魯粵之域是錦繡山河不傾覆於滿清專制之朝而崩離於共和告成之日矣且英德與美原不利暴俄之南侵非謂其有愛於中國也蓋英方持盈保泰不欲均勢之破故久据西藏而不發德於遠東之根據少而於巴爾幹之欲念大故以調和之說進美則守羅們主義通商政策力經營於太平洋之間亦不願中國之多故所甘心者強鄰之日與協從之法耳我外交家善其方利巴爾幹之風雲以樽俎於列強之間未始不可以挽此危機也若俄棄近東以貽德則德棄遠東而利俄英日法從而繼起孤立之美其何挽乎夫請議之計或可行而戰守之策不可不備當率中原之勁卒以實北邊速與開議以觀後變戰衅猝發卽可揚威若待和議破而後出關是墮暴俄之計耳民心振憤知國亡之可痛踴躍捐輸聞卜式而興起則軍需又何懼乎萬全之計必出於戰

陳義甚高洞中窾要

哀金陵文

童維善

金陵古今驅馳之地東南精蘊之會也顧自六朝以還興者滅存者亡憑而藉者終都攸卒而世顧重之詎石頭巍巍虎踞龍蟠之果足爲險歟吾不解往者競家天下必爭

我金陵而使江左黯然吾尤不解今茲政尚共和又厄我金陵而使白下其墟嗚呼天耶人耶古耶今耶自昔已然唯斯爲烈想夫鍾山氣王秦淮歌沸吳晉之經營宋齊之造作陳明之繼承猶是金陵也蔚爲帝王之都盛哉莫京俄而鐵鎖冷江降旛遍樹或制於同種或屈於夷狄燕子北來大內灰飛猶是金陵也頓失天塹之險衰矣誰知是故前日之盛卽伏後日之衰天道循環此無足怪獨可哀者一盛一衰或守或取彼鷹膦虎視執銳披堅各爲其主或不幸而死亦固其所嗟我金陵之民流離顛沛胡爲至此況乃豺狼成性若侯氏之閹台城雞犬不遺等覺羅之屠維揚則我金陵之民尤含寃而莫可告訴矣嗟嗟我生未辰昊天不弔秣陵秋肅驚聞銅馬之來揚子江寒又歷紅羊之劫夫誰使我金陵之民至於此極哉嗚呼天耶人耶古耶今耶吳晉宋齊陳明之劫未盡耶抑近世洪楊之餘波耶吾不得而知之矣敢以質諸今之都督金陵者

筆情蘊藉風骨高騫文之以氣韻勝者

哀金陵文

勵平

嗟夫後庭花謝玉樹歌殘六代已亡江南氣黯龍蟠虎踞昔稱帝王之州而今不可問矣慨英雄之不作豎子稱兵悵形勝之難憑降旛頻豎哀茲金陵浩刼相乘從古如斯

於今爲甚悲夫悲夫國魂不揚民氣消歇獨夫一怒黔首萬刦四面燕歌蔣山無色半月血戰秦淮爲碧將軍不武兮兵氣折鼓三撾兮力竭（謂三次獨立）嗟彼書生兮壯懷激烈擁青山兮如璧碎白骨兮如雪懍彼王師如虎如熊旌旂蔽日檣艣連雲（海陸二軍相繼南下）馮（國璋）雷（震春）徐（寶珍）劉（冠雄）重以張軍萬夫呼關鍾山爲震南中糧盡北來馬騰轟然一聲遂吞堅城諸將奏凱守卒盡遁俘虜不得威將何逞憫茲無辜乃遭蹂躪田園邱墟骨肉同盡嗚呼成王敗寇今古同轍齊固失矣楚亦未得國號民主蠻觸何爭以暴易暴相煎太迫哀茲金陵遭刼獨深悲夫長江千里此爲咽喉東南半壁倚茲石頭天下無事文歌武嬉天下有事勝負視茲昔之烏衣巷口王謝堂前豪華散盡悲恨相延風景不殊家國異致河山易主死喪相繼奈何龍蛇阨運蟲沙浩刼形勝之地所遭獨劇嗚呼噫嘻哀茲金陵往者已矣來者可追願毀堅城以已吾哀（南京自遭變後有倡爲拆城之說者果爾則金陵從此不足哀矣）

才氣縱橫氣情激越有造才也勉之

國文研究會記事册弁言

張宏祥

星球之照臨棋布也而朝宗於日江河之奔騰澎湃也而歸宿於海邱陵之崎嶇盤亘也而推尊於泰岳賢彥之孜孜服膺也而祖述於孔孟物莫不有羣也羣莫不有主也

以天地之大也而日可攝之以源泉之衆也而海可容之以羣峯之高也而泰岳能長之以學流之富也而聖人能包之則物不患其羣也羣不患其衆且大也苟能得其主而綱領之雖繁而實簡也穹昊粟陸之世其始簡也文明進化之時其畢繁也簡則欲其繁使有所進化也繁則欲其簡使有所統一也簡之成繁天理之不能逃繁之使簡人事之所必要且人之治理物也固欲其博而其取之也必欲其約約有道焉約之於簡博亦有道焉博之於繁於繁之中而能求其簡於博之中而能求其約則其人也庶於古今內外之事恢恢然有餘地而世界由進化之例日趨於繁吾何懼焉方今人民驚新趨奇競勝爭強發明日衆事理日繁科學叢列學說羣起斯固進化之例日趨於繁而不足怪也而獨怪乎於百物未遑之候而有國文研究會成立於吾校吾校之科學以十餘數而獨研究國文足乎或者且疑當科學林立之秋日不暇給而以斯會爲過舉而不知當此科學林立日不暇給之時正國文研究會之所宜速立也何哉所以求其主於羣科也於星有日於水有海於山有泰岳於人有孔孟獨於科學而可無所屬哉亦欲納凡百科學文字之所載章句之所成冊帙之所錄而薈之於國文萃之於國文而已夫文猶水也塞之爲淵通之爲川蒸之成雲化之成雨凝之爲霜雪散之爲

霧霰灌之於土地溉之於動植凡六合所包四海九州之所容無往而非水也而總滙之於海海旱則百水涸國文其海也諸科其雲雨霜雪霧霰之類也宇宙萬物何一而能離乎水三育諸科何一而能離乎文文者諸科之滙歸也研究斯文則吾得約諸科之博而歸之文簡諸科之繁而屬之文夫固謂研究科學而不得不研究文非謂研究文而遂棄乎科學也且旁行文字之勢力日趨於東故國之道德文章愈就卑下斯會之立所以維之也余慶斯會之立諸同學相與磨古今兼文質合中西得會而通之審其簡而取其約不至望洋而茫然也故綴數語以弁其端

山脈蜿蜒發源於崐崙江漢橫流朝宗於大海堂堂之師正正之旗斯題得斯文允推弁冕

南洋公學新國文卷四終

本校國文教員表

錄自清光緒三十一年始

徐艾枝 肖石江蘇吳縣清光緒三十一年正月到校任職三十三年十二月離校

儲南強 鑄農江蘇宜興縣清光緒三十三年七月到校任職三十四年六月離校

徐敬儀 唐汾江蘇宜興縣清光緒三十三年七月到校任職三十四年六月離校

蔣元燮 梅孫江蘇宜興縣清光緒三十四年七月到校任職是年十二月離校

許志穀 子年江蘇武進縣清光緒三十二年正月到校任職民國元年七月離校

章圭瑑 篆生江蘇嘉定縣清宣統元年七月到校任職二年六月離校

張承棨 侍門江蘇寶山縣清宣統元年正月到校任職是年十二月離校

王燾曾 彥孫江蘇嘉定縣清宣統二年七月到校任職民國元年七月離校

徐福墉 蘭孫江蘇太倉縣清宣統二年七月到校任職三年九月離校

黃宗幹 子楨江蘇上元縣清光緒三十二年正月到校任職

黃世祚 慶孫江蘇嘉定縣清光緒三十二年正月到校任職

朱文熊 叔子江蘇太倉縣清宣統三年正月到校任職

李聯珪 頌韓江蘇太倉縣清光緒三十四年正月到校任職

本校歷年大事記

丙申年即前清光緒二十二年

冬清大理寺少卿盛宣懷由輪電兩局歲籌經費銀十萬兩奏設南洋公學奉旨允准

派盛宣懷爲督辦

丁酉年即前清光緒二十三年

春奏派何梅生嗣焜爲總理

延聘張經甫煥綸爲總教習

假上海徐家匯民房開辦南洋公學

設師範院考錄學生四十名

秋設外院考錄學生百二十名

延美國博士福開森爲監院

戊戌年即前清光緒二十四年

春考選學生二十名始設中院

張經甫總教辭職
延李一琴維格爲提調
置地院西建築校舍
冬派學生章宗祥雷奮楊廷棟富士英楊蔭杭胡礽泰等六人至日本留學
己亥年即前清光緒二十五年
中院校舍落成
李一琴提調辭職
購校南地爲擴充計
開首次運動會
庚子年即前清光緒二十六年
建議設蒙養院派師範院學生爲教習會北直拳亂作輟議
上院校舍落成
北洋大學學生避拳匪亂來肄業
設譯書院編譯書籍

八月始開祝聖會

辛丑年即前清光緒二十七年

春何梅生總理卒張菊生元濟繼之

踵前議設蒙養院嗣復規定爲附屬高等小學派師範生陳頌平懋治爲主任

首次畢業曾宗鑒等六名派英留學者曾宗鑒李福基胡振平趙興昌四人

夏張菊生總理辭職勞玉初乃宣繼之未幾辭職沈子培曾植繼之

設政治科

清醇親王載灃使德歸便道視學

福開森監院辭職

清廷變法詔開經濟特科故設特班以備選聘請蔡鶴卿元培爲主任教員

壬寅年即前清光緒二十八年

春沈子培總理辭職汪芝房鳳藻繼之

夏第二次畢業計包光鏞等十名升學入政治科

冬因事散學旋復召集

汪芝房總理辭職劉葆良樹屏繼之
延張讓三美翊爲提調
癸卯年即前清光緒二十九年
劉葆良總理辭職張讓三提調兼任之
擬改政治科爲商科
夏第三次畢業計張在清等十一名旋與商科學生同派赴比國留學計侯士綰張景堯王壽祺周幬王澤利張保熙楊德森金頌庚王明照林宗濤李昌祚等十一名又派敎員程文勳同往
冬張小圃鶴齡爲總理
輪電兩局改隸北洋經費驟絀
甲辰年即前清光緒三十年
小學主任陳頌平辭職以敎員林康侯祖溍任之
春總理張小圃辭職提調張讓三兼攝總理任
夏第四次畢業計徐維震等五名均派赴美國留學計徐維震陳同壽屠慰曾吳乃

琛邵長光等又上年畢業生胡壯猷共計六人並派教員胡詒穀同往
輪電兩局改隸商部本校以經費籌自兩局故亦改隸商部
盛杏蓀督辦辭職
張讓三提調辭職

乙巳年（即前清光緒三十一年）

二月楊杏城士琦任監督
易校名爲商部高等實業學堂
延伍昭扆光建爲教務長
議建附屬小學校舍於河南地
夏第五次畢業均派赴英國留學計夏孫鵬沈宏豫徐恩元任家璧秦銘博周善同周承裕林汝耀孫家聲張鑄等十名
議設鐵路電機管輪駕駛商務郵政等專科
七月楊杏城監督晉京
八月王丹揆清穆代任監督

伍昭扆教務長辭職馮玉蕃琦代之
是年冬間又畢業學生一班計林則蒸等十三名
丙午年即前清光緒三十二年
春設商務科
二月楊杏城監督回任
派學生范況程承邁張承樾等三人赴日本留學
夏第六次畢業計張謌等十四名
秋設鐵路科
冬附屬小學校舍落成
北京設郵傳部輪電兩局改隸之本校遂易名爲郵傳部上海高等實業學堂
丁未年即前清光緒三十三年
春楊杏城監督辭職楊頤卿文駿任監督
三月染疫散學
夏第七次畢業計商務科楊錦森林則蒸楊蔭樾徐經郛胡鴻猷趙景簡吳家枚張

驌王大均錢淇張晉孫潤瑾張汝熊等十三名高等預科曹永城等二十七名專科畢業自此始

秋楊頤卿監督辭職

郵傳部奏派唐先生爲監督先生移居校中竭力整頓煥然一新學務日進非復若疇昔監督之多遙領者矣

派商務科畢業生楊錦森趙景簡徐經邦胡鴻猷林則蒸楊蔭樾等六人赴美國留學

戊申年 即前清光緒三十四年

改委梁鉅屛業爲教務長並委李頌韓聯珪爲國文科長

春設國文研究會以保存國粹並於星期日分班授課特班由唐先生親自教授按此爲監督擔任教科始甲乙等班則由國文科長李先生等擔任均熱誠廸誨寒暑無間不辭勞瘁本校開辦以來所創見也

夏第八次畢業計高等預科陸殿揚等四十四名

遵章改定高等預科及中院各班爲普通中學

秋設電機科

八月開國文大會監督等捐資給獎

己酉年即前清宣統元年

夏第九次畢業計鐵路專科吳思遠高恒儒潘善聞胡士熙鄭家斌等五名中學五年級李大椿等五十一名鐵路科畢業自此始

派畢業生吳思遠高恒儒潘善聞胡士熙赴英國留學

梁鉅屏辭教務長任延胡振廷棟朝繼之

推廣專科各省咨送學生來學

郵傳部來文擬將本校改爲商船學校以原設路電兩科移往唐山本校聲復不便更改情形往返商榷始定不復更張並於本校先設船政一科爲另設船校之張本

八月開國文大會

添購校後民地建設機器廠

庚戌年前清宣統二年

就中院後餘地添建新宿舍
電機廠成立
全校減膳助賑
舊師範生發起組織同學會並於北京分設事務所
唐先生辭職衆攀留之遂不忍去
夏第十次畢業計鐵路專科俞亮王繩善林莊郭鵬顧詒燕盛守鑫余建復孫同祺
李保齡康時清陸世勛周熙梁樹釗等十三名中學五年級沈宗漢等七十二名
派畢業生俞亮郭鵬二名赴美國留學王繩善林莊顧詒燕盛守鑫余建復五名赴
英國留學
胡振廷辭教務長任
招通學生膳宿校外
延請美國教員謝而屯爲電機科科長
八月開國文大會
美國實業團來華游歷本校會同江蘇教育總會開會歡迎

十月赴南京與全國體育大會
建築木工模型廠
延辜鴻銘湯生任教務長
附屬小學開十周紀念會

辛亥年前清宣統三年

春延拳術家教武藝
小學主任林康侯辭職派教員沈叔逵慶鴻任之
全校減膳助賑
築商船學堂校舍於吳淞
購校外民地房屋預備添建寄宿舍先暫作商船學校校舍之用
建本校寄宿舍於校外
立興業小學監督捐貲創辦以收寒畯不取學費
派上年畢業生李保齡康時清陸世勛周熙梁樹釗五名赴英國留學
夏第十一次畢業計電機專科孫世纘孫寶鑑鄧福培華蔭薇鍾鍔胡壽頤鄖國楨

汪仁瑞朱福頤孫世芬等十名中學五年級鄭維藩等七十六名電機科畢業自此始

秋商船學堂成立招生百餘人

八月開國文大會監督允將奬勵鉅款移充賑捐既而更撥書籍以鼓勵之

電機科長謝而屯介紹畢業生孫世纘孫寶鑑鄧福培華蔭薇鍾鍔鄖國楨朱福頤孫世芬等八名入美國電廠實習由郵傳部發給津貼並由廠中給予月薪以資旅費本校學生赴外國工廠實習自此始

教務長辜鴻銘辭職

九月滬中義兵起全校竭力捐助軍餉

唐先生辭職衆皆固留不得已改組易名爲中國南洋大學堂

公舉唐先生仍爲監督

南北尙未統一本校經費無所仰給幾有散學之虞不得已提用招商電報兩局存款藉以支持

經費困難監督以次減薪殫誠維持

滬上各校皆停課本校不輟業
本校編制學團以資保衛
遵用陽歷放年假
中華民國元年壬子
春照常開學以經濟艱窘暫收學費旣而發津貼以惠寒畯
延胡文甫詒穀爲中學科長國基初奠教育事宜尙未頒布法令明定標準胡君力
任勞瘁將課程重行釐訂益臻完善
改稱監督爲校長
商船學堂離本校獨立推薩鼎銘鎭冰爲校長猶在絲廠地址（該校旋於本年九月遷往吳淞新校舍）
校長唐先生於四月間由海道如京師爲籌本校經費事
議籌國民捐以拒外債
夏第十二次畢業計鐵路科朱肇昌馮其禮高恭安王承熙許復陽席德懋馮介王
聲漢王翀沈炘來陸守堅過科先等十二名電機科顧光賓李大椿陳大啓陳懷
書楊貽誠華應宣王元懋程鵬展朱寶綬馮其昌徐恩第王正邦方於枬郭守中

方善源胡明堂等十六名中學五年級張蔭熙等六十七名四年級薛桂輪等七十二名

中學改爲四年畢業增設專門預科一級

本校功課與歐美各大學相亞校長唐先生與各教員商定疊請教育交通兩部擴充科目實行改辦工科大學文電商榷積牘盈寸惟時教育部規劃未定得覆暫從緩議

本校仍歸交通部續辦改名交通部上海工業專門學校

改鐵路科爲土木科電機科爲電氣機械科

中學科長胡文甫晉京供職任徐守五經郛爲中學科長

開國文大會

中華民國二年癸丑

續訂胡振廷爲土木科科長

改訂本校章程送交通教育兩部核准印行

夏第十三屆畢業計土木科魏景行王家鏞朱鼎元尤挺倫鈕因祥楊毅蘇在奇尤

乙照柴福沅徐佩琨錢德新談克峻李應慈張福霖車志城蘇琯煌鍾文滔梁汝

緡陳邦傑龔紫青等二十名電氣機械科朱彭壽胡端行黃錫蕃王萬善黃照青

莊正權沈宗漢史家祥等八名專門預科丁燮林等三十三名中學四年級傅焕

光等六十八名

七月滬上亂事起戰攻甚烈本校商船學校舊址爲德奥兵暫借作屯駐地旋由校

長與該軍官接洽卽行退去

九月開國文大會

冬整理成績室並西文藏書室所有管理章程重加釐訂

電機科科長謝而屯熱心教授勞瘁不辭由唐校長函達　交通部轉請　大總統

獎給勛章

電機科長謝而屯介紹電機科畢業生朱彭壽胡端行黃錫蕃三名入美國電廠實

習洋教員桑福介紹土木科畢業生鈕因祥楊毅尤乙照三名入美國火車公司

實習均由各該公司給予薪資並由　交通部按月匯給津貼

中華民國三年七月初版

每部四冊定價大洋八角

鑒定者　太倉　唐文治

總發行所　蘇州　振新書社（元妙觀西首）

代發行所
上海　商務印書館（棋盤街中）
上海　中國圖書公司（棋盤街中）
上海　國華書局（四馬路中）
上海　錦章書局（棋盤街中）
上海　知新書社
無錫　文華書局
常州　晉升山房
常熟　學福堂書莊
奉天　章福記書局
各省　商務印書館分館